AF561332

Michael Hesemann

GARABANDAL
Warnung und Wunder

Michael Hesemann

GARABANDAL

Warnung und Wunder

media
maria

Die Bibelzitate stammen aus der revidierten Einheitsübersetzung der Heiligen Schrift
© Katholische Bibelanstalt GmbH, Stuttgart 2016.

GARABANDAL
Warnung und Wunder
Michael Hesemann
© Media Maria Verlag, Illertissen 2024
4. Auflage
Alle Rechte vorbehalten
ISBN 978-3-9479314-6-0
www.media-maria.de

Inhalt

Einleitung
Der Himmel spricht

Lange war es still geworden um die Marienerscheinungen von Garabandal und es setzten sich die Zweifler durch. Seit 2014 der blinde amerikanische Garabandal-Aktivist Joey Lomangino ausgerechnet am 53. Jahrestag der ersten Begegnung der vier Seherkinder mit dem Erzengel Michael verstarb, sahen viele darin einen Beweis, dass die Erscheinungen nicht wahr sein konnten. Immerhin hatte doch eines der vier Seherkinder, Conchita, in einer Eingebung gehört, dass Lomangino zum Zeitpunkt des endzeitlichen »Wunders« neue Augen bekommen und wieder sehen würde. Jetzt war er tot, ohne dass sich das Wunder ereignet hatte. War damit nicht auch der Glaube an die Übernatürlichkeit der Ereignisse von Garabandal unhaltbar geworden?

Doch auch das hatten die Seherkinder immer vorausgesagt: Vor der prophezeiten Endzeit würde sich etwas ereignen, das Garabandal gewissermaßen den Todesstoß versetzen würde.

Doch dann kam alles ganz anders.

Im März 2020 hatte die Corona-Pandemie auch Europa erreicht. Aus Sorge vor einer Überlastung des Gesundheitssystems und der Krankenhäuser wurde in fast allen Ländern ein gut zweimonatiger Lockdown verhängt. Das Leben erstarrte: Schulen und Universitäten schlossen, die Gastronomie und der Handel kamen zum Erliegen, jede öffentliche Veranstaltung war verboten. Darunter fiel insbesondere auch das religiöse Leben: Nicht einmal zu Ostern, dem höchsten Fest der Christenheit, durfte das Messopfer öffentlich gefeiert werden. Wochenlang blieben die Kirchen geschlossen, mussten die Gläubigen sich damit begnügen, im Internet per Livestream die Messen des Papstes oder die Privatmessen einiger weniger engagierter Bischöfe und Priester zu verfolgen und geistlich zu kommunizieren.

Dass genau das in Garabandal angekündigt worden war, dass die Seherkinder von der Gottesmutter erfahren hatten, dass eine Zeit kommen würde, in der überall die Kirchen geschlossen und keine Heiligen Messen gefeiert würden, machte die Erscheinungen schlagartig wieder interessant. Etwas, was zur Zeit der Visionen, 1961–1965, noch völlig undenkbar erschien, war plötzlich wahr geworden. Damals, am 31. März 2020, erwähnte ich die Prophezeiungen von Garabandal in meinem viel zitierten Artikel »Marienerscheinungen und die Corona-Krise« auf der katholischen deutsch-österreichischen Nachrichtenseite kath.net, der zum meistdiskutierten und meistgeteilten Beitrag des Monats wurde. Die große Zahl an Anfragen von Lesern, die einfach mehr erfahren wollten, inspirierte mich zu diesem Buch. Immerhin ist es schon gut drei Jahrzehnte her, dass der große deutsche Garabandal-Experte Albrecht Weber, der am 15. November 2015 in Überlingen verstarb und in Garabandal beerdigt wurde, seinen Klassiker *Garabandal – Der Zeigefinger Gottes* veröffentlicht hatte. Dabei sind so viele Elemente der Prophezeiungen der Kinder erst heute zu verstehen, was wiederum darauf hindeutet, dass die vorausgesagten Ereignisse immer näher rücken.

Natürlich will, kann und darf ich als Historiker nicht das Urteil vorwegnehmen, das nur die Kirche allein über Garabandal fällen kann. Ihre derzeitige Einschätzung ist eine offene: *Non constat de supernaturalitate* – »Die Übernatürlichkeit steht nicht fest«. Es müssen sich zunächst die Prophezeiungen erfüllen, die von einer Warnung und einem Wunder sprechen, und das soll noch zu unseren Lebzeiten oder, genauer, zu Lebzeiten der heute 73-jährigen Conchita der Fall sein. »Sie werden glauben, wenn es zu spät ist«, sagte 1962 der größte Mystiker unserer Zeit, der stigmatisierte Kapuzinerpater Pio von Pietrelcina, voraus.

Doch sollte tatsächlich die »Mutter Gottes und unsere Mutter« (wie die Seherkinder sie nannten) in Garabandal erschienen sein, so besteht kein Zweifel, dass dies in Fortsetzung der Erscheinungen von Paris (1830), La Salette (1846), Lourdes (1858) und Fátima (1917) geschah. In Fátima warnte die Gottesmutter vor der Gefahr durch den Kommunismus und bat um die Weihe Russlands an ihr Unbeflecktes Herz, in Garabandal vor der nachkonziliaren Krise der Kirche, vor Apostasie und Abtreibung und rief zum Gebet für die Priester und zur Verehrung der heiligen Eucharistie auf.

Dabei hatte sich die Natur der Erscheinungen in den 44 Jahren zwischen Fátima und Garabandal stark verändert. Maria erschien sehr viel häufiger, ihr Kontakt zu den Mädchen war intensiver und familiärer. Über die Gründe mag man spekulieren, doch gewiss ist die größere Nähe kein schlechtes Zeichen. Wir haben sie bereits bei früheren (wenn auch ebenfalls nicht anerkannten) Erscheinungen erlebt wie in Heede (1937–1940) und Heroldsbach (1949–1952); sie setzt sich fort in den noch andauernden Erscheinungen von Medjugorje (ab 1981).

Beeindruckte in Fátima das große Sonnenwunder vor über 70 000 Zeugen, so sind es in Garabandal die Ekstasen der Kinder selbst, in denen sie der Gottesmutter und dem Erzengel Michael begegneten:

»Auf den Gesichtern der Mädchen lag ein Glanz überirdischer Schönheit. Viele Fotos und Videos beweisen das Strahlen der Mädchen. Sie begannen durch das ganze Dorf zu gehen, vorwärts und rückwärts, ohne auf den steinigen Wegen zu stolpern, immer mit stark zurückgebeugtem Gesicht. Oft bewegten sie sich so schnell, dass nicht einmal die jungen Männer des Dorfes mit ihnen mithalten konnten. Auch Levitationen gab es oder Änderungen des Gewichtes: So konnten zwei Männer ein Mädchen während der Erscheinungen nicht hochheben. Die

Mädchen kamen oft von getrennten Orten auf innere Einsprechungen zusammen, trugen oft Kreuze in den Händen, die sie den Umstehenden zum Kuss reichten. Auch hielten sie oft Rosenkränze von Betern Maria zum Kuss hin. Unzählige Male hatten sie Dutzende von Rosenkränzen in der Hand, die sich gegenseitig verketteten, aber sie vermochten während der Ekstasen ohne Blick auf die Umstehenden jedem seinen eigenen Rosenkranz auszuhändigen. In der Ekstase zeigten sie keine Reaktion auf von außen auf sie einwirkende Reize: Sie wurden gezwickt, mit Nadeln gestochen, mit Streichhölzern gebrannt und man streute Sand in ihre Augen, ohne jede Reaktion. Sie waren mit ihren Sinnen wie entrückt.«

Ähnlich wurde schon das Verhalten der vier Seherkinder von Heede im Emsland, Grete (11) und Maria Ganseforth (13), Anni Schulte (12) und Susi Bruns (13), beschrieben, denen die Gottesmutter und das Jesuskind zwischen 1937 und 1940 an 105 Tagen erschienen war:

»Die Anwesenden sahen immer nur, wie die Kinder plötzlich auf die Knie fielen und in auffallend gestreckter Haltung ihre Augen fest auf einen bestimmten Punkt richteten. Vielfach waren die Kinder für äußere Sinneseindrücke – wie Lichtreflexe, Ansprachen oder Berührungen – ganz unempfindlich; manchmal reagierten sie jedoch z.B. auf Fragen. Sie änderten – auch wenn sie einander nicht sehen konnten – gemeinsam ihr Verhalten, sobald sich die Gottesmutter ihrem Blick entzog; und das geschah unabhängig davon, ob sie allein, unter sich oder von einer mehr oder weniger großen Menschenmenge umgeben waren«,

berichtet Dr. Heinrich Eizereif. Ähnliches wurde aus Heroldsbach in Franken berichtet, wo zunächst vier, dann sieben Mädchen zwischen 10 und 11 Jahren die Gottesmutter, Engel und Heilige sahen: »Die Sehermädchen bekreuzigten sich zugleich. Kaum war dieser Vers [des Salve Regina, d. Verf.] gesungen, da knieten ganz plötzlich, wie vom Blitz getroffen, alle Kinder nieder und machten das Kreuzzeichen.« Auch sie machten die Bewegung absolut simultan, während ihr Blick starr zum Himmel gerichtet war, und nahmen nach eigenen Angaben die Reize der Umgebung nicht mehr wahr. Doch erst in Medjugorje wurden diese Trancen mit modernsten wissenschaftlichen Instrumenten untersucht und die Seher von einem Wissenschaftlerteam unter Leitung von Prof. Henri Joyeux von der Universität Montpellier an Elektro-Enzephalografen und Elektro-Okulografen angeschlossen, um festzustellen, was während der Ekstasen in ihren Köpfen vorging. Dabei konnten die Experten jede Pathologie kategorisch ausschließen: Die Seher litten weder unter Epilepsie noch unter Halluzinationen, es gab auch keinerlei Hinweise auf einen psychotischen Zustand:

> »Die Augapfelbewegung endet und beginnt [bei allen Sehern und Seherinnen] simultan, auf die Sekunde genau. Während der Ekstase findet eine direkte Interaktion zwischen den Sehern bzw. Seherinnen und einer Person statt, die wir nicht sehen. Das ganze Verhalten der Jugendlichen ist nicht pathologisch: Während der Ekstase sind sie in einem Zustand des Gebets und der interpersonalen Kommunikation. Die Seher und Seherinnen von Medjugorje sind keine Spinner oder Träumer, noch sind sie müde oder aufgeregt; sie sind frei und glücklich, zu Hause in ihrer Heimat und der modernen Welt. Die Ekstasen sind weder pathologische Zustände noch gibt es einen Hinweis auf einen Betrug. Keine wissenschaftliche Disziplin kann diese Phänomene angemessen beschreiben. Wir würden sie als Zustand des aktiven, intensiven Gebetes beschreiben, abgetrennt von der Wahrnehmung der äußeren Welt, ein Zustand der Kontemplation mit einer anderen Person, die nur sie allein sehen, hören oder berühren können.«

Da die Ekstasen der jugendlichen Seher und Seherinnen von Medjugorje (sie waren bei Beginn der Erscheinungen zwischen 15 und 17 Jahre alt, ein Junge war erst 10 Jahre alt) denen der Mädchen von Garabandal gleichen »wie ein Ei dem anderen«, ist es legitim, diese Diagnose auch auf sie zu übertragen. Schlossen die wissenschaftlichen Messungen in Medjugorje jeden Betrug kategorisch aus – gemessene Bewusstseinsveränderungen lassen sich nicht vortäuschen –, so muss das rückwirkend auch für Garabandal gelten. Die vier einfachen, kindlich-naiven Seherkinder hatten ja keine Vorbilder, an denen sie sich orientieren, denen sie nacheifern konnten. Sie kannten sicher die Erscheinungen von Fátima, aber keiner der gängigen Berichte beschreibt ausführlich genug das Verhalten der drei Hirtenkinder während ihrer Ekstasen. Heede und Heroldsbach wurden kirchlich nie anerkannt und waren (und sind bis heute) in Spanien nahezu unbekannt. Medjugorje ereignete sich zwei Jahrzehnte später und könnte allenfalls Garabandal kopiert haben, aber auch das schließt die wissenschaftliche Untersuchung kategorisch aus. So ist es sinnvoller, all diese Erscheinungen als Ausdrucksformen ein und desselben mystischen Phänomens zu verstehen, der Kommunikation und Interaktion berufener Kinder und Jugendlicher mit dem Himmel. Sie sind also als Einheit zu betrachten, als Teile einer Botschaft, die sich allmählich entfaltet und an uns alle gerichtet ist.

Seit Ende des Zweiten Weltkriegs hat es keine Zeit gegeben, in der sich die Krisen und Katastrophen derart häufen wie in unserer Zeit. Die Natur scheint aus dem Gleichgewicht geraten zu sein. Die Kirche befindet sich in der größten Krise ihrer Geschichte. Wir erleben einen massenhaften Abfall vom Glauben in der westlichen Welt. Immer deutlicher zeigt die Diktatur des Relativismus ihre hässliche Fratze, werden die Vertreter traditioneller Werte diffamiert, zensiert oder mundtot gemacht. Die Pandemie forderte nicht nur Hunderttausende Todesopfer, sie wurde auch als Vorwand zur Beschneidung bürgerlicher Rechte bis hin zu den Rechten auf körperliche Unversehrtheit und Religionsfreiheit benutzt. Inmitten Europas brach ein Krieg aus, der das Potenzial hat, auf die Nachbarländer überzugreifen. Weltweit kommt es zu Versorgungsengpässen, zu Inflation und Geldentwertung, das Finanzsystem steht vor dem Kollaps, der Wohlstand ist bedroht wie nie zuvor. Eine sinistre Clique globaler Oligarchen rund um das Weltwirtschaftsforum in Davos nutzt die Krise, um uns in einen »Great Reset« zu zwingen, den Umbau unserer Gesellschaft in eine globalsozialistische Weltdiktatur. Bestehende Religionsgemeinschaften werden diffamiert und diskreditiert, weil sie und ihre Werte in dieser »schönen neuen Welt«, in der man »nichts besitzt, aber glücklich ist«, keinen Platz mehr haben. Noch nie in ihrer Geschichte hat die Menschheit besorgter, ja ängstlicher in ihre Zukunft geblickt – und das leider zu Recht.

Die Botschaft des Himmels, wie sie offenbar auch in Garabandal verkündet wurde, ist seine Antwort auf unsere Sorgen, unsere Ängste und unsere Gebete. Darum lohnt es sich umso mehr, ihr Gehör zu schenken. Vielleicht können wirklich nur noch eine Warnung und ein Wunder die Wende bringen, die notwendig ist, um die Welt zu retten. Ganz sicher aber enthält sie den Schlüssel zur Rettung unserer Seelen und zeigt uns den Weg zu Gott, der allein Herr unserer Geschichte, unser Ziel und unsere Zukunft ist.

Düsseldorf, 18. Juni 2022
61. Jahrestag der ersten Erscheinung von Garabandal
Michael Hesemann

1.

Wie alles begann

Der Norden Spaniens ist eine Region von rauer, karger Schönheit, ganz anders als der liebliche Osten, das trockene Zentrum oder der sonnendurchflutete Süden des Landes. Seit dem vierten Jahrhundert ist er christlich und blieb das sogar noch, als 712 die muslimischen Mauren das ganze Land besetzten mit Ausnahme der zerklüfteten Berge des Nordens, in denen christliche Ritter Zuflucht suchten und die Rückeroberung des Landes, seine Befreiung vom Islam, vorbereiteten. Einer von ihnen war König Alfons der Keusche, der im frühen 9. Jahrhundert Oviedo zu seiner Hauptstadt machte und dort eine mächtige Kathedrale errichten ließ, die er Christus, dem Erlöser (spanisch: *San Salvador*), widmete. Viele der kostbaren Reliquien, die aus dem ganzen Land vor den Mauren in Sicherheit gebracht und in einer Grube auf dem Gipfel des Berges Monsacro versteckt worden waren, ließ er in einer Seitenkapelle, der Cámara Santa, deponieren – darunter das *Sudarium Domini*, das Schweißtuch Christi, getränkt mit dem kostbaren Blut des Erlösers. Andere Reliquien, die Gebeine des Jüngers Jakobus und das Holz des wahren Kreuzes, legte er im äußersten Westen und Osten seines Reiches nieder: in einer Kirche nahe der Märtyrergräber von *Finisterre* (»Ende der Erde«), die er *Santiago de Compostela* (»Heiliger Jakobus vom Friedhof«) nannte, und in einem Kloster am Fuße der höchsten Berge Kantabriens, des *Pico de Europa* (»Spitze Europas«), das er nach einem spanischen Heiligen benannte, der einst in der Jerusalemer Grabeskirche als Hüter der Kreuzreliquie gedient hatte: Santo Toribio de Liébana. Zunächst pilgerte ganz Asturien und Kantabrien, bald das ganze christliche Spanien und schließlich halb Europa auf der alten, römischen Küstenstraße über Santo Toribio und Oviedo nach Santiago, wo damals der erste Jakobsweg (heute: *Camino del Norte*) entstand. Erst als man zwei Jahrhunderte später einen breiten Streifen zum Landesinneren hin zurückerobert hatte, wurde ein bequemerer Pilgerweg über Burgos und León eingerichtet, der heute als *Camino Francés* oder »Jakobsweg der Franken« bezeichnet wird. Galt bis dahin *Quién visita Santiago y no al Salvador, sirve al criado y olvida al señor* (»Wer Santiago besucht und nicht San Salvador« – die Erlöserkathedrale in Oviedo mit der Herrenreliquie –, »dient dem Knecht und vergisst den Herrn«), waren Santo Toribio und Oviedo feste Stationen auf dem Weg zum »wahren Jakob«, dessen neue Grabstätte bei Finisterre die biblische Prophezeiung erfüllte (»Ihr werdet meine Zeugen sein in Jerusalem und in ganz Judäa und Samarien und bis an die Grenzen der Erde«, Apg 1,8), gerieten sie mit dem neuen Pilgerweg bald nahezu in Vergessenheit. Dabei ist Santo Toribio de Liébana, das Kloster mit der größten Kreuzreliquie Europas, nicht weniger als das spanische Golgotha, während Oviedo sein Jerusalem ist. Im Mittelalter waren Oviedo und Santo Toribio ebenso bedeutend wie Santiago de Compostela, was sich darin zeigt, dass die Päpste jedem der drei Wallfahrtsorte ein eigenes »Heiliges Jahr« mit besonderen Ablässen gewährten. In Santo Toribio findet es immer dann statt, wenn der 16. April – der Festtag des heiligen Toribius – auf einen Sonntag fällt; das nächste Mal ist dies 2023 der Fall. Man erreicht das Kloster, wenn man auf der Küstenstraße von Oviedo nach Santander vor den »Picos de Europa« in Richtung Potes nach Süden abbiegt.

Exakt 19,61 Kilometer östlich des »spanischen Golgotha«, jenseits der 1434 Meter hohen, windumpeitschten Peña Ventosa und zu Füßen der 2024 Meter hohen Peña Sagra, liegt auf einem sanften tiefgrünen Hügelrücken des kantabrischen

56 km Luftlinie südwestlich von Santander liegt San Sebastián de Garabandal auf einem Hügelrücken in den kantabrischen Bergen – hier ein Foto aus der Zeit der Erscheinungen

Gebirges, von Schluchten und Tälern umgeben, 497 Meter über dem Meeresspiegel das pittoreske Dorf San Sebastián de Garabandal. Es gehört zum Bistum Santander, das seit Jahrhunderten die Gottesmutter als »Unsere Liebe Frau, die wahrhaft auf den Bergen erschien« (*Nuestra Senora Bien Aparecida en la Montaña*) verehrt; ein Titel, der auf eine Erscheinung bei Laredo 1605 zurückgeht. In diesem Dorf lebten um 1960 gerade einmal 300 Menschen in 60 ärmlichen Hütten und Häusern, in der Regel aus grauem Naturstein errichtet und von blassroten Ziegeldächern bedeckt, die sich rund um ein karges, windschiefes romanisches Kirchlein kauerten.

Im Innern schlicht gehalten, wird es allein durch einen barocken Hochaltar geschmückt, in dessen Zentrum die Statue des Dorfpatrons steht: des römischen Prätorianerhauptmanns Sebastianus, der um 288 von Kaiser Diokletian wegen seines Glaubens zum Tode verurteilt wurde und von numidischen Bogenschützen hingerichtet werden sollte; er überlebte das »Erschießungskommando«, um anschließend erneut seinen Glauben zu bekennen und im Circus mit Keulen erschlagen zu werden. Rechts und links flankieren Gipsstatuen von Jesus und der Gottesmutter den Hochaltar, zudem münden die beiden Seitenflügel der Kirche jeweils in einen bescheidenen

Die Pfarrkirche und der Dorfplatz von Garabandal
zur Zeit der Erscheinungen

Das Innere der Dorfkirche von San Sebastián de Garabandal
zur Zeit der Erscheinungen

Nebenaltar. Nichts davon ist wirklich sehenswert oder gar von kunstgeschichtlicher Bedeutung, doch es passt zu dem schmucklosen, scheinbar vergessenen Bergdorf wie zu dem bescheidenen Leben seiner Bewohner. Auch ihre Häuser waren ärmlich und verfügten noch zu Anfang der 1960er-Jahre nicht einmal alle über fließendes Wasser. Taten sie es doch, dann allenfalls über einen Wasserkran anstelle einer Dusche oder gar einer Badewanne. Als Toilette benutzten viele Bewohner bei gutem Wetter die umliegenden Felder, im Winter oder nachts den eigenen Stall. Es gab weder Telefon noch Fernsehen und Licht spendeten allenfalls einzelne Glühbirnen, zumindest dann, wenn es gerade Strom gab. Man schlief auf einfachen Schlafplätzen aus Laub und Stroh; ein Bett galt als ultimativer Luxus. Als einzige Wärmequelle fungierte die Feuerstelle, die zugleich als Herd diente.

Das Leben der Dorfbewohner war seit Jahrhunderten vom Lauf der Jahreszeiten bestimmt, von Aussaat und Ernte, von warmen, aber niemals heißen Sommern und kalten, immer regenreichen Wintern. Zumindest schützen die Berge das Dorf meist vor den kantabrischen Nebeln, sodass der Himmel nicht den ganzen Winter über grau ist. Doch grau war oft genug der Alltag seiner Bewohner, geprägt von harter Arbeit, von der selbst die Kinder nicht ausgenommen wurden. Das Läuten der Kuhglocken, das Muhen der Tiere und das Plätschern des Dorfbachs bildeten die Geräuschkulisse dieses selten beschaulichen Alltags. Schon immer drehte sich das ganze Leben um die Kühe, die im Frühling auf die Almen getrieben und im Winter in die Ställe geholt wurden, die Aussaat auf den Feldern und das Lagern der Ernte in den Scheunen. Tagsüber brachten die Kinder den Vätern, die oben auf den Almen das Vieh hüteten oder auf den Feldern schufteten, das Essen, hüteten Schafe, fütterten das Vieh oder halfen bei der Ernte mit. Die Mädchen gingen zusätzlich noch ihren Müttern im Haushalt zur Hand. Erst abends verlagerte sich das Leben in die Hütten und Häuser, in denen die Frauen liebevoll das Essen in ihren einfachen Küchen zubereitet hatten, zu dem wärmenden Feuer, um das man herumsaß, dem Lachen der Kinder und dem gemeinsamen Gebet.

Noch vor 60 Jahren hatte Garabandal zwar zwei Schulen, eine für Jungen, die andere für Mädchen, doch ihre höchstens 20 Schüler verpassten oft genug aufgrund ihrer häuslichen Verpflichtungen den Unterricht. So kam es, dass sie meist nicht einmal fehlerfrei schreiben konnten, während sie zum Lesen ohnehin keine Zeit hatten. In Glaubensfragen wurden sie von ihren Eltern unterwiesen, weshalb sie meist nur über grundlegende Kenntnisse der Volksfrömmigkeit verfügten. So verlassen war das Bergdorf, dass es nicht einmal einen eigenen Pfarrer hatte. Nur einmal in der Woche, am Sonntagabend, kam ein Priester aus dem sieben Kilometer entfernten Nachbardorf Cosío zu Pferd nach Garabandal, um in der Kirche des heiligen Sebastian die Beichte zu hören und das heilige Messopfer zu feiern. Ein Arzt kam nur im Be-

Garabandal aus der Vogelperspektive – ganz oben die Kiefern, zu denen die *Calleja*, ein Hohlweg, führt

darfsfall und legte die Strecke zu Fuß zurück. Für Autos war das Bergdorf nur sehr schwer erreichbar. Der einzige, steil ansteigende Weg, der von Cosío zu ihm hinaufführte, war damals noch nicht asphaltiert. So war er im Sommer steinig und holprig, bei Regen schlammig und im Winter glatt. Weil es in Garabandal keine Geschäfte gab, mussten Lebensmittel und Brot in Cosío gekauft und zu Fuß oder auf dem Eselsrücken in einem etwa anderthalbstündigen Marsch in das Dorf transportiert werden. Man lebte buchstäblich »am Ende der Welt«, weitgehend isoliert vom hektischen Treiben der Moderne, dem Licht und Lärm ihrer Städte, in natürlicher Isolation. Und so hatte sich das Leben der Dörfler über die Jahrhunderte kaum verändert, war es von den meisten Moden und Verwirrungen der Neuzeit verschont geblieben, hatte ihr abwechslungsarmes, bescheidenes Leben nur einen einzigen Fixpunkt: den Glauben.

Wenn Spanien damals als eines der katholischsten Länder Europas galt, war Santander wiederum eine seiner konservativsten Diözesen. Garabandal aber wurde immer als das gläubigste Dorf der Diözese betrachtet, ein Ort, an dem in Jahrzehnten niemand ohne den Empfang der Sakramente starb und wo, wenn schon der eigene Pfarrer fehlte, die Gläubigen selbst das religiöse Leben in die Hand nahmen. Jeden Mittag, wenn die Dorfkirche pünktlich um zwölf zum Angelus läutete, unterbrachen sie ihre Arbeit und fielen auf die Knie zum Gebet. Am späten Nachmittag, nach getaner Arbeit, traf man sich in der Kirche, um gemeinsam den Rosenkranz zu beten. Brach der Abend über das Dorf herein, ging eine Frau, die Laterne in der einen Hand, eine Glocke in der anderen, durch das Dorf, um die Nachbarn einzuladen, auch der Toten in ihrem Nachtgebet zu gedenken. Am Sonntag ruhte die Arbeit und man besuchte die Heilige Messe, bevor die Kinder spielen gingen und die Jugend des Dorfes unter den Vordächern der Häuser oder im Freien zum Klang des Tamburins fröhliche

Garabandal heute, von der Erscheinungsstätte aus gesehen

Lieder sang und tanzte. Restaurants oder Bars gab es keine, nur eine kleine Taverne; das soziale Leben fand, selbst bei schlechtem Wetter, im Freien statt. So ging es tagaus, tagein, als sei in Garabandal die Zeit stehen geblieben. Nur vom Hörensagen, bei ihren Besuchen in Cosío, erfuhren die Dorfbewohner von den Schrecken des Spanischen Bürgerkrieges, der Befriedung des Landes durch Generalissimo Franco, der fortan mit harter Hand regierte, vom Zweiten Weltkrieg oder dem anschließenden Kalten Krieg. Mehr bewegte sie der Tod des Friedenspapstes Pius XII., die Wahl des gütigen Johannes XXIII. und die Ankündigung eines Konzils, auf dem die Weltkirche beraten sollte, wie sie sich den Herausforderungen der Moderne stellt. Und dennoch war all dies für sie in weiter Ferne, berührte es ihren Alltag nicht, schien sich niemals etwas zu verändern in San Sebastián de Garabandal. Bis sich –

urplötzlich und unerwartet – der Himmel öffnete und nichts mehr sein sollte, wie es früher einmal war.

Es begann alles mit einem Spiel. Der 18. Juni 1961 war ein Sonntag, der seinem Namen alle Ehre machte, denn er war sonnig und warm. Wie an jedem Sonntag, so war Valentín Marichalar, der Pfarrer von Cosío, auch an diesem Tag auf dem Pferderücken hinauf nach Garabandal gekommen, um in der Dorfkirche die Sonntagsmesse zu feiern. Nach dem Schlusssegen trafen sich die Dorfbewohner auf dem Dorfplatz, um wieder einmal allerlei Belanglosigkeiten auszutauschen: Es ging um das Vieh, den Zustand der Weiden oben auf den Almen oder das Wetter – die dringliche Frage, ob es in den nächsten Tagen wieder regnen würde oder nicht. Die Kinder dagegen vertrieben sich die Zeit mit unschuldigen Spielen.

Eines der Kinder war die zwölfjährige Conchita González González[1], die jüngste von vier Geschwistern, die mit drei Brüdern aufwuchs und trotzdem nie die »kleine Prinzessin« ihrer Familie war. Ihr Vater war schon früh verstorben und so musste ihre Mutter Aniceta die vier Kinder allein durchbringen, was harte Arbeit auf den Feldern bedeutete. Da musste die ganze Familie mithelfen, Conchita inklusive, die, anders als ihre Brüder, zusätzlich ihrer Mutter beim Kochen und bei der Hausarbeit half. Sie war groß und schlank, größer als die anderen Mädchen ihres Alters, und hatte ihre langen schwarzen Haare zu zwei Zöpfen geflochten, während die meisten ihrer Freundinnen praktische Kurzhaarfrisuren trugen. Ihre dunkelbraunen Augen leuchteten warm und spiegelten ihr freundliches, ja herzliches Wesen wider. Ansonsten galt sie als stilles, folgsames, bescheidenes Mädchen, bei dem nur manchmal der Schalk durchkam, etwa wenn sie mit ihrer Cousine Lucía Fernández zusammen war und den einen oder

1 Geb. am 17. Februar 1949.

anderen Schabernack ausheckte. Man sah ihr an, dass sie einmal eine echte Schönheit werden würde.

Ihre beste Freundin war die zehnjährige Mari Cruz González Barrido[2], ein schmales Mädchen, dessen kurze, von ihrer Mutter geschnittenen Haare sie eher burschikos erscheinen ließen. Ihre Eltern, Escolástico und Pilar, waren ärmer als die der meisten anderen Kinder, was sie immer ein wenig verlegen machte. Ihr Vater kränkelte und haderte mit seinem Schicksal, während ihre Mutter umso besorgter um die Zukunft ihrer Kinder war. Sie gehörte gewissermaßen zur Unterschicht des Dorfes und auch ihr religiöser Eifer hielt sich in Grenzen, was ihre Marginalisierung nur noch verstärkte.

»Komm, lass uns ein paar Äpfel pflücken«, flüsterte Conchita ihr zu. »Oh ja!«, antwortete Mari Cruz. »Im Garten des Lehrers wachsen die besten!«, wusste ihre Freundin. »Aber sag niemandem etwas davon!«[3]

Doch kaum entfernten sich die beiden Mädchen von der Gruppe, fragten die anderen Kinder, wo sie denn hingehen würden. »Dahinten hin!«, erwiderte Conchita bewusst vage. Sie glaubte, dass niemand ihr und Mari Cruz folgen würde. Auf dem Weg zum Lehrer-Grundstück, das am Südrand des Dorfes lag, überlegten die beiden Mädchen, wie sie am besten über die Mauer klettern und die Äpfel stehlen könnten. Dort angekommen, machten sie sich ans Werk. Sie genossen das kleine Abenteuer, das ein wenig Abwechslung in ihr monotones Landleben brachte. Doch kaum hatten sie genug Äpfel eingesammelt, bemerkten sie, wie drei Mädchen nach ihnen suchten. Eines von ihnen war Jacinta González González[4],

2 Geb. am 21. Juni 1950.

3 Die wörtliche Rede basiert auf Conchitas Wiedergabe der Ereignisse in ihrem Tagebuch, das sie im Sommer 1963, zwei Jahre nach den Ereignissen, verfasste und das von dem Assumptionistenpater Joseph A. Pelletier AA 1971 herausgegeben wurde.

4 Geb. am 27. April 1949.

die nur zwei Monate jünger als Conchita, aber einen halben Kopf kleiner war. Mit ihrem rundlichen Kindergesicht unter der Pilzkopffrisur konnte sie herzlich schalkhaft lachen, auch wenn sie sonst ein eher scheues Mädchen war. Sie wuchs mit sieben Geschwistern bei ihren tiefgläubigen Eltern Simón und María auf. Bei ihr war María Dolores Mazón González[5], das kleinste der vier Mädchen, obwohl sie nur vier Tage jünger als Jacinta und ebenfalls zwölf Jahre alt war, dabei ziemlich selbstbewusst und von leicht gedrungener Gestalt. Sie wurde auch Mari Loli oder einfach Loli genannt und war das zweite von sechs Kindern des Ehepaares Ceferino und Julia. Ihr Vater war der Ortsvorsteher und besaß neben einem kleinen Stück Land auch die einzige Taverne von Garabandal. Ein drittes Mädchen namens Ginia begleitete sie.

»Conchita, du klaust ja Äpfel!«, rief Jacinta ihr mit gespielter Empörung zu.

»Sei still«, zischte Conchita, »wenn du hier rumbrüllst, hört dich noch die Frau des Lehrers und erzählt meiner Mutter davon!«

Aus Angst, jemand könnte sie sehen, ging sie in die Hocke und versteckte sich zwischen den Pflanzen eines kleinen Kartoffelfeldes, das an das Grundstück des Lehrers grenzte. Mari Cruz dagegen lief davon, so schnell sie konnte.

»Bleib stehen, Mari Cruz!«, rief Loli ihr nach. »Wir haben alles gesehen und werden es dem Besitzer sagen.«

Das Mädchen hielt inne, drehte um und kehrte zu seiner Freundin zurück. Jetzt kam auch Conchita aus ihrer Deckung hervor. Für einen Augenblick waren sie zu fünft. Dann hörte Ginia, wie ihre Eltern nach ihr riefen und rannte davon. Nun nur noch zu viert, standen die Mädchen zusammen und diskutierten das Geschehen, bis Conchita die anderen überzeugte, ihr beim Äpfelklau zu helfen.

5 Geb. am 1. Mai 1949.

Die vier Sehermädchen von Garabandal: Conchita (12), Mari Cruz (11), Loli (12) und Jacinta (12)

Sie waren ganz in ihren Kinderstreich versunken und hatten jede Menge Spaß dabei, als die Stimme des Lehrers die Stille durchbrach. »Concesa, geh mal in den Garten und verscheuche die Schafe«, sagte er zu seiner Frau, »sie treiben sich wieder bei dem Apfelbaum herum!« Die vier konnten sich das Lachen kaum verkneifen. Schnell stopften sie sich die Taschen voll und rannten davon, um in einiger Entfernung ihre Beute zu genießen.

Kaum hatten sie die *Calleja* erreicht, den steinigen alten Hohlweg, der von den Weiden zum Dorf und zur Straße nach Cosío führt, begann der Apfelschmaus. »Die sind ja noch sauer!«, nörgelte Jacinta. »Hör auf, dich zu beklagen«, erwiderte Conchita, um trotzig zu flunkern: »Mir schmecken sie!«

In diesem Augenblick durchbrach lautes Donnergrollen die ländliche Idylle. »Hört ihr das?«, fragte Mari Cruz. »Ja, es hat gedonnert!«, bestätigte Mari Loli. »Das heißt, dass es regnen wird«, prophezeite Conchita. Sofort richteten sich die Blicke der vier Mädchen auf die Peña Sagra, die oft genug von dunklen Regenwolken gekrönt war, doch dort war kein Wölkchen zu sehen. Ebenso wenig über den Bergen im Westen, wo viele Unwetter ihren Ursprung hatten. Im Dorf schlug eine Uhr – es war 20.30 Uhr.

Der Donnerschlag erinnert an das, was Bernadette Soubirous berichtete, als sie am 11. Februar 1858 am Ufer des Flusses Gave mit zwei anderen Mädchen aus Lourdes Holz sammelte. »Plötzlich hörte ich ein lärmendes Geräusch«, erinnerte sie sich später. »Ich schaute zum Wald hinüber, doch die Bäume bewegten sich nicht. Dann erhob ich meine Augen zu der Grotte [am Ufer des Flusses] und ich sah eine Frau, in Weiß gekleidet, mit einem himmelblauen Gürtel und einer gelben Rose auf jedem ihrer Füße, in derselben Farbe wie die Perlen ihres Rosenkranzes …«

Auch die Kinder von Fátima vermuteten zunächst ein Gewitter, als sie am 13. Mai 1917 beim Schafehüten mittags um zwölf in der Cova da Iria (»Mulde der heiligen Irene«) von einem Lichtblitz geblendet wurden. Sie wollten schon die Herde zurück in den Stall treiben, als ein noch grellerer zweiter Blitz ihre Aufmerksamkeit auf eine nahe gelegene Korkeiche lenkte, über der eine wunderschöne, weiß gekleidete Frau in einem hellen Licht schwebte. Sie würde fortan an jedem 13. eines Monats mittags um zwölf zurückkehren, bevor am 13. Oktober ein Sonnenwunder auch die hartnäckigsten Skeptiker von der Übernatürlichkeit des Geschehens von Fátima überzeugte.

Diese Wetterphänomene haben biblische Parallelen, nicht nur im Blitz und Donner, in dem Gott selbst auf dem Berg Sinai dem Mose erschien und sein Gesetz diktierte. Auch in der Apostelgeschichte beginnt das Pfingstereignis, die Herabkunft des Heiligen Geistes, mit einem gewitterähnlichen Phänomen:

»Da kam plötzlich vom Himmel her ein Brausen, wie wenn ein heftiger Sturm daherfährt, und erfüllte das ganze Haus, in dem sie saßen« (Apg 2,2). Damals war es, als der Apostel Petrus in Ekstase[6] den Propheten Joel zitierte:

> »In den letzten Tagen wird es geschehen, so spricht Gott: Ich werde von meinem Geist ausgießen über alles Fleisch. Eure Söhne und eure Töchter werden prophetisch reden, eure jungen Männer werden Visionen haben, und eure Alten werden Träume haben. Auch über meine Knechte und Mägde werde ich von meinem Geist ausgießen in jenen Tagen, und sie werden prophetisch reden. Ich werde Wunder erscheinen lassen droben am Himmel und Zeichen unten auf der Erde [...]« (Apg 2,17–19).

Mit der Quelle von Lourdes, die von Bernadette unter der Erscheinungsgrotte freigelegt wurde und deren Wasser seitdem Tausende heilte, aber auch mit dem Sonnenwunder von Fátima scheint sich die Prophezeiung der »Wunder am Himmel und Zeichen auf der Erde« erfüllt zu haben. Pfingsten wurde zur Geburtsstunde der Kirche. Und doch traf es selbst die Jünger Jesu völlig unerwartet und überraschend wie Jahrhunderte später die kleine Bernadette oder die Hirtenkinder von Fátima. Dabei waren sie nicht allein; ausdrücklich erwähnt die Apostelgeschichte die Anwesenheit der Gottesmutter Maria im Abendmahlssaal von Jerusalem, dem »Obergemach«, in dem sich auch das Pfingstereignis zutrug. Dort, »in einer Atmosphäre des Hörens und des Gebets, ist sie gegenwärtig, bevor die Türen weit geöffnet werden und sie beginnen, Christus, den Herrn, allen Völkern zu verkündigen und sie zu lehren, alles zu befolgen, was er geboten hat«, wie es Papst Be-

6 Die Juden dachten zunächst, die Jünger Jesu seien betrunken, obwohl es gerade einmal 9 Uhr früh war.

Die Mädchen in der *Calleja*, in der ihnen der Engel erschien

nedikt XVI. in seiner Ansprache vom 14. März 2012 erklärte. Dort, wo sich Kirche ereignet und der Himmel offenbart, ist die Mutter der Kirche nahezu selbstverständlich präsent.

Von alldem aber ahnten die vier Mädchen von Garabandal zu diesem Zeitpunkt noch nichts, im Gegenteil: Sie waren noch ganz im Weltlichen verankert, als das Übernatürliche über sie hereinbrach. So wie Bernadette Holz sammelte oder die Kinder von Fátima ihre Schafe hüteten, so wie Mose die Herde seines Schwiegervaters Jitro weidete oder Paulus auf dem Weg nach Damaskus war, ausgerechnet noch, um Christen zu verfolgen, als »ihn plötzlich ein Licht vom Himmel umstrahlte«, er zu Boden stürzte und die Stimme Jesu vernahm (Apg 9,3–4). Verglichen mit seinem Wüten »mit Drohung und Mord gegen die Jünger des Herrn« (Apg 9,1) war Conchitas Äpfelklau gewiss eine Bagatelle, ein harmloser Kinderstreich. Doch trotzdem meldete sich bei den Mädchen ihr Gewissen, nachdem sie alle Äpfel gegessen hatten.

»Was wir getan haben, war nicht richtig«, meinte Jacinta, »unsere Schutzengel müssen sehr traurig sein.« So hatte es ihnen der Pfarrer im Katechismusunterricht beigebracht. »Wir sollten uns wirklich schämen«, räumte jetzt auch Conchita ein: »Die Äpfel, die wir genommen haben, gehörten uns nicht. Jetzt freut sich der Teufel, und unsere armen Schutzengel leiden. Komm, lass uns den Teufel bestrafen!« Alle vier Mädchen bückten sich, hoben Steine vom Boden auf und warfen sie mit aller Kraft nach ihrer linken Seite, wo im Volksglauben ihrer Heimat der Teufel saß (der Schutzengel wurde rechts verortet). Als sie vom Werfen müde wurden und ihr Gewissen beruhigt hatten, begannen sie, mit den Steinen »Murmeln« zu spielen. Dazu saßen sie im Kreis und blickten einander an.

Einen Augenblick später wurde Conchita von etwas abgelenkt, das sie später als »eine sehr schöne Gestalt, die hell leuchtete, dabei aber gar nicht meine Augen blendete« be-

Heute erinnert ein kleines Denkmal an die Stelle, an der den vier Mädchen der Engel erschien

schrieb. Die anderen drei Mädchen dagegen sahen nur, wie sie in Ekstase fiel. Ohne die geringste Ahnung, was das zu bedeuten hatte, erlebten sie, wie ihre Freundin ihre Hände umklammerte und nur noch »Ay, ay! Oh, oh!« stammelte. In dem Glauben, dass sie einen Anfall hatte, wollten sie schon ihre Mutter holen, da fielen auch sie in Ekstase und stammelten ebenfalls: »Ay! Oh! Der Engel …!« Es folgte bei allen vieren ein andächtiges, staunendes Schweigen. Auch der Engel schwieg, bevor er sich buchstäblich in Luft auflöste.

Als die Kinder allmählich wieder zu sich kamen, überwältigte sie die Angst. So schnell sie konnten, liefen sie zur Dorfkirche. Dabei kamen sie am Dorfplatz vorbei, auf dem mittlerweile getanzt wurde. Ein kleines Mädchen aus dem Dorf, Pilar, genannt »Pili«, war die Erste, die das verschreckte Quartett bemerkte.

»Ihr seid ja richtig blass und seht verängstigt aus«, fragte sie die vier Mädchen, »was habt ihr gemacht?«

»Äpfel gepflückt«, erwiderte Conchita, die im gleichen Moment von einem tiefen Schamgefühl erfüllt wurde, doch nicht anders konnte, als die Wahrheit zu sagen.

»Und darum seht ihr so aus, wie ihr ausseht?«, hakte Pili nach.

»Nein, wir haben einen Engel gesehen!«, schoss es gleichzeitig aus allen vier Mündern.

Pili dachte einen Augenblick nach, dann kamen ihr Zweifel: »Wirklich?«

»Ja! Ja!«, riefen die Mädchen ihr zu, während sie weiter zur Kirche hetzten.

Fünf Minuten später wusste dank Pili das halbe Dorf von der Erscheinung.

Als Conchita, Mari Cruz, Loli und Jacinta den Eingang der Kirche erreicht hatten, zögerten sie, dort einzutreten. Stattdessen gingen sie um das romanische Gotteshaus herum, um an dessen Rückseite in Tränen auszubrechen. Dabei begegneten sie drei Mädchen, die dort spielten. »Warum weint ihr denn?«, fragten diese die vier. »Weil wir einen Engel gesehen haben«, lautete ihre Antwort. »Was? Das müssen wir sofort der Lehrerin erzählen!« – und weg waren sie! Während die kleinen Seherinnen zur Kirchentür zurückkehrten und das Gotteshaus betraten, tauchte ihre Lehrerin, Doña Serafina Gomez, in der Kirche auf. Sie wirkte aufgeregt und stellte die Mädchen ohne Umschweife zur Rede:

»Drei meiner Schülerinnen haben mir gerade gesagt, dass ihr einen Engel gesehen haben wollt. Ist das wahr?«

»Ja, Señora, ja!«, antworteten sie, wobei sie heftig nickten.

»Das könnt ihr euch auch eingebildet haben«, meinte die Lehrerin.

»Nein, Señora, nein. Wir haben ihn wirklich gesehen!«, insistierten sie.

»Wie hat er denn ausgesehen?«

»Er trug ein langes, nahtloses blaues Gewand. Er hatte recht große rosafarbene Flügel.[7] Sein Gesicht war klein. Es war nicht lang und es war nicht rund, sondern irgendwo dazwischen. Seine Augen waren braun. Er hatte schmale Hände und kurze Fingernägel. Seine Füße konnten wir nicht sehen. Er sah aus wie ein Neunjähriger. Doch obwohl er wie ein Kind erschien, machte er doch den Eindruck, dass er sehr stark ist.«

In jedem Detail stimmten die vier Mädchen überein. Doña Serafina, die jedes der Mädchen aus dem Schulunterricht kannte, konnte gar nicht anders, als ihnen zu glauben. Sie wusste einfach, dass Conchita und ihre Freundinnen keine Lügnerinnen waren.

»Na, wenn das wirklich so ist, dann geht zu Jesus im Allerheiligsten und betet zum Dank eine Station«, ermahnte

7 Jahre später erklärte Conchita, dass es »nicht wirklich Flügel« gewesen seien: »Sie waren nicht mit dem Körper verbunden. Sie waren mehr wie ein Schein, als würde ein Licht hinter ihm leuchten.«

die Lehrerin sie. Eine »Station« war in Spanien eine beliebte Andachtsform. Man betete sieben Mal das »Vaterunser«, sieben »Gegrüßet seist Du, Maria«, sieben »Ehre sei dem Vater«, das Glaubensbekenntnis sowie ein weiteres Vaterunser in der Meinung des Heiligen Vaters.

So betraten die vier Mädchen das Gotteshaus, knieten in den Kirchenbänken nieder und beteten andächtig, bevor sie sich mit einem Gemisch aus Angst und Freude auf den Heimweg machten. Es war mittlerweile weit nach 21.00 Uhr.

Conchita wurde zu Hause schon ungeduldig von ihrer strengen Mutter Aniceta erwartet, die gerade das Abendessen zubereitete.

»Habe ich dir nicht gesagt, dass du zu Hause sein sollst, solange es noch hell ist«, fuhr sie das Mädchen an, »und jetzt ist es schon dunkel! Wo hast du dich nur herumgetrieben?«

Conchitas Herz raste. Sie stand noch unter dem Eindruck der Erscheinung, der sie überwältigt hatte, doch die Standpauke ihrer Mutter riss sie in die raue Wirklichkeit zurück. Statt ins Haus zu gehen, in die Küche, in der ihre Geschwister saßen, lehnte sie sich an den Türpfosten, nahm all ihren Mut zusammen und erklärte ihrer Mutter mit leiser Stimme: »Ich habe einen Engel gesehen!«

Doch diese Erklärung setzte in Anicetas Augen dem vermeintlichen Fehlverhalten ihrer Tochter nur noch die Krone auf. »Du kommst nicht nur viel zu spät, Du wagst es auch, mir einen solchen Unsinn zu erzählen? Fällt dir keine bessere Ausrede ein, als mir mit einem Engel zu kommen?«

»Aber ich habe wirklich einen Engel gesehen«, erwiderte Conchita kleinlaut. Die Mutter wiederholte ihre Standpauke, doch nicht mehr mit derselben Heftigkeit wie beim ersten Mal. Sie wusste, dass ihre Tochter keine Lügnerin war. Wenn Conchita so sehr darauf bestand, dann musste an der Sache doch etwas dran sein.

Conchitas Elternhaus

Es war jetzt 21.30 Uhr, als Conchita endlich das Haus betrat, um den Rest des Abends vor dem Schlafengehen eher schweigend zu verbringen.

»Ich beließ es dabei«, erklärte Aniceta später, »denn ich spürte, wie mir ein Schauer über den Rücken lief, als meine Tochter darauf bestand, einen Engel gesehen zu haben. Irgendwie hatte ich ein komisches Gefühl. Ich fragte mich, was sie gesehen haben könnte, aber ich stellte Conchita keine weiteren Fragen und sprach an diesem Abend auch mit niemandem mehr darüber.«

Jacintas Mutter glaubte ihrer Tochter zunächst kein Wort. Erst allmählich »begann ich, ihr ein bisschen zu glauben«, gab sie später zu Protokoll. »Wieder etwas später respektierte ich ihre Erscheinungen ... und dann gab es wieder Zeiten, zu denen die Zweifel zurückkehrten.« Ihr Vater, Simón González González, reagierte ebenso skeptisch. Obwohl (oder gerade weil) er tief in seinem Innern spürte, dass seine Tochter nicht gelogen hatte, riet er ihr, mit niemandem darüber zu sprechen. Auch bei ihrem Bruder, der ausgerechnet Miguel Ángel (»Engel Michael«) hieß, fand sie keinen Glauben. »Damals hielt ich das für eine Farce«, erklärte er dem spanischen Autor Rámon Pérez. »Als Jacinta mir erzählte, sie hätte etwas gesehen, das einem Engel geglichen hätte, erklärte ich ihr: ›Unsinn! Das muss ein Vogel gewesen sein!‹«

Am härtesten traf es Mari Cruz. Ihre Mutter Pilar bekam einen Wutanfall. »Was erzählst du für einen Unsinn!«, schrie sie ihre Tochter an, bevor sie zu einer schallenden Ohrfeige ausholte. »Ich werde deine Lügen aus dir herausprügeln!« Weinend ging das verschüchterte Mädchen zu Bett, voller Angst vor dem, was der nächste Tag bringen und wie ihre jähzornige Mutter darauf reagieren würde.

2.

Die Enttäuschung

Am nächsten Morgen – es war Montag, der 19. Juni 1961 – verbreitete sich die Nachricht von den Ereignissen des letzten Abends in Garabandal wie ein Lauffeuer. Noch bevor die Kinder aufgestanden waren und sich auf den Weg in die Schule gemacht hatten, sprach jeder im Dorf über sie. »Diese vier Mädchen müssen wirklich etwas Unglaubliches gesehen haben. Habt ihr den Ausdruck in ihren Gesichtern gesehen, als sie von der *Calleja* herunterkamen?«, meinten einige. »Das muss einer dieser großen Vögel gewesen sein, den die gesehen haben«, versicherten andere, »es war doch schon fast dunkel.« – »Vielleicht ist ihnen auch ein kleiner Junge begegnet, als sie so vor sich hinträumten«, lautete ein weiterer Einwurf. Jeder hatte sich schon eine Meinung gebildet, bevor man überhaupt Conchita, Jacinta, Mari Loli oder Mari Cruz nach ihrem Erlebnis fragen konnte. Sie waren an diesem Morgen das Gesprächsthema Nummer eins in ihrem Dorf, so viel war jedenfalls sicher. »An diesem Tag sprach niemand über etwas anderes«, erinnert sich Conchita in ihrem Tagebuch.

Als sie kurz vor 10.00 Uhr früh zur Schule ging, versuchten ihre Nachbarn, sich Klarheit zu verschaffen: »Wie hat er denn ausgesehen, dieser Engel?«, wurde sie immer wieder gefragt, mal mit einem Unterton von Neugierde, mal geradezu andächtig und gläubig, dann wieder mit kaum überhörbarem, beißendem Spott. Den anderen Mädchen ging es nicht besser. »Wir waren so glücklich, dass wir diese wunderschöne Gestalt gesehen haben, dass wir ihnen gerne alles erzählten«, meinte Conchita später, »die meisten Leute lachten über uns,

Mari Cruz, Jacinta, Conchita und Loli

aber das kümmerte uns nicht, denn wir wussten ja, dass es wahr war.«

In der Schule stellte ihre Lehrerin sie noch einmal zur Rede: »Kinder, seid ihr euch denn sicher über das, was ihr mir gestern erzählt habt?«

»Ja, Señora, wir sahen wirklich einen Engel«, bestätigten sie. Doña Serafina Gomez beließ es dabei, ohne weitere Fragen zu stellen. Die anderen Mädchen in der Klasse staunten nur. Dann begann der Unterricht. »Alles war wie immer und wir machten uns keine Sorgen mehr«, hielt Conchita fest.

Nicht aus dem Grübeln heraus kam dagegen ihr Pfarrer Valentín Marichalar aus dem Nachbardorf Cosío, zu dem die Gerüchte um die Vision der Kinder längst vorgedrungen waren. Er war besorgt und ein wenig nervös an diesem Morgen, denn er ahnte, welche Herausforderung die Spekulationen um ein mögliches Wunder für ihn bedeuten würde. Wie auch immer er damit umging, es barg das Risiko einer Spaltung seiner Gemeinde in sich. Würde er die »Erscheinung« in Bausch und Bogen verdammen, würde er vielleicht nicht nur den Kindern unrecht tun, es könnte auch die Eltern und alle, die ihnen glaubten, gegen ihn aufbringen. Würde er sie gutheißen, könnte er bald als leichtgläubig und naiv gelten, vielleicht sogar als wundersüchtiger Opportunist. Das würde das Vertrauen seiner Schäflein in ihn erschüttern, seine Glaubwürdigkeit infrage stellen. Stellte sich schließlich heraus, dass alles doch nur ein Scherz der Kinder oder eine Sinnestäuschung war, wäre er fortan das Gespött der Leute, der Lächerlichkeit preisgegeben. Für all das würde er von seinem Vorgesetzten, dem Apostolischen Administrator von Santander [das zur Zeit der ersten Erscheinungen noch keinen neuen Bischof hatte, d. Verf.], zur Rechenschaft gezogen werden. Kaum etwas fürchtet die Kirche mehr als die Entwicklung unkontrollierbarer Kulte, basierend auf fragwürdigen Privatoffenbarungen. Darum galt es, hier von Anfang an Klugheit walten zu lassen. Er würde der erste und gründlichste Untersucher der fraglichen Erscheinung werden, beschloss er an diesem Morgen. Doch zunächst musste er warten, bis die Kinder aus der Schule kamen. So machte er sich auf den Weg, um pünktlich zum Schulschluss um 13.00 Uhr in Garabandal zu sein, wo er die Mädchen auf dem Rückweg von der Schule abfangen und befragen wollte.

Jacinta und Mari Cruz, die sich gemeinsam auf den Heimweg gemacht hatten, waren die Ersten, denen er im Dorf begegnete. Auffällig nervös, konfrontierte er sie ohne viel Federlesens:

»Nun, nun, ist es wahr, dass ihr einen Engel gesehen habt?«

»Si, Señor«, lautete die ebenso direkte Antwort der beiden Mädchen, »jawohl, mein Herr!«

»Ich weiß nicht, ich weiß nicht, ob ihr da nicht einen Fehler gemacht habt«, stotterte er offensichtlich verblüfft.

»Nein, nein, machen Sie sich keine Sorgen«, erwiderte Jacinta lächelnd, »wir haben wirklich einen Engel gesehen.«

Die Sicherheit und Selbstverständlichkeit, mit der die Kinder das Unglaubliche bestätigten, ließ den Pfarrer frappiert zurück, während die Mädchen nach Hause eilten, wo ihre Mütter mit dem Mittagessen auf sie warteten.

Pfarrer Valentín Marichalar und Jacinta (links)

Nachdenklich, doch keineswegs weniger besorgt, eilte Pfarrer Marichalar zu Conchita. Sie war die Älteste von den vieren, von ihr erwartete er die reifste, reflektierteste Antwort auf seine Fragen. Er traf sie in der Nähe ihres Elternhauses. Nach wie vor wirkte er ziemlich nervös, als er dem Mädchen die alles entscheidende Frage stellte: »Conchita, sei ehrlich: Was hast du gestern Abend gesehen?« Aufmerksam hörte er sich ihre Antwort an, stellte immer wieder Zwischenfragen, bat hier und dort um eine Klarstellung und versuchte, freilich vergeblich, die Zwölfjährige in Widersprüche zu verwickeln. Am Ende musste er eingestehen, dass es keine solchen gab – weder in ihrem Bericht noch zu dem, was die beiden anderen Mädchen ihm erzählt hatten. »Nun denn, wenn du ihn heute Abend wieder siehst, frag ihn, wer er ist und warum er gekommen ist«, beendete er das Gespräch. »Wir werden sehen, was er darauf antwortet.« Conchita versprach, dies zu tun. Dann machte er sich auf den Weg zu Loli, um ihr dieselben Fragen wie Conchita zu stellen. Doch auch bei ihr stieß er auf keinen einzigen Widerspruch zu den Schilderungen der anderen drei Mädchen. Schließlich verabschiedete er sich von der Zwölfjährigen mit den Worten: »Gut, dann warten wir mal zwei oder drei Tage und schauen, ob ihr dieses schöne Wesen, den Engel, wie du sagst, wieder seht und was er euch dann zu sagen hat. Ich warte so lange, bis ich Seine Exzellenz [den Apostolischen Administrator, d. Verf.] über die Geschichte informiere.«

Nach dem Mittagessen mussten die Kinder zurück zur Schule, wo um 15.00 Uhr der Nachmittagsunterricht begann. Als dieser vorüber war, gegen 17.00 Uhr, kehrte Conchita nach Hause zurück, wo ihre Mutter sie zum Milchholen schickte. Die Frau, die ihrer Familie jeden Tag frische Kuhmilch verkaufte, eine Freundin ihrer Mutter, hatte natürlich auch schon von dem Erlebnis der vier Mädchen erfahren. »Ist das wahr, was die Leute erzählen«, fragte sie Conchita, »habt ihr wirklich einen Engel gesehen?«

»Ganz sicher haben wir das!«, erwiderte die Zwölfjährige.

»Wie ist das denn passiert?«, wollte die Bäuerin wissen.

Conchita holte aus und erzählte ihr alles von Anfang an.

Die Frau lächelte. »Da ich weiß, dass du gut erzogen bist, glaube ich dir«, erwiderte sie. »Du hast wohl wirklich einen Engel gesehen. Aber die anderen ganz bestimmt nicht!«

»Aber wir haben ihn alle vier gesehen!«, entgegnete Conchita ihr geradezu trotzig, nahm die Milch und trug sie zu ihrer Mutter, von der sie sich auch gleich wieder verabschiedete: »Mama, ich geh' jetzt zum Beten in die *Calleja*!«

Ihr Bruder Aniceto, der zusammen mit dem Maurer Pepe Diez etwas am Haus reparierte, hörte das und redete ihr ins Gewissen: »Geh bitte nicht! Willst du, dass die Leute über dich und uns lachen, weil du allen erzählst, du hättest einen Engel gesehen, obwohl jeder weiß, dass das nicht stimmt? Bleib bitte hier!«

Pepe, der Maurer, lachte: »Lass sie doch einfach gehen! Es schadet doch niemandem, wenn sie dort betet.«

Doch Aniceto blieb bei seiner Meinung und seine Mutter pflichtete ihm bei. Conchita versuchte, sie zu überzeugen, bat und bettelte, zunächst vergeblich. Erst als die drei anderen

Mädchen sie riefen, gab Aniceta González, Conchitas Mutter, schließlich nach.

»*Ay, Dios mío*! – Ach, mein Gott, in welche Schwierigkeiten hast du uns gebracht!«, rief sie ihrer Tochter noch nach, als diese bereits zu ihren Freundinnen rannte. Dann drehte sich Conchita noch einmal kurz um und versuchte, ihre Mutter zu beruhigen: »Es gibt keine Schwierigkeiten!«

»Was, wenn wirklich wahr ist, was sie sagt ...«, schoss es Aniceta in diesem Augenblick durch den Kopf, »... und ich es wäre, die sie daran gehindert hätte hinzugehen? ...«

Doch zunächst wurde der Weg zur *Calleja*, die Conchita in ihrem Tagebuch als *un trocito de cielo* – »ein Stückchen vom Himmel« – bezeichnet hat, zu einem Spießrutenlauf. An jeder Ecke wurden die vier Mädchen angesprochen, belächelt, offen verspottet: »Wenn ihr beten wollt, warum geht ihr nicht in die Kirche?« Auf ihre Antwort »Weil uns dort, in der *Calleja*, gestern ein Engel erschienen ist und wir sehen wollen, ob er heute wieder erscheint, wenn wir dort beten«, ernteten sie bestenfalls ungläubiges Kopfschütteln, in den meisten Fällen aber Gelächter. Als sie an der Stelle ihrer gestrigen Erscheinung niederknieten, um zu beten, flogen sogar Steine. Ein paar Jungen aus dem Dorf waren ihnen heimlich gefolgt, hatten sich in einem benachbarten Maisfeld versteckt und versuchten jetzt alles, um ihre Andacht zu stören. Als die Mädchen sie baten, damit aufzuhören, ernteten sie nur Gelächter. Während sie den Rosenkranz beteten, gaben die Lausbuben keine Ruhe.

Dann war ihr Gebet zu Ende – und nichts geschah. Die Mädchen blickten sich um, schauten hoch. Der Himmel war von dichten grauen Wolken bedeckt, ein kalter Wind wehte ihnen ins Gesicht und ließ sie frösteln. Den Jungen wurde es langweilig, sie liefen ins Dorf zurück, während Conchita, Jacinta, Loli und Mari Cruz eine ganze Stunde an der *Calleja* ausharrten. Doch als es allmählich dunkel wurde, wurde ihnen klar, dass der Engel zumindest an diesem Abend nicht zurückkehren würde. Lag es an den Bengeln, deren Steinwürfe ihre Andacht gestört hatte? Hatten die Leute recht gehabt, hätten sie den Engel tatsächlich besser in der Dorfkirche erwartet? »Lasst uns noch ein Gesätz des Rosenkranzes vor dem Allerheiligsten beten!«, meinte Conchita und ihre drei Freundinnen folgten mit zustimmendem Nicken.

Auf dem Weg in die Kirche begegneten sie wieder ihrer Lehrerin. »Wart ihr wieder an der *Calleja*?«, wollte sie wissen. »Ja, *Señora*, aber wir sahen nichts«, antworteten die Mädchen mit trauriger Stimme. »Macht euch keine Sorgen«, erwiderte Doña Serafina, »vielleicht kommt er ja morgen.« Als er sich auch in der Kirche nicht blicken ließ, machten sich die vier gegen 20.45 Uhr auf den Heimweg, um pünktlich, noch vor 21.00 Uhr, bei ihren Müttern zu sein. »Habe ich es dir nicht gesagt, dass ihr euch das nur eingebildet habt?«, musste sich jedes der Mädchen beim Abendessen anhören. Gegen 21.45 Uhr gingen sie wie an jedem Abend zu Bett, nicht ohne zuvor ihre Nachtgebete zu verrichten. Nur Conchita hörte, kaum hatte sie zu beten begonnen, eine Stimme in der Nacht: »Mach dir keine Sorgen. Du wirst mich wiedersehen.« Während ihr Herz immer schneller zu pochen begann, betete sie umso inbrünstiger, bis sie schließlich der Schlaf übermannte.

3.

Der Engel kehrt zurück

Am nächsten Tag, dem 20. Juni, trafen sich die Mädchen nach der Schule an Conchitas Elternhaus, um noch einmal zur *Calleja* zu gehen und dort zu beten. Auch an diesem Tag arbeitete Pepe Diez, der Maurer des Dorfes, dort mit Aniceto González. Er wollte, stets den Schalk im Nacken, den vieren einen gehörigen Schrecken einjagen.

»Na, Mädels, glaubt ihr immer noch, einen Engel gesehen zu haben?«

»Ja, das haben wir!«

»Dafür wird man euch ins Gefängnis stecken! Wir haben schon die *Guardia Civil* [dem Innen- und Verteidigungsministerium unterstellte Polizei, d. Verf.] informiert. Auch eure Väter und Mütter müssen ins Gefängnis!«

Doch zu seiner Enttäuschung reagierten Conchita, Jacinta, Mari Cruz und Loli völlig gleichgültig auf seine Drohung. Ohne ein Zeichen von Angst oder Sorge antworteten sie mit ruhiger Stimme:

»Nun, dann werfen sie halt uns und unsere Eltern ins Gefängnis. Das ändert auch nichts daran, dass wir nun mal den Engel gesehen haben.«

Jetzt wurde Aniceto, Conchitas Bruder, wütend: »Hört auf, über dieses Zeug zu reden!«

»Reg dich nicht auf«, erklärte Pepe ihm lachend, »offenbar ist es deiner Schwester und den anderen Mädchen egal, was ich zu ihnen gesagt habe. Es scheint ihnen keine Angst gemacht zu haben. Oder sie wissen nicht, was es bedeutet, ins Gefängnis zu gehen ...«

Noch während er das sagte, überkam den Maurer ein schwer definierbares Gefühl. Es war, als würde sein Gewissen sich bei ihm melden. Für einen Augenblick spürte er, dass die ganze Sache eben kein Witz war und nichts, worüber man spotten sollte …

Pepes Versuch, sie aufs Glatteis zu führen, war nur der Anfang der zahlreichen Sticheleien und offenen Angriffe, die sich noch verstärkt hatten, seit sie am Abend zuvor eher resigniert und ohne eine weitere Begegnung mit dem Engel von der *Calleja* zurückgekehrt waren. Immer öfter mussten sie sich anhören, dass alles nur Einbildung gewesen sei. Auch ihre Eltern waren besorgt, dass sich ihre Töchter in etwas verrannt hatten, das sie unweigerlich in eine Fantasiewelt führen würde, die nicht gut für sie wäre.

»Meine Mutter war sehr besorgt, ebenso wie alle unsere Eltern und Brüder«, schrieb Conchita in ihrem Tagebuch nieder. »Sie machten einen großen, inneren Kampf durch. Einerseits wollten sie uns glauben, dass wir die Wahrheit sagten, doch trotzdem hatten sie auch ihre Zweifel.«

Als ihre Freundinnen sie abholten, wollte Aniceta ihre Tochter erst nicht gehen lassen. »Warum willst du wieder in der *Calleja* beten? Wenn du beten willst, geh gefälligst in die Kirche!«

»Bitte, lassen Sie Conchita doch mit uns kommen!«, bettelten die anderen Mädchen.

»Aber warum geht ihr dorthin und macht euch vor allen Menschen zum Narren?«, wollte Aniceta wissen.

»Wir machen uns nicht zum Narren«, antwortete Jacinta, »Wir gehen dort beten und schauen, ob der Engel wiederkommt.«

»Nein, sie bleibt hier«, beharrte die Mutter auf ihrer Entscheidung, »ihr könnt ja hingehen, aber Conchita bleibt hier!«

Dem Mädchen standen Tränen in den Augen. Ganz langsam schlichen sich ihre drei Freundinnen davon, um sich

Die *Calleja* (mit Loli)

hinter der nächsten Mauer zu verstecken und dort auf Conchita zu warten. Doch Aniceta hatte das mitbekommen und rief sie wieder zu sich.

»Gut, ich gebe mich geschlagen. Wenn ihr tut, was ich euch sage, darf Conchita gehen!«

»Ja, ja, das machen wir«, jubelten die Mädchen und auch auf Conchitas Gesicht breitete sich ein Strahlen aus.

»Tut jetzt einfach so, als würdet ihr spielen gehen und redet mit niemandem. Wenn ihr die *Calleja* erreicht habt, wird Conchita nachkommen, aber so, dass niemand etwas merkt.«

Gesagt, getan. Als Conchita schließlich an der vereinbarten Stelle eintraf, war es ihren Freundinnen, als hätte sie eine Ewigkeit dafür gebraucht. Gemeinsam knieten sie sich hin und beteten den Rosenkranz. Doch wieder war kein Engel zu sehen. Enttäuscht wollten die vier Mädchen schon ins Dorf zurückgehen, als ihnen das Herz fast stehen blieb.

»Als wir gerade aufstehen wollten, sahen wir alle ein sehr helles Licht, so hell, dass keine von uns die andere sehen konnte«, schrieb Conchita später in ihr Tagebuch. »Wir waren geblendet von diesem hellen Licht, das uns ganz zu umhüllen schien. Wir sahen nichts anderes mehr als dieses Licht! Wir waren zu Tode erschrocken und begannen zu schreien, als dieses grelle, blendende Licht langsam verschwand.«

Als sie wieder zu sich kamen, war es bereits 21.30 Uhr, zu spät, um noch in die Kirche zu gehen. So liefen sie auf dem schnellsten Weg nach Hause, ohne dort ihren Familien von dem geheimnisvollen Licht zu erzählen. Erst am nächsten Morgen erinnerten sie sich daran, dass ihr Pfarrer, Valentín Marichalar, sie gebeten hatte, ihn unverzüglich zu informieren, wenn sich wieder etwas Übernatürliches ereignen würde. Da ihre Eltern ihnen aber nicht erlaubten, auf dem schwierigen, sieben Kilometer langen Bergpfad in das Nachbardorf Cosío zu gehen, in dem der Pfarrer wohnte, vertrauten sie ihr Erlebnis ihren Vätern an, die für sie die Nachricht überbrachten.

Am 21. Juni verstummten die Spötter allmählich, während immer mehr Dorfbewohner sich fragten, ob die Kinder nicht doch etwas Ungewöhnliches gesehen hatten. Auch Aniceta, Conchitas Mutter, hatte keine Einwände mehr, dass ihre Tochter nach der Schule zur *Calleja* ging, doch sie riet ihr, als Zeugin eine Frau aus dem Dorf namens Clementina González mitzunehmen. Diese wiederum wollte nicht allein gehen, weil sie den Spott der Nachbarn fürchtete, und nahm die Frau des Lehrers, Concesa, mit. Als einige der Dorfbewohner sahen, dass die Kinder von zwei Erwachsenen begleitet wurden, ließen sie alles stehen und liegen und folgten ihnen ebenfalls. Zu groß war die Neugierde, jetzt endlich zu erfahren, was an der Geschichte der vier Mädchen dran war.

An der Stelle angekommen, knieten die Kinder wie an den Vortagen nieder und beteten den Rosenkranz. Doch nichts geschah. Die ersten Erwachsenen begannen zu lachen: »Haben wir es nicht geahnt, dass alles nur Einbildung war?« Eine Frau dagegen riet ihnen: »Betet doch eine Station!« [siehe Kapitel 1]. Die vier Mädchen begannen, sieben Vaterunser, gefolgt von sieben Ave Maria zu beten. Kaum hatten sie mit den sieben »Ehre sei dem Vater« und dem letzten Vaterunser in der Meinung des Heiligen Vaters abgeschlossen, waren sie plötzlich in Trance. Ihre jungen Körper knieten bewegungslos auf dem steinigen Boden, doch ihre Seelen schienen sich von ihnen gelöst zu haben, entrückt an einem anderen Ort zu sein. Ihre Gesichter waren zum Himmel gerichtet, als würden sie in die Unendlichkeit starren, während sie sich zu erhellen schienen und eine geradezu überirdische Schönheit annahmen. Ihre Münder waren halb geöffnet, während ein sanftes Lächeln zu sehen war, das das Strahlen ihrer weit geöffneten Augen betonte. Sofort begriffen die Anwesenden, dass sich vor ihren Augen etwas Übernatürliches ereignete und dass Conchita, Jacinta, Loli und Mari Cruz sich in einem veränderten Bewusstseinszustand, in einer Ekstase, befanden.

Ebenso überwältigt wie irritiert fasste Clementina sich ein Herz und rief die Namen der Mädchen, um zu testen, ob sie reagieren würden. »Loli!«, sagte sie mit lauter Stimme, doch das Mädchen reagierte nicht. »Mari Cruz!«, doch nichts geschah. Die anderen Frauen, die ihr gefolgt waren, lachten. Als sie Jacinta rufen wollte, versagte ihr die Stimme. Sie bat eine der Anwesenden, eine Frau namens Aurelia, das zu übernehmen, und diese brüllte sofort los: »Jacinta, steh auf! Da kommt eine Ziegenherde und wird uns alle niedertrampeln!« Jacinta rührte sich nicht, als hätte sie nichts gehört. Jetzt hatte Clementina ihre Stimme zurückerlangt und schrie Conchita an: »Ruf Unsere Liebe Frau vom Berg Karmel, ruf das Heiligste Herz Jesu an! Frag ihn, was er von uns will!«

Die anderen Frauen lachten: »Tina, sei nicht voreilig, vielleicht ist es etwas vom Teufel!«

Clementina wurde nervös. »Ich sollte jetzt losgehen und den Pfarrer holen. Ich sollte das ganze Dorf holen, denn wer nicht an das da glaubt, der glaubt nicht an Gott!«

In diesem Augenblick sagte Conchita, nach wie vor in Ekstase: »Heilige Jungfrau, sie glauben uns nicht!«

»Doch Conchita, wir glauben dir«, versuchte Clementina auf sie einzureden, »jeder glaubt dir.« Doch Conchita reagierte darauf nicht.

Die vier Mädchen in Ekstase

So plötzlich, wie ihre Entrückung eingesetzt hatte, kehrten die vier aus dieser auch wieder zurück. Sie wirkten überglücklich, lachten und strahlten Wärme und Frieden aus. Die Menschen, die sie beobachtet hatten, spürten, dass sie etwas erlebt hatten, das nicht von dieser Welt war; sie umarmten und küssten sie.

»Was habt ihr gesehen?«, wollte jeder wissen.

»Der Engel ist zurückgekehrt«, bestätigte Conchita, was jeder längst ahnte, »wir fragten ihn, wer er sei und weshalb er gekommen sei, doch er antwortete nicht. Erst als ich den Namen der heiligen Jungfrau erwähnte, lächelte er und neigte sein Haupt.«

»Wenn ihr ihn wiederseht, bittet ihn um Vergebung, dass wir nicht an ihn geglaubt haben!«, meinte eine der Frauen, während ihr Tränen über die Wangen liefen.

Als sie kurz nach 22.00 Uhr wieder im Dorf waren, erzählten die Frauen allen anderen, was geschehen war. Die Kunde davon verbreitete sich wie ein Lauffeuer, nicht nur in Garabandal, sondern auch in den Nachbardörfern. Doch was wollte der Engel von den Kindern, warum war er gerade hier erschienen? Die nächsten Tage sollten die Antwort bringen.

4.

Die erste Untersuchung

An diesem Punkt beginnt die Geschichte von Juan Álvarez Seco, Brigadier der *Guardia Civil* des Sektors Puentenansa, zu dem San Sebastián de Garabandal gehörte. Am 20. Juni, als er den Arzt Dr. José Luis Gunon besuchte, hatte er zum ersten Mal von den Ereignissen von Garabandal gehört; Dr. Luis wiederum war von zwei Frauen aus dem Dorf informiert worden, die seine Patientinnen waren. Als er zurück in der Kaserne der *Guardia Civil* war, beauftragte Álvarez den jungen Korporal José Fernández Codesido mit einer ersten Untersuchung der Vorfälle vor Ort. Aus Garabandal zurückgekehrt, meldete dieser seinem Vorgesetzten, dass tatsächlich

> »die vier Mädchen Conchita González González (12), María Dolores Mazón González (12), Tochter des Dorfvorstehers, Jacinta González González (12) und Mari Cruz González Barrido (11) behaupteten, den Erzengel Michael gesehen zu haben«.

Jedes der Mädchen hatte dem Korporal unabhängig voneinander die gleiche Geschichte erzählt, wie sie Äpfel stibitzt und mit Steinen »Murmeln« gespielt hätten, als der Engel erschienen war. Der Apfeldiebstahl war eine Bagatelle, die den Brigadier nicht interessierte, aber die Engelerscheinung war ihm unheimlich; für einen Augenblick dachte er daran, sofort einen Bericht abzufassen und ihn an das Ministerium zu schicken. Erst ein Gespräch mit Pfarrer Marichalar hielt ihn davon ab und überzeugte ihn, sich zunächst einmal ein eigenes Bild von der Situation zu machen. Doch als er am nächsten

Tag dem Priester begegnete, als dieser auf dem Weg nach Santander war, um seinem Vorgesetzten von der Erscheinung der Mädchen zu berichten, war Álvarez Seco klar, dass auch er sofort handeln musste. Eine erste Meldung verließ noch am Abend die Kaserne und wurde von einem Zivilgardisten ins Ministerium gebracht. Am 22. Juni machte sich der Brigadier, begleitet von einem Assistenten, einem Gardisten namens Celemin, persönlich auf den Weg nach Garabandal. Seinem später verfassten Bericht verdanken wir eine der eindrucksvollsten Schilderungen des Dorfes und der himmlischen Ereignisse, die mitten in diese ländliche Idylle platzten:

»Garabandal ist ein kleines Bergdorf, das aus 60 Häusern besteht. Es ist bekannt für die angeborene Herzlichkeit seiner Bewohner. Es liegt im Vorgebirge der kantabrischen Berge, unweit der Peña Sagra, im Grenzgebiet der Provinzen Asturien, Palencia und Santander. Um Garabandal zu erreichen, muss man einen schwierigen Weg zurücklegen, der in Cosío beginnt und sich sieben Kilometer lang durch die Berge windet, bevor man im Dorf ankommt. Während dieses Aufstiegs genoss ich den herrlichen Blick, der mich an die wunderbaren Krippenszenen, die *belenes*, erinnerte, die sie bei uns in Katalonien zur Weihnachtszeit bauen. Im Dorf floss das Wasser in den Straßen, während mir Hühner, kleine Schweine, Schafe und Ziegen entgegenkamen. Es gab auch Kühe dort, die Glocken um den Hals trugen.

Das Leben der Dorfbewohner wird von religiösen Traditionen bestimmt. Unter keinen Umständen versäumen sie es, den Angelus zu beten, sobald die Uhr zwölf schlägt. Am Nachmittag beten sie den Rosenkranz mit ihrem Pfarrer oder in dessen Abwesenheit mit dem Lehrer oder der Witwe Maximina. Wenn der Abend dämmert, geht Simóns Frau [Jacintas Mutter] mit einer Laterne und einer kleinen Glocke durch das Dorf, um seine Bewohner an ihre Nachtgebete zu erinnern.«

Als die beiden Gardisten das Dorf erreicht hatten, war die erste Person, die sie ausfragten, eine Frau namens Valentina.

> »Sie war sehr liebenswürdig, ihr Gesicht spiegelte ihre Güte und Zuneigung wider; sie behandelte mich, als ob sie mich schon ewig kannte. Ohne jeden Druck erzählte sie mir, dass die erste Erscheinung am letzten Sonntag, dem 18., stattgefunden hatte, nachdem die Mädchen den Rosenkranz gebetet und Katechismusunterricht erhalten hatten.«

Laut Valentina hätte Conchita den Engel als »wunderschönes Wesen – klein, mit sehr hell strahlenden Flügeln« beschrieben. Als andere Zeugen das Gleiche berichteten, ordnete Brigadier Álvarez Seco an, dass zwei Sergeanten fortan die Vorgänge beobachten sollten. »Die Nachricht von den Erscheinungen ging von Dorf zu Dorf und durch die umliegenden Dörfer und mit jedem Tag kamen mehr und mehr Menschen, was natürlich unsere Wachsamkeit verstärkte«, gab er zu Protokoll.

Er konnte nicht ahnen, dass sich die Ereignisse noch am selben Abend auf so eindrucksvolle Weise fortsetzen würden.

Pfarrer Marichalar hatte offenbar aus Santander die Anweisung erhalten, die angeblichen Erscheinungen der Kinder genauer zu beobachten. Jedenfalls war er zur Stelle, als am Donnerstagabend gegen 20.30 Uhr die Kinder in der *Calleja* eintrafen, wo sich bereits weit über hundert Menschen versammelt hatten. Gemeinsam beteten sie alle den Rosenkranz und als das letzte »Ehre sei dem Vater« gesprochen wurde, fielen die Kinder erneut in Ekstase.

Während sie entzückt erlebten, wie der Engel, wieder ohne etwas zu sagen, vor ihnen erschien, reagierten die Anwesenden mit aufgeregten Rufen auf die Entrückung der Kinder. Niemand von ihnen hatte so etwas je gesehen, doch das machte sie umso sicherer, dass es ganz gewiss – *era cierto!* – echt sein musste.

Auf Bitten des Pfarrers war auch ein gewisser Prof. Manin gekommen, der als erster Gutachter fungieren sollte. Um zu testen, ob ihre Entrückung echt und nicht gespielt war, führte dieser eine Reihe von Tests an den Kindern durch. Er stieß Nadeln in ihre unbekleideten Waden, er hielt ein Streichholz unter ihre gefalteten Hände, doch die Mädchen blieben regungslos; keines von ihnen zuckte auch nur. Sie blinzelten auch nicht, als er ihnen mit einer hellen Taschenlampe direkt in die weit geöffneten Augen leuchtete, ja nicht einmal ihre Pupillen reagierten auf das Licht.

Nachdem die Dorfbewohner staunend und immer überzeugter das Geschehen verfolgt hatten, brachte Prof. Manin die Mädchen in das Haus eines Dorfbewohners namens Etaquio (er wurde in Garabandal »der Amerikaner« oder »der Indio« genannt, weil er eine Zeit lang in Südamerika gelebt hatte), um sie in Ruhe über die Erscheinungen zu befragen. Das wiederum führte nicht nur schnell zu Gerüchten, es zog auch die Aufmerksamkeit der beiden Gardisten auf sich, die Brigadier Álvarez Seco nach Garabandal beordert hatte. In seinem Bericht schreibt er:

»Die Leute, die gekommen waren, um die Erscheinungen zu sehen, fragten sich, ob die Kinder hypnotisiert waren oder ob ihnen Drogen oder Ähnliches verabreicht worden war. Nach der Erscheinung berichtete mir einer der Sergeanten der *Guardia Civil*, dass nach Conchitas Ekstase das Mädchen von dem Professor in das Haus des ›Amerikaners‹ (*Etaquios*) geführt wurde und dass es wahr sein könnte, was die Leute sagten. Die Menschen glaubten, dass der Professor den Mädchen die Drogen gab. Ich ging sofort dorthin und sah tatsächlich den Professor in einem Zimmer mit Conchita. Ich fragte ihn, was er da mache, und er antwortete, dass er die Seherin auf Wunsch Pfarrer Valentíns über ihre Begegnungen mit dem Engel befragte; er tat dies, um einen Bericht für Pfr. Valentín zu

Untersuchung der Kinder in Ekstase

> erstellen, den dieser bei seiner nächsten Audienz dem Bischof [gemeint ist der Apostolische Administrator, d. Verf.] vorlegen konnte.«

Als Prof. Manín immer wieder zu den Erscheinungen kam, drohten die Sergeanten ihm mit einer Gefängnisstrafe, sollte sich herausstellen, dass er die Mädchen durch Hypnose oder Drogen beeinflusst hatte. Später sprachen sie sogar einen Platzverweis gegen ihn aus. Doch bald war klar, dass in Garabandal keine »Hypnose-Show« und erst recht kein großer Betrug stattfand, sondern die Ekstasen der Mädchen echt sein mussten.

Das Wort »Ekstase« ist vom griechischen *ékstasis* abgeleitet, was so viel wie »Aus-sich-Heraustreten« oder »Außer-sich-Sein« bedeutet und eine tranceartige mystische Entrückung oder Verzückung bezeichnet. Der Historiker Peter Dinzelbacher beschreibt Ekstase als das »Heraustreten der Seele aus dem Körper bei gleichzeitiger Suspendierung der Sinneswahrnehmungen« und im weiteren Sinne als einen »rauschartigen Erregungszustand mit gemindertem Bewusstsein«. Während der Ekstase erscheint dieser andere Bereich dem Betroffenen nicht nur als völlig real, sondern als die einzige Wirklichkeit.

Das entspricht dem, was die große spanische Mystikerin und Kirchenlehrerin Teresa von Ávila beschrieb: Während einer echten Entrückung, so die Heilige, würde die Seele »weder sehen noch hören noch fühlen«. Drei Jahre vor den Ereignissen in Garabandal, 1958, hielt der spanische Theologe und Mystikexperte des Dominikanerordens, Pater Antonio Royo Marín OP, fest, dass

> »selbst die schmerzhaftesten Schnitte, die heftigsten Erschütterungen, selbst Verbrennungen etc. nicht bewirken können, dass jene erwachen, die sich in diesem göttlichen Schlaf [der Ekstase, d. Verf.] befinden ... sie nehmen absolut nichts aus dem Bereich der materiellen Dinge wahr, was demonstriert werden kann, indem man brüsk vor ihre geöffneten Augen ein Licht oder einen Gegenstand hält, ohne dass es zur geringsten Bewegung des Augenlids oder der Pupille kommt«.

Die Kunde, dass ein Gelehrter die Kinder untersucht habe und sie auf keines seiner Experimente reagierten, machte die Menschen noch neugieriger auf das Geschehen von Garabandal. Jetzt kamen sie nicht nur aus dem eigenen Dorf und Cosío, sondern auch aus Puentenansa und Rozadío, hielt Conchita in ihrem Tagebuch fest:

> »Die Menschen aus dem Dorf waren immer beeindruckter und auch die Menschen aus den anderen Dörfern waren beeindruckt. Als die Erscheinung vorüber war, küssten sie uns.«

Danach ließ Pfarrer Marichalar die Mädchen von den Gardisten in die Kirche bringen. Eines nach dem anderen rief er zu sich in die Sakristei, während die anderen drei vor dem ausgesetzten Allerheiligsten beteten. Jedem stellte er dieselben Fragen, um festzustellen, dass ihre Antworten selbst in kleinsten Details übereinstimmten. Das beeindruckte ihn offenbar so sehr, dass er anschließend vor die noch immer an der Erscheinungsstätte versammelten Beter trat und verkündete, dass er keinen Widerspruch in den Schilderungen der Seherkinder finden konnte. Das könnte bedeuten, dass tatsächlich »bislang alles von Gott« stammte. Dieses positive Urteil »der Kirche« – und nichts anderes verkörperte der Pfarrer für die Menschen der Region – ließ die meisten geradezu überwältigt nach Hause gehen. Die Mädchen dagegen fragten sich immer mehr, was der Engel bloß von ihnen wollte – er hatte auch bei dieser Erscheinung nur geschwiegen.

Am Samstag, dem 24. Juni, war die Menschenmenge noch größer, als Conchita, Jacinta, Loli und Mari Cruz gegen 20.00 Uhr an die *Calleja* kamen. »An diesem Tag ließ er uns nicht einmal die Zeit, den Rosenkranz zu beten«, hielt Conchita in ihrem Tagebuch fest. »Sobald wir die Stelle erreicht hatten, wo der Engel bisher immer erschien, tauchte er vor uns auf.«

Wieder schwieg er. Doch dieses Mal war etwas anders. Zu seinen Füßen erschien eine Schrift. Sie bestand aus zwei Zeilen. Im Nachhinein konnte Conchita sich nur noch erinnern, dass in der ersten Zeile das Wort *Hay* – »Es ist notwendig, dass« und in der zweiten eine Reihe lateinischer Ziffern gestanden hatte. »Wir waren zu sehr von der Schönheit des Engels fasziniert, als dass wir ihnen größere Beachtung schenkten«, erklärten die Mädchen später ihrem Pfarrer, als dieser sie erneut nach der Erscheinung einzeln in der Sakristei befragte: »Wir haben ihn zwar gefragt, was das zu bedeuten hatte, doch er lächelte nur.« Pfr. Marichalar bat sie, noch mit Prof. Manín zu sprechen in der Hoffnung, dass dieser ihnen noch etwas mehr entlocken könnte – doch vergebens. Erst später erinnerte sich Conchita daran, dass in der zweiten Zeile die lateinischen Ziffern XVIII und MCMLXI gestanden hatten, also »18« und »1961«. Das war eindeutig ein Datum, doch noch konnte niemand ahnen, was es damit auf sich haben würde.

Doch bei aller Begeisterung gab es auch Zweifler. Der einflussreichste von ihnen war ausgerechnet Mari Lolis Vater, der Dorfvorsteher Ceferino Mazón González, dem die Freundschaft seiner Tochter mit der vaterlosen, sozial rangniederen Conchita ohnehin ein Dorn im Auge war. Für ihn war es Conchita, die seine Tochter und die anderen Mädchen beeinflusste, sich etwas einzubilden, das es nicht geben durfte. Könnte es sein, dass sie psychisch krank, vielleicht sogar eine gefährliche Psychopathin war? Um das zu klären, bat er den einzigen Arzt der Region, Dr. José Luis Gunon, das Mädchen und ihre drei Freundinnen am Sonntag, dem 25. Juni, an dem er seine Praxis ohnehin geschlossen hatte, vor Ort medizinisch zu untersuchen. Gleich nach dem Rosenkranzgebet in der Kirche fing Ceferino die vier Kinder ab und brachte sie in seine Taverne. In einem Hinterzimmer, in dem er Brot lagerte, wartete der Arzt, um sich die Mädchen, eines nach dem anderen, vorzunehmen. Als dieser mit der Untersuchung fertig war, eilten sie zurück in die *Calleja*, wo sie weiterbeten und den Engel erwarten wollten. Schließlich verkündete Dr. Gunon seine Diagnose: Alle vier Kinder, so behauptete er, seien eindeutig Epileptiker; dieses Krankheitsbild allein würde ihren Zustand während der Visionen erklären. Dabei vergaß er zu erwähnen, dass dies wohl das erste Mal in der Medizingeschichte wäre, dass vier Epileptikerinnen ihre Anfälle absolut zeitgleich bekamen. Auch Brigadier Álvarez Seco zweifelte an dieser Diagnose und schrieb stattdessen in seinen Bericht:

> »Ich konnte sehr gut sehen, dass die Mädchen bei bester Gesundheit waren und jeden Tag gesünder und schöner aussahen, während ihre Familien müde und erschöpft wirkten, weil es ihnen wohl an Schlaf mangelte.«

Als sie an der Erscheinungsstätte ankamen, fanden die vier Mädchen eine unübersehbar große Menschenmenge dort ver-

Die vier Sehermädchen im *Cuadro*

sammelt – von bis zu 3000 Schaulustigen ist die Rede. Auch fünf Priester waren gekommen, die jeden, der sie ansprach, wissen ließen, dass sie dem Geschehen von Garabandal äußerst skeptisch gegenüberstanden. Auf Anweisung der Gardisten hatten Dorfbewohner die Stelle, an der die Mädchen an den letzten Tagen immer zum Gebet niedergekniet waren, durch eine Art Viehgatter gesichert, damit sie von der Menge nicht bedrängt werden konnten. Der *Cuadro* (»Quadrat«) bestand aus vier Pfosten an jeder Ecke, die durch Latten miteinander verbunden waren, und hatte eine Seitenlänge von knapp vier Metern. Er konnte nur durch eine schmale Öffnung an einem Ende von den Seherkindern und einigen wenigen Befugten betreten werden: den Priestern, den Eltern und Brüdern der Seherkinder sowie Dr. Gunon und seinen Kollegen. Auch der Direktor der Dorfschule des Nachbarortes Cosío war gekommen und reagierte eher ungläubig auf die Ekstase der vier Mädchen, die sich vor seinen Augen abspielte. »Deine Schwester ist eine gute Schauspielerin«, erklärte er Conchitas ältestem Bruder Serafín, der dazu nur betroffen schwieg.

Dr. Gunon bekam den Dialog mit und beschloss, dem Spuk ein Ende zu setzen. Brigadier Álvarez Seco, der die Szene aus der Nähe mitverfolgt hatte, gab später zu Protokoll:

»Während der Ekstase versuchte der Arzt, Conchita hochzuheben. Wohl aufgrund des exzessiven Gewichts, das ihr Körper in diesem Zustand annimmt, konnte er sie nicht lange halten und ließ sie aus beträchtlicher Höhe fallen. Dabei fiel sie auf ihre Knie, die ein lautes, krachendes Geräusch machten. Als es [die Ekstase, d. Verf.] vorüber war und die Mädchen untersucht wurden, waren die Spuren von Conchitas Aufprall deutlich zu erkennen zusammen mit den Kratzern, Prellungen und Einstichwunden, die von den Tests herrührten, die man an den Seherinnen vorgenommen hatte, während sie nicht die geringste Reaktion auf diese Verletzungen zeigten ... Sie hatten auch nichts bemerkt, noch empfanden sie Schmerz, als die Ekstase vorüber war; nur die Verletzungen blieben.«

Für einen Augenblick dachte Conchitas Bruder Serafín daran, den Arzt von seinem Experiment abzuhalten. Doch dann hielt ihn irgendetwas von einem Eingreifen ab. Noch einmal durchzuckte es ihn, als Dr. Gunon das Mädchen aus fast einem Meter Höhe fallen ließ, doch auch jetzt war er wie gelähmt.

Eine Augenzeugin, Angelita Cosío, erinnerte sich später:

»Der Doktor griff sich Conchita und versuchte, sie in die Höhe zu heben. Er war dazu nicht in der Lage, obwohl er offenbar seine ganze Kraft dazu einsetzte und das alles ziemlich heftig war. Schließlich gelang es ihm, sie hochzuheben, doch entweder war sie zu schwer oder seine Kraft versagte, jedenfalls ließ er sie fallen. Sie fiel auf den Boden mit einem Krachen, das uns alle erschaudern ließ, sodass wir alle einen Schreck bekamen ... es war, als würde man einen Kürbis auf den Boden fallen lassen. – Rums! Das arme Mädchen! Danach, sie war noch immer steif, ergriff er ihren Kopf mit beiden Händen und versuchte, gewaltsam ihren Kopf zur Seite zu drehen, während er auf sie einredete: ›Dreh dich um, dreh dich um zu deinen Leuten!‹ Es gelang ihm aber lediglich, den Kopf der Armen ein winziges Stück zu drehen. Ich musste weinen, als ich das sah. Es war das einzige Mal, dass ich [bei einer Erscheinung] weinen musste.«

Als die Erscheinung gegen 20.30 Uhr endete, wunderte sich Conchita nur, weshalb die Leute ihren Rock hochheben und ihre Knie sehen wollten. »Ich wusste nicht, weshalb sie dies taten, denn ich hatte von alldem nichts mitbekommen«, schrieb sie später in ihr Tagebuch. Wieder führten die Gardisten sie in die Kirche, wo sie vor dem Allerheiligsten beten sollte, während in der Sakristei die Ärzte und Priester darauf warteten, ihr und ihren Freundinnen unzählige Fragen zu stellen. »Die Priester glaubten uns nicht, aber einige andere schon«, versicherte Conchita. Sie ahnte zu diesem Zeitpunkt noch nicht, wie sehr die nächsten Tage sie wieder enttäuschen würden.

5.

Der Engel spricht

Obwohl der 26. Juni ein Montag war, kamen wieder zahlreiche Schaulustige. Doch sie warteten diesmal vergebens in der *Calleja*, dem Hohlweg. Als die vier Mädchen den Rosenkranz gebetet hatten, blieb die Erscheinung des Engels aus. So kehrten viele enttäuscht in ihre Dörfer zurück. Auch am nächsten Tag, dem 27. Juni, folgten die Kinder ihrer Routine, ohne dass der Engel erschien. »Wir waren sehr traurig, weil wir dachten, dass die Leute nicht wiederkommen würden. Sie gingen ziemlich desillusioniert heim. Wenn Gott es so wollte, sollte es so sein«, schrieb Conchita in ihr Tagebuch.

Tatsächlich reagierten die Menschen auf zweierlei Weise. Die einen spotteten: »Bei so viel Publikum haben die Mädchen Lampenfieber bekommen und trauen sich nicht, ihr kleines Schauspiel aufzuführen.« Für die anderen wuchs die Glaubwürdigkeit der Seherinnen: »Wenn sie es spielen würden, könnten sie es beliebig wiederholen. Und wenn es Autosuggestion wäre, hätten sie sich den Engel auch jetzt herbeigewünscht. Das Ausbleiben der Erscheinung ist der beste Beweis dafür, dass sie außerhalb der Kontrolle der Mädchen stattfindet, dass etwas anderes sie kontrolliert. Vielleicht ist es wirklich der Himmel!«

Am 28. Juni war den Kindern ihre Enttäuschung regelrecht anzusehen. Die Dorfbewohner hatten Mitleid mit ihnen, notierte Conchita: »Sie weinten, küssten uns und meinten: ›Ihr müsst viel beten, dann kommt der Engel wieder!‹«

Tatsächlich erschien es den Mädchen, als würden die Leute an diesem Abend andächtiger denn je mit ihnen den Rosenkranz beten. Sie ergänzten ihn noch durch die Lauretanische Litanei, die Anrufung der Marientitel, als sie tatsächlich wieder in Ekstase fielen. Der Engel »erschien uns und lächelte mehr denn je zuvor. Wir fragten ihn, warum er gekommen sei. Er lächelte, aber er antwortete uns nicht«, schrieb Conchita später nieder. Die Erscheinung hatte um 21.00 Uhr begonnen und ziemlich genau eine Stunde gedauert. Conchita: »Doch uns erschien es, als sei es nur eine Minute oder weniger gewesen, denn wir waren so glücklich, als wir mit ihm waren.«

Die Mädchen in Ekstase

Der Bann war gebrochen. Auch an den nächsten Tagen sahen sie den Engel wieder, doch noch immer schwieg er.

Nur für Jacinta war der 29. Juni ein ganz besonderer Tag. Als um 20.30 Uhr erneut der Erzengel Michael erschien, sah nur sie, dass neben ihm, ein wenig über dem Boden, Christus selbst stand. »Er war von unvergleichlicher Würde«, erzählte sie später, er sei »der bestaussehende Mann, den man sich denken kann.« Sein Blick habe sie so tief durchdrungen, »als würde er meine Seele aus dem Körper herausziehen«. Dabei habe er mit der rechten Hand und dem linken Zeigefinger auf sein Herz verwiesen, das, von einer Dornenkrone umwunden und von einem Kreuz gekrönt, hell leuchtend vor seiner linken Brusthälfte zu schweben schien. Von ihm gingen weiße und gelbe Lichtstrahlen aus, die Farben des Papstes also, entsprechend dem Fest St. Peter und Paul, das an diesem Tag gefeiert wird. Zudem trug er ein weißes Gewand und eine hellrote Toga als Zeichen königlicher Würde. Die Vision dauerte nur wenige Sekunden, mehr, so erklärte Jacinta, hätte sie überwältigt.

Am Samstag, dem 1. Juli, kamen mehr Menschen denn je. Es war der Vorabend von Mariä Heimsuchung, des Marienfestes, das an den Besuch der Gottesmutter bei ihren Verwandten Elisabeth und Zacharias erinnert, die in den Bergen von Judäa lebten. »In diesen Tagen machte sich Maria auf den Weg und eilte in eine Stadt im Bergland von Judäa« (Lk 1,39), berichtet das Evangelium dieses Tages. Auch Elisabeth war schwanger, sie erwartete Johannes den Täufer. Als sie den Gruß Mariens hörte, so heißt es im Lukasevangelium, »hüpfte das Kind in ihrem Leib« vor Freude und Elisabeth »wurde vom Heiligen Geist erfüllt« und fragte: »Wer bin ich, dass die Mutter meines Herrn zu mir kommt?« Maria, ebenso von prophetischem Geist erfüllt, rezitierte zur Antwort das Magnificat: »Denn auf die Niedrigkeit seiner Magd

Die Schaulustigen am *Cuadro*

hat er geschaut. Siehe, von nun an preisen mich selig alle Geschlechter« (Lk 1,41.43.48). Viele, die kamen, kannten die Geschichte von Fátima, wo ebenfalls eine Reihe von Engelserscheinungen im Jahre 1916 der ersten Erscheinung der Gottesmutter am 13. Mai 1917 vorausging. Sie waren sich sicher, dass Maria an diesem Tag auch den Kindern von Garabandal, einem »Dorf im Bergland«, erscheinen würde.

So war der schmale Weg, der in das kantabrische Bergdorf führte, voller Menschen, die den anstrengenden Aufstieg auf sich genommen hatten. Andere zogen es vor, im Automobil anzureisen, und so rollte eine Reihe von Limousinen im Schritttempo die kurvenreiche und steinige Straße hinauf – ein völlig neuer Anblick für die Dorfbewohner, die so viele Autos bislang nur von ihren seltenen Besuchen in Santander kannten. Auch einige Ärzte waren gekommen, hielt Conchita in ihrem Tagebuch fest.

Schon um 19.00 Uhr trafen die Kinder an der *Calleja* ein, um im *Cuadro* gemeinsam mit den Menschen den Rosenkranz zu beten. Kaum hatten sie ihre Gebete beendet, gegen 19.30 Uhr, fielen sie in Ekstase. Vor Einführung der Sommerzeit ging die Sonne in Nordspanien an diesem Tag um 20.58 Uhr unter, und so war es noch hell und die Schaulustigen konnten das für sie seltsame Verhalten der entrückten Mädchen bestens beobachten. Für Conchita, Jacinta, Loli und Mari Cruz dagegen verschwand alles, die vielen fremden Menschen, ihre Angehörigen und Nachbarn, sogar das in ein warmes Abendlicht getauchte Bergpanorama. Für sie existierte allein der wunderschöne Engel, der sie, wie schon an den Tagen zuvor, sanft anlächelte. Doch etwas war anders am diesem Tag: Zum ersten Mal sprach er zu ihnen!

»Wisst ihr, weshalb ich gekommen bin? Ich möchte euch ankündigen, dass morgen, am Sonntag, die Jungfrau Maria euch als Unsere Liebe Frau vom Berg Karmel erscheinen wird«, lautete seine Botschaft.

Die Kinder waren überwältigt. »Wir hoffen, sie kommt bald!«, jauchzten sie vor Freude.

Der Engel lächelte bloß. Jetzt erschien in seinen Händen ein Schild, auf dem erneut die Schrift vom 24. Juni, das Wort *Hay* und die lateinischen Zahlen »XVIII« und »MCMLXI« erschienen (und mehr, woran sich die Mädchen auch dieses Mal nicht mehr erinnern konnten).

Wieder konnten die vier damit nichts anfangen.

»Was bedeutet das Zeichen, das du bei dir hast?«, fragten sie den Engel.

»Die heilige Jungfrau wird es euch sagen«, antwortete er.

Weiter notierte Conchita in ihrem Tagebuch: »An diesem Tag sprach er mit uns über viele Dinge.« Zwei Stunden dauerte der Dialog, »doch uns kam es vor, als seien es nur zwei Sekunden«, bevor er sich mit den Worten »Morgen komme ich wieder mit der heiligen Jungfrau« verabschiedete.

Tiefe Traurigkeit erfüllte die vier Mädchen, als er wieder verschwand. Zu gern wären sie ihm in den Himmel gefolgt. Doch auf der Erde, im Diesseits, warteten einige Tausend Menschen mit Millionen von Fragen. Ausführlich berichteten die Kinder, was sie gehört und gesehen hatten, bevor die beiden Gardisten sie in die Sakristei geleiteten, wo ihr Pfarrer auf sie wartete. Ihm mussten sie das Geschehen des Tages noch einmal in allen Einzelheiten schildern.

Die Menschen aber machten sich im Auto oder zu Fuß auf den Heimweg. Das, was sie an diesem Tag gesehen hatten, muss sie überzeugt haben. Jedenfalls sprach man an diesem Abend und am nächsten Morgen nicht nur in den umliegenden Dörfern, sondern in ganz Kantabrien von den vier Mädchen, die mit einem Engel gesprochen hatten. Und von seinem Versprechen, dass am nächsten Tag die Jungfrau Maria in Garabandal erscheinen würde.

6.

Die Gottesmutter erscheint

Trotz des Feiertages Mariä Heimsuchung[8] verlief der Sonntag, der 2. Juli 1961, für die vier Mädchen zunächst wie jeder andere Sonntag in Garabandal. Und doch ahnten sie, dass es der wichtigste Tag in ihrem Leben werden würde.

Wie immer gingen sie mit ihren Familien zur Heiligen Messe und nachmittags um 15.00 Uhr zum Rosenkranz. Weil sich zwei ihrer Brüder angekündigt hatten, die außerhalb lebten und arbeiteten, liefen Conchita und ihre drei Freundinnen ihnen auf dem Weg nach Cosío entgegen, sehr zur Freude der Schaulustigen und Pilger, die bereits auf dem Weg nach Garabandal waren und jetzt den Mädchen so viel näher kamen, als sie es erwartet hatten. »Die Leute erkannten uns, weil wir vier zusammen gingen und sie uns auf Fotos gesehen hatten«, hielt Conchita später fest, »sie beschenkten uns mit Schachteln voller Schokolade, Rosenkränzen, Bonbons und vielem anderen.« An ihnen vorbei schoben sich die Autos der bequemeren Wallfahrer. Irgendwann sahen die Mädchen ein, dass sie in der Menschenmenge Conchitas Brüder nie finden würden. Zudem bedrängten die Menschen, die sie erkannten, sie mit Hunderten Fragen, sodass an ein Vorankommen kaum zu denken war. In Garabandal wurden sie schon vermisst; ein Junge aus dem Dorf hatte bereits sein Pferd gesattelt und sich auf die Suche nach ihnen gemacht. Auch er überzeugte sie,

8 Lateinisch: *Visitatio Beatae Mariae Virginis*, also wörtlich: »Besuch der seligen Jungfrau Maria«, der vor dem II. Vatikanischen Konzil am 2. Juli gefeiert wurde; heute ist es der 31. Mai.

Die Erscheinung vom 3. Juli

auf halber Strecke umzukehren. Schließlich hielt der Fahrer eines Geländewagens an, der die Mädchen ebenfalls erkannt hatte, und bot ihnen an, sie zurück nach Garabandal zu bringen. Dankbar nahmen die vier das Angebot an. Als sie wieder im Dorf waren, wurden sie bereits von Tausenden Menschen erwartet. Auch »zehn oder elf Priester, einige Ärzte und ein Abt« gehörten zu den Besuchern.

Gegen 18.00 Uhr machten sich die Mädchen, begleitet von den Jungen des Dorfes, die sie vor allzu zudringlichen Fremden schützten, auf den Weg zur *Calleja* in dem Glauben, dass die Erscheinung wieder dort stattfinden würde. Doch dem war nicht so. »Noch bevor wir an der Stelle der [bisherigen, d. Verf.] Erscheinungen angekommen waren, erschien die selige Jungfrau [*la Virgen*, wie man in Spanien sagt] mit einem Engel zu jeder Seite«, schrieb Conchita in ihr Tagebuch. Einen der beiden erkannten sie; es war der Engel, der sie zwei Wochen lang auf dieses Ereignis vorbereitet hatte. Im Verlauf der Erscheinung vertraute ihnen die Gottesmutter an, dass er der Erzengel Michael sei, was Jacinta zu der spontanen Bemerkung »Ich habe auch einen Bruder, der Michael heißt, aber ohne ›Sankt‹« veranlasste. Ihre drei Freundinnen reagierten mit einem lauten Lachen auf die ungewollte Komik. »Den anderen Engel kannten wir nicht«, protokollierte die Seherin, »er war genauso gekleidet wie Sankt Michael. Sie sahen wie Zwillinge aus.« Es ist gewiss nicht allzu gewagt, in ihm den Erzengel Gabriel zu vermuten.

Conchita weiter: »Neben dem Engel, der zur Rechten der seligen Jungfrau stand und auf derselben Höhe wie sie war ein großes Auge zu sehen, das das Auge Gottes zu sein schien.«

Doch am meisten überwältigte die Kinder der Anblick der Gottesmutter. Sie trug ein weißes Kleid, einen blauen Mantel und ihr Haupt war, einer Krone ähnlich, von kleinen goldenen Sternen umgeben. Ihr langes dunkelbraunes Haar war in der Mitte gescheitelt und fiel in Wellen auf ihre Schultern. Ihr Gesicht war oval und wurde von einer langen, schmalen Nase geteilt. Sie hatte einen hübschen Mund und eher volle Lippen. Ihre Augen waren von einem warmen Braun. Auch ihre Hautfarbe war dunkel, aber etwas heller als die der Engel. Sie war schlank und hochgewachsen, wobei sie wie ein junges Mädchen von höchstens 17 oder 18 Jahren wirkte. Ihre kleinen, schmalen Hände schienen weit geöffnet. Von ihrem rechten Handgelenk hing ein braunes Skapulier herunter, das sie tatsächlich als »Unsere liebe Frau vom Berg Karmel« auszeichnete. Ihre Füße sahen die Kinder nicht.

Der Berg Karmel (»Garten«) überragt die Stadt Haifa in Israel. Hier, in einer seiner zahlreichen Höhlen, suchte der Prophet Elija Zuflucht, als die böse Königin Isebel »die Propheten des Herrn ausrottete« (1 Kön 18,4). Von hier brach er auf, um das Heidentum, den Kult des Götzen Baal, herauszufordern und mit dem ultimativen Gottesbeweis zu brechen. Denn während die 450 Baalspriester vergeblich ihrem Götzen opferten, kam Feuer vom Himmel und verzehrte das Opfer, das Elija dem Gott Israels bereitet hatte. So stand der Karmel als Symbol für die Abkehr von falschen Göttern, für

Buße und die Rückkehr zum Herrn. Schon jüdische Gottsucher und später die ersten christlichen Eremiten eiferten Elija nach und lebten in den Höhlen des Berges Karmel, wo einigen von ihnen die Jungfrau Maria erschien. Ihr weihten sich die Mönche und gründeten einen Orden, der sich nach dem Scheitern der Kreuzzüge und der Verfolgung der Christen im Heiligen Land zunächst in England ansiedelte. Dort ist die erste Niederlassung der Karmeliter für das Jahr 1241/42 bezeugt. Der Tradition nach erschien einem der ersten Ordenspriore im britischen Exil, dem heiligen Simon Stock, am 16. Juli 1251 die Gottesmutter und übergab ihm das Braune Skapulier, das seit 1287 zum Habit der Karmeliter gehören sollte. Sie versprach, dass jeder, der es trägt, errettet würde. Seitdem lassen sich gläubige Katholiken, die sich der Gottesmutter weihen und mit der Mystik der Karmeliter und Karmeliterinnen verbunden fühlen, das Braune Skapulier auflegen. Der prominenteste Skapulier-Träger war der heilige Papst Johannes Paul II.

»Unsere Liebe Frau vom Berg Karmel« – volkstümliche Darstellung und Kopie der Ikone, die auf dem Berg Karmel verehrt wird

Neun Priester begutachten die vier Seherkinder

Interessanterweise wird »Unsere Liebe Frau vom Berg Karmel« im Westen gewöhnlich mit einem braunen Gewand und einem kamelhaarfarbenen Mantel dargestellt, was dem Habit des Karmeliterordens entspricht. So kannten die Kinder ihr Bild aus ihrer Pfarrkirche, so wird sie in Spanien für gewöhnlich verehrt. Dass sie Maria stattdessen mit weißem Gewand und blauem Mantel sahen, musste alle, die an eine Autosuggestion, an Einbildung, einen frommen Schwindel oder auch an eine geschickte Täuschung durch geltungssüchtige Dorfmädchen dachten, erst einmal stutzig machen. Warum dieser scheinbare Widerspruch, weshalb nannte sich die Madonna »Unsere Liebe Frau vom Berg Karmel«, ohne dann auch als solche zu erscheinen? Was die vier kleinen Seherinnen nicht wissen konnten, ist, dass die ursprüngliche, uralte Ikone, die von den Eremiten auf dem Berg Karmel verehrt wurde und die sich noch heute im Karmel-Kloster am Hang des Berges befindet, die Gottesmutter genauso zeigt, wie sie von ihnen beschrieben wurde: mit einem langen weißen, gürtellosen Gewand und einem weiten blauen Mantel!

Die Behauptung, die Kinder hätten nur »gesehen«, was sie ohnehin schon kannten, ist also schnell widerlegt. Doch auch was sie von ihrer ersten Begegnung mit der Gottesmutter berichteten, entsprach so gar keinem Klischee. Vielmehr klingt es erfrischend natürlich und eher nach einem ersten Kennenlernen beim Small Talk als nach einer göttlichen Offenbarung.

»An diesem Tag besprachen wir viel mit der seligen Jungfrau und sie mit uns«, schrieb Conchita in ihrem Tagebuch nieder, »wir erzählten ihr alles. Wir erklärten ihr, dass wir hinaus auf die Felder gehen, dass wir von der Sonne gebräunt sind, dass wir Heu stapeln und vieles andere mehr. Und sie lachte, als wir ihr all diese Dinge erzählten.« – »Ihr habt bei euch viele Dinge noch so, wie ich sie in meinem Leben auch gehabt habe«, erwiderte die Gottesmutter und meinte ihr Bergdorf Nazareth. Ihre Stimme war glockenklar, »lieblich und wunderbar, so ungewöhnlich, dass ich es kaum beschreiben kann«, hielt Conchita fest. »Es gibt keine Frau auf der Welt, die der seligen Jungfrau ähnelt, weder in ihrer Stimme noch in irgendetwas anderem.« – »Alle vier Mädchen stimmen darin überein, dass ihre Stimme unverwechselbar und sehr melodiös ist«, hielt auch Brigadier Álvarez Seco fest.

Weiter notierte er an diesem Abend:

> »Irgendwann zeigte Conchita, mit geöffnetem Mund und leicht verzerrtem Gesicht, der Jungfrau, dass sie ein Loch in einem ihrer Zähne hatte. Wir bekamen auch mit, dass die Jungfrau fragte, wie der Pastor sei. Sie antworteten, Pfarrer Valentín sei sehr gemütlich, aber sehr liebenswert! Viele Menschen, darunter Pfarrer Valentín selbst, hörten, wie diese Worte gesprochen wurden. Die Kinder sagten, die Jungfrau habe darum gebeten, dass die Gardisten gut auf sie achten, sie vor den Schaulustigen schützen und sie davor bewahren sollten, Schaden zu nehmen.

Etwas später fragten die Kinder die Jungfrau, ob sie ihre Krone sehen könnten, und die Jungfrau gewährte es ihnen schließlich. Wir konnten sehen, wie die kleinen Seherinnen nach der Krone griffen und sie untereinander weiterreichten. Conchita bat die Jungfrau, ihr doch einen der Sterne von der Krone zu geben, dass sie ihn auf ihrem Kopf tragen und den Leuten zeigen könne, damit sie ihn sehen und an die Erscheinungen glauben würden. Doch die Jungfrau antwortete, dass wir ohnehin an sie glauben würden.«

Aber es gab auch ernstere Töne. Obwohl Conchita nichts davon in ihrem Tagebuch schrieb (oder festhalten durfte), gibt es einige Hinweise darauf, dass den vier Mädchen damals schon zumindest ein Teil der Botschaft übermittelt wurde, die sie erst zu einem späteren Zeitpunkt – nämlich am 18. Oktober 1961, worauf schon das Zeichen des Engels hindeutete – bekannt geben durften. Glauben wir dem, was die Kinder später erzählten, sahen sie in Bildern, was sie später in Worte zu fassen versuchten. Der Satz »Der Kelch ist fast voll« – eine biblische, auf die Psalmen und den Propheten Jesaja zurückgehende Formulierung, die wir auch in anderen Marienbotschaften finden – wurde ihnen zunächst bildlich vermittelt; in einer Vision sahen sie einen großen Kelch, in den Blut und Tränen tropften. Auch die Gottesmutter blickte plötzlich sehr ernst und hatte Tränen in den Augen, als sie ein zukünftiges Strafgericht für die sündige Menschheit andeutete. »Wir haben sie nie wieder so traurig gesehen wie damals, als sie mit leiser Stimme die Worte ›Der Kelch ist fast voll‹ aussprach«, erklärte Conchita später.

Schließlich forderte sie die Mädchen auf, den Rosenkranz zu beten. In Spanien rezitiert man den Rosenkranz sehr schnell und die vier waren darin keine Ausnahme, was offenbar der Gottesmutter missfiel. So »betete sie ihn danach noch einmal mit uns, um uns zu zeigen, wie wir es besser machen konnten«. Für die Anwesenden war es faszinierend mitzuerleben, wie Conchita, Jacinta, Loli und Mari Cruz zuerst im gewohnten Eiltempo beteten, um dann, beim nächsten Mal, das Gebet ganz langsam und intensiv in einem ungewöhnlichen Rhythmus zu sprechen. Eine Reihe von Tonbandaufnahmen, die in den folgenden Monaten entstanden, legen noch heute Zeugnis davon ab.

Nach dem gemeinsamen Gebet meinte die Gottesmutter, dass es jetzt an der Zeit sei, zumindest für diesen Tag Abschied zu nehmen. »Ach, bitte, bleiben Sie doch noch ein bisschen, Sie waren doch viel zu kurz bei uns«, erwiderte eines der Mädchen. Ein anderes drehte sich zu ihrer Freundin hinüber: »Du kennst doch so viele lustige Geschichten. Erzähl ihr noch eine, damit sie nicht fortgeht.« Die heilige Jungfrau lachte; tatsächlich waren bereits zwei Stunden vergangen. »Ich werde am Montag wieder zu euch kommen«, erklärte sie den Kindern, denen sie noch einmal zulächelte, bevor sie »sich in Luft auflöste« und verschwand.

Als sie wieder zu sich kamen, erfüllte eine tiefe Traurigkeit die vier Mädchen. Noch nie in ihrem Leben hatten sie eine solche Liebe, Leichtigkeit und Herzenswärme erlebt, wie sie von der Erscheinung Mariens ausging. Es war, als seien sie aus dem Himmel entlassen worden, zurückgeworfen in dieses Tal der Tränen. Während sie versuchten, das alles zu verarbeiten, überfielen die Schaulustigen und Pilger sie schon mit Tausenden von Fragen. Andere wollten sie küssen oder ihnen über die Haare streichen in der Hoffnung, etwas von dem himmlischen Glanz mitzubekommen, der noch immer über ihren verklärten kleinen Gesichtern lag. Während einige an der offensichtlichen Banalität des Dialogs Anstoß nahmen, war er anderen wiederum das beste Indiz für die Echtheit der Erscheinung. »So spricht nun mal eine Mutter zu ihren Töchtern, wenn sie diese lange Zeit nicht gesehen hat«, meinten sie. »Da ist es doch ganz natürlich, dass sie alles wissen will und die Töchter ihr auch alles erzählen. Das gilt doch umso mehr, da die vier noch nie mit ihrer himmlischen Mutter gesprochen haben.«

Wieder brachten die Gardisten die Mädchen in die Dorfkirche, wo in der Sakristei dieses Mal nicht ihr Pfarrer, sondern ein Priester namens Don Francisco Odriozola eines nach dem anderen befragte. Er war vom Apostolischen Administrator der Diözese Santander beauftragt worden, die Erscheinungen zu untersuchen. Danach trat der Geistliche hinaus vor die Menge und gab bekannt, was die Kinder von der Gottesmutter erfahren hatten.

»Es war ein glücklicher Tag, denn wir sahen die heilige Jungfrau zum ersten Mal und sind seitdem mit ihr zusammen, wann immer wir wollen«, schloss Conchita ihren Bericht. Als sie später auf ihre Formulierung *con ella estamos todas siempre que queramos* angesprochen wurde, erwiderte die junge Seherin: »Wir alle können mit Maria sein, wenn wir es nur wollen.«

7.

Der dreifache Ruf

An diesem Tag begann eine der erstaunlichsten Reihen von Marienerscheinungen in der Kirchengeschichte. Die Chronisten von Garabandal sprechen von bis zu 2000 Begegnungen der vier Kinder mit der Gottesmutter und dem Erzengel Michael. Zweifler meldeten deshalb Bedenken an, bezeichneten die Häufigkeit der Erscheinungen als »inflationär«. Tatsächlich sind sie es nur, wenn man Garabandal mit den früheren Erscheinungen etwa vor dem Indio Juan Diego in Guadalupe/Mexiko 1531 (4 Erscheinungen), vor Catherine Labouré in ihrem Kloster in der Pariser Rue du Bac 1830 (3 Erscheinungen), vor den beiden Kindern von La Salette 1846 (1 Erscheinung), vor Bernadette Soubirous in Lourdes 1858 (18 Erscheinungen) oder den Seherkindern von Fátima 1917 (10 Erscheinungen) vergleicht. Zieht man allerdings die neueren Erscheinungen von Heede 1937–1940, (105 Erscheinungen), Heroldsbach 1949–1952 (ca. 3000 Erscheinungen) oder Medjugorje (seit 1981 Tausende Erscheinungen) in Betracht, so sieht man, dass Garabandal keineswegs mehr die Ausnahme ist und es offenbar seit einigen Jahrzehnten eine Evolution in der Häufigkeit und Intensität dieser mystischen Begegnungen gibt.

Wie versprochen sollte die Gottesmutter schon am nächsten Tag nach Garabandal zurückkehren. An diesem Montag, dem 3. Juli 1961, waren Conchita, Jacinta, Mari Cruz und Loli schon früh aufgestanden, um noch vor der Schule an der *Calleja* zu beten. Danach erst erledigten sie die täglichen Aufgaben, die ihre Eltern ihnen aufgetragen hatten, bevor um

10.00 Uhr morgens die Schule begann. Als sie das Klassenzimmer betraten, erwartete ihre Lehrerin, Serafina Gomez, sie bereits. »Wie glücklich müsst ihr sein!«, sagte sie zu den Mädchen, um sie mit Tränen in den Augen zu umarmen. Nach der Schule fanden sie im ganzen Dorf einen ähnlich überwältigenden Zuspruch. Alle Bewohner von Garabandal, so schien es, waren überglücklich, dass ihr Dorf von der Gottesmutter auserwählt worden war, um der Menschheit eine Botschaft zu überbringen. »Alle glaubten *mucho* – fest – daran«, schrieb Conchita später nieder, »und auch unsere Eltern glaubten *mucho.*« Doch das geschah mit Abstufungen. Lolis Eltern Ceferino und María waren vollkommen von der Geschichte ihrer Tochter überzeugt. »So etwas hat es noch nie gegeben!«, erklärten sie voller Stolz. Auch Jacintas Eltern, Simón und María, glaubten ihrer Tochter, ihr Vater sogar »noch mehr« (*mucho mas*), wie Conchita in ihrem Tagebuch festhielt. Er wurde zum Apologeten der Kinder: »Wenn wir jemandem einen Streich spielten, meinte er nur, die Apostel hätten so etwas auch getan, und war fest davon überzeugt, dass alles, was wir anstellten, gut sein musste.« Weniger Glück hatte Mari Cruz mit ihren Eltern. Ihr Vater, »Escolástico, der selten zur Heiligen Messe ging, sagte nichts dazu. Ihre Mutter Pilar glaubte an einem Tag und am anderen nicht mehr.« Conchitas Mutter Aniceta hatte eine ganz spezielle Meinung in dieser Angelegenheit: »Sie glaubte schon, aber sie zweifelte auch irgendwie, weil wir am Sonntag so viel gesprochen hatten.« Ihre Brüder dagegen seien schon seit der ersten Ekstase, der sie beiwohnten, überzeugt gewesen.

Als um 17.00 Uhr endlich die Schule vorüber war, ging es sofort zum *Cuadro*. »Wir wollten sie unbedingt wiedersehen, weil wir am Sonntag, dem 2., so glücklich gewesen waren«, notierte Conchita. Sie waren jetzt ganz allein in der *Calleja*, weil noch niemand zu dieser unüblichen Uhrzeit mit einer Erscheinung gerechnet hatte, und begannen, den Rosenkranz zu beten. Doch als sie ihn – dieses Mal ganz langsam, wie es der Gottesmutter gefiel – rezitiert hatten, geschah nichts. Die vier Mädchen ahnten, dass sie zu früh gekommen waren. Also kehrten sie ins Dorf zurück, wo ihre Eltern und viele Schaulustige sich gerade auf den Weg machen wollten, um der Erscheinung beizuwohnen.

Nach einer halben Stunde, es war jetzt 18.00 Uhr, die Uhrzeit der sonntäglichen Erscheinung, wurden ihre Eltern langsam ungeduldig. »Ihr solltet rübergehen und im *Cuadro* den Rosenkranz beten«, meinten sie. »Aber sie hat uns noch nicht gerufen!«, erwiderten die Mädchen.

Dieser »Ruf« (*llamada*), so erklärten sie, sei weder hörbar noch würden sie dabei beim Namen genannt. Vielmehr sei es eine Art »innere Stimme«, ein Gefühl der Freude (*es una alegría*), die sie erfüllen würde. Es gäbe dabei drei Stufen des Rufes: Zuerst ein ganz schwaches Gefühl (*mas pequeña*) der Freude, dann ein etwas stärkeres (*algo mejor*) und schließlich eine dritte Stufe, die sie ganz aufgeregt werden ließ und mit einem intensiven Glücksgefühl erfüllte. Sie würde der Erscheinung unmittelbar vorausgehen. Darum, so die Seherinnen, würden sie erst beim »zweiten Ruf« aufbrechen. Würden sie sich schon beim ersten Ruf auf den Weg machen, bestünde die Gefahr, dass sie viel zu lange warten müssten, denn es könne eine ziemlich lange Zeitspanne zwischen dem ersten und dem zweiten Ruf liegen. Oder um es mit den Worten Jacintas zu erklären:

> »Beim ersten Mal sagt sie nur ›Jacinta!‹. Beim zweiten Mal ›Jacinta, komm!‹ und beim dritten Mal ›Jacinta, schnell, schnell!‹. Aber all das ist in mir und findet ohne Worte statt.«

Woher auch immer die vier das zu diesem Zeitpunkt wussten – es stand ihnen doch gerade erst ihre zweite Marienerscheinung bevor und Conchita betont in ihren Aufzeichnungen, dass auch die Eltern der Kinder sehr erstaunt waren und so etwas noch nie gehört oder gelesen hatten –, es bewahrheitete sich an diesem Tag und immer wieder in den folgenden Jahren ihrer Erscheinungen. Kaum hatten sie zu Ende gesprochen, empfingen sie den »ersten Ruf«.

Jemand, der eher skeptisch zugehört hatte, schlug Pfarrer Don Valentín vor, die Kinder voneinander zu trennen. So könne man feststellen, ob sie den zweiten Ruf tatsächlich zeitgleich empfingen. Dem Geistlichen gefiel die Idee und so wies er Loli und Jacinta an, in Lolis Haus zu warten, während Conchita und Mari Cruz in Conchitas Haus warten sollten. Als die Eltern damit einverstanden waren, konnte das kleine Experiment stattfinden. Eine halbe Stunde später empfingen die Mädchen den zweiten Ruf, verließen zeitgleich die beiden Häuser und trafen im selben Moment am *Cuadro* ein. Die Menschen waren beeindruckt, da eine Absprache ausgeschlossen war. Für sie war es ein weiterer Beweis für die Echtheit der Erscheinungen.

Kaum hatten die Kinder gegen 19.30 Uhr den *Cuadro* betreten und sich niedergekniet, fielen sie schon in Ekstase und sahen die Gottesmutter. Doch zweierlei war anders als am Vortag. Sie war dieses Mal ohne die Engel gekommen und trug stattdessen das Jesuskind auf dem Arm. Beide lächelten. »Wo sind denn der heilige Michael und der andere Engel geblieben?«, war die erste Frage der Kinder. Die Gottesmutter lächelte noch mehr.

Das Jesuskind war noch klein, höchstens ein Jahr alt. Es sagte nichts, aber es lachte. »Dürfen wir es mal halten?«, fragten die Mädchen in ihrer ganzen Naivität. Wieder lächelte Maria und reichte es ihnen. Die Anwesenden bekamen mit, wie die Kinder in diesem Augenblick nach etwas Unbekanntem zu greifen schienen, das sie hielten, an sich drückten und das sie liebkosten, wie man es mit einem Baby macht. Später erklärten die Mädchen, es sei gewichtslos gewesen, aber ihre

Hände hätten »etwas Festeres«, einen Widerstand gespürt, als sie es berührten. Conchita: »Weil wir doch mit dem Jesuskind spielen wollten, griffen wir nach ein paar Kieselsteinen. Ich steckte sie in meine Zöpfe und Loli in ihre Ärmel. Jacinta bot sie ihm an, doch es nahm sie nicht. Mari Cruz sagte zu ihm: Wenn du möchtest, dann kannst du die Bonbons haben, die mir jemand gegeben hat. Wenn du mitkommst, gebe ich sie dir.« Die Gottesmutter und das Kind lachten, antworteten aber nicht.

»Die heilige Jungfrau sprach sehr viel mit uns, aber sie erlaubte uns nicht, es [das Jesuskind] mitzunehmen«, protokollierte Conchita kindlich-naiv in ihrem Tagebuch.

An einem Punkt sahen die Schaulustigen und Pilger, dass die Kinder die Kieselsteine, mit denen sie eben noch gespielt hatten, der Gottesmutter hinhielten und sie baten, diese zu küssen. Später erklärten sie, die heilige Jungfrau habe darum gebeten, nachdem ihr Sohn mit den Kieseln nicht spielen wollte. Dabei ordneten sie jeden der Steine einer bestimmten Person zu: »Der hier ist für Andreas ... der ist für Pilar ...« und so weiter. Das brachte die Menschen auf die Idee, den Mädchen geweihte Gegenstände in die Hand zu drücken, die sie zufällig dabeihatten, etwa ihren Rosenkranz, eine Medaille oder auch ihren Ehering, nur um zu erfahren, dass diese auch von der Gottesmutter geküsst wurden. Daraus entwickelte sich bald eine Art Routine und das Küssen geweihter Gegenstände wurde zum festen Bestandteil auch der künftigen Marienerscheinungen von Garabandal. Auf einigen Fotos sieht man die Kinder, jedes mit Dutzenden Rosenkränzen behangen und ein halbes Dutzend Eheringen an den Fingern, die ihnen von den Gläubigen einfach aufgesteckt worden waren. Sollte jemand dabei den Versuch unternehmen, einen Gegenstand zweimal küssen zu lassen, lehnte das die Erscheinung ab und man hörte die Kinder sagen: »Oh, wurde das schon geküsst?« Sie gaben es dann dem Eigentümer mit der Erklärung »Die

Jungfrau sagte, den hier habe sie schon erledigt [sic!]« zurück. Handelte es sich dagegen um reinen Schmuck, weigerte sich die Gottesmutter, ihn zu küssen; sie schien zu erkennen, ob ein Ring von einem Priester gesegnet worden war. Geradezu phänomenal war auch die Sicherheit, mit der die von der Erscheinung geküssten Gegenstände von den Mädchen an ihre Eigentümer zurückgegeben wurden. Selbst wenn es völlig Fremde waren, die den Kindern mal eben ihren Ring an den Finger gesteckt oder ihren Rosenkranz umgehängt hatten, gingen die kleinen Seherinnen anschließend mit größter Sicherheit auf den Jeweiligen zu und gaben ihm sein Eigentum zurück, manchmal sogar unter Nennung seines Namens. Kein einziges Mal, selbst wenn ein Dritter anstelle des Besitzers zu den Kindern gegangen war, machten sie dabei einen Fehler. Das bestätigte auch der Brigadier der *Guardia Civil*, Juan Álvarez Seco, der die polizeiliche Aufsicht über das Erscheinungsgeschehen hatte:

»Ich wurde selbst viele Male Zeuge, wie die jungen Mädchen, völlig entrückt und in Ekstase, nachdem sie Gegenstände von der Jungfrau küssen ließen, diese an ihre Besitzer zurückgaben, ohne auch nur einen einzigen Fehler zu machen. Einige Leute, deren Medaillen bereits von der Jungfrau geküsst worden waren, gaben diese einer anderen Person, die sie wiederum den Sehern zusteckten mit der Bitte, sie von der Jungfrau küssen zu lassen. Doch in solchen Fällen hörten wir, wie die Mädchen sagten, dass dies bereits geschehen sei und die Jungfrau das nicht zweimal machen würde. Einmal brachte jemand ein paar Siegelringe, doch die Jungfrau erklärte, sie würde nur Eheringe küssen und so wurden die Siegelringe wieder an ihre Besitzer zurückgegeben, wieder ohne dass jemand dabei einen Fehler machte.«

In Gegenwart zweier Priester hält Jacinta der Gottesmutter einen Rosenkranz zum Kuss hin

Bei der letzten Erscheinung am 13. November 1965 erklärte die Gottesmutter Conchita, was es mit den geküssten Gegenständen auf sich hatte:

> »Die heilige Jungfrau sagte, dass Jesus Wunder durch Objekte wirken würde, die von ihr geküsst wurden, und dass jene, die sie mit Glauben und Vertrauen tragen, ihr Fegefeuer hier auf Erden abarbeiten könnten durch Leiden, die dem entsprächen, was sie im Fegefeuer ertragen müssten.«

Wer dann ohne Todsünde und nach einer sakramentalen Lebensbeichte stirbt, könne hoffen, direkt und ohne Umwege in den Himmel zu gelangen.

Einige Gläubige, die die geküssten Gegenstände in Ehren hielten, berichteten von Wohlgerüchen, die gelegentlich von ihnen ausgingen. Andere wollen auch ein leichtes Glühen gesehen haben, dass sie kurzzeitig umgab. Doch davon hatte die Gottesmutter bei all den Erscheinungen nie etwas gesagt.

Dass sie sich am 3. Juli den Kindern mit ihrem Sohn zeigte, sollte die Ausnahme sein. Bei den allermeisten Erscheinungen, so erklärten die vier Seherkinder, kam die Gottesmutter allein. Als sie am 8. Dezember 1962 wieder einmal das Jesuskind dabeihatte, reagierten die Kinder überrascht und stellten in ihrer naiven Art unzählige Fragen:

> »Es ist ja so lange her, seit *el Niño* bei uns war! Und es ist ja gar nicht größer geworden, ganz und gar nicht. Es ist noch immer so klein, wie es das letzte Mal war. Wo war es denn die ganze Zeit? Wo war es bloß? Wenn das Jesuskind nicht mitkommt, wo bleibt es dann? Irgendwo im Himmel? Oder in einer Krippe? Wo ist es für gewöhnlich?«

Gegen 20.00 Uhr, nach einer halben Stunde also, endete bereits die erste Erscheinung mit dem Jesuskind. »Bleibt mit Gott und auch mit mir«, waren die letzten Worte der Gottesmutter zu den Kindern, bevor diese ihr ein trauriges *Adiós* nachriefen: »Morgen werdet ihr mich wiedersehen.«

8.

Die erste Botschaft

Auch am 4. Juli setzte sich fort, was zu einer regelrechten Routine für die vier Kinder werden sollte, während es für den Rest der Welt eine der außergewöhnlichsten Serien von Ereignissen in der Menschheitsgeschichte ist. Wieder begann der Tag mit den Herausforderungen des Alltags, der Arbeit, die den Kindern von ihren Eltern auferlegt worden war, dann der Schule und schließlich dem abendlichen Rosenkranz, der wieder einmal in der Dorfkirche gebetet wurde. Pünktlich um 18.00 Uhr fanden sich die vier Seherkinder dort ein, wo schon dicht gedrängt die Menschen auf sie warteten. Ganze zwölf Priester standen um den Hauptaltar, während zum ersten Mal auch Pressefotografen nach Garabandal entsandt worden waren. Als das Rosenkranzgebet beendet war, hatten die Mädchen bereits ihren zweiten Ruf empfangen, und so liefen sie so schnell wie möglich zum *Cuadro*, während die Pilger und Schaulustigen sich allmählich auf den Weg machten. Dabei wurden die jungen Seherinnen in dem Gedränge getrennt und so kam es, dass zwar Mari Cruz und Conchita es in das Gatter schafften, Jacinta und Loli aber noch außerhalb waren, als auch sie in Ekstase fielen.

Mit dem Laufen manifestierte sich in Garabandal ein ganz neues Phänomen, das zu einem weiteren Charakteristikum dieser Erscheinungen werden sollte. »Die Leute waren erstaunt und sprachen darüber, dass wir, obwohl wir gelaufen waren, nicht schwitzten, während sie ziemlich heftig schwitzten und ganz erschöpft waren, als sie die *Calleja* erreichten. Sie wunderten sich darüber, aber es war nichts Besonderes, denn es war die selige Jungfrau, die uns trug«, hielt Conchita mit entwaffnender Naivität fest.

Pepe Diez, der Dorfmaurer, erinnert sich an dieses Phänomen:

»Die Anwesenden konnten nicht fassen, mit welchem Tempo sich die Kinder bewegten. Es war eine außergewöhnliche Geschwindigkeit und ich glaube kaum, dass unter normalen Umständen ein elf- oder zwölfjähriges Kind schneller rennen kann als 18- oder 20-jährige Jungen, die darin geübt sind zu laufen und jeden Tag zur Arbeit die steilen Bergwege hinaufsteigen, so wie es sie bei uns in Garabandal gibt. Doch diese jungen Männer kamen nicht mehr hinterher, wenn die Mädchen in Ekstase waren! Dabei fiel mir ein Detail auf: Die Seherinnen machten ganz normale Schritte, aber sie waren damit dreimal schneller als jeder andere. Ich habe oft versucht, sie einzuholen, aber es war unmöglich. Ich kam einfach nicht nach, bis sie an ihrem Zielort angekommen waren ... Dabei war ich damals

Die Mädchen laufen zur Erscheinungsstätte

erst 35 Jahre alt und es gab nicht viele, die mich bei Wettläufen schlagen konnten …«

Der Brigadier Juan Álvarez Seco gab zu Protokoll:

> »Von diesem Zeitpunkt an sah ich … Hunderte solcher ekstatischer Spaziergänge und Läufe, einige sogar rückwärts, durch die Straßen des Dorfes in entrücktem Zustand. Wenn die Mädchen liefen, um sich [mit der Gottesmutter, d. Verf.] zu treffen … konnte niemand mit ihnen mithalten, gleich, wie schnell er lief.«

In der *Calleja*, beim *Cuadro*, erwartete sie die Gottesmutter erneut mit einem Lächeln, das sie tief in ihren jungen Herzen berührte. Doch an diesem Tag ging es nicht um Small Talk, um kindliche Spiele und den dörflichen Alltag, sondern um ein wichtiges Anliegen der himmlischen Besucherin. »Wisst ihr, was das Zeichen zu bedeuten hat, das ihr unter dem Engel gesehen habt?«, begann sie das Gespräch. Die Kinder verneinten.

»Es ging um eine Botschaft, die ich euch geben werde und die ihr am 18. Oktober öffentlich verkündigen sollt«, erklärte sie. »Sie lautet: *Man muss viele Opfer bringen, viel Buße tun und oft das Allerheiligste Sakrament besuchen. Vor allem aber müssen wir ein gutes [d.h. gottgefälliges, d. Verf.] Leben führen. Wenn wir das nicht tun, wird uns eine sehr große Züchtigung befallen. Der Kelch füllt sich schon und wenn wir uns nicht ändern, wird ein sehr großes Strafgericht über uns kommen.*«

Die Botschaft wirkt nur auf den ersten Blick banal und noch weniger ist sie »schwer verständlich«. Tatsächlich ist sie zwar dem kindlichen Sprachgebrauch angepasst, aber doch von prophetischer Tiefe.

Im ersten Satz wird zunächst, wie in allen echten Marienerscheinungen, ja in jeder jüdisch-christlichen Prophetie, zu

Die Kinder empfangen die Botschaft der Gottesmutter

Opfer und Umkehr aufgerufen. Allerdings gibt die Gottesmutter in Garabandal auch eine Empfehlung, in welcher Form dies geschehen solle. Nämlich nicht nur, wie in früheren Marienerscheinungen erbeten, durch das Gebet des Rosenkranzes, das als bekannt vorausgesetzt wird; von Anfang an beteten die Kinder den Rosenkranz, die Gottesmutter lehrte sie, dies mit der angemessenen Andacht zu tun. Jetzt aber betont sie die Bedeutung einer anderen, in bisherigen Erscheinungen eher vernachlässigten, urkatholischen Praxis, nämlich der Eucharistischen Anbetung. Durch die unmittelbare Begegnung mit dem lebendigen Gott im Altarsakrament könne die notwendige Läuterung des Menschen gelingen, lehrte sie. Zugleich aber erinnerte sie daran, dass selbst die wertvollste religiöse Praxis nur auf dem Fundament eines gottgefälligen Lebens gedeihen kann. Das erinnert an die Botschaft von Marienfried in Deutschland, wo die Gottesmutter direkt auf die Weihe der Welt an ihr Unbeflecktes Herz durch Papst Pius XII. am 31. Oktober 1942 Bezug nahm: »Man muss die Weihe leben«, erklärte sie, damit diese ihre Wirkung entfalten könne. Ohne die konsequente Abkehr von der Sünde, ohne eine Heiligung des Alltags, würde auch die Weihe weder den Einzelnen noch die Menschheit retten.

Der zweite Teil der Botschaft ist eine prophetische Mahnung. Ohne ins Detail zu gehen – wie dies etwa in La Salette und Fátima geschah – kündigte die Gottesmutter ein Strafgericht als Züchtigung der sündigen Welt an, wenn sich diese nicht bekehrt, nicht zum Guten wandelt. Dieses »Wenn ... dann ...« ist das Grundmuster jeder echten Prophetie, denn bei Gott gibt es keinen Fatalismus, keine Zwangsläufigkeit zukünftiger Ereignisse. Der Mensch wird in seiner völligen Freiheit belassen, die Gott ihm geschenkt hat. Es ist an ihm, sich zu entscheiden, ob er den Weg zu Gott oder den Weg von Gott weg und in sein Verderben gehen will. Kriege und Katastrophen sind die Konsequenzen unserer Sünden, unserer Gottesferne, unserer Beleidigung des Schöpfers. Leben wir nach seinen Gesetzen, wird es uns gut ergehen. Leben wir, als ob es Gott nicht gäbe, lässt er zu, dass wir ernten, was wir gesät haben, und dies auf schmerzhafte Weise lernen.

Dabei ist das Bild vom Kelch des göttlichen Zorns, der sich anfüllt und überzulaufen droht, ein biblisches. Wir finden es zuerst in den Schriften der großen Propheten Jesaja und Jeremia, die Juda vor der drohenden Invasion erst der Assyrer, dann der Babylonier, vor Unheil und Krieg als Folge seiner Missachtung der Gebote Gottes warnten. Der »Becher des Zorns«, (*kôs hachemāh*, siehe Jes 51,17–22), der »Becher voll Zornwein« (Jer 25,15), der »betäubende Becher« (*kôs hattar'elāh*, Jes 51,17–22) oder der »Becher des Grauens und der Verwüstung« (Ez 23,33) sind Bilder für Untergang und Vernichtung. Gott hat in diesem Bild einen Becher in seiner Hand, den er seinem Volk Israel (Jes 51,17; Ez 23,31–34; vgl. Jer 25,15 ff.) oder anderen Völkern (Jes 51,22 f., Jer 49,12 f.; Jer 51,7; Sach 12,2; vgl. Klgl 4,21) zum Trinken reicht. Damit entspricht das Bechermotiv der Vorstellung vom Zorn Gottes als einer flüssigen Substanz, die er über die Menschen ausschüttet (*ntk* »gießen«; *špk* »schütten«; vgl. Klgl 4,11; Ps 79,6; Jer 6,11; Jer 42,18).

Im Neuen Testament ist es Jesus, der im Garten Getsemani in der Nacht vor seiner Kreuzigung in seinem Gebet den Vater bittet, »diesen Kelch« an ihm vorübergehen zu lassen (vgl. Mk 14,36 und Lk 22,42). In Verbindung zur Verwendung dieser Metapher bei Jesaja ist dies ein Hinweis auf die Rolle Jesu selbst als unschuldiges Opfer, das den Zorn des Vaters über die sündige Menschheit stellvertretend auf sich nimmt. So finden wir dieses Bild auch im 14. Kapitel des Buches der Offenbarung des Johannes, dem apokalyptischen Abschlusskapitel der Bibel:

> »Der muss den Wein des Zornes Gottes trinken, der unverdünnt im Becher seines Zorns gemischt ist. Und er wird mit Feuer und Schwefel gequält vor den Augen der heiligen Engel und des Lammes« (Offb 14,10).

Doch all das konnten die Seherkinder von Garabandal mangels theologischer Bildung nicht ahnen, als sie diese kurze, aber profunde Botschaft empfingen. Und so räumte Conchita in ihrem Tagebuch mit frappierender Ehrlichkeit ein: »Das war also die Bedeutung des Zeichens, auf das der Engel uns hinwies, und die Botschaft, die wir am 18. Oktober verkünden sollten. Doch ich verstand sie nicht.«

Damit endete die Erscheinung des 4. Juli aber auch schon. Sie hatte, wie Conchita sauber notierte, von 18.25 Uhr bis 19.00 Uhr gedauert.

Am nächsten Tag ging die Gottesmutter noch einmal auf die Botschaft ein. Sie sollte zunächst von den Kindern vor dem Portal der Dorfkirche verkündet werden. Zudem sollten sie am 18. Oktober ihren Pfarrer, Don Valentín, darum bitten, sie ein zweites Mal um 22.30 Uhr an den Tannen zu verlesen.

Doch zuvor versuchte jemand um jeden Preis, die Bekanntgabe dieser wichtigen Botschaft zu verhindern.

9.

Die »Entführung« der Seherin

Als die Erscheinungen begannen, hatte Santander, zu dessen Bistum San Sebastián de Garabandal gehört, noch keinen neuen Bischof. Stattdessen wurde die Diözese nach dem Tod von Bischof José María Eguino y Trecu Anfang des Jahres 1961 von einem Apostolischen Administrator, Bischof Doroteo Fernández, geleitet. Er wurde zur Schlüsselfigur in dieser frühen Phase der Ereignisse.

Kaum hatte er durch Pfarrer Valentín Marichalar von den Geschehnissen um die vier Mädchen erfahren, schlug er nach, was das Heilige Offizium in Rom, heute die Glaubenskongregation, bei angeblichen »Privatoffenbarungen« (so der *terminus technicus* der Kirche für alle Erscheinungen) riet. Sie »empfiehlt dem zuständigen Bischof, eine Untersuchungskommission einzuberufen, der Experten in den Bereichen der Theologie, des Kirchenrechts und der Psychologie angehören sollten«, heißt es in den offiziellen Anweisungen. So beauftragte Msgr. Fernández einen der Domherren der Kathedrale von Santander, den Theologieprofessor Dr. Francisco Odriozola, damit, »kompetente Männer auszuwählen, die mit der Arbeit beginnen sollten«. Anfang Juli 1961 stand die Kommission aus drei Priestern als Theologen und zwei Laien aus dem Gebiet der Medizin fest. Die drei Priester waren Msgr. Juan Antonio del Val, der später zum Bischof von Santander gewählt werden sollte, der renommierte Theologe Prof. José María Sáiz sowie der Generalvikar des Bistums, Agapito Amieva; die Mediziner waren der Psychiater Dr. Luis Morales Noriega und der Anästhesist Dr. José Luis del Piñal

Ruíz de Huidobro, die beide am Krankenhaus von Santander tätig waren. Zeitweise wurde zudem der Arzt Dr. Peláez aus Valladolid konsultiert.

Don Dr. Ordriozola hatte die Kinder bereits nach der ersten Marienerscheinung vom 2. Juli ausführlich befragt, während Dr. Morales Garabandal am 11. Juli seine Aufwartung machte. Dabei war es seine feste Absicht und unumstößliche Meinung, man müsse diesem »Wahnsinn« ein schnelles Ende bereiten. Also ließ der berühmte Psychiater aus Santander sich eine junge Seherin nach der anderen vorführen und redete so lange auf sie ein, bis sie kleinlaut versprach: »Si, Señor, si: Wir werden tun, was Sie von uns verlangen!«

Daraufhin ging Dr. Morales, seiner Reputation und Überzeugungskraft sicher, hinaus zur *Calleja*, um den dort versammelten Schaulustigen und Gläubigen das Resultat seiner Bemühungen zu verkünden: »Sie verschwenden Ihre Zeit! Die Mädchen werden heute nicht mehr kommen. Dieses Possenspiel ist vorbei. Ich, Dr. Morales, versichere Ihnen: Sie können gehen.« Dann drehte er sich um und kehrte, zusammen mit seiner Begleitung, in das Dorf zurück. Doch kaum hatte er die ersten Häuser von Garabandal erreicht, hörte er einen Lärm: Die Mädchen hatten gerade ihren dritten Ruf von der Gottesmutter erhalten und eilten zur Erscheinungsstätte. Offenbar waren sie von einer Kraft geleitet, die stärker war als die Überzeugungskraft des berühmten Psychiaters.

Nach diesem ziemlich erfolglosen Versuch, der Ereignisse von Garabandal Herr zu werden, wählte die Kommission eine andere Strategie. Nach ihren Beobachtungen vor Ort waren Ordriozola und Morales zu dem Schluss gekommen, dass Conchita die treibende Kraft hinter den »Erscheinungen« war. Also galt es, das Mädchen von seinen Freundinnen zu isolieren, um zu sehen, ob mit seiner Entfernung nicht der »ganze Spuk« von selbst kollabierte. Zudem glaubte man, sie isoliert besser beeinflussen zu können. Offenbar informierten die Kommissionsmitglieder im Vorfeld Brigadier Juan Álvarez Seco, den Kommandanten der *Guardia Civil*, der im Auftrag des Staates die Ereignisse in Garabandal überwachte, wie dieser in seinem Bericht vermerkte:

> »Eines Tages beschlossen ein paar Ärzte, die nur einmal in das Dorf gekommen waren, Conchita auf Anweisung des Bischofs [Apostolischer Administrator, d. Verf.] nach Santander zu bringen. Zufällig war ich an diesem Tag gerade dort, doch ich traf sie nicht an. Allerdings hatte ich am Vortag die Gardisten gebeten, alles, was geschah, genau zu beobachten, sodass sie mir nach meiner Rückkehr genauestens berichten konnten.
>
> Am 27. Juli holten sie Conchita nach Santander, um sie dort in einem Kloster [tatsächlich ein Pfarrhaus, d. Verf.] unterzubringen. Sie baten die Bewohner, sie abzulenken und ein wenig in der Stadt und ihrer Umgebung herumzufahren, um sie von der Krankheit zu kurieren, unter der sie nach Meinung der Ärzte litt.«

Natürlich war auch Conchitas Mutter Aniceta in die Pläne eingeweiht worden; als Erziehungsberechtigte sollte sie ihre Tochter nach Santander begleiten. Die Sommerferien hatten begonnen, sie würde also keinen Schulunterricht versäumen. Um sicherzugehen, dass sie damit nicht gegen den Willen der Gottesmutter verstieß, bat sie Conchita, bei der nächsten Erscheinung ausdrücklich ihr Einverständnis zu erfragen.

Etwa 600 Menschen waren am Nachmittag des 27. Juli wieder nach Garabandal gekommen, um den jetzt täglichen Erscheinungen beizuwohnen. Unter ihnen war ein Dominikanerpater im weißen Habit, was Conchita sehr erstaunte, war sie doch noch nie zuvor einem Dominikanerpater begegnet; sie kannte bislang nur den »Bischof in Weiß«, den Papst. Gegen 18.00 Uhr erhielten die vier Mädchen ihren zweiten Ruf und machten sich auf dem Weg zum *Cuadro*. Ein Priester namens Don Alfonso Cebián hatte ihnen eine Tüte Bonbons mitgebracht, die sie gerade unter sich aufteilten, als der dritte Ruf an sie erfolgte. Sofort fielen sie in Ekstase, während ihnen die Süßigkeiten aus den Händen und zu Boden fielen. »Obwohl wir Bonbons sehr mochten«, schrieb Conchita später mit einigem Bedauern, »zogen wir es doch noch sehr viel mehr vor, die heilige Jungfrau zu sehen.« – »Der dritte Ruf ist etwas, was uns davonträgt, ohne dass wir wissen, wie uns geschieht«, erklärte sie ihr Verhalten. »Normalerweise eilen wir zum *Cuadro*. Doch dieses Mal schafften wir es nicht mehr dorthin. Die heilige Jungfrau erschien, bevor wir dort ankamen.«

Die erste Frage der Kinder galt dem »merkwürdigen weißen Priester«, doch die Gottesmutter lächelte bloß. Erst als die Kinder immer wieder nachhakten, erwiderte sie: »Er ist ein Dominikaner.« – »Ein Domini-was?«, fragten sie für alle hörbar nach. Wieder war ein Lächeln die Antwort. »Darf ich nach Santander gehen?«, wollte Conchita wissen. »Wenn du es möchtest …«, lautete die Antwort. Die Erscheinung dauerte eine Stunde, die den Kindern nur wie eine Minute vorkam.

Dank dem spanischen Autor Francisco Sánchez-Ventura y Pascual besitzen wir einen beeindruckenden Augenzeugenbericht von diesem Tag:

> »Bevor die vier die Absperrung [den *Cuadro*, d. Verf.] erreichten, fielen sie auf ihre Knie, zwei vorneweg, die anderen beiden dahinter, mit jeweils 45 Zentimetern Abstand. Conchita hatte fast die ganze Zeit über ihren Kopf auf geradezu bizarre Weise nach hinten gereckt. Die anderen drei schauten vorwärts, ihre Augen zum Himmel gerichtet. Mari Cruz weinte. Auf allen vier kleinen Gesichtern lag ein süßer Ausdruck. Gelegentlich lächelten sie, ein- oder zweimal brach ein spontanes Lachen aus ihnen hervor. An einem Punkt hielten sie die Massen von Medaillen, die um ihre Hälse hingen, der Vision zum Küssen

hin. ›Die hier gehört einem Mann, der mir sagte, du müsstest sie ganz doll für ihn küssen‹, sagte Jacinta und machte eine so schwankende Bewegung, dass sie beinahe umkippte. Noch immer in Trance, legte Mari Cruz ihren Arm um sie, um zu verhindern, dass Jacinta das Gleichgewicht verlor. An einem Punkt lag Jacinta fast auf dem Boden ... Nur eine Seherin konnte die andere halten, wenn sie in Trance war, und ihre Glieder drehen wie die einer Puppe, um sie in die richtige Stellung zu bekommen. Jeder andere stieß auf eine Starre, die schwer zu brechen war. Die Mädchen konnten sich gegenseitig mit größter Leichtigkeit hochheben, während andererseits zwei erwachsene kräftige Männer nicht in der Lage waren, ein einzelnes Kind, das gerade in Ekstase war, auch nur zu bewegen ... Während dieser speziellen Vision kniete Mari Cruz die ganze Zeit über auf dem spitzen Rand eines etwa fünf Zentimeter breiten Steines, ohne Schmerz zu empfinden oder auch nur dadurch gestört zu sein. Als dann der Moment des Abschieds gekommen war, bliesen sie Küsse in die Luft und öffneten und schlossen ihre Hände, wie es Kinder gern tun, um zum Abschied zu winken ... Die Rückkehr zur Normalität geschah ganz plötzlich und gleichzeitig, als würde man einen Lichtschalter bedienen. Jetzt sprachen sie auch wieder mit ihren normalen Stimmen, während bei der Erscheinung nur ein heiseres Wispern zu hören war ... Obwohl sie über eine Stunde in geradezu bizarrer Haltung verbracht und auf den Steinen gekniet hatten, gab es anschließend nicht das geringste Anzeichen von Steifheit oder Schmerz bei den Mädchen. Sie wirkten völlig entspannt und ausgeruht.«

Ein Priester namens Don Luis González, ein entfernter Verwandter, den das diözesane Untersuchungskomitee um seine Hilfe gebeten hatte, brachte Conchita und Aniceta noch am gleichen Abend nach Santander. Es war bereits dunkel, als sie das Pfarrhaus erreichten, in dem das Sehermädchen und

Die Kirche »La Consolación« in Santander

seine Mutter die nächsten Tage verbringen sollten. Gleich am ersten Tag hatte Conchita eine Erscheinung auf offener Straße in der Nähe der Kirche *Nuestra Señora de la Consolación* (»Maria Trost«). Ihre Ekstase erregte so viel Aufmerksamkeit, dass sich bald Hunderte Menschen um sie herum versammelten und die Polizei geholt werden musste, um sie vor dem Andrang zu schützen. Der Anästhesist Dr. José Luis del Piñal Ruíz de Huidobro, der sie begleitet hatte, machte diverse Experimente mit ihr und untersuchte ihre Körperfunktionen während der Trance.

Exakt zu diesem Zeitpunkt hatten Jacinta, Loli und Mari Cruz daheim in Garabandal ebenfalls eine Erscheinung der Gottesmutter. Sie muss ihnen erklärt haben, dass sie zeitgleich auch Conchita erschien, denn die anwesenden Augenzeugen hörten deutlich, wie die Mädchen wie aus einem Mund riefen: »Wie wunderbar! Sie sieht dich also auch in Santander!«

Die ganze Geschichte finden wir im Bericht des Brigadiers Álvarez Seco:

»Nachdem ich wieder in Puentenansa war, rief ich meine Gardisten an, um zu erfahren, was in meiner Abwesenheit vorgefallen war. Sie erklärten mir, dass um 13.00 Uhr der Erzengel Michael den drei Seherinnen Mari Loli, Jacinta und Mari Cruz erschienen sei und dass sie dem Engel erzählten, dass sie sehr traurig seien, weil Conchita nicht die heilige Jungfrau sehen könne, die an diesem Nachmittag erscheinen würde. Der Engel sagte ihnen, dass Conchita die heilige Jungfrau in Santander sehen würde, exakt zur selben Stunde wie sie in Garabandal ... Am nächsten Tag ... bestätigte mir mein Kollege, Brigadier Crescencio [der die Vorgänge in Santander überwachte, d. Verf.], dass Conchita an jenem Nachmittag eine Erscheinung in der Nähe des Klosters in Santander hatte. Ein junger Mann, den ich in Garabandal traf und der die vier Seherinnen sehr gut kannte, versicherte mir, er habe von einer der Straßen, die zum Bahnhof führen, aus gesehen, wie Conchita, von vielen jungen Mädchen umgeben, die zu dem Kloster gingen, mitten auf der Straße in Ekstase fiel.«

Conchitas Mutter, die dabei war, erinnerte sich später in allen Details an die dramatische Situation:

»Einige Männer, darunter einige Ärzte, bemächtigten sich meiner Conchita, die in Ekstase war, und zerrten buchstäblich an ihr herum in dem Versuch, sie fortzutragen. Sie kniete, den Kopf fast völlig nach hinten gelehnt, sodass er fast ihre Hacken berührte. Ich schrie die Männer an: ›Lasst sie um Himmels willen in Ruhe ... lasst mir meine Tochter!‹ – ›Seien Sie ruhig, Señora, ihr wird nichts geschehen.‹ Sie schafften es, sie in kniender Position in einen Raum [die Sakristei der Kirche, d. Verf.] zu tragen. Sie schlossen uns ein, uns beide, während

Conchita die ganze Zeit über in Ekstase war. Als sie sie auf dem Boden absetzten, korrigierte sich ihre Haltung von selbst. Sie reckte sich und schließlich ruhte ihr ganzer Körper nur noch auf einem Ellbogen, während alles andere in der Luft hing, und ich sagte zu diesen Männern: ›Schauen Sie selbst, wie sie sich hält. Was für eine Pose!‹ Es war ein wunderbarer Anblick, dabei sehr sittsam. Kein Kleidungsstück war verrutscht, alles war bedeckt, wie es bedeckt sein sollte, und sie blieb in dieser horizontalen Stellung praktisch ohne Stütze, mit engelhaftem Gesicht, die Augen zum Himmel gerichtet. Es war so kostbar, das zu sehen. Ich fragte mich, was diese Männer noch mehr sehen wollten.«

Als sie aus der Ekstase erwacht war, brachten Dr. Ruíz und der ebenfalls anwesende Leiter der Untersuchungskommission, Don Dr. Odriozola, das Mädchen in die Sakristei der Kirche *Maria Trost*, um es ausführlich zu befragen. Ihre Fragen klangen dabei wie ein Verhör durch die heilige Inquisition:

»Warum hast du das alles angefangen?«

»Wer hat dich dazu angestiftet?«

»Du musst verrückt sein, dass du die Welt auf diese Weise zu täuschen versuchst!«

An einem Punkt wollte Dr. Ruíz sie hypnotisieren. »Mach dich gerade und schau auf meine Nase«, erklärte er ihr. Conchita musste laut loslachen. »Das ist nicht zum Lachen! Schau gefälligst auf meine Nase!« Es funktionierte nicht. Wütend erklärte der Arzt die Sitzung für beendet.

Conchitas Mutter liefert weitere Details zu dem fragwürdigen Vorgehen der bischöflichen Kommission:

Conchita
im Juli 1961

»Als die Ekstase vorüber war, ich weiß nicht wie viel später, fragte mich Conchita: ›Mama, wo bin ich?‹ – ›Hier in einem Raum. Bist du in Ordnung?‹ Ich musste das mehrfach wiederholen, meinte dann: ›Komm, lass uns gehen.‹ – ›Oh nein, ich muss noch den Rosenkranz beten.‹ Ich sagte zu den Männern: ›Schauen Sie, sie ist jetzt wach und sie will den Rosenkranz rezitieren.‹ – ›Gut, lassen Sie sie beten.‹ Wir alle beteten den Rosenkranz. Als wir gehen wollten, nahmen diese Männer Conchita und ein Priester brachte mich in einen anderen Raum ... Erst später brachte er mich zurück in die Sakristei, wo meine Tochter war. Ich sah sie, umgeben von all diesen Männern; sie war ernst, traurig, niedergeschlagen und eingeschuchtert. Sie saßen um sie herum und sie lehnte an einem Tisch, sehr traurig. Der Priester sagte etwas zu Conchita, die ihm sehr höflich antwortete. Dann fragte sie ein Arzt: ›Warum antwortest du mir nicht?‹ Sie sagte nichts. Sie setzte ihr Gespräch mit dem Priester fort, lächelte liebenswürdig.«

Am nächsten Tag wurde sie von dem Psychiater Dr. Morales und einigen Kollegen gründlich untersucht. »Sie sagten mir alle, dass ich gesund sei, dass aber die ganze Sache mit den Erscheinungen ein Traum sei«, erinnerte sich Conchita. »Sie meinten, sie würden mich hier in Santander lassen, wo ich mich amüsieren könne und alles vergessen würde, sodass die Erscheinungen ganz von allein enden würden.« Ihre Mutter wurde zurück nach Garabandal geschickt, während sich an den nächsten Tagen die Schwester von Don Luis und seine beiden Nichten um das Mädchen kümmern sollten.

Zu dritt versuchten die Frauen alles, um Conchita das weltliche Leben schmackhaft zu machen. Sie gingen mit ihr zum Einkaufen in die Stadt, wo sie erst einmal neue Kleider und einen Badeanzug bekam, bevor ein Friseur ihre beiden Zöpfe abschnitt und ihr einen modischen Kurzhaarschnitt verpasste. Dann gingen sie mit ihr zur Kirmes und jeden Tag an den Strand. Als sie dagegen darum bat, beichten zu dürfen, wurde es ihr verweigert. Auch der Besuch der Heiligen Messe und der Empfang der Eucharistie waren ihr untersagt.

Tatsächlich schien der Versuch, Conchita »umzuprogrammieren«, zunächst zu gelingen. »Während ich jeden Tag an den Strand ging, erschien mir die heilige Jungfrau nicht mehr«, schrieb sie in ihr Tagebuch. Einerseits war sie neugierig auf die ihr völlig neue Welt der Großstadt und ihre Vergnügungen, andererseits sehnte sie sich nach ihren Freundinnen, vor allem aber nach den Begegnungen mit der Gottesmutter, die ihr ein viel tieferes, intensiveres Glücksgefühl vermittelten als alle weltlichen Freuden.

Daheim in Garabandal machten die Dorfbewohner Conchitas Mutter das Leben schwer. »Die Atmosphäre im Dorf war buchstäblich vergiftet«, erklärte Aniceta González später. »Man beschuldigte mich, die Gottesmutter aus dem Dorf geworfen zu haben … es herrschte Krieg, denn die anderen Dorfbewohner sagten, ich hätte Conchita aus dem Haus geworfen, ich wolle alles in Garabandal unterdrücken. Meine Söhne waren plötzlich allein, das ganze Dorf war gegen uns und niemand wollte ihnen Jobs in der Landarbeit geben.« Einer von Conchitas Brüdern hatte in León in dem Kohlebergwerk eines wohlhabenden Industriellen aus einer alten, einflussreichen Familie, bei Don Emilio del Valle Egocheaga, gearbeitet, der jetzt mit großer Aufmerksamkeit die Ereignisse in Garabandal verfolgte. Als er von den Schwierigkeiten der Familie erfuhr, bot er Aniceta seine Hilfe an. Seine Intervention beim Apostolischen Administrator reichte aus, um das Mädchen aus seiner Bedrängnis zu befreien. Dann beauftragte er einen Taxifahrer, Aniceta und ihre Schwester Maximina nach Santander zu bringen, um ihre Tochter dort abzuholen.

Als Conchita ihre Mutter wiedersah, hatte sie Tränen in den Augen. Auf der einen Seite freute sie sich, zurück nach Garabandal zu kommen, andererseits war sie ein junges Mädchen, das gerade seinen ersten Urlaub verbracht und eine ganz neue Welt entdeckt hatte, die ihm zu gefallen begann. Don Luis und seine Schwester Antonina, die ihm als Haushälterin diente, protestierten lautstark, während Conchita sich zunächst weigerte, dann aber gehorsam auf ihr Zimmer ging, um ihre Sachen zu packen. Hektisch telefonierte der Priester zunächst mit Prof. Odriozola, dann mit Dr. Ruíz, die beide verlangten, das Mädchen zu sehen und seine Mutter zu sprechen.

Als sie am Haus von Dr. Ruíz eintrafen, setzte dieser sein ganzes Repertoire aus Zuckerbrot und Peitsche, Schmeicheleien und handfesten Drohungen ein, um sein Ziel zu erreichen:

»Schau, Conchita, wenn du jetzt gehst und nicht allem abschwörst, werden die Leute denken, dass du verrückt bist und dich in eine Irrenanstalt stecken. Deine Familie lassen wir ins Gefängnis werfen. Wenn du dagegen hierbleibst und zugibst, dass alles erfunden war, wirst du eine richtige *Señorita* und wir schicken dich auf eine gute Schule. Du wirst ein glückliches Mädchen werden. Was willst du lieber?«

Die Taktik des Arztes verfehlte ihre Wirkung nicht. Wieder zitterte Conchita, hatte Tränen in den Augen, verlor den Boden unter den Füßen, hatte einfach nur noch Angst. »Aber selbst wenn meine Visionen nicht wahr sein sollten, die anderen Mädchen haben sie doch auch gesehen …«, stammelte sie.

Dr. Ruíz hatte sie genau dort, wo er sie haben wollte. Sie war jetzt so eingeschüchtert, dass sie sich seinem Willen unterwerfen würde.

»Wo ist sie denn, deine Jungfrau? Siehst du sie immer noch?«

»Nein, ich sehe sie nicht mehr«, räumte Conchita wahrheitsgemäß ein, »aber vielleicht erscheint sie den anderen noch? Ich weiß es nicht …«

In diesem Augenblick legte Dr. Ruíz väterlich seine Hand auf ihre Schulter. »Es ist alles gut, Conchita«, redete er auf das Mädchen ein, »du musst uns nur vertrauen.«

»Du siehst die Jungfrau also nicht mehr?«, insistierte der Arzt nach einer kleinen Pause. »Kannst du mir das schriftlich bestätigen, was du gerade gesagt hast? Dann lasse ich dich gehen!«

Nach Aussage ihrer Tante und ihrer Mutter ließ er Conchita ihren Vor- und Nachnamen auf ein leeres Blatt Papier schreiben. Niemand weiß, was dort später hinzugefügt wurde.

»Gut, jetzt, wo alles klar ist, wo wir wissen, dass du nichts mehr gesehen hast, verrate mir nur noch, was die Botschaft ist«, meinte Dr. Ruíz in deutlich freundlicherem Tonfall, sich auf die Erscheinung vom 4. Juli beziehend.

»Ich kann es nicht!«, erklärte Conchita. Ein heftiger Dialog entbrannte.

»Du kannst nicht heißt, du willst nicht!«

Schließlich fand Conchita eine Ausrede: »Ich kann mich nicht mehr daran erinnern …«

Endlich durften die drei Frauen gehen; der Apostolische Administrator erwartete sie.

Am Eingang des Bischofspalastes nahm sie Don Dr. Odriozola, der Leiter der Untersuchungskommission, in Empfang. Nachdem er den drei Frauen erklärt hatte, wie man den Apostolischen Administrator korrekt begrüßt und anredet, stellte er sie Bischof Doroteo vor.

»Sie wollen also Ihre Tochter wieder mitnehmen?«, sprach dieser Aniceta direkt an.

»Ja, ich bringe sie heim, denn im Dorf kehrt kein Frieden ein, solange sie hier ist. Ich will wieder in Frieden leben.«

»Das hört sich doch gut an«, erwiderte Bischof Doroteo.

Dann wandte er sich an Conchita: »Was möchtest du denn lieber? Eine *Señorita* sein oder wieder deine Schafe hüten?«

»Lieber eine *Señorita* sein.«

»Wir werden uns darum kümmern, dass du auf eine gute Schule kommst«, versprach er. Dann reichte er den drei Frauen seinen Ring, den sie ehrfürchtig küssten, und verabschiedete sie. Conchita war frei, sie konnte wieder nach Garabandal zurückkehren.

Im Wagen, als sie zu Don Luis fuhren, um ihre Sachen abzuholen, wurde Conchita nachdenklich: »Der Tag wird kommen, an dem wir alles abstreiten werden, wirklich alles, und uns dabei widersprechen«, meinte sie. So hatte es ihr die Gottesmutter vorausgesagt. Doch noch ahnte niemand, als wie prophetisch sich diese Aussage eines Tages erweisen würde.

10.

Bei den Kiefern

Während Conchita am Abend des 3. August 1961 zusammen mit ihrer Mutter und ihrer Tante im Taxi nach Garabandal saß – von Santander aus damals eine zweistündige Fahrt und man war spät losgekommen –, lagen Loli und Jacinta in Ekstase auf dem Boden der Dorfkirche und führten Gespräche mit der Gottesmutter, die ihnen erschienen war. Mari Cruz dagegen wartete auf dem Balkon ihres Hauses auf ihre Erscheinung; sie hatte ihren dritten Ruf noch nicht vernommen.

»Was sagst du? Conchita kommt heute?«, hörten die in der Kirche versammelten Gläubigen die beiden Mädchen sagen, »Wirklich? Sie ist auf dem Weg zu uns? Sie biegt schon in den Bergweg ein?« Zu einer Zeit, in der es noch keine Mobiltelefone gab, um direkt miteinander zu kommunizieren, war eine solche Nachricht eine Möglichkeit, die Echtheit der Erscheinungen zu überprüfen. So schlich sich einer der Anwesenden nach dem anderen aus der Kirche und ging zu dem kurvenreichen Bergweg, der einzigen Straße nach Garabandal, um zu sehen, ob es stimmte, dass Conchita an diesem Abend in ihr Dorf zurückkehren würde. Bald darauf erwachten auch die beiden Seherinnen aus ihrer Ekstase und machten sich ebenfalls auf den Weg, um ihre Freundin zu begrüßen.

Als das Taxi aus Santander sich im Schritttempo auf dem Schotterweg Richtung Garabandal bewegte, füllte sich die Straße mit Menschen. Es war, als würde die verlorene Tochter des Ortes nach Hause zurückkehren. Hunderte säumten den letzten Abschnitt ihres Weges, winkten und applaudierten, als sie Conchita auf dem Beifahrersitz erkannten, oder liefen dem Wagen hinterher. Conchita traute ihren Augen kaum, doch Aniceta, ihre Mutter, wurde regelrecht wütend. Als der Wagen am Rand des Dorfes hielt, kurbelte sie das Fenster herunter und rief den Menschen zu: »Wohin wollt ihr? Glaubt ihr, es gäbe eine Kirmes in Garabandal?« Hatte nicht der Psychiater Dr. Ruíz, ein Mann, der es wissen musste, erklärt, dass alles nur Einbildung sei?

Loli und Jacinta, die ihre Freundin gerade willkommen heißen wollten, spürten Anicetas Feindseligkeit und ließen die Köpfe hängen. Keine von ihnen sagte ein Wort, als sie gegen den Willen ihrer Mutter Conchita zu ihrem Haus begleiteten. Zu Hause angekommen, sperrte Aniceta die Tür auf, schubste Conchita ins Haus und drehte sich noch einmal zu den Mädchen und den Schaulustigen um: »Ich bin sehr froh darüber, dass ich mit dem Bischof gesprochen habe und die ganze Sache jetzt aufgeklärt ist. Wir wissen jetzt, dass an der Sache nichts dran ist. Ich möchte Sie daher bitten, meine Tochter zukünftig in Frieden zu lassen.«

Am nächsten Tag verbot sie Conchita, das Haus zu verlassen. Loli und Jacinta dagegen gingen wie jeden Tag in die Kirche, beteten mit den Gläubigen den Rosenkranz und liefen anschließend die *Calleja* entlang zu einer Gruppe von Kiefern, vor denen in den letzten Tagen die Erscheinungen stattgefunden hatten. Dort fielen sie in Ekstase und hielten einen einstündigen Dialog mit der Gottesmutter.

Conchitas Tante Maximina hatte die Erscheinung verfolgt und ging danach zum Haus ihrer Schwester, um von dem Erlebten zu berichten. Doch Aniceta zeigte sich unbeeindruckt. »Du ungezogenes Mädchen«, schalt sie ihre Tochter, »jetzt siehst du wohl ein, dass deine Ekstasen falsch waren. Oder warum glaubst du wohl hat deine Jungfrau dich heute nicht gerufen?«

Conchita blieb ganz ruhig. »Willst du, dass ich dir die Ekstase beschreibe, die sie gerade hatten?«

»Dann leg mal los«, ermutigte Maximina sie.

»Nun, die Ekstase begann an der Schwelle der Kirche. Die beiden gingen zurück in die Kirche, kamen rückwärts wieder aus der Kirche, liefen hoch zu den Kiefern, fielen dort nieder ...«

Es war alles so, wie ihre Tante es beobachtet hatte.

»Wie kann das sein, da du doch die ganze Zeit über bei mir warst?«, kam ihre Mutter ins Grübeln.

»Ja, aber die heilige Jungfrau hat hier zu mir gesprochen«, erwiderte Conchita. »Ich hörte ihre Stimme und sie beschrieb mir die Ekstase meiner Freundinnen ...«

Damit war ihr Hausarrest beendet. Ab sofort durfte Conchita sich wieder mit den anderen Mädchen treffen, die ihr viel zu erzählen hatten. Denn in den acht Tagen, die sie in Santander gewesen war, hatte sich auch in Garabandal einiges ereignet.

Das Erste betraf den Erscheinungsort. Am Samstag, dem 29. Juli, hatte ein Arzt die Sehermädchen während einer ihrer

Los Pinos – die »Kiefern« von Garabandal

Ekstasen untersucht, ihren Puls gefühlt und bestätigt, dass sie gesund waren. Dabei drängten sich die Schaulustigen so dicht um das Trio und kommentierten das Geschehen in einer Lautstärke, die es unmöglich machte, die Worte der Seherinnen zu verstehen. Als dann noch eine Mauer aus aufgeschichteten Natursteinen, auf die Dutzende Menschen geklettert waren, unter ihrem Gewicht zusammenbrach, war jede Andacht vollends unmöglich. Gerade versuchten die Gardisten, die Menge zu beruhigen, als die Mädchen aus ihrer Trance erwachten.

»Die heilige Jungfrau sagt, dass wir hoch zu den Kiefern gehen sollen und dass unsere Eltern, die Priester, die Nonnen und die *Guardia Civil* mitkommen können, aber Abstand halten müssen. Der Rest soll bitte in einiger Entfernung bleiben«, erklärten sie und zeigten jeder Gruppe ihren zukünftigen Platz. »Die Kiefern« (*Los Pinos*) sind ein kleiner Hain am Ende der *Calleja*, der auf eine Inspiration von Conchitas Großvater Serafín González zurückgeht, als dieser Ortsvorsteher von Garabandal war. Am Weißen Sonntag 1947 lud er die neun Kommunionkinder des Dorfes ein, jedes seinen eigenen Baum an dieser Stelle zu pflanzen, der symbolisch für sein Leben stehen sollte. »Dieser Ort ist heilig, denn Gott liebt diesen Ort«, hatte die Gottesmutter über ihn gesagt. Die Gardisten respektierten den Wunsch der Mädchen. Die heilige Jungfrau, so erklärten sie, erlaube zwar, dass die Menge den Erscheinungen beiwohne, aber sie sollte nicht hören, was die Mädchen ihr sagten. Nur zwei sechsjährige Kinder, Mari Carmen und Sari, durften als Zeuginnen bei ihnen sein.

An den folgenden Tagen offenbarte die Gottesmutter ihnen zukünftige Ereignisse, die so schrecklich oder traurig waren, dass sie zu weinen begannen. Wenn die Menschheit nicht auf ihre Botschaften höre und umkehre, so erfuhren sie, würde ein großes Strafgericht über sie kommen. Zuvor aber gäbe es zwei Ereignisse, die auch die Letzten aufrütteln sollten: eine Warnung und ein Wunder. Die Warnung würde auf der gan-

Die Mädchen erfahren von dem Strafgericht

zen Welt zu sehen sein, das Wunder überwiegend in Garabandal.

Und dann erzählten die Mädchen Conchita auch noch von den beiden Andreu-Brüdern, Luis und Ramón, beide Priester, beide Patres im Jesuitenorden aus Aguilar de Campoo in der Provinz Palencia in Kastilien-León, die an jenem Samstag, dem 29. Juli, nach Garabandal gekommen waren, ohne auch nur im Geringsten an die Erscheinungen zu glauben. Eigentlich hatten sie nur nach einem Vorwand gesucht, um einen entspannten Wochenendtrip in die Berge zu unternehmen. An diesem Tag hatten Loli und Jacinta bereits vier Ekstasen, von denen die letzte eine Stunde lang dauerte, und die Brüder fragten sich, welche Erklärung es für das Geschehen geben könnte. Die üblichen Antworten wie Hysterie, Autosuggestion, Eidetik [Fähigkeit, sich Objekte oder Situationen so vorzustellen, als ob sie real geschehen würden, d. Verf.] oder Hypnose kamen ihnen in den Sinn und wurden auch wieder verworfen. Was ihnen auffiel, war, dass die beiden Seherinnen geradezu simultan zu agieren schienen, als seien sie ein Herz und eine Seele. Immer noch zweifelnd, richtete Pater Ramón ein stummes Stoßgebet zum Himmel: »Sollte das echt sein, lass die Erscheinung nur eines der Mädchen enden.« In diesem Augenblick erwachte Loli aus ihrer Trance, um sich zu ihm herüberzudrehen und ihn anzulächeln.

»Siehst du die heilige Jungfrau nicht mehr?«, wollte er wissen.

»Nein, Padre.«

»Warum?«

»Sie ist gegangen.«

»Aber schau dir Jacinta an!«

Loli blickte hinüber zu ihrer Freundin und lächelte. Es war das erste Mal, dass sie ein anderes Mädchen in Ekstase sah, ohne selbst in diesem Zustand zu sein. Einen Augenblick später fiel ihr Kopf nach hinten und sie war wieder in Trance. Jetzt hörte der Pater den Dialog der Mädchen:

»Loli, warum warst du weg?«, wollte Jacinta von ihrer Freundin wissen. Die fragte offenbar die Gottesmutter: »Warum bist du gegangen?« Nach einer kurzen Pause meinte Loli: »Ach so. Darum also? War es, damit er glaubt?«

In diesem Moment drehte sich Pater Ramón zu seinem Bruder, Pater Luis, hinüber und flüsterte: »Pass auf, was du denkst. Gedanken werden hier blitzschnell übertragen.«

Für den jungen Priester war das ein guter Grund, das Geschehen in Garabandal zukünftig ernst zu nehmen. Die Mädchen wiederum schlossen daraus, dass die Gottesmutter durchaus bereit sein könnte, einen Beweis für ihre Anwesenheit zu liefern. Dann müssten alle glauben, dann wären alle Skeptiker widerlegt und niemand würde sie mehr für verrückt halten.

Schon am nächsten Tag – Sonntag, dem 30. Juli – gaben sie zu Protokoll: »Die heilige Jungfrau schaute sehr ernst, als wir sie um ein Wunder baten.« Am 4. August baten sie die Gottesmutter, sich auf einem Tonbandgerät hörbar zu machen, »nicht für uns, sondern damit die Leute glauben«. Tatsächlich war anschließend auf dem Band eine liebliche Stimme zu hören, die nur drei Worte sagte: *No, no hablo!* – »Nein, ich spreche nicht!« Beim nächsten Versuch, das Band abzuhören, war sie gelöscht. Doch dann kam der denkwürdige 8. August, an dem auch Pater Luis Andreu, dieses Mal ohne seinen Bruder, nach Garabandal zurückkehren sollte.

11.

Pater Luis und das Wunder

Am Dienstag, dem 8. August 1961, stand Pater Luis Andreu schon früh auf. Er hatte sich mit einer Gruppe von 20 Pilgern verabredet, die um 6.00 Uhr morgens in fünf Autos nach Garabandal aufbrechen wollten. Es war eine Fahrt von 140 Kilometern, für die sie auf den kurvenreichen Gebirgsstraßen ganze vier Stunden brauchten. Als sie endlich angekommen waren, wünschte der Pater, in der Dorfkirche das heilige Messopfer zu feiern. Conchita, Jacinta und Loli nahmen an der Eucharistiefeier teil und empfingen aus seinen Händen die heilige Kommunion. Ein wenig später kündigten sie für die Mittagszeit eine Erscheinung in der Kirche an, die exakt um 12.10 Uhr einsetzte.

Im Dialog mit der Gottesmutter ging es wieder um die Frage nach einem Wunder, das die Zweifler bekehren und von der Wahrheit der Erscheinungen überzeugen sollte. »In Lourdes und Fátima hast du doch auch einen Beweis geliefert«, hörten die Anwesenden Conchita argumentieren. Etwas später kam sie erneut auf das Thema zurück: »Warum schaust du so ernst, wenn wir dich um einen Beweis bitten? Das geht so schon seit zwei Monaten.« Loli stand ihr bei: »Gib es uns doch jetzt. Du sagst immer, du wirst ein Wunder wirken, du wirst es tun ...«

Doch es gab auch heitere Momente in diesem Gespräch. Conchita etwa kam auf die Andachtsgegenstände zu sprechen, die ihr die Pilger überreicht hatten: »Soll ich dir alles zeigen, was ich bekommen habe?« Sie hob sieben oder acht Rosenkränze in die Höhe. »Die sollst du bitte küssen ...

Heute haben sie auch ein paar Puppen mitgebracht ... Wie sehe ich mit kurzen Haaren aus? ... Du kommst noch einmal heute Abend? Gut!«

Jacinta wollte wissen, ob die Mädchen sich wieder zu zweit in den Häusern aufhalten sollten, wie es ihnen die Gottesmutter zuvor geraten hatte, um sie vor dem Andrang der Pilger und Schaulustigen zu schützen. Dann fragte sie: »Wie alt bist du? ... Du bist drei Jahre älter als ich? ... Sechs, richtig? Zwölf und sechs macht achtzehn. Dann bist du sieben Jahre älter als Mari Cruz, denn die ist erst elf.«

An einem Punkt sprachen sie über die Priester, die an diesem Tag nach Garabandal gekommen waren. Sie schienen der Gottesmutter besondere Freude zu bereiten. »Sie wünscht, dass Priester kommen, vor allen anderen«, sollten die Kinder ein paar Tage später zu Protokoll geben. Doch einer hatte es den Kindern besonders angetan: »Einer von ihnen hat die Messe sehr langsam und sehr schön gelesen.« Gemeint war Pater Luis Andreu, der tief bewegt das Geschehen verfolgte. »Er hatte Tränen in den Augen«, erklärte einer seiner Mitreisenden. »Ich habe ihn noch nie so ergriffen gesehen.«

Immer noch in Ekstase, gingen die Mädchen rückwärts zum Marienaltar der Dorfkirche, wo sie den Rosenkranz mit großer Hingabe sehr langsam rezitierten, bevor sie rückwärts zu Boden fielen.

Da eine weitere Erscheinung für den Abend angekündigt war, blieben die Menschen, unter ihnen auch Pater Luis, den Tag über im Dorf.

Nach dem abendlichen Rosenkranz in der Kirche, gegen 21.35 Uhr, fielen die jetzt vollständig versammelten vier Mädchen vor dem Hauptaltar in Ekstase. Wieder hörten die Gläubigen, was die Kinder zur Madonna sagten: »Wie du willst, wie du befiehlst ... Wir haben keinen Beweis und die Leute glauben uns nicht ... Mir macht es nichts aus, überall hinzulaufen. Ganz wie du sagst.«

Gleichzeitig, als wäre es eine Choreografie, standen die vier Mädchen auf und verließen die Kirche, um sich in Windeseile zu den Stätten zu begeben, an denen frühere Erscheinungen stattgefunden hatten, und dort zu beten. Wieder hörten die Anwesenden die Gespräche der Kinder mit der Gottesmutter: »Bitte sag uns, wann wir dich das nächste Mal sehen, damit die Menschen kommen können. Ich höre Leute, die sagen, wir seien krank, und Kinder werfen Steine nach uns ... Wenn du mit uns zufrieden bist, dann stört uns das nicht.«

»Die Kinder gaben uns gerade ein Beispiel dafür, welche Einstellung wir zur seligen Jungfrau haben sollten«, kommentierte Pater Luis. Er war den vier Mädchen auf Schritt und Tritt gefolgt, hatte überall dort gebetet, wo sie ihre Gebete gesprochen hatten, und stand schließlich direkt neben ihnen, als sie an ihrem Ziel, den Kiefern, angekommen waren. Auch dort vernahm er, wie sie mit der Gottesmutter sprachen: »Ja, dort soll die Kapelle gebaut werden. Das ist ein guter Ort. Sollen wir hierbleiben?« Sie knieten nieder und sangen ein Lied zu Ehren des heiligen Michael, dann küssten sie etwas, das in der Luft vor ihnen zu schweben schien. Auch Pater Luis kniete nieder, legte seine Hände ineinander und begann, offenbar tief bewegt, in die Ferne zu starren. Die Mädchen, noch immer in Ekstase, sahen ihn jetzt auch und hörten, wie er das Wort »Wunder« (*Milagro*) mehrfach wiederholte. Normalerweise nahmen sie in diesem Zustand nichts von ihrer Umwelt wahr.[9] Doch die Gottesmutter erklärte ihnen, dass er sie jetzt auch sehe und ebenso das Wunder, das sie für die Zukunft angekündigt hatte. Auch die umstehenden Zeugen bestätigten, dass er vier Mal, mit lauter Stimme und innerlich aufgewühlt, das Wort »Wunder, Wunder, *Milagro*,

9 Conchita schreibt in ihrem Tagebuch: »Wir konnten ihn sehen. Nun, in unseren Ekstasen sehen wir nie jemanden (außer der seligen Jungfrau).«

Milagro!« aussprach. Dann wurde er ganz still und schien in sich zusammenzufallen.

Anschließend, nach wie vor in Ekstase, sprachen die vier Mädchen noch das Glaubensbekenntnis, bevor sie, schnell wie der Wind, zurück zur Kirche eilten. Pater Luis, der zwischenzeitlich wieder zu sich gekommen war, staunte in einem Notizbucheintrag über den »beeindruckenden Abstieg«; es war die letzte Zeile, die er in seinem Leben schreiben sollte. Ein anderer Priester, der gekommen war, der Dominikanerpater Antonio Royo Marín OP, Professor für Mystische Theologie an der Universität von Salamanca und Autor mehrerer Bücher, meinte: »Die Mädchen haben Flügel an ihren Füßen.« Diese Erfahrung und andere Beobachtungen, die er an diesem und anderen Tagen in Garabandal machte, ließen ihn später erklären: »Ich bin Experte auf diesem Gebiet und ich kann bestätigen, dass die Erscheinungen der Kinder echt sind.«

Während drei der Mädchen in der Kirche aus ihrer Trance erwachten, blieb Mari Cruz in Ekstase. »Warum hast du so lange gewartet, bevor du zu mir kommst und warum kommst du so viel öfter zu den anderen dreien?«, fragte sie jetzt die Gottesmutter. Tatsächlich hatte sie ihre letzte Erscheinung, als Conchita noch in Santander war. Hatten anfangs die vier Mädchen noch alles gemeinsam erlebt, änderte sich das mit der Zeit. Bald hörten nur noch zwei oder drei der Seherkinder, manchmal sogar nur eines den Ruf Mariens. Das aber ist wiederum ein starkes Indiz gegen die Annahme, die Erscheinungen seien das Ergebnis einer Autosuggestion. Tatsächlich litt Mari Cruz unter dem Gefühl, »vernachlässigt« zu werden, so sehr, dass sie, um diesen Umstand zu verbergen, begann, einzelne Ekstasen zu simulieren, wie sie später zugab. Vielleicht hatte die heilige Teresa von Ávila die beste Erklärung für eine solche »Ungerechtigkeit«, als sie vier Jahrhunderte vor den Erscheinungen der vier Mädchen schrieb, dass mystische Ga-

Die vier Kinder und Pater Luis schauen die Gottesmutter

ben oftmals plötzlich wieder verschwinden, »als wolle der Herr zeigen, dass dies keine Sache ist, die durch menschliche Mittel hervorgerufen werden kann«.

Noch in Ekstase hatte Loli bemerkt, dass sie bei dem schnellen Abstieg von den Kiefern hinunter zur Dorfkirche einen Fingerrosenkranz verloren hatte, den Pater Luis ihr gegeben hatte, um ihn von der Gottesmutter küssen zu lassen. Als sie danach fragte, zeigte ihr die Erscheinung die exakte Stelle, an der er liegen würde. Doch da es bereits 22.00 Uhr war, als sie aus der Trance erwachte, verbot ihr die Mutter, jetzt in der Dunkelheit zu den Kiefern zu laufen und ihn zu holen. »Keine Sorge, Loli«, erklärte der Pater, »wenn du ihn findest, pass gut auf ihn auf und gib ihn niemandem außer meinem Bruder Ramón. Falls ich nicht mehr komme, wird er ihn ganz sicher abholen.« Dieser Satz sollte sich als prophetisch erweisen.

Tatsächlich lief Loli am nächsten Morgen an die Stelle und fand den Rosenkranz exakt unter dem Stein, den ihr die Gottesmutter in der Vision gezeigt hatte. Sie gab ihn, ganz wie Pater Luis es gewünscht hatte, seinem Bruder Ramón als letztes Andenken an ihn.

Der Priester verabschiedete sich. Jemand fuhr ihn in einem Jeep nach Cosío, wo seine Begleiter, Mitglieder einer wohlhabenden Familie aus Aguilar de Campoo, mit dem Wagen auf ihn warteten – Don Rafael Fontaneda mit seiner Frau und Tochter sowie ihrem Chauffeur, José Salceda. »Er sah sehr glücklich aus«, gab Don Rafael später zu Protokoll, »meine Verwandten, die mit ihm [im Jeep nach Cosío, d. Verf.] fuhren, erzählten mir, dass er die ganze Zeit über gesagt hätte, wie froh er jetzt sei und dass er sich absolut sicher sei, dass die Erscheinungen echt sind.«

Schließlich stieg er um in Fontanedas Limousine: Das Ehepaar saß hinten, der Chauffeur auf dem Fahrer- und Pater Luis auf dem Beifahrersitz. Auch jetzt machte der Jesuit kein Hehl aus seinem Glück: »Ich freue mich so! Ich bin so glücklich! Was für ein Geschenk mir die selige Jungfrau gemacht hat! Es besteht nicht mehr der geringste Zweifel, dass es wahr ist, was die Kinder erzählen!« Kurz hinter Torrelavega, wo die Gruppe eine Pause eingelegt hatte, schlief Pater Luis ein wenig; es war schon gegen 2.00 Uhr früh. Als er eine Stunde später, vor Reinosa, wieder aufwachte, fühlte er sich »völlig ausgeschlafen«. Während die Gruppe nach einem Brunnen suchte, um frisches Wasser zu holen, kam Pater Luis noch einmal ins Schwärmen: »Ich bin immer noch überglücklich. Welch wunderbares Geschenk hat mir die selige Jungfrau gemacht! Wie froh können wir sein, eine solche Mutter im Himmel zu haben. Wir sollten uns vor dem Übernatürlichen nicht fürchten. Die Kinder haben uns gezeigt, wie wir uns an die selige Jungfrau wenden sollen. Ich habe nicht den geringsten Zweifel, dass alles wahr ist. Warum soll sie uns nicht auserwählt haben? Heute ist der glücklichste Tag in meinem Leben.«

Plötzlich schwieg er. »Padre, ist alles in Ordnung?«, fragte Don Rafael leicht besorgt. »Nein, nur müde«, murmelte Pater Luis. Dann fiel sein Kopf nach vorn, er hüstelte etwas – und war tot. Seine Augen waren noch weit geöffnet und zum Himmel gerichtet, auf den Lippen lag ein Lächeln, als Señor Salceda, der Chauffeur, am Straßenrand stoppte. Frau Fontaneda versuchte, seinen Puls zu fühlen, doch sie konnte keinen mehr feststellen. Sofort fuhr Salceda zum nächsten Krankenhaus, wo den Ärzten in der Notaufnahme nichts anderes blieb, als den Tod des Jesuiten zu bestätigen. Es war 4.20 Uhr am Morgen des 9. August 1961. Er war nur 36 Jahre alt geworden und hatte nie unter Herzbeschwerden oder einer anderen Krankheit gelitten. In seinem Totenschein müsste eigentlich stehen: überwältigt vom Glück, der Gottesmutter begegnet zu sein.

Am nächsten Morgen, die Mädchen fegten gerade die Kirche, kam Jacintas Mutter aufgeregt angelaufen, um ihnen die traurige Nachricht zu überbringen: »Pater Luis Andreu ist tot!« Die vier konnten es nicht glauben, hatten sie ihn doch am Tag zuvor noch bei bester Gesundheit erlebt. Also stellten sie ihre Besen in die nächste Ecke und begannen ihre eigenen Nachforschungen, die das Unglaubliche leider bestätigten.

Bei der nächsten Erscheinung fragten sie die Gottesmutter, die ihnen bestätigte, dass der Pater bei ihr im Himmel sei. Als die Kinder sich ein paar Tage später erneut nach ihm erkundigten, versprach sie ihnen, dass er am 15. August, zu Mariä Himmelfahrt also, zu ihnen sprechen würde. Doch am Feiertag herrschte Volksfeststimmung. Viele Schaulustige kamen, die den Besuch in Garabandal als Landpartie verstanden, verbunden mit beträchtlichem Alkoholkonsum. »Ihr Benehmen war unmöglich«, echauffierte sich Conchita in ihrem Tagebuch. So dauerte es bis 4.00 Uhr früh, als das Feiervolk längst das Dorf verlassen hatte, als in der Küche ihres Elternhauses endlich die Gottesmutter erschien. »Der Pater wird heute nicht kommen, sondern morgen«, verkündete sie Conchita zur Todesstunde des Jesuiten.

Auch Pater Ramón Andreu SJ, der Bruder des Toten, war an diesem 15. August nach Garabandal gekommen. Er hatte einem der Mädchen einen Rosenkranz mitgegeben, um ihn im Fall einer Erscheinung von der Gottesmutter küssen zu lassen. Als sie ihm diesen zurückgab, fehlte das Kreuz; es hatte sich irgendwann, irgendwo gelöst und war abgefallen. Da es ihm wie die buchstäbliche Stecknadel im Heuhaufen erschien, versuchte er nicht einmal, es zu suchen. Erst zwei Wochen später, am 5. September, änderte er seine Meinung und bat die Mädchen, die Gottesmutter nach dem Verbleib des Kreuzes zu fragen. Er wohnte der anschließenden Erscheinung bei und wurde Zeuge, wie die Kinder seine Frage stellten, um von der seligen Jungfrau eine genaue Anweisung zu erhalten. Als die Mädchen aus der Ekstase erwachten, gingen sie geradewegs zu der angegebenen Stelle in einer der Straßen des Dorfes und drehten einen Stein um, unter dem das Kreuz in der Erde steckte.

Am 16. August sollte die Gottesmutter ihr Versprechen halten. Als sie den Kindern gegen 20.30 Uhr abends erschien, lächelte sie und erklärte: »Pater Luis wird jetzt kommen und mit euch reden.« Einen Augenblick später sprach er jedes der Sehermädchen einzeln an. »Wir sahen ihn nicht, aber wir hörten seine Stimme«, erklärte Conchita später in ihrem Tagebuch, »sie klang exakt wie die Stimme, die er auf Erden hatte.« Nach einer Weile, als er ihnen einige Ratschläge erteilt hatte, übermittelte er ihnen eine Botschaft an seinen Bruder, Pater Ramón. Dann begann er, den Kindern einige Worte Französisch, Deutsch und Englisch sowie ein Gebet in griechischer Sprache beizubringen. Nach einer Weile verstummte er und es sprach wieder die Gottesmutter. Es war die erste von zehn Erscheinungen, an denen Pater Luis, vertreten durch seine Stimme, teilnahm. Pater Ramón, der ihnen beiwohnte, erklärte später:

»Ich war wirklich verblüfft: Die jungen Mädchen wiederholten in meinem Beisein die Worte ihrer Vision und ich hörte, wie sie seinen Tod und seine Beerdigung geschildert bekamen. Sie gaben dabei eine ganze Menge sehr präziser Details wieder, was die Besonderheiten eines Priesterbegräbnisses betrifft. Aber sie wussten offenbar auch, dass es bei der Beerdigung von Luis einige Ausnahmen gegeben hatte. So setzte man meinem Bruder nicht, wie sonst üblich, ein Birett auf den Kopf, und ersetzte den Kelch, der normalerweise einem toten Priester in die Hände gelegt wird, durch ein Kruzifix. Die Mädchen kannten sogar die genauen Gründe für diese Abweichungen von der Norm und sie alle stimmten ... dann sprachen die Kinder mehrfach in Fremdsprachen. Ich hörte mit eigenen Ohren, wie sie das Ave Maria auf Altgriechisch rezitierten.«

Zu den persönlichen Nachrichten an seinen Bruder Ramón gehörte, dass »er sich sehr wünschte, dass er hierherkomme, aber er müsse auch weiterhin Seiner Exzellenz, dem Bischof, gehorchen« – womit die Erscheinung schon andeutete, dass das Bistum Santander einen Monat später Priestern verbieten sollte, nach Garabandal zu kommen. Pater Ramón:

»Sie sprachen auch über mich und meine Ordensgelübde: Sie kannten das exakte Datum, den exakten Ort, an dem ich sie abgelegt hatte, und den Namen des Jesuiten, der dies mit mir zusammen tat. Sie verstehen sicher mein Erstaunen, die Verblüffung in meinem Gesicht angesichts dieser erstaunlichen Reihe höchst präziser Details, von denen ich ganz sicher wusste, dass die Kinder keine Möglichkeit hatten, sie in Erfahrung zu bringen, zumindest nicht mit rein menschlichen Mitteln.«

Zu den Dingen, die der verstorbene Pater Luis den Mädchen anschließend beibrachte, gehörte nicht nur die Aussprache ihrer Namen auf Französisch (»Marie-des-Douleurs, Marie-Croix, Jacinthe und Marie-Conception«), sondern auch die Hymne der Wallfahrtsstätte Pontmain in Frankreich, wo die Gottesmutter 1871 erschienen war. Sie passte ebenso gut zu Garabandal:

Espoir, Espoir. Au ciel étoile,
Parait et sourit notre Mère.
Espoir, Espoire, Marie a parlé,
Son Fils entend notre prière.

»Hoffnung, Hoffnung, am Sternenhimmel
erscheint unsere Mutter und lächelt.
Hoffnung, Hoffnung, Maria hat gesprochen,
ihr Sohn erhört auch unser Gebet.«

Doch es sollte nicht lange dauern, bis bei Pater Ramón auch wieder Zweifel an den Ereignissen von Garabandal aufkommen sollten.

12.

Enttäuschung über die Botschaft

Zunächst schien es, als sei der 23. August 1961 in Garabandal ein Tag wie jeder andere. Wie an den anderen Tagen in diesem so ereignisreichen Sommer fielen die Kinder nach dem Beten des Rosenkranzes wieder unter dem Vordach der Dorfkirche in Ekstase. In Zweiergruppen eilten sie durch das Dorf, während ihr Geist in einer anderen Welt war und sie Zwiesprache mit der Gottesmutter hielten. Erst als sie wieder zu ihrer Kirche zurückgekehrt waren, mussten sie feststellen, dass nichts mehr war wie in den Tagen zuvor. Der Priester, der an diesem Tag anstelle ihres Pfarrers Marichalar in Garabandal das heilige Messopfer gefeiert hatte, José Ramón García de la Riva, hatte die strikte Anweisung des Bistums Santander, die Tür der Kirche zu verschließen. Als nach längerer Zeit zunächst Loli und Jacinta in Ekstase zur Kirche zurückkehrten, um, wie an jedem Tag, dort ihre Gebete fortzusetzen, blieben sie, wie auf Befehl und geradezu stocksteif, vor dem verschlossenen Portal stehen. Sie konnten nicht wissen, was geschehen war, denn niemand hatte sie über die Order des Apostolischen Administrators informiert; nur Pfarrer García de la Riva allein kannte sie. Aus fünf Metern Entfernung beobachtete er neugierig, wie Loli plötzlich mit lauter Stimme die Erscheinung fragte: »Warum verschließt man uns die Tür? Wir wollten doch darin nichts Schlechtes tun! … Gut, wenn man uns nicht öffnet, werden wir sie nicht mehr betreten.« Die Gottesmutter hatte sie in diesem Augenblick belehrt, dass man der kirchlichen Autorität zu folgen hat. Der Priester, der auch nur seine Pflicht tat, wurde von diesem Tag an zu einem der engsten Vertrauten der Seherkinder. Wenn fortan ihr ekstatischer Rundgang sie zur Kirche zurückführte, gingen sie um diese herum, das *Salve Regina* singend oder den Rosenkranz betend. Manchmal fielen sie auch auf der steinernen Schwelle der Kirche auf die Knie, so krachend, dass die Umstehenden fürchten mussten, sie hätten sich ihre Knochen gebrochen. Doch das Verbot, das Erscheinungsgeschehen in die Kirche zu tragen, war nur der Vorbote weiterer Maßnahmen der lokalen kirchlichen Hierarchie.

Einen Tag zuvor, am 22. August, dem Fest des Unbefleckten Herzen Mariens (nach dem vorkonziliaren Kalender; heute: Mariä Königin), war die Bistumskommission zu ihrem dritten und letzten Besuch nach Garabandal gekommen. Das gab Pfarrer García de la Riva die Möglichkeit, sich einen direkten und ungeschönten Eindruck von ihrer Methodik zu verschaffen. Hören wir also seinen Bericht:

»Sie kamen in die Kirche in dem Moment, in dem die Kinder sich vor der Menge in Ekstase befanden. Einer von ihnen, ich musste später erfahren, dass es sich um den Anästhesisten Dr. Piñal handelte, fragte taktlos und mit lauter Stimme: ›Nun, geht die Komödie noch weiter?‹ Dr. Celestino Ortiz, ein angesehener Kinderarzt aus Santander, der die Angelegenheit von Anfang an verfolgt hatte, kniete genau in diesem Augenblick direkt vor mir und war dabei, Conchitas Puls zu messen. Er wollte sehen, ob der Gang durchs Dorf den Herzrhythmus nicht mehr als bei den übrigen Malen verändert hatte. Während er seine so wichtige Untersuchung sorgsam weiterführte, antwortete er schlagfertig, ohne seinen Kopf zu heben: ›Wenn es hier einen Komödianten gibt, dann sind Sie es. Der Altar einer Kirche ist nicht der Ort, so zu sprechen, besonders nicht in der Öffentlichkeit.‹

Nach Beendigung seiner Arbeit erhob sich Dr. Ortiz wieder und die beiden Ärzte erkannten sich. ›Ach, du bist es, Piñal?‹

– ›Ortiz, ich muss dir gewisse Dinge in der Sakristei sagen.‹ – ›In der Sakristei, gut. Dort kannst du mir alles sagen, was du für nötig hältst.‹ Und die beiden Ärzte verschwanden aus dem Chor.

Das war an diesem Tag das Ende der ärztlichen Untersuchung der Ekstasen durch den Arzt der Kommission [Dr. Piñal, d. Verf.]. Ich selber fing an zu denken, dass die wissenschaftliche Arbeit beendet war, bevor sie überhaupt begonnen hatte. Welch ein Unterschied zu der beruflichen Gewissenhaftigkeit eines Dr. Ortiz, der ein wirklicher Kinderarzt war und den ich soeben kniend vor Conchita gesehen hatte, als er leise vor sich hinsagte: ›Es sind nicht mehr Pulsschläge als im Normalzustand.‹

Kommen wir jetzt auch wieder sehr objektiv zur Haltung der beiden Priester …

Der erste stieg zum Altar empor. Mit dem Rücken zum Allerheiligsten, das Gesicht der Menge zugewandt, die Seherinnen in Ekstase zu seinen Füßen, entschied er mit lauter Stimme in endgültiger Weise das Problem: ›Was auch geschehen mag, ich glaube nicht daran.‹ Der zweite, ebenfalls im Chor, sprach mit einem Zivilisten und vertraute ihm an: ›Ich bin fünf Jahre lang Philosophieprofessor gewesen und zehn Jahre Theologieprofessor.‹ Ohne Zweifel wollte er seinen Gesprächspartner davon überzeugen, dass er das nötige Wissen besaß, das ihn berechtigte, seine Übereinstimmung mit den unerhörten Worten seines Mitbruders und Kollegen in der Kommission zu bekräftigen. Ich meinerseits dachte im Stillen: ›Welcher Philosophie? Welcher Theologie? Sollte er zufällig auch Professor der Asketischen und Mystischen Theologie gewesen sein, die an diesem Abend einzig kompetent gewesen wäre?‹

Dieser zweite Priester zog sich zurück und sein Begleiter sprach mich mit folgenden Worten an:

›Ich bin ihr Fotograf.‹

›Von Beruf?‹

›Nein, nicht Berufsfotograf, sondern Amateur.‹

Mein Herz bebte, denn Kameras sind meine Leidenschaft und ich verstehe einiges davon.

›Ah, ist Ihre Kamera automatisch, haben Sie einen Blitz und einen Farbfilm?‹

›Ja‹, gab er zur Antwort.

›Passen Sie auf, schauen Sie hin: Sie werden eine bezaubernde Aufnahme verpassen! Schauen Sie doch die auf den Altarstufen knienden Mädchen Jacinta und Loli an! Welche Anmut, welche außerordentliche Haltung!‹

›Herr Pfarrer, ich habe meine Arbeit beendet, ich habe die Fotos gemacht, die ich machen musste.‹

›Wirklich?‹

›Sicherlich.‹«

Am selben Abend, gegen 23.00 Uhr, erhielt Pfarrer García de la Riva die Anweisung, die Kirche am nächsten Tag für die Seherinnen geschlossen zu halten.

Die Mädchen in Ekstase vor dem verschlossenen Portal der Dorfkirche

Es war der dritte und letzte Besuch der Untersuchungskommission in Garabandal. Sie hatte nicht einen einzigen Zeugen der mystischen Phänomene befragt, nicht einmal die Eltern und Geschwister der Seherinnen.

Zwei Wochen später, am 7. September 1961, veröffentlichte das Bistum Santander seine erste Stellungnahme zu den Vorgängen in Garabandal. Angesichts des Vorgehens der Kommission und der vorgefassten Meinung ihrer führenden Mitglieder überraschte sie sogar durch ihre Ausgewogenheit:

»Aufgrund der zahlreichen Fragen, die uns zu der Natur der Ereignisse in dem Dorf San Sebastián de Garabandal erreichen, und in dem Bedürfnis, die Gläubigen zu einer angemessenen Deutung dieser zu führen, fühlten wir uns verpflichtet, sie gründlich zu untersuchen in der Absicht, damit unserer Hirtenpflicht nachzukommen.

Deshalb ernannten wir eine Kommission aus Persönlichkeiten, die für ihre Umsicht und Lehramtstreue bekannt sind, um uns objektiv, kompetent und sicher über diese Ereignisse zu informieren.

Angesichts des Berichtes, der uns übergeben wurde, halten wir es für zu früh, ein abschließendes Urteil über die Natur der fraglichen Phänomene abzugeben. Bislang gibt es nichts, das uns zwingt, den übernatürlichen Ursprung der dortigen Ereignisse zu bestätigen.

Weil ein abschließendes Urteil von den Ereignissen abhängt, die in der Zukunft eintreten könnten, erklären wir hiermit:

1. Es ist unser Wunsch, dass Priester, ob nun aus dieser oder einer anderen Diözese, Ordensleute beiderlei Geschlechtes sowie unabhängige Kleriker zu diesem Zeitpunkt auf einen Besuch in San Sebastián de Garabandal verzichten.
2. Bis die kirchlichen Autoritäten zu einem abschließenden Urteil in dieser Angelegenheit gekommen sind, raten wir

auch den Gläubigen davon ab, das genannte Dorf zu besuchen.

Durch diese provisorischen Schritte versuchen wir gewiss nicht, göttliches Einwirken auf die Seelen zu behindern. Im Gegenteil: Wenn einmal der spektakuläre Aspekt der Ereignisse eliminiert wurde, wird das Licht der Wahrheit ungehindert leuchten.«

Das war keine Verurteilung von Garabandal, kein Bannstrahl aus Santander, sondern eine durchaus berechtigte Mahnung zur Vorsicht. Noch gab es zwar jede Menge eindrucksvoller Indizien, dass in Garabandal etwas vorging, das sich schulwissenschaftlich nicht erklären ließ. Doch ob es sich dabei um paranormale, möglicherweise sogar spiritistische (und damit dämonische) Phänomene oder tatsächlich um eine Offenbarung des Himmels handelte, war ebenso unklar wie der Grund für die Erscheinungen: Die Botschaft, die von den Kindern Anfang Juli empfangen worden war, durfte schließlich auf Wunsch der Gottesmutter erst am 18. Oktober bekannt gegeben werden. Das war der Termin, dem alle entgegenfieberten, die mit Garabandal in Kontakt gekommen waren.

Durch die Presse wusste man in ganz Spanien, dass die Seherkinder am 18. Oktober die Botschaft der Gottesmutter verkünden wollten. Würde sie das Ende der Welt ankündigen? Den Dritten Weltkrieg, mit dem seit den ersten sowjetischen Atombombenversuchen jeder rechnete und der ein Jahr später mit der Kubakrise zu einer echten Gefahr wurde? Würde die Gottesmutter selbst das dritte Geheimnis von Fátima enthüllen, das nach ihrem Wunsch 1960 veröffentlicht werden sollte, was aber von Papst Johannes XXIII. unterlassen worden war? Würde sie vielleicht sogar ein so spektakuläres Wunder wirken wie in Fátima am 13. Oktober 1917, als vor den Augen von 70 000 Pilgern die Sonne am Himmel zu rotieren begann, bunte Farben ausstrahlte und schließlich, in drei Schüben, auf die Menschenmenge zuzurasen schien? Dabei war es so warm geworden, dass der vom Dauerregen jenes Morgens durchnässte Boden in Sekundenschnelle ebenso trocken wurde wie die Kleidung Zehntausender Augenzeugen. Würde sich dieses Mal vielleicht sogar die Gottesmutter selbst zeigen? Die Spannung stieg mit jedem Tag, an dem der 18. Oktober näher rückte.

Als er endlich gekommen war, machten sich über 10 000 Pilger und Schaulustige auf den an diesem Tag noch beschwerlicheren Weg nach Garabandal. Dass es regnete wie seinerzeit in Fátima, verstärkte die Erwartungshaltung eher noch. So stiegen die Menschenmassen, meist zu Fuß, einige auch auf dem Eselsrücken (nur wenige benutzten das Auto aus Sorge, im Schlamm stecken zu bleiben), von Cosío aus den verschlammten Bergweg hinauf, um dann im Dorf, meist unter freiem Himmel, stundenlang zu warten. Die ursprüngliche Anweisung der Gottesmutter, die Kinder sollten die Botschaft vor dem Eingang zur Kirche verkündigen, war auf das Missfallen der Bistumskommission gestoßen; zu sehr sah es danach aus, als würde die Kirche die (ihr noch unbekannte)

Der Ansturm der Pilger im strömenden Regen am 18. 10. 1961

Botschaft billigen, ja buchstäblich hinter ihr stehen. Stattdessen sollten die Kinder selbst an der Erscheinungsstätte, also vor den Kiefern, die Botschaft schon gegen 21.00 Uhr verlesen, auch um den Menschen noch längeres Warten im Regen, in der Kälte und der Dunkelheit dieses Herbsttages zu ersparen.

Am Ende aber war es doch kurz vor 22.00 Uhr und die Geduld der Menge, die schon lange von der Hoffnung auf ein Sonnenwunder Abschied genommen hatte, wurde einer letzten, schweren Probe unterzogen. Völlig durchnässt, die Schirme aufgespannt, mit verschlammten Stiefeln oder Schuhen, warteten sie an dem steilen Hang, der hinauf zu den Kiefern führt, bis endlich die vier Kinder erschienen. Don Valentín, der Dorfpfarrer, war kurz zuvor eingetroffen. Im schwachen Licht einer Taschenlampe holte eines der Mädchen einen Zettel aus der Tasche, den alle vier unterschrieben hatten, und gab ihn dem Pfarrer zum Lesen. Als er mit einem Nicken seine Zustimmung signalisierte, lasen die vier Mädchen mit schwachen Stimmchen im Singsang einer Schulrezitation gemeinsam die Botschaft vor:

> *Man muss viele Opfer bringen, viel Buße tun und oft das Allerheiligste Sakrament besuchen. Vor allem aber müssen wir ein gutes Leben führen. Wenn wir das nicht tun, wird uns eine sehr große Züchtigung befallen. Der Kelch füllt sich schon, und wenn wir uns nicht ändern, wird ein sehr großes Strafgericht über uns kommen.*

Weil die meisten Menschen die Kinder nicht verstanden, wurde der Zettel einem Mann aus dem Dorf übergeben, der die Botschaft noch einmal, diesmal laut und deutlich, verlas.

Die Enttäuschung der Menge war unüberhörbar. Viele hatten nicht oder nur kaum geschlafen, um schon morgens in Garabandal zu sein, und hatten es nur deshalb im Regen und der Kälte ausgehalten, weil sie darauf gehofft hatten, Zeugen

Der Zettel mit der Botschaft, die am 18. 10. 1961 verlesen wurde

von etwas Großem zu werden. Sie hatten auf ein Wunder, eine kollektive Marienerscheinung oder zumindest auf eine Botschaft gehofft, die es mit der Großen Botschaft von La Salette oder den drei Geheimnissen von Fátima aufnehmen konnte. Doch was ihnen hier geboten wurde, war ein zerknitterter Zettel voll krakeliger Schrift, Rechtschreibfehlern und peinlicher Syntax mit einem Inhalt, den sich jeder von ihnen, so glaubten die Menschen, auch ohne Erscheinungen und mystische Gaben ausgedacht haben könnte.

»Das ist das Ende von Garabandal«, waren sich die meisten sicher.

Selbst Pater Ramón, der trotz des kirchlichen Verbots gekommen war, selbst er, der in den letzten Wochen Zeuge so vieler Wunder geworden war, zweifelte plötzlich. Während zu allem Übel noch ein heftiges Gewitter über die Menschen hereinbrach, es am Himmel blitzte, donnerte und stürmte, blieb er ganz allein auf der Anhöhe bei den Kiefern zurück und schaute den enttäuschten Menschen nach, die im schwachen Schein ihrer Taschenlampen vorsichtig den Abstieg ins Dorf und dann nach Cosío wagten. Eine tiefe Bitterkeit erfüllte ihn in diesem Augenblick. Es war, als würde er in den Abgrund einer schweren Depression stürzen. Für einen Moment stellte er alles infrage, an das er sein Leben lang geglaubt hatte. Der Schmerz über den plötzlichen Tod seines geliebten Bruders überwältigte ihn. Nie in seinem Leben hatte er eine so intensive spirituelle Krise, dieses Gefühl der völligen Verlassenheit, erlebt wie jetzt. »Die vier Kinder sind krank«, schoss es ihm durch den Kopf, »was mache ich überhaupt noch hier? Das alles ist doch nur ein miserables Theater rückständiger Bergbauern.« Er schaute zum Himmel, doch da war nichts. Er war jetzt vollkommen desillusioniert. Das Thema »Garabandal« schien ein für alle Male abgehakt. Er wollte nur noch weg und war sich sicher, dass er nie mehr in dieses scheinbar gottverlassene Bergnest zurückkehren würde.

Doch dann geschah etwas, das ihn wieder zum Grübeln brachte.

Tief deprimiert kehrte er ins Dorf zurück und suchte in einem Haus Unterschlupf, um sich zumindest ein wenig aufzuwärmen. Eine innere Rastlosigkeit trieb ihn bald in ein zweites Haus in der Hoffnung, auf ein vertrautes Gesicht zu stoßen, dem er sich anvertrauen konnte. In diesem Augenblick kam ein Dorfbewohner auf ihn zugelaufen und überbrachte ihm die Nachricht, die Seherkinder wünschten ihn baldmöglichst zu sprechen. Nun gut, sagte er sich, das gab ihm zumindest die Möglichkeit, sich für immer zu verabschieden. Er folgte dem Mann in Lolis Haus, wo das Mädchen ihn bat, sich zu ihr zu setzen. »Uns ist gerade die selige Jungfrau erschienen«, vertraute sie ihm an. »Das war in der *Calleja*, auf dem Rückweg ins Dorf. Wir mussten furchtbar weinen, denn die selige Jungfrau erzählte uns, Sie seien sehr glücklich gewesen, als Sie zu den Kiefern aufstiegen, aber sehr traurig und voller Zweifel, als Sie von den Kiefern zurückkamen. Sie sagte Conchita alles, was Sie dachten und die Gründe für Ihre

Zweifel. Und sie bat uns, Ihnen das sofort zu sagen, denn Sie werden sich freuen und erleichtert sein, denn es ist wirklich die selige Jungfrau, die uns erscheint.«

Verwirrt ging Pater Ramón zu Conchita, die ihn beim Eintreten in ihr Haus mit den Worten »Sind Sie immer noch traurig?« begrüßte. Später erinnerte sich Pater Ramón: »Sie fuhr damit fort, dass sie mir eine prägnante und sehr genaue Zusammenfassung all meiner inneren Denkprozesse und der Gründe für meine Entmutigung gab.« – »War die Gottesmutter traurig?«, fragte er Conchita. »Nein, sie lächelte«, antwortete das Mädchen.

Zwei Tage später, am 20. Oktober, als die vier Seherkinder wieder eine Erscheinung hatten, hörte man Jacinta sagen: »Weißt du, niemand glaubt uns mehr ... Darum musst du ein ganz, ganz großes Wunder wirken, damit sie wieder glauben.«

Doch wieder lächelte die Gottesmutter bloß, um mit sanfter Stimme zu antworten: »Sie werden glauben ...«

Denn die Zeit der Wunder hatte längst begonnen.

13.

Die Zeit der Wunder

Nur neun Tage nach der »Blamage« oder besser: der negativen Aufnahme der Botschaft, bekräftigte das Bistum Santander seine Skepsis bezüglich der Erscheinungen von Garabandal. In einer neuen Bekanntmachung erklärte jetzt der Apostolische Administrator, Bischof Doroteo Fernández:

»Um allen entgegenzutreten, die oberflächliche und gewagte Interpretationen veröffentlichen und ein Urteil in einer Angelegenheit abgeben, in der die Kirche aus Klugheit noch nicht geurteilt hat, und um den Seelen eine Anleitung zu geben, erklären Wir:

1. Bislang kann keine der erwähnten Erscheinungen, Visionen, Eingaben und Offenbarungen als beweiskräftig gelten oder hat eine ernsthafte Grundlage der Wahrheit oder Authentizität.
2. Priester sollen allem fernbleiben, das dazu beitragen könnte, ein Ärgernis unter den Gläubigen zu erwecken. Sie werden es daher vermeiden, soweit es ihnen möglich ist, Besuchs- und Pilgerreisen zu der erwähnten Ortschaft zu organisieren.
3. Unser Glaube braucht nicht von ungeprüften Offenbarungen und Wundern abzuhängen. Wir glauben an das, was Gott uns offenbart hat und was die Kirche uns lehrt. Dazu gehören die authentischen und eindeutigen Wunder, die unser Herr Jesus Christus gewirkt hat. Er schenkte sie uns als Beweis für Seine Lehre, der nichts hinzugefügt zu werden

braucht. Wenn Gott, ob nun direkt oder durch die Vermittlung Seiner heiligen Mutter, zu uns sprechen möchte, müssen wir aufmerksam Seinem Wort lauschen und wie Samuel antworten: ›Sprich, oh Herr, dein Diener hört.‹«

Doch ohne dem Urteil der Kirche vorgreifen zu wollen, ist es an der Zeit, die vielen kleinen Wunder von Garabandal, die zumindest Indizien für die Echtheit und den übernatürlichen Ursprung der Botschaft sein können, unter die Lupe zu nehmen. Während wir in den ersten zwölf Kapiteln nahezu chronologisch die Ereignisse der ersten vier Monate (18. Juni bis 19. Oktober 1961) schilderten, werden wir jetzt aus der Fülle der Berichte und Beobachtungen aus der gesamten Erscheinungszeit schöpfen, bevor wir mit dem nächsten Kapitel wieder an die Chronologie anknüpfen. Ramón Pérez, der in seiner bemerkenswerten Studie Augenzeugenberichte sammelte und auswertete, führt 30 Kriterien an, die Indizien für die Authentizität der Erscheinungen der vier Sehermädchen sein dürften: 1. die verklärten Gesichter der Seherkinder; 2. die Schönheit ihrer Haltung; 3. die Leichtigkeit ihrer Bewegungen; 4. die Effizienz ihrer Gesten; 5. die Schönheit ihrer Stimmen und ihres Lachens (in Ekstase); 6. die Schönheit ihres Betens; 7. Sprechen in fremden Sprachen; 8. Gewichtsveränderungen; 9. abnorme Kraft und Stärke; 10. körperliche Steife; 11. völlige Schmerzunempfindlichkeit; 12. Unempfindlichkeit ihrer Augen; 13. Abwesenheit von Verletzungen; 14. keine Anzeichen von Müdigkeit oder Erschöpfung; 15. schnelles Gehen; 16. sichere Orientierung; 17. Furchtlosigkeit; 18. Unempfindlichkeit bei schlechtem Wetter; 19. Unabhängigkeit von Tageszeiten; 20. Identifikation fremder Personen; 21. Hellsichtigkeit; 22. Gedankenlesen; 23. Levitation; 24. die Gabe der Prophetie; 25. Synchronisation; 26. Fernsichtigkeit – die Gabe, Ereignisse in großer Ferne zu verfolgen, als seien sie vor Ort; 27. Synchronizität von Bewegungen und

Gesichtsausdrücken; 28. unerklärliche Himmelserscheinungen; 29. fehlende Kontrolle über das Eintreten und die Dauer von Ekstasen; 30. Materialisationen.

Während einige dieser mirakulösen Phänomene bereits geschildert wurden, werden wir zur Ergänzung ein paar Beispiele genauer betrachten.

Verklärte Gesichter: Jeder, der historische Fotos der Erscheinungen von Garabandal studiert, ist berührt von der engelhaften Schönheit der vier Mädchen in Ekstase. Im Alltag dagegen waren sie ganz normale Dorfmädchen von meist durchschnittlichem Aussehen, denen die subtile Grazie ihrer Gestik und Mimik, die sie während der Erscheinungen demonstrierten, fehlte. »Beim Eintreten der Ekstasen wurden die Gesichter der jungen Mädchen so filigran, als seien sie aus feinstem Marmor«, erklärte Conchitas Tante Aurelia, »zart, strahlend und wunderschön.« – »Sie wirkten völlig verklärt«, meinte die Landarbeiterin Rosa Cosío. Laura González ergänzte: »Sie wirkten wunderschön ... Diese kleinen Mädchen waren da, aber sie schienen nicht von dieser Welt zu sein.« Benjamín Gómez beobachtete: »Die Gesichter der Mädchen veränderten sich, sobald die Ekstase eintrat: Eine regelrechte Transformation fand statt. Ich denke da besonders an Mari Loli. Wenn wir sie in Ekstase sahen und dann danach im Normalzustand, dann war der Unterschied schon sehr groß und geradezu verblüffend. Die Gesichter der Mädchen veränderten sich und wurden immer schöner während der Ekstase ... und das geschah jedes Mal.« Der Viehzüchter Domingo Cuenca bezeichnete die Gesichter der vier in Ekstase als »superb! Die Konturen waren die ihrigen, aber die Farbe, der Ausdruck, die Augen ... das alles wurde ganz außergewöhnlich.« – »Wenn sie in Ekstase waren, konnte man denken, sie seien vier Engel«, beschrieb sie der Dorfbewohner Servando Mazón.

Vier Engel: die Sehermädchen in Ekstase

Synchronizität: Was die Dorfbewohner ebenso beeindruckte, war die Gleichzeitigkeit der Gestik während der Ekstasen. »Nehmen wir das Beispiel, dass zwei der Mädchen weiter vorn in Ekstase fallen und die beiden anderen weiter hinten«, erklärte María González, die Mutter von Jacinta, »wenn die beiden hinten zu beten begannen, taten die beiden vorne dasselbe. Die beiden vorne machten das Kreuzzeichen zeitgleich mit den beiden weiter hinten. Sie bewegten sich völlig synchron, machten die gleichen Gesten zur exakt gleichen Zeit, auch wenn sie die anderen nicht sehen konnten.« Eine andere Form der Synchronizität beschrieb Conchitas Bruder Miguel Ángel González: »Die Eltern machten ein paar Experimente, um herauszufinden, ob die Mädchen die Wahrheit sagten. Wenn sie zum Beispiel ankündigten, sie hätten an diesem Tag noch eine Erscheinung, ohne die Uhrzeit zu kennen, trennten sie die Mädchen voneinander und brachten sie in verschiedene Häuser, wo sie manchmal stundenlang warteten. Wenn die Ekstase sie überkam, geschah dies exakt zeitgleich, auch wenn jede von ihnen in einem anderen Haus war.«

Steifheit und Gewichtsveränderung: Alle, die Gelegenheit hatten, die Mädchen während ihrer Ekstase zu berühren, berichteten von deutlich spürbaren Veränderungen. Sie waren steif, fühlten sich an, als seien sie versteinert, und dabei so schwer, dass selbst kräftige Dorfbewohner sie nicht oder nur sehr schwer heben konnten. Einer der Kronzeugen dafür ist Pepe Diez, der kräftige Dorfmaurer, der vom Skeptiker zum Verteidiger der Erscheinungen geworden war. Oft genug beschützte er die vier Mädchen vor den Menschenmassen, »als ganze Lawinen von Fremden versuchten, so nah wie möglich an sie heranzukommen«. Dabei berührte er immer wieder ihre Arme oder Schultern – »und jedes Mal bemerkte ich etwas sehr Ungewöhnliches. Es fühlte sich einfach nicht so an als würde ich einen Menschen anfassen. Es kam mir eher so vor als würde ich einen Steinblock berühren ... etwas Steifes, Hartes.« Dabei wirkten die Mädchen gleichzeitig zart, verwundbar und überirdisch schön. »Doch wenn man sie berührte ... war das etwas ganz anderes ... Sie waren nicht kalt oder heiß, ich spürte auch nicht die geringste Nervosität, nichts, nur dass sie sehr steif waren. Und ich stellte fest, dass sie sehr schwer waren. Ich versuchte, sie hochzuheben, und ich denke, das allein ist schon ein Beweis. Denn ich sah viele 20–30-jährige kräftige Männer, die ohne Weiteres mal eben 100 Kilo stemmen können, was bei uns in den Bergen normal ist für einen Mann. Auch ich konnte leicht 100 Kilo heben, was so viel ist wie drei von den Mädchen, von denen jedes so 30 bis 40 Kilo wog. Wenn sie nicht in Ekstase waren, konnte ich mit Leichtigkeit zwei auf einmal stemmen. So sah ich also diese Männer, von denen ich einige kannte, die wirklich stark waren und jetzt unter größten Mühen versuchten, eines der Mädchen hochzuheben ... und sich dann geschlagen gaben. Die waren völlig verblüfft. Einer, ein Mann namens Vincentín, der damals in Santander lebte, aber ursprünglich aus einem Nachbardorf stammte, wettete, dass er eines der Mädchen hochheben konnte. Jacintas Vater erlaubte ihm, es bei seiner Tochter zu versuchen ... und er versuchte alles, er veränderte seine Position, er wollte sie erst hochdrücken, dann hochziehen, doch nichts gelang. Er drehte sich dann zu uns um und gab zu: ›Es geht einfach nicht. Wenn ich das in Santander erzähle, wird mir das niemand glauben!‹ ... Zehn Minuten später war die Ekstase vorbei und Jacintas Vater sagte Vincentín, er solle es noch einmal versuchen ... Der Mann griff nach ihr und hob sie hoch, als sei sie eine Puppe! Er war mit den Nerven fertig! ›Jetzt weiß ich, dass alles wahr ist‹, erklärte er uns, ›doch ich kann es niemandem sagen, denn niemand wird mir glauben.‹« Ein anderes Mal versuchte Pasco González, ein Nachbarsjunge, zusammen mit Jacintas Bruder Miguel Ángel sowie der Landarbeiterin Angelita Cosío und Jacintas Schwester Marcelina das Mädchen in Ekstase hochzuheben. »Wir versuchten es, jeder von uns einzeln und dann wir alle zusammen: Nichts ging, es war einfach unmöglich! ... Sie fühlte sich dabei sehr steif an, weder warm, noch kalt, nur sehr steif.« Jacintas Vater, Simón González, beschrieb seine Tochter in Ekstase nur mit den Worten: »Ich konnte mir nicht vorstellen, dass sie so hart sein konnte; sie fühlte sich an, als sei sie aus Zement.«

Auch der Landarbeiter Benjamín Gómez musste die frustrierende Erfahrung machen, dass es einfach unmöglich war, die Mädchen – in seinem Fall: Mari Loli – von der Stelle zu bewegen: »Ich stellte mich hinter sie. Ich nahm sie unter meine Arme und setzte meine ganze Kraft ein. Ich drückte und zog, ich war wirklich kein Schwächling und konnte leicht 100 Kilo vom Boden heben, aber bei diesem kleinen Mädchen versagte meine ganze Kraft.« Lediglich ihre Schultern zog er hoch, die nun die ganze Zeit über hochgezogen blieben, während ihr Blick starr zum Himmel gerichtet war. Auch bei dem Versuch, sie zumindest wieder hinunterzudrücken, scheiterte Benjamín. Erst als eines der Mädchen, das neben ihr kniete, ihre Schultern berührte, nahmen diese von allein wieder ihre natürliche Haltung ein.

Nach der Ekstase forderte Lolis Vater ihn auf, es noch einmal zu probieren, und tatsächlich stemmte er sie ohne jedes Problem: »Sie muss um die 30 Kilo gewogen haben«, gab Gómez zu Protokoll: »Entweder täuscht mich meine Kraft oder sie wog eben noch 100 Kilo!«

»Einmal sah ich den Dorfarzt, Dr. Gunon, wie er bei einer der Seherinnen mit beiden Händen versuchte, ihren Kopf zu drehen. Es gelang ihm nicht. Er versuchte, sie hochzuheben, doch sie war so schwer, dass er sie gleich wieder fallen ließ«, bezeugte die Hausfrau Angelina González.

Anomale Stärke: Die Mädchen selbst entwickelten in Ekstase eine geradezu übermenschliche Kraft. Benjamín Gómez erzählt, wie Conchitas Bruder ihn einmal aufgefordet habe, seine Schwester, als diese in Ekstase war, am Arm zu fassen: »Es war ein sehr dünner Arm, der eines kleinen, zwölfjährigen Mädchens. Ich ergriff ihn mit meinen beiden Händen und fand es unmöglich, ihn zu bewegen. Ich konnte ihn weder beugen noch, da er angewinkelt war, in die Länge ziehen.«

Conchitas Tante Antonia versuchte einmal vergeblich, Mari Lolis Hand zu bewegen, als diese in Ekstase war. »Ich war dazu nicht in der Lage«, erklärte sie später. »Als ich sie berührte, fühlte sie sich hart, sehr hart an.«

Jacintas Vater, Simón González, erinnerte sich: »Es kam vor, dass wir den Kindern nichts aus der Hand nehmen konnten, was sie ergriffen hatten, bevor sie in Ekstase fielen. Eines Tages suchte Conchita nach einem ihrer Schafe, das sehr störrisch war und nicht in den Stall wollte. Sie hatte es gerade gepackt, als sie in Ekstase fiel. Und sie blieb so die ganze Zeit mit ihrem Schaf an der Hand. Gleich, wie sehr wir es auch versuchten, wir waren nicht in der Lage, das Tier aus ihrer Hand zu befreien, obwohl sich das arme Schaf nach Kräften

Mühelos hebt Loli ihre Freundin Jacinta in die Höhe, damit die Gottesmutter einen Rosenkranz küssen kann; für andere dagegen waren die Mädchen in Ekstase schwer wie Stein

wehrte und mit den Klauen trat. Nichts half, Conchita ließ es nicht los. Da kam Serafín, ihr Bruder. Er ist ein starker Junge, doch auch er war nicht in der Lage, Conchitas Hand zu öffnen. Dann kam Loli. Sie machte gar nichts, sondern sagte nur: ›Conchita, warum lässt du das Schaf nicht laufen?‹ Sofort öffnete Conchita ihre Hand und ließ es frei.« Servando Mazón, ein Mann aus dem Dorf, bestätigte die Geschichte, deren Zeuge er war.

Paquita Cuenca, die Frau von Conchitas Bruder Serafín, berichtet von zwei Fällen, in denen sich junge Frauen nicht von den Fingern der Seherinnen lösen konnten. Ihre eigene Schwester Teresa lief einmal mit Mari Cruz durch das Dorf, wobei sich die Mädchen an den Fingern hielten. Plötzlich fiel die Seherin in Ekstase und Teresa, obwohl viel größer und älter als Mari Cruz, war nicht mehr in der Lage, ihre Finger von ihr zu lösen. Selbst zwei Gardisten, die ihr helfen wollten, konnten die Mädchen nicht voneinander trennen. So musste Teresa der Seherin die gesamte Ekstase über folgen, als sei sie an ihr festgeklebt, bis die Trance endete und das Mädchen sie wieder freigab. Ein anderes Mädchen, Trinidad, hielt ihren Finger in das Weihwasserbecken der Kirche, als Mari Loli das Gleiche tat und dabei in Ekstase fiel. Obwohl die Finger sich nur berührt hatten, hing Trinidad die ganze Zeit über an ihr und musste Loli auf ihrem ekstatischen Marsch durch das Dorf folgen.

»Wir kamen vom Rosenkranzgebet in der *Calleja* und folgten Conchita«, erinnerte sich die Landarbeiterin Avelina González. »Als wir am Portal der Kirche angekommen waren, fiel sie wie vom Blitz getroffen und mit einem lauten Knall auf die Knie und dabei auf einen meiner Füße. Ich versuchte, meinen Fuß herauszuziehen, aber es war unmöglich.« Die ganze Zeit über, beim *Confiteor*, beim Empfang der heiligen Kommunion und bei der Danksagung, die bei ihr ziemlich lange dauerte, klemmte Avelinas Fuß fest, bis Conchita aufstand und ihren Weg in die Kirche fortsetzte.

Der mit Abstand prominenteste Zeuge dieses Phänomens war ausgerechnet der belgische König Baudouin (1930–1993). Der tiefgläubige Katholik war zusammen mit seiner Frau, Königin Fabiola, einer gebürtigen Spanierin aus dem Hause Aragon, am 12. September 1961 privat nach Garabandal gepilgert, um sich ein eigenes Bild von den Erscheinungen zu machen. In seinem Beisein fiel Conchita in Ekstase und trat dabei versehentlich auf seinen Fuß. Der König war nicht in der Lage, ihn zu bewegen, bis das Mädchen aus der Trance erwachte.

Ekstatische Fälle: Seit August 1961 kam es immer wieder vor, dass die Mädchen in Ekstase buchstäblich »umkippten«. Als dies Jacinta und Mari Loli das erste Mal widerfuhr, am 3. August, sprang Jacintas Mutter vor, um ihre Tochter aufzufangen. Mari Loli wurde von einem der Gardisten aufgefangen. Beide Mädchen fielen gleichzeitig um, ohne dies bewusst mitzubekommen. Trotz ihrer geradezu bizarren Haltung blieb ihre Vision der Gottesmutter davon unbeeinträchtigt und sie erfuhren das tiefe Glück ihrer Gegenwart. Zu solchen Fällen kam es fortan immer öfter, wobei sich die Mädchen nicht ein

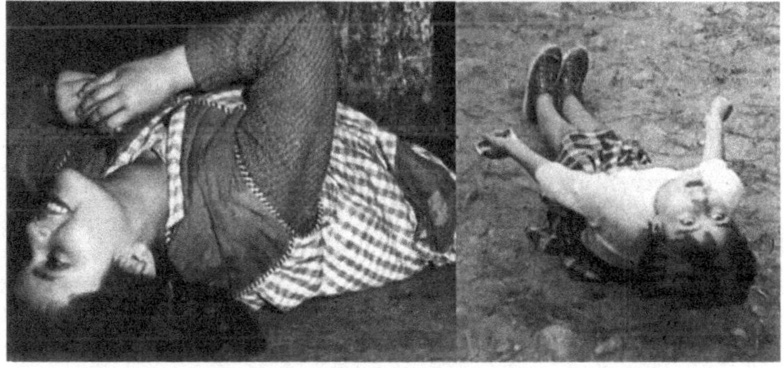

Mari Loli und Conchita bei ekstatischen Fällen

einziges Mal verletzten. Auch ihre Kleidung verrutschte nie, sondern bedeckte, was sie bedecken sollte.

Ekstatisches Laufen: Am 4. August 1961 fand der erste von buchstäblich Hunderten »ekstatischen Läufen« statt. Dabei bewegten sich die Kinder mit größter Sicherheit selbst bei Dunkelheit auf unebenem und sehr steinigem Terrain in halsbrecherischer Geschwindigkeit vor- und rückwärts über größere Strecken hinweg, während ihre Augen starr zum Himmel gerichtet waren. Die Schaulustigen kamen bei ihrem Tempo

Drei der vier Sehermädchen bei einem ekstatischen Lauf

kaum mit und mussten feststellen, dass sie schwitzten und außer Atem gerieten, während die Mädchen entspannt blieben.

»Wenn sie schnell gingen, konnte ihnen keiner von uns folgen, und wenn, dann nur weil er rannte, während sie ganz entspannt spazierten, ohne jede körperliche Anstrengung«, erklärte Benjamín Gómez, »so als würden sie sich gerade hinsetzen oder schlafen legen, so entspannt waren sie dabei. Es gab keinerlei physische Anzeichen für eine Anstrengung, weder waren sie außer Atem noch schwitzten sie oder zeigten irgendwelche anderen Anzeichen, dass sie liefen. Keine Atemnot! Wir, die wir ihnen folgten, hechelten und schnappten nach Luft, aber nicht diese Mädchen trotz ihres Tempos ... Einmal stiegen sie in Ekstase zu den Kiefern auf ... Als sie zurückgingen, liefen sie rückwärts. Sie erreichten das Ende des kleinen Weges, der von den Kiefern hinunter zum Dorf führt und dabei ziemlich steil ist [die *Calleja*, d. Verf.]. Es ist nicht nur ein steiler Abstieg, sondern ein sehr steiler ... und den eilten die Mädchen rückwärts hinunter, ganz leicht und unbekümmert und in einem Tempo über Stock und Stein, dass es unmöglich war, ihnen zu folgen, obwohl wir vorwärtsgingen und auf den Weg achten konnten. Sie liefen so schnell, dass

Ekstatische Läufe, vorwärts und rückwärts

wir nicht nachkamen. Es waren Kinder und Jugendliche auch in ihrem Alter dabei, doch sie alle staunten nur über diese ›unmögliche‹ Geschwindigkeit. Wie war das möglich in diesem Tempo, ohne auch nur ein einziges Mal zu stolpern oder ins Straucheln zu geraten?«

Servando Mazón erinnert sich, wie sein Sohn, der damals noch ein Teenager war, den Mädchen zu folgen versuchte: »Die Kleidung meines Sohnes war damals schweißnass, ja völlig durchnässt, weil er so schnell laufen musste. Eines der Mädchen sagte anschließend zu ihm: ›Schau, meine Kleidung ist völlig trocken‹, während er nur so triefte und ihm der Schweiß in Bächen hinunterlief. Die Mädchen waren nicht einmal kurzatmig, nichts.

Manchmal, wenn die Mädchen in Ekstase der Erscheinung folgten, konnte man denken, sie würden fliegen! Einige Leute sagten sogar: ›*Sapristi!* Sie fliegen!‹ Es schien jedenfalls so. Und die Leute, die versuchten, sie einzuholen, waren dann schweißgebadet, während es für die Mädchen war, als hätten sie nichts gemacht.«

»Eines Nachts versuchte mein Bruder, der gerade 31 und sehr kräftig, sehr sportlich war, Conchita zu folgen«, bestätigte die Landarbeiterin Angelita Cosío aus Garabandal. »Er war ein echter Bergsteiger hier aus dem Dorf. Doch er musste abbrechen und sein Hemd ausziehen, weil es durchgeschwitzt war.« Und Conchitas Mutter Aniceta bestätigte: »Die Ekstasen hinterließen bei ihr sichtbare Freude. Auch wenn sie diese langen und schnellen Märsche unternahm, war sie danach ganz normal, lachte fröhlich und hatte einen ruhigen Puls, während meine Söhne, die stark waren, triefend vor Schweiß nach Hause kamen. Man hätte denken können, dass sie aus dem Schwimmbad kamen!«

Ein Zeuge, Andrés Otero Lorenzo aus Santiago de Compostela, hatte am 16. Juli 1961 Garabandal besucht und einen eloquenten Bericht über seine Beobachtungen verfasst, in dem er auch die ekstatischen Läufe der Mädchen beschreibt: »Sie liefen, als würden sie fliegen, doch sie flogen nicht, während alle anderen stolperten und rutschten. Aber man muss das gesehen haben! Vor allem, weil die Läufe im Dunkeln oder zumindest bei schwachem Licht stattfanden. Die Mädchen liefen, als hätten ihre Füße Augen, um nach exakt dem Punkt zu suchen, an dem man am sichersten stand, entweder direkt auf den Felsbrocken und Steinen oder gleich neben ihnen;

aber nie kamen sie unsauber auf oder stießen gegen einen von ihnen. Und das alles geschah mit einer Leichtigkeit, einer Grazie, in einem Rhythmus, die unbeschreiblich sind. Ich stürzte ein paarmal und kam noch sehr viel öfter ins Stolpern; doch obwohl ich schwitzte und nach Luft schnappte, holte ich sie nie ein. Ich werde diese wunderbare Erfahrung nie vergessen. Doch was mein Erstaunen vervollständigte, war, dass, während wir alle anschließend völlig erschöpft waren, die Mädchen frischer und in besserer Kondition erschienen als vorher ohne eine Spur von Müdigkeit oder Erschöpfung, so als seien sie gerade aus dem erholsamsten und glücklichsten Schlaf erwacht. Ich dagegen war ausgelaugt und fand meinen Anzug und meine Schuhe in keinem guten Zustand vor. Ich war mit einem Paar robuster und fast neuer Schuhe gekommen und musste mir am nächsten oder übernächsten Tag ein neues Paar kaufen.«

Pepe Diez, der Dorfmaurer, hielt fest: »Wenn die Mädchen auf ihren Knien rückwärtsgingen, waren sie nicht ganz so schnell [wie bei den ekstatischen Läufen, d. Verf.], obwohl auch jetzt ein Mensch mittleren Alters mit ihnen nicht standhalten konnte. Ich kann dieses Phänomen nicht erklären. Auf den Wegen in Garabandal, speziell wenn man zu den Kiefern aufsteigt oder die *Calleja* entlangläuft, liegen all diese Steine ... jeder weiß von der Schwierigkeit dieser steinigen Wege, die schon immer in diesem Zustand waren ... doch die kleinen Mädchen liefen auf ihnen immer ohne Schwierigkeiten, besser als wenn sie auf ihre Füße geschaut hätten ... und das sogar rückwärts! Mit der gleichen Leichtigkeit liefen sie auf unseren Dorfwegen, die sehr eng und verwinkelt sind, wobei sie nie mit einer Hausecke zusammenstießen, wenn sie rückwärts ums Eck liefen. Sie blieben immer auf der Straßenmitte und stießen nie an eine Hausfront.«

Einmal kam ein Marinearzt, Dr. Favello, nach Garabandal und untersuchte mit Genehmigung ihres Vaters das Sehermädchen Mari Loli. Er maß ihren Puls, als sie in Ekstase fiel. Er folgte ihr, als sie aufstand und mit großer Geschwindigkeit durch die Straßen ging. Dabei war ihr Kopf nach hinten geworfen, ihr Blick starr in den Himmel gerichtet. Obwohl es schon dunkel war, lief sie mit größter Sicherheit, ohne auch nur ein einziges Mal zu straucheln oder etwa eine Hauswand zu berühren. Als die Ekstase vorüber war, fühlte der Arzt erneut ihren Puls: Er war kein bisschen erhöht trotz der körperlichen Anstrengung.

Keine Verletzungen: Bei einem ihrer ekstatischen Märsche rückwärts, dabei den Rosenkranz rezitierend, auf dem Weg vom *Cuadro* zurück ins Dorf, stolperte Conchita auf der Höhe eines kleinen Gartens dann doch einmal über einen ziemlich großen Stein und fiel auf den Hinterkopf. »Ihr Kopf schlug mit solcher Kraft auf den Boden auf, dass ich dachte, sie sei tot«, erklärte die Landarbeiterin Angelita Cosío, »doch offensichtlich fühlte sie gar nichts, denn sie stand auf und setzte den ekstatischen Marsch fort, als ob nichts geschehen wäre. Es gab keinerlei Hinweis auf eine Verletzung oder Beule!«

»Ich sah Conchita tausend Mal fallen«, erklärte ihre Mutter Aniceta González. So fiel sie einmal vom Kamin [etwa 60 cm hoch, d. Verf.]. Sie saß dort, als die Ekstase sie überkam. Sie knallte auf ihre Knie … aber sie verletzte sich nicht, obwohl es einen lauten Aufprall gab, als würde ein Knochen auf einen Stein schlagen. Wir hörten das deutlich. Doch als die Ekstase vorüber war, bewegte sie sich ganz normal, als ob nichts geschehen wäre.« – »Was mich am meisten erstaunte, war, als die Mädchen ganz oben von den Treppen vor Ceferinos Haus stürzten. Sie knieten dort oben, rutschen nach vorn und fielen, immer noch kniend, auf den harten Zementboden. Das war schrecklich! Es war so ein Aufprall, dass sein Krachen ein Echo hervorrief! Aber nach der Ekstase waren ihre Beine und Knie völlig unverletzt. Sie wiesen nicht den kleinsten Kratzer auf! Das war ähnlich, als sie (in Ekstase) durch das Dorf rannten. Es gab nie eine Verletzung. Nur ihre Kleidung wurde schmutzig, als sie durch Pfützen und Schlamm liefen«, erinnerte sich Miguel González.

Der spanische Wirtschaftsrechtler Prof. Sánchez-Ventura y Pascual, der nach zahlreichen Besuchen bei den Kindern ein exzellentes Buch über Garabandal schrieb, bezeugte: »Wenn die Mädchen eine Ekstase erleben, fallen sie blitzschnell und mit zermalmender Kraft auf ihre Knie. Eine Filmaufnahme, die diesen Augenblick festhielt, wurde in Zeitlupe Bild für Bild untersucht, doch der Fall selbst ist auf keinem einzigen Bild zu sehen. Im Bruchteil einer Sekunde wechseln sie vom Stand in ihre kniende Position. Wie kommt es, mag man fragen, dass sie auf spitze Steine fallen und sich dabei nicht verletzen und auch keinen Schmerz zu verspüren scheinen? In Trance bewegte sich Conchita auf ihren Knien durch die Straßen von Garabandal. Sie trug dabei lange Strümpfe. Nach der Ekstase stellte man fest, dass sie unbeschadet waren trotz der unebenen, steinigen Oberfläche ihres Weges.«

Auch der Brigadier der *Guardia Civil,* Juan Álvarez Seco, hielt in seinem Bericht fest: »Ich sah, wie sie hinfielen und ihre Köpfe auf die Steine stießen, wobei es laut krachte. Das erschütterte mich mehr als die Mädchen, denn offensichtlich spürten die Seherinnen nichts.«

Keine Müdigkeit oder Erschöpfung: Weder die ekstatischen Läufe noch die bis zu sieben Stunden langen Ekstasen oder auch die Uhrzeiten der Erscheinungen schienen den Seherkindern etwas auszumachen. Wenn sie einmal die ganze Nacht lang wach blieben und auf eine Erscheinung warteten, diese aber ausblieb, mussten sie den Schlaf am Tag danach nachholen. Aber wenn sie noch spät in der Nacht in Ekstase fielen, waren sie danach so erholt, dass sie nur wenige Stunden zu schlafen brauchten. So ging Loli etwa mehrfach erst um

6.00 Uhr früh ins Bett, stand aber früh genug für die Heilige Messe um 9.00 Uhr auf, ohne den ganzen Tag über auch nur das geringste Anzeichen von Müdigkeit zu zeigen. María González, Jacintas Mutter, erklärte: »Sie erwachten aus ihren Ekstasen und waren in besserer Form als die Leute, die ihnen folgten, [wenn sie in Ekstase liefen], waren sie danach so frisch, als seien sie nie gelaufen. Sie bekamen gar nicht mit, dass sie gelaufen waren. Nein, sie zeigten keinerlei Anzeichen einer Erschöpfung. Trotz des [manchmal extremen] Schlafmangels gingen sie am nächsten Tag ihrer Arbeit nach ohne irgendwelche Anzeichen von Müdigkeit.«

Kein Kältempfinden: Bei Wind und Wetter, bei Regen und Schnee, ja bei klirrendster Kälte eilten die Kinder bei Tag und Nacht zu der Erscheinungsstätte, ohne dass sie die widrigen Bedingungen wahrzunehmen schienen. Mari Lolis Eltern etwa waren einmal ziemlich besorgt um ihre Tochter, als diese in einer eisigen Winternacht, nur mit einem Nachthemd bekleidet, aus dem Haus lief. Ihr Vater folgte ihr und beobachtete bibbernd, wie das Kind in der *Calleja* auf die Knie fiel, um auf den schneebedeckten Steinen für längere Zeit einer Erscheinung beizuwohnen. Aus Angst, seine Tochter würde sich eine Lungenentzündung zuziehen, fasste er sie immer wieder an, um festzustellen, dass sie so warm war, als sei sie gerade aus dem Bett gestiegen. Selbst als die beiden in ihr Haus zurückkehrten, war sie noch immer so warm, als ob sie im Bett gelegen hätte.

Pepe Diez, der Dorfmaurer, war besonders beeindruckt von den »ekstatischen Läufen« bei »schwierigstem Wetter ... bei Schneestürmen und Starkregen, wenn das Wasser über die Gesichter der Kinder floss, während sie lächelnd zum Himmel starrten, als würde es gerade Engel regnen ... sie gingen einfach weiter ohne ein Anzeichen von Unbehagen«.

Einen solchen »Gewaltmarsch« beschrieb Conchitas Tante

Maximina: »Ich erinnere mich an eine Nacht im November gegen 2.00 Uhr früh, als ich im Bett lag und hörte, dass jemand an meine Tür klopfte. Ich öffnete und fand Conchita in Ekstase, begleitet von ihrer Mutter und ihrem Bruder. Es war eine unschöne Nacht, eine Unwetternacht mit Blitz und Donner; es hagelte heftig und es fiel auch viel Schnee.

Conchita machte das Kreuzzeichen über mir, gab mir ihr Kruzifix, das ich küsste, und ich ging mit ihnen. Diese Nacht waren wir nur zu viert: ihre Mutter, ihr Bruder, Conchita und ich. Wir stiegen hinauf zu den Kiefern, wo 30 Zentimeter Schnee lagen. Conchita kniete im Schnee nieder, ging zum Ende des Dorfes, stieg dann zu den Kiefern hoch, alles auf den Knien, während gerade riesige Hagelkörner ihr ins Gesicht prasselten. Ihr Kopf war ganz nach hinten gereckt. Danach gingen wir noch zum Friedhof, dann ging es zurück nach Hause ... in einer solch furchtbaren Nacht. Aber Conchita war glücklich, als sie wieder zu sich kam, und konnte sich an nichts erinnern.«

Levitation: Benjamín Gómez, ein Dorfbewohner, wurde Zeuge, wie Conchita die Kirche betrat, sich bekreuzigte, kurz betete und plötzlich nach hinten umkippte und in Ekstase fiel. Die Frauen, die sie dabei beobachtet hatten, glaubten für einen Augenblick, sie sei tot umgefallen, doch Gómez hatte genug gesehen, um nicht in Panik zu geraten. Was er dann aber erlebte, raubte auch ihm den Atem: »Das junge Mädchen lag auf dem Rücken auf dem Boden und blieb minutenlang bewegungslos, bis es sich, ohne seine Stellung zu verändern, ohne seine Füße einzusetzen, vorwärtsbewegte. Seine Kleidung schien über den Boden zu gleiten. In diesem Moment beugte sich ein Mann zu dem Mädchen hinunter und fasste mit der flachen Hand unter den ausgestreckten Körper des Mädchens. Er stellte fest, dass Conchitas Körper schwebte, denn er fand keinen Punkt, an dem ihr Körper den Boden berührte. Über-

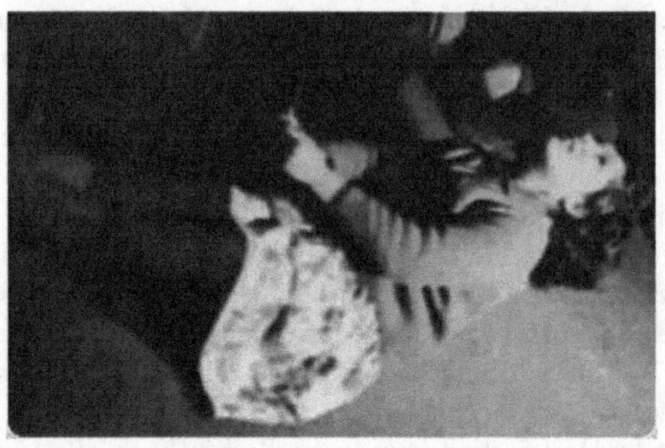

Conchita in Levitation

all passte seine Hand zwischen ihren ausgestreckten Körper und den Kirchenboden!«

Man könnte sein Zeugnis noch mit einer Sinnestäuschung erklären, wenn es nicht einen Parallelfall unter ärztlicher Kontrolle gegeben hätte, den Jacintas Vater Simón González beschreibt. »Das geschah mit Conchita, als sie im Beisein [des Arztes] Dr. Ortiz aus Santander bei sich zu Hause war. Der Arzt führte seine Hand zwischen den Boden und den Körper des Mädchens. Einen Moment später senkte sich ihr Körper wieder hinunter auf den Boden.« Konnte ihr ausgestreckter Körper nur auf dem Kopf oder den Füßen geruht haben? Schon das allein wäre höchst ungewöhnlich gewesen. Der Brigadier Juan Álvarez Seco von der *Guardia Civil* wohnte dieser Untersuchung bei und gab zu Protokoll: »Ich stand am Eingang zur Küche und Dr. Ortiz war rechts von mir. Conchita, in Ekstase, lag auf dem Rücken auf dem Boden. Plötzlich sah ich ihren ganzen Körper in horizontaler Position, vollkommen vom Boden getrennt. Ich wollte sichergehen, dass ich nicht träumte, und hatte gerade vor, meine Hand zwischen ihren Körper und den Boden zu führen. Doch leider kam es nicht mehr dazu, weil es nur ein paar Sekunden dauerte. Ich möchte aber betonen, dass für mich kein Zweifel besteht. Ich werde diese Szene mein Leben lang nicht vergessen.«

Ein dritter Zeuge dieser Levitation war der Priester José Ramón García de la Riva, Pfarrer von Barro (Llanes) im benachbarten Asturien, der seit dem 22. August 1961 an über 200 Ekstasen teilgenommen hatte und über seine Erlebnisse in Garabandal ein Buch verfasste (*Maria erscheint in Garabandal*). Er erinnerte sich: »Conchita hatte in der Ekstase eine offensichtliche Erhebung, die mit allen Regeln der Kunst geprüft werden konnte: Sie lag in ihrer ganzen Länge ausgestreckt auf dem Boden, die Arme etwas vom Körper getrennt, die Handflächen nach oben gerichtet: Wir sahen, wie sie sich bis zu einer Höhe von zehn Zentimetern erhob, indem sie ihre ausgestreckte Haltung bewahrte. Von dieser Lage aus machte sie drei Balancierbewegungen, von vorn nach hinten und von hinten nach vorn, wie um uns zu zeigen, dass sie wirklich vom Boden losgelöst blieb.

Nach anderthalb Minuten – wir haben die Zeit kontrolliert – fing sie an, sich sehr langsam zu senken, bis sie den Boden berührte, wobei ihr Körper vollständig in Ehrfurcht gebietender Haltung ausgestreckt war.«

Identifikation von Gegenständen: Zu den verblüffendsten Phänomenen von Garabandal gehört, mit welch schlafwandlerischer Sicherheit die Seherkinder Devotionalien und Eheringe, die ihnen zur Segnung durch die Gottesmutter gegeben worden waren, ihren Besitzern zurückgaben. Obwohl es sich buchstäblich um Tausende, meist ziemlich gleich aussehende Gegenstände handelte, machten sie in Hunderten von Ekstasen nicht einen einzigen Fehler. Einen solchen Fall schildert Conchitas Tante Maximina. Das Lehrerehepaar Salazar aus Bilbao hatte gehört, dass die Kinder Eheringe von der heiligen Jungfrau küssen ließen. Als es in Garabandal eintraf, waren

Loli hält der Gottesmutter ein ganzes Knäuel von Rosenkränzen und Anhängern zur Segnung durch einen Kuss entgegen. Anschließend gibt sie diese mit schlafwandlerischer Sicherheit an ihre Besitzer zurück

Jacinta und Mari Cruz reichen der Gottesmutter in Ekstase Devotionalien zum Kuss

die Seherkinder bereits in Ekstase, also nicht mehr in der Lage, etwas entgegenzunehmen. Daher bot Maximina ihnen an, einen der Ringe in Conchitas Manteltasche zu stecken, womit die Eheleute einverstanden waren. Etwas später hörten sie, wie Conchita zur Gottesmutter sagte: »Ich habe einen Ring in meiner Tasche? Wer hat den denn da hineingesteckt? Ach! Küsst du ihn?« Dann griff sie in ihre Tasche, hielt den Ring mit ausgestrecktem Arm der Erscheinung entgegen, bevor sie rückwärts durch die Menge ging, die ihr den Weg frei machte, bis sie vor den Salazars stand und den Ring dem Ehemann an seinen Finger steckte.

Der Dorfmaurer Pepe Diez beobachtete bei einer der Erscheinungen, wie ein Helfer von den Pilgern aus ganz Spanien vielleicht 30 Gegenstände einsammelte, die von der Gottesmutter geküsst werden sollten, und sie Mari Loli übergab. In Ekstase hielt das Mädchen zunächst einen Gegenstand nach dem anderen der Gottesmutter zum Kuss hin, dann ging sie zu den Menschen und gab mit schlafwandlerischer Sicherheit jedem genau das zurück, was ihm gehörte. »Lass mal sehen, ob das tatsächlich mein Rosenkranz ist ... hat sie mir wirklich meinen Ring zurückgegeben?«, hörte man die Leute diskutieren. Pepe Diez: »Und jede Person zeigte ihren Gegenstand, und jeder war der richtige ohne einen einzigen Fehler! Das war eigentlich unmöglich, denn all diese Gegenstände waren nur ein Bruchteil von den vielleicht 100 oder 200 Dingen, die Mari Loli an diesem Tag übergeben worden waren. Alles war darunter: Ketten, Rosenkränze, Eheringe, Medaillen ... niemand hätte sich merken können, wem was gehörte, nur die Mädchen wussten das! Es war großartig, ihnen dabei zuzuschauen. Sie ergriffen jedes Teil mit einer Leichtigkeit, ihre Augen stets auf die Vision gerichtet, und gaben es, ohne die jeweilige Person auch nur anzuschauen, seinem Besitzer zurück. Dabei drängten sie auch mal hier einen Mann und da eine Frau beiseite, um den Besitzer zu erreichen, wenn dieser in der zweiten oder dritten Reihe oder auch ganz hinten stand. Dann steckten sie ihm den Ring an den richtigen Finger, hängten ihm die Kette um den Hals und das, ohne hinzuschauen und ohne je danebenzugreifen, mit einer unglaublichen Sicherheit und Leichtigkeit.«

Die Landarbeiterin Avelina González war einmal dabei, als eine Dame aus dem Nachbardorf Cosío die Mädchen testen wollte. Sie nahm ihren Ehering vom Finger und gab ihn einer anderen Frau, die, sobald die Mädchen an der Erscheinungsstätte erschienen, ihn Mari Loli aushändigte. Die wahre Besitzerin des Ringes dagegen versteckte sich in der Menschenmenge. Während der Erscheinung, die um 2.00 Uhr früh begann, ging Loli in Ekstase zuerst zu der anderen Frau, als man hörte, wie sie sagte: »Ach, nicht diese Frau? Dann sag mir, wer es ist. Bring mich zu ihr. Führe mich.« Dann ging sie durch die Reihen der Menschen, die ihr Platz machten, bis sie vor der Besitzerin des Ringes stand, die ganz hinten auf einer Treppe saß. Sie wollte ihr den Ring gerade an den Ringfinger stecken, als sie innehielt und sagte: »Oh, das ist der falsche Finger? Welcher ist es dann?« – und ihn dann an den richtigen Finger steckte, an dem die Frau abseits der Norm ihren Ehering zu tragen pflegte.

Pfarrer José Ramón García de la Riva erwähnt in seinem Buch einen ähnlichen Vorfall, der sich am 12. September 1961 zutrug: »Im Haus Conchitas sah ich eines Tages, wie Loli den Ehering einer Dame an den Ringfinger ihrer rechten Hand steckte. Die Anwesenden glaubten zuerst an ein Missverständnis des Kindes. Aber das war nicht der Fall. Voll Bewunderung und Freudentränen vergießend, erklärte die betreffende Dame: Die Jungfrau weiß genau, dass in der Gegend von Valencia, aus der ich stamme, der Ehering im Gegensatz zur Gewohnheit im übrigen Spanien an der rechten Hand getragen wird. Loli ging noch weiter: Sie sagte dieser Frau den Namen ihres Gatten, den sie überhaupt nicht gekannt hatte …«

Zwei der erstaunlichsten Beispiele für diese mystische Gabe verdanken wir dem Bericht des Brigadiers der *Guardia Civil*, Juan Álvarez Seco. Der Neffe eines Bewohners von Cosío, der gewöhnlich in Mexiko lebte, kam zu Besuch und gab Loli ein paar Medaillen. In der Ekstase griff das Mädchen eine der Medaillen heraus und sagte laut: »Diese hier wurde von Papst Pius X. geküsst!« Der Besucher aus Übersee bestätigte diese Angabe.

An einem anderen Tag wartete Conchita, umgeben von zahlreichen Personen, auf eine Erscheinung, die in der Küche ihres Elternhauses stattfinden sollte. Auf einem Klapptisch legten die Besucher Gegenstände ab, die sie der Gottesmutter zum Kuss reichen sollte. Ein Mann stellte dort eine dekorative Puderdose hin, was bei den anderen Pilgern für Missfallen sorgte. Wie konnte dieser Fremde nur erwarten, dass die Gottesmutter einen solch profanen Gegenstand segnete, der lediglich der menschlichen Eitelkeit zu dienen schien? Umso erstaunter waren die Leute, als Conchita in Ekstase fiel und zuerst nach der Puderdose griff, die sie der Gottesmutter zum Kuss hinhielt. Geradezu ehrfürchtig stellte das Mädchen sie anschließend wieder zurück. War das nicht ein Beweis, dass die Erscheinungen nicht göttlichen Ursprungs sein konnten, wenn so etwas Profanes dem Heiligen, all den Medaillen und Rosenkränzen, vorgezogen wurde? Als sie nach der Erscheinung Conchita darauf ansprachen, erwiderte diese, die Gottesmutter habe, als sie nach der Puderdose verlangte, gesagt: »Das ist etwas von meinem Sohn.« Erst jetzt enthüllte der Fremde, was es mit ihr auf sich hatte. Während des Spanischen Bürgerkrieges, als die Kommunisten die Priester verfolgten, massenhaft inhaftierten und oft sogar ermordeten, hatte ein Priester in Zivil diese Puderdose benutzt, um die heilige Eucharistie zu Gefangenen zu bringen, die zum Tode verurteilt waren. Die scheinbar so profane Puderdose diente also in Zeiten der Verfolgung als *Pyxis* (»Hostienbehälter«) für den Leib Christi, ihren geliebten Sohn in eucharistischer Gestalt. Ein besseres Beispiel für das, was Mystikexperten als *Hierognosis* (»Erkennen des Heiligen«) bezeichnen, konnte es kaum geben.

Erkennen von Priestern: Die Seherkinder erkannten nicht nur geweihte Gegenstände, sondern auch geweihte Personen – nämlich Priester und Ordensleute, die Garabandal in Zivilkleidung besuchten, nachdem das Bistum Santander Geistlichen den Besuch der Erscheinungen untersagt hatte. Einmal, so berichtet ihre Tante Maximina, kam ein einfach gekleideter Mann zu einer Erscheinung, die in Conchitas Elternhaus stattfand. Er gab ihr ein Kreuz mit der Bitte, es segnen zu

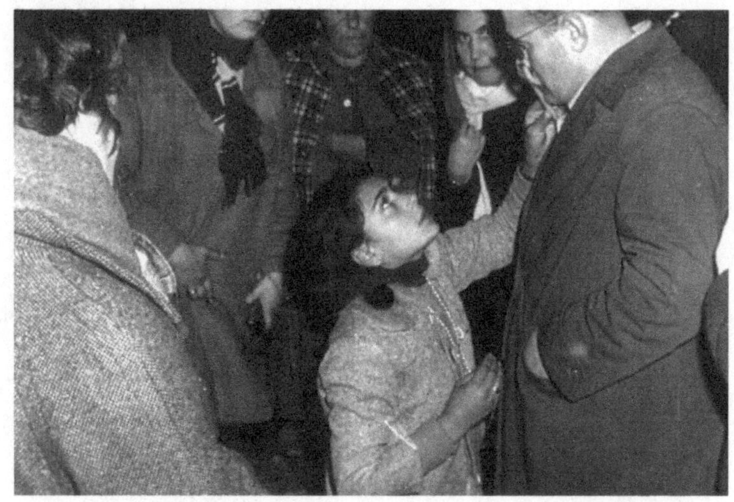

Conchita reicht einem Mann das Kreuz zum Kuss

lassen. Als Conchita es der Gottesmutter zum Kuss hinhielt, huschte ein Lächeln über das Gesicht des Mädchens. Kaum war sie aus der Trance erwacht, ging sie direkt auf den Mann zu und sprach ihn an:

»Warum tragen Sie nicht Ihren Habit?«

»Was meinen Sie?«, erwiderte dieser.

»Die selige Jungfrau sagte mir, Sie seien ein Dominikaner.«

Der Mann musste zugeben, dass er ertappt worden war.

»Und was ist besser, mit Habit oder ohne?«

»Mit Habit.«

Pater Ramón Andreu erinnerte sich, wie er am 29. Juli 1961 das erste Mal zusammen mit seinem Bruder Luis Garabandal besuchte. An diesem Tag hatten die Mädchen vier Ekstasen. Als die erste beendet war, fragte Dorfpfarrer Valentín Marichalar sie, was die Gottesmutter gesagt hätte. »Die selige Jungfrau wünscht, dass wir zu den Kiefern gehen sollen – wir, unsere Familien, die Gardisten, die Priester und die Nonnen –

und dass die anderen unten warten sollen«, erwiderte eines von ihnen. Völlig irritiert drehte sich Don Valentín zu Pater Ramón hinüber und meinte sichtlich nervös: »Aber welche Nonnen? Welche Nonnen? Es sind keine Nonnen hier? Welche Nonnen? Das ist nie und nimmer die selige Jungfrau!« Pater Ramón, der als Skeptiker gekommen war, sah seine Zweifel bestätigt. Doch kaum waren die vier Seherkinder wieder in Trance gefallen, tauchten auf der anderen Seite des Hügels zwei Ordensschwestern auf; später sollte sich herausstellen, dass sie aus Katalonien stammten. »Schauen Sie, Nonnen!«, rief Don Valentín aufgeregt. »Ja, Nonnen«, erwiderte Pater Ramón gelassen; er hatte nicht mehr an die Aussage des Sehermädchens gedacht. »Es ist also doch die selige Jungfrau!«, rief der Pfarrer begeistert aus. Erst jetzt begriff Pater Ramón, dass seine anfängliche Skepsis gerade ihre erste Niederlage erlitten hatte.

Bei ihrer Ekstase am 31. August 1961 erklärte Jacinta wiederum laut, die Gottesmutter habe ihr erklärt, dass unter den Anwesenden ein Priester sei, der seine Soutane unter einem Trenchcoat verstecke. Der Entlarvte trat vor und gab sich zu erkennen. Als er dem Mädchen sein Kreuz übergab, um es von der Erscheinung küssen zu lassen, erklärte Jacinta: »Dieses Kruzifix stammt aus Rom. Der Papst hat es Ihnen geschenkt.« Auch das entsprach den Tatsachen.

Am 19. September fragte Mari Loli in Ekstase die Gottesmutter, wie viele Priester an diesem Tag im Dorf seien. Die Antwort lautete: »Drei. Einer davon ist gekleidet wie ein Zivilgardist.« Es handelte sich um einen Kaplan der Garde, der tatsächlich in Uniform gekommen war.

Der Brigadier Juan Álvarez Seco erlebte eine ähnliche »Entlarvung«:

> »Ich hörte, wie Conchita zu der seligen Jungfrau sagte: ›Was, es sind heute drei Priester im Dorf? Nein, es ist doch nur einer

da … doch drei Priester? Ah, ich verstehe …‹ Während sie das sagte, ging sie zu zwei Männern, die dort standen und die Szene beobachteten. Sie gaben später zu, Priester zu sein. Sie kleideten sich wie Zivilisten, weil der Bischof das Interdikt erlassen hatte. Wir sahen sie nie wieder in dem Dorf. Ein anderes Mal kamen zwei Luftwaffenoffiziere. Ich erkannte sie, sagte aber nichts. Die Seherkinder erfuhren von der Jungfrau, dass es sich um Militärkapläne handelte, die, um nicht aufzufallen, die normale Offiziersuniform trugen.«

Die wundersame Taufe: Mitte Oktober 1961 besuchte eine 19-jährige französische Jüdin namens Catherine zusammen mit ihrem katholischen Freund das Dorf. Sie erklärte Conchita, dass sie sich erst in zwei Jahren taufen lassen wolle, weil ihre Familie gegen diesen Entschluss sei und sie in Frankreich damals erst mit 21 als volljährig galt. Auf Catherines Bitte hin rezitierte Conchita das Ave Maria auf Griechisch und wiederholte die französischen Redewendungen, die Pater Luis ihr posthum beigebracht hatte. Bald darauf fielen alle vier Mädchen in Ekstase und Catherine konnte hören, wie Conchita mit der Gottesmutter über sie sprach: »Sie ist keine Katholikin … Sie ist erst 19 … Sie wurde noch nicht getauft.« Mari Loli trug eine kleine Flasche Weihwasser bei sich; jemand hatte sie gebeten, die Erscheinung damit zu besprengen, um zu testen, ob sie von Gott oder vom Teufel sei. Doch kaum hatte sie das geweihte Wasser in Richtung der Gottesmutter geschüttet, schien es sich für einen Augenblick in der Luft zu sammeln und konzentrierte sich zu einer einzigen Blase, die zu Catherine hinüberschwebte und über ihr hängen blieb, um dort zu platzen und sich über sie zu ergießen. Später erklärte Loli, die Jungfrau habe gelacht, als sie ihr erzählte, dass sie mit dem Weihwasser testen solle, ob sie eine Manifestation des Teufels sei. Als das Mädchen danach Catherine erwähnte, meinte die heilige Jungfrau, es solle den

Max »Maximo« Förschler und seine Frau mit Pater Ramón Andreu

Inhalt des Fläschchens in die Luft schleudern und »zuschauen, was dann passiert«. Nach dieser Erfahrung ließ Catherine sich ein paar Tage später taufen.[10]

Am 14. Oktober wurde der Grundstock für eine andere mirakulöse Bekehrung gelegt. An diesem Tag wurde Pater Ramón Andreu von zwei Freunden aus Madrid begleitet, dem Deutschen Max Förschler, der sich in Spanien »Maximo« nannte, und seiner spanischen Frau. Förschler war überzeugter Protestant, seine Frau eine treue Katholikin. Beide waren vom Schicksal Pater Luis' berührt, den sie gut gekannt hatten, und wollten sich ein eigenes Bild von den Ereignissen in Garabandal machen. Bevor die Mädchen in Ekstase fielen, bat seine Frau diese, die Gottesmutter zu fragen, ob ihr Ehemann an Gott glaube. Nach der Erscheinung erhielt sie die Antwort: »Er glaubt an Gott, aber nur ganz wenig an die selige

10 Als die Sehermädchen davon erfuhren, war ihre erste Frage: »Sie ist doch so groß, wie kann ihr Taufpate sie bei der Taufe in den Armen halten?« Nachdem man ihnen das Prozedere bei einer Erwachsenentaufe erklärt hatte, rief Conchita überglücklich aus: »Wunderbar! Dann können Mari Cruz und ich ja ihre Taufpaten sein!«

Jungfrau … aber er wird glauben!« Präziser hätten sie es nicht beschreiben können.

An diesem Tag verstauchte sich Pater Ramón beim Abstieg von den Kiefern auf dem steinigen Weg seinen Knöchel und litt unter starken Schmerzen. Zwei Ärzte aus Santander und Burgos untersuchten ihn und rieten ihm dringend, den Knöchel am nächsten Tag röntgen zu lassen; selbst eine Fraktur war nicht auszuschließen. Für die Nacht empfahlen sie eine Kühlung durch Eis. Um 3.00 Uhr früh, der Pater schlief schon fest im Haus einer Familie im Dorf, klopfte es bei ihm an der Tür. Es war Jacinta, die erneut in Ekstase gefallen war, begleitet von Mari Loli und ihrem Vater. In den Händen hielt sie ihr Kruzifix, das sie dem bettlägerigen Pater reichte, sodass er es durch einen Kuss verehren konnte. Auch allen anderen Personen, die in dem Haus untergebracht und wach geworden waren, reichte sie das Kruzifix, bloß Förschler nicht. Am nächsten Morgen um 8.00 Uhr früh kamen die Ärzte zu Pater Ramón, um nach seinem Knöchel zu schauen. Zu ihrem ungläubigen Staunen war er völlig geheilt. Zwei Stunden später konnte er beschwerdefrei das heilige Messopfer feiern und kniete dabei nieder, als ob nichts geschehen wäre.

Nachdenklich kehrten Max Förschler und seine Frau an diesem Tag nach Madrid zurück, doch Garabandal ging ihnen nie mehr aus dem Sinn. Ein halbes Jahr später lud Pater Ramón das Ehepaar ein, an den Exerzitien teilzunehmen, die er am 19. März in Loyola abhielt. Doch Förschler scheute sich, als Protestant ignatianische Spiritualität zu praktizieren. Daher beschloss er, zuvor noch einmal nach Garabandal zu fahren, um dort eine Antwort zu finden.

Am 17. März traf er Jacinta und fragte sie, weshalb sie ihm bei ihrer letzten Begegnung das Kruzifix nicht gereicht habe. Das Mädchen wusste keine Antwort. Dann fragte er sie, wann sie ihre nächste Ekstase habe. Mit trauriger Stimme gestand die junge Seherin, dass sie seit fünf Tagen keine Erscheinung

Conchita in Ekstase. Für den leuchtenden Nebel vor ihr gibt es keine Erklärung

gehabt habe und nicht wisse, wann die Gottesmutter wieder zu ihr sprechen würde. Insgeheim betete er, dass die selige Jungfrau ihm ein Zeichen geben würde. Loli fiel daraufhin abends um 21.30 Uhr in Ekstase und ging zu Jacinta, um ihr anzukündigen, dass sie um Mitternacht eine Erscheinung haben würde. Tatsächlich fiel das Mädchen um 24.00 Uhr in Trance, lief durch das Dorf und reichte jedem, der noch auf den Straßen war, das Kruzifix zur Verehrung – bis auf Förschler. Für ihn war jetzt klar, dass er auch in Loyola keinen Platz hatte. Dann kündigte Jacinta für 3.00 Uhr früh eine weitere Vision an. Statt auf der Straße zu warten, setzte der Deutsche sich in die kleine Taverne von Lolis Eltern und harrte der Dinge. Umso erstaunter war er, dass Jacinta gegen 3.30 Uhr die Bar betrat, direkt auf ihn zuging und ihn drei Mal mit ihrem Kruzifix segnete, bevor sie es ihm zum Kuss hinhielt. So war er bereit, sich in Loyola der Spiritualität des heiligen Ignatius zu stellen. Als dort alle Teilnehmer der Exerzitien in der Abschlussmesse die heilige Kommunion gereicht bekamen, brach Förschler in Tränen aus. Jetzt war ihm klar, dass er katholisch werden wollte. Am 31. März 1962 wurde er katholisch getauft, am 1. April empfing er seine Erstkommunion.

Noch einmal fuhr er nach Garabandal, um der Gottesmutter für ihr Zeichen zu danken. Als Loli an diesem Tag aus der Ekstase erwachte, nahm sie ihn zur Seite und erzählte ihm, was die selige Jungfrau ihr gerade über ihn gesagt hatte. Förschler: »Sie sprach von meinem Leben, was ich alles getan habe und was mir von frühester Jugend an widerfahren war bis auf den heutigen Tag. Absolut niemand im ganzen Dorf konnte das alles wissen (einige Details kannte auch meine Frau nicht) und vieles kam mir selbst erst wieder in Erinnerung, als das Mädchen es erwähnte«, erklärte Förschler später.

Himmelserscheinungen: Pater Luis war der einzige Zeuge, der zusammen mit den Sehermädchen die heilige Jungfrau sah. Im Oktober 1961 aber beobachteten Dutzende Zeugen während einer Erscheinung geheimnisvolle Lichtphänomene am Himmel. Conchita hielt in ihrem Tagebuch fest:

> »Als Loli und ich, gefolgt von einer großen Menschenmenge, von den Kiefern kamen, sahen wir etwas wie Feuer in den Wolken. Die Leute, die bei uns waren, sahen es ebenso wie jene, die nicht dabei waren. Sie erzählten uns davon, als wir wieder im Dorf waren.
>
> Während einer anderen Erscheinung, am Fest der Jungfrau von der Säule [›Virgen de Pilar‹, 12. Oktober, d. Verf.], als Loli und ich die selige Jungfrau schauten, sahen wir unter ihren Füßen einen Stern mit einem sehr langen Schweif. Eine gewisse Anzahl von Menschen sah ihn ebenfalls. Wir fragten die selige Jungfrau, was das zu bedeuten habe, aber sie antwortete uns nicht.«

Dr. Ortiz, der Kinderarzt aus Santander, der gründlich wie kein anderer die Ekstasen der Kinder untersuchte, berichtet, dass Conchita und Loli zu diesem Zeitpunkt unter dem Balkon des Hauses von Lolis Großmutter eine Ekstase hatten. Plötzlich, nach wie vor in Trance, stießen sie gleichzeitig einen Schrei aus und erhoben ihre Arme. »Instinktiv schauten wir zum Himmel«, erklärte Dr. Ortiz, »und wir sahen einen Stern, der von Norden nach Süden flog (also in Richtung der Kiefern). Er leuchtete sehr hell, hatte einen Schweif und war mehrere Sekunden lang zu sehen. Ich weiß, dass Maximina González und andere Frauen aus dem Dorf den Stern ebenfalls sahen. Die jungen Burschen aber, die sich am Eingang von Ceferinos Haus aufhielten und zu den Mädchen liefen, als sie deren Schrei hörten, sahen nichts, weil sie sich, wie die Mädchen, unter einem Balkon befanden. Nachdem der Stern verschwunden war, gingen wir zu den Mädchen und begleiteten sie zum Gebet in die Kirche, an deren Schwelle die Ekstase endete. Sofort fragten wir sie:

›Warum habt ihr geschrien?‹

›Weil wir sahen, wie die selige Jungfrau einen Stern hinunterwarf.‹

›Aber ihr konntet den Stern doch gar nicht gesehen haben, ihr standet doch unter dem Balkon.‹

›Ganz sicher sahen wir ihn. Die selige Jungfrau hat das getan!‹«

Ramón Pérez, der 32 Schlüsselzeugen aus dem Dorf interviewte, zitiert vier Zeugen, die von Lichterscheinungen am Nachthimmel berichteten, ohne diese zeitlich einzuordnen. Es ist aber anzunehmen, dass es sich dabei um die von Conchita erwähnten Phänomene handelt.

Zu den Zeugen gehört Serafín González, Conchitas ältester Bruder. Er kam mit den Mädchen gerade von einer Erscheinung an den Kiefern, als die Mädchen, während sie liefen, plötzlich erneut in Ekstase fielen. In diesem Augenblick schaute er zum Himmel und sah etwas, für das er keine Erklärung hatte: »Es war wie ein Licht, wie eine Kugel, die über den Berg flog … etwas sehr Schnelles. Das verblüffte mich, denn ich habe oft Sterne gesehen, die einen langen Schweif hinter sich ließen, aber so etwas habe ich noch nie erlebt. Ich war sehr erstaunt. Es war sehr schnell und schien, als stünde es in Flammen.«

Eine weitere Zeugin war die Hausfrau Daniela Cuenca, die »ein großes Licht, das über den Berg flog, nicht sehr hoch am Himmel« sah, als sie mit den Mädchen nach einer Erscheinung bei den Kiefern ins Dorf zurückkehrte. »Es war kein Stern, es glich einem Licht … Ich habe oft Sternschnuppen gesehen, aber das hatte nichts damit gemein. Wir waren alle erstaunt. Die vier Sehermädchen waren dabei und eine von ihnen sagte: ›Die selige Jungfrau ist da. Sie geht in diesem Stern.‹«

Laut Maximina, Conchitas Tante, war auch Dr. Ortiz unter den Zeugen: »Es war ein sehr großer Stern mit einem langen, deutlich erkennbaren Schweif«, beschrieb sie ihn. Anschließend hatten Loli und Jacinta erklärt, »dass aus diesem Stern oder diesem Licht die selige Jungfrau kam«.

Auch die Landarbeiterin Avelina González beschreibt, dass sie den Mädchen folgte, während diese in Ekstase waren, als sie »über Ceferinos Dach einen Stern sah, ganz tief über dem Dach«. Kurz darauf, wieder im Dorf, kam ihnen eine Gruppe von Menschen entgegen, darunter Pfarrer Valentín. Sie hörten einem Jungen zu, der gerade einen ganz seltsamen Stern gesehen haben wollte. Er beschrieb ihn genauso, wie Avelina ihn gerade beobachtet hatte. So hat der Himmel sich doch für viele sichtbar in Garabandal manifestiert.

14.

Winter in Garabandal

Nach der großen Enttäuschung über die Kürze und Knappheit der Botschaft vom 18. Oktober kehrte der Winter in Garabandal ein. Die Besucher wurden weniger, teils, weil viele nicht mehr an die Echtheit der Erscheinungen glaubten trotz all der Wunder, deren Zeugen sie in den letzten Monaten werden konnten, aber auch, weil das Wetter einen Besuch in der rauen Bergregion zusehends erschwerte. So waren die vier Mädchen und die Dorfbewohner immer häufiger auf sich allein gestellt. Selbst Pfarrer Marichalar, der immer mehr zum Befürworter der Erscheinungen geworden war, konnte ihnen nicht mehr länger beistehen. Er wurde vom Bistum Santander für zwei Monate beurlaubt, weil man ihn beschuldigte, die Erscheinungen zu propagieren.

Auch in Conchitas Tagebuch finden wir nur einen einzigen Eintrag, der sich auf den Winter 1961/62 bezieht:

»Die selige Jungfrau verlangte [sic! *mando*] von uns vieren, Loli, Jacinta, Mari Cruz und mir, dass wir den Rosenkranz regelmäßig im *Cuadro* beteten. An manchen Tagen gingen wir um 6.00 Uhr früh dorthin, an anderen später. Jacinta und Mari Cruz gingen um 6.00 Uhr und um 7.00 Uhr am Morgen, Loli zu keiner festen Uhrzeit. Später war Mari Cruz nicht mehr in der Lage, so früh aufzustehen, und so ging sie um 8.00 Uhr, während Jacinta zusammen mit ihrer Mutter weiter um 6.00 Uhr früh ging. Menschen aus dem Dorf gingen mit uns. Während der Karwoche [1962, d. Verf.] verlangte die selige Jungfrau, dass ich um 5.00 Uhr früh ging, was ich auch tat (weil die selige Jungfrau immer möchte, dass wir Buße tun).«

Zunächst nahm die Zahl der Erscheinungen ab. Hinzu kam als neues Phänomen, dass die Kinder jetzt schon vorher wussten, wann ihnen die Gottesmutter das nächste Mal erscheinen würde, oft bis hin zur exakten Uhrzeit. »Wenn die selige Jungfrau ankündigt, dass wir sie sehen würden, kommt sie immer«, vertraute eines der Mädchen dem Arzt Dr. Ortiz aus Santander an. »Anders ist es, wenn wir sie inständig bitten zu kommen, obwohl sie uns auch dann manchmal unseren Wunsch erfüllt.« Sie reagierte jedoch immer seltener auf die Sehnsucht der Kinder, sie so bald wie möglich wiederzusehen, was wiederum gegen die Möglichkeit einer Autosuggestion spricht.

Am 25. November 1961 schrieb Conchita an den Priester José Ramón García de la Riva, den Pfarrer von Barro im benachbarten Asturien, der seit August regelmäßig nach Garabandal gekommen war.

Seit acht Tagen habe ich keine Erscheinung mehr gehabt, vertraute sie ihm an, »bis zum Tag der Unbefleckten Empfängnis [8. Dezember, d. Verf.], an dem sie mir sagte, dass ich sie vielleicht sehen werde, und wenn sie an diesem Tag nicht kommt, werde ich sie bis zum 27. Januar nicht mehr sehen und Mari Cruz wird sie nicht vor dem 16. Januar sehen und Jacinta vor dem 16. Dezember und María Dolores [Loli, d. Verf.] weiß ich nicht, denn sie sagt, dass sie sie nicht sieht, und jetzt sieht sie sie wieder«.

Fünf Tage später bestätigte ihm Mari Cruz:

»Seit dem 19. November haben unsere Ekstasen aufgehört: Jacinta hofft, dass sie am 16. Dezember wieder einsetzen, Conchita an ihrem Namenstag, aber nicht als sichere Sache, sondern eher unbestimmt. Sie wird [die Gottesmutter erneut] am 27. Januar sehen, Loli am 18. Januar und ihre Dienerin [Mari Cruz, d. Verf.] mit Gottes Hilfe am 16. Januar.«

Tatsächlich konnte Conchita dem Priester in ihrem Brief vom 13. Dezember 1961 berichten, dass die Gottesmutter ihr zu ihrem Namenstag, dem 8. Dezember (»Conchita« ist die Koseform von María [de la] Concepción, also »Mariä Empfängnis«), gleich zweimal erschienen war:

»Am Fest der Unbefleckten Empfängnis kam die selige Jungfrau und gratulierte mir, wie sie es tatsächlich angekündigt hatte. Sie lachte viel. Das Erste, was sie mir sagte, war ›Herzlichen Glückwunsch!‹. Und so kam es, dass ich einen kleinen Teil dieses Tages auf ganz wunderbare Weise verbrachte. Dennoch werde ich sie erst am 27. Januar wiedersehen.

Sie kam gegen Abend. Sie [die Zeugen] sagen, dass es [die Erscheinung] lange dauerte, doch mir erschien es nur ganz kurz. Dann sagte sie, sie würde jetzt gehen, damit ich zu Abend essen könne, und dass sie nach dem Abendessen zurückkommen würde.

Kaum hatte ich das Abendessen beendet, kehrte sie gleich zurück. Sie [die Zeugen] sagen, dass ich dorthin ging, wo wir unsere erste Erscheinung hatten [also in die *Calleja*, d. Verf.], und dass ich danach rückwärts zu unserem Haus zurückgegangen sei. Dann, so sagen sie, ging ich wieder aus dem Haus und betete auf den Straßen den Rosenkranz, besuchte alle Kranken und hielt ihnen das Kruzifix zum Kuss hin. Ich bin mir dieser Dinge nicht bewusst. Andere sagen es mir.«

Die heilige Jungfrau tat wie versprochen. Nachdem die Mädchen den ganzen Winter hindurch täglich bei Schnee und Eis den Rosenkranz gebetet hatten, setzten im Januar die Erschei-

Conchita González 1962

nungen wieder ein. Doch wegen des Wetters fanden sie zunächst unter Ausschluss einer breiteren Öffentlichkeit statt. Weil der vereiste Bergweg nicht befahrbar war, kamen keine Pilger ins Dorf und so waren die einzigen Zeugen seine Bewohner. Die Gottesmutter erklärte den Kindern, dass diese Bußübungen der Bekehrung der Sünder dienten und keinerlei Öffentlichkeit bedurften.

Erst am 15. Februar schrieb Conchita wieder an Pfarrer García de la Riva:

»Heute schneit es. Ich habe um 7.00 Uhr früh den Rosenkranz im *Cuadro* gebetet und gestern Abend um 8.00 Uhr hatte ich eine Erscheinung. In diesem Augenblick fiel Hagel in großen Mengen, aber ich sah einen wolkenlosen Himmel. Mir war nicht kalt, während meine Mutter wie Espenlaub zitterte; aber sie ist wegen der Dinge, die ich ihr gesagt habe, stark beunruhigt.

Die Erscheinungen gehen in der gleichen Art weiter. María Dolores hat sie vier oder fünf Mal am Tag gesehen, manchmal auch nur zweimal, aber sie sieht sie jeden Tag. Mari Cruz hat sie in einer Woche täglich gesehen außer zwei- oder dreimal. Jacinta hat nach einem Monat Unterbrechung am 18. eine Erscheinung gehabt. Mari Cruz und ich sehen sie täglich beim *Cuadro*, aber nicht zur gleichen Zeit.

Loli sieht sie überall im Dorf, in den Häusern, bei den Kiefern, überall.«

Als endlich der Winter endete, als sich Schnee und Eis in das Hochgebirge der *Picos de Europa* zurückzogen, kehrte mit dem Frühling auch das Leben nach Garabandal zurück. Auch Pfarrer Valentín Marichalar durfte ab Jahresbeginn wieder in den Bergdörfern wirken und sah sich mit den Zweifeln konfrontiert, die ihm während seiner unfreiwilligen Auszeit gekommen waren.

Es war Ostersonntag, der 22. April 1962, als er im Gebet Gott um ein Zeichen bat, ob denn in Garabandal tatsächlich die Gottesmutter erscheine. Wenn es wahr sein sollte, so betete er, sollten die Kinder noch in dieser Nacht zu ihm kommen, während er schlafe, ihn wecken, über ihm das Kreuzzeichen machen und ihm das Kruzifix zum Kuss reichen. Dann legte er sich schlafen.

Kurz nach 2.00 Uhr früh kam eines der Sehermädchen im Zustand der Ekstase zu dem Haus, in dem er übernachtete, und klopfte an die Tür. Alle Hausbewohner schliefen so tief, dass die kleine Seherin immer lauter und heftiger klopfen musste, bis endlich jemand aufwachte und öffnete. Don Valentín schlief immer noch, als das Mädchen die Treppe in den ersten Stock hochstieg und, ohne zu klopfen, die Tür zum Schlafzimmer des Pfarrers öffnete, an sein Bett trat und ihm das Kruzifix an die Lippen hielt, bis dieser wach wurde. Dann zeichnete es mehrfach das Kreuzzeichen über ihn, um mit einem Lächeln wieder den Raum zu verlassen.

Auf diese Bestätigung, auf die er gehofft hatte, folgte ein Sommer der Schrecken und Wunder …

15.

Die Nächte der Schreie

Am 19. und 20. Juni 1962, also unmittelbar nach dem Jahrestag der ersten Erscheinung und kurz vor dem Fronleichnamsfest (21. Juni in jenem Jahr), ereignete sich die vielleicht geheimnisvollste Episode in der gewiss nicht ereignisarmen Geschichte von Garabandal. Am ersten Tag, dem 19. Juni, waren Jacinta und Mari Loli allein, da Conchita unter einem geschwollenen Knie litt und es auf Anraten des Arztes nicht belasten sollte. Ihre Mutter hatte ihr daher untersagt, das Haus zu verlassen, und die Gottesmutter hatte sie angewiesen, ihrer Mutter zu gehorchen. Während des Tages hatten die beiden Mädchen eine Ekstase, nach der sie der Menge ankündigten, dass die selige Jungfrau am selben Abend gegen 22.00 Uhr erscheinen würde. Die Erscheinung würde in der *Calleja* auf der Höhe des Apfelbaumes stattfinden, eben dort, wo ihnen der Engel zum allerersten Mal begegnet war, doch es sei wichtig, dass die Seherkinder dabei allein seien. So wurden alle Dorfbewohner und Besucher gebeten, Abstand zu halten und auf der Höhe eines Stalles, der am Anfang des Hohlweges lag, auf sie zu warten. Nicht einmal ihre Eltern oder Geschwister durften sie begleiten.

Als es längst dunkel war und die beiden Mädchen ihre Häuser verließen, folgten die Menschen ihnen bis zu der besagten Stelle. Dann, als würde eine vom Himmel gesetzte, unsichtbare Schranke sie aufhalten, blieben sie stehen und warteten ab, was geschehen würde, während die Seherkinder allein ihren Weg in die Nacht fortsetzten. Kaum hatten sie ihr vielleicht 150 Meter entferntes Ziel erreicht, fielen sie auf die Knie, was den Zeugen ein klares Zeichen dafür war, dass die Erscheinung begonnen hatte. Es war eine warme Sommernacht, am Firmament leuchteten die Sterne, und bei allen machte sich das erhabene Gefühl breit, dass sich in ihrer Gegenwart der Himmel öffnete. Doch was dann geschah, sollten die Dorfbewohner und ihre Gäste ihr Leben lang nicht mehr vergessen.

Wieder ist es der Dorfmaurer Pepe Diez, dem wir den ausführlichsten Bericht darüber verdanken. »Da war eine große Menschenmenge, gewiss einige Hundert«, erklärte er.

> »Als wir in der Dunkelheit – es war ja nachts – plötzlich mehrere Schreie hörten ... Schreie wie die eines Menschen, der um Hilfe ruft. Wir alle bekamen es mit der Angst zu tun und fragten uns, was da gerade geschah. Auf diese Entfernung hin und im Dunkeln konnten wir die Konturen der Kinder nicht genau ausmachen, noch verstanden wir, was sie riefen. Doch es war klar, dass es etwas sein musste, das sie sehr erschreckte, so als würde da oben gerade etwas Schlimmes passieren. Wir waren drauf und dran, den Pfad weiter hinaufzusteigen, doch keiner von uns wagte es, gegen ihre ausdrückliche Anweisung zu verstoßen, die besagte, dass niemand eine bestimmte Linie überschreiten dürfe.
>
> Etwa 15 Minuten später kamen die Mädchen den Weg herunter und blieben vielleicht zehn Meter von uns entfernt stehen. Ihre Augen waren starr auf die Stelle gerichtet, von der sie gerade gekommen waren. Als sie näher kamen, erkannten wir, dass eines

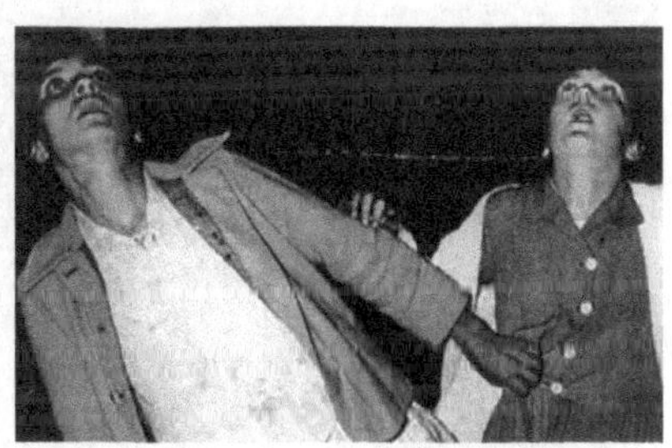

Die Mädchen in der ersten »Nacht der Schreie«

von ihnen die Arme ausgestreckt hatte, so als wollte es etwas abwenden oder wegdrücken, das auf sie zukam. Es war das erste Mal, dass wir bei einem der Mädchen so etwas beobachtet hatten. Das war sehr seltsam, so als hätten sie etwas Grauenvolles, Gefährliches gesehen. Sie blieben für einige Zeit in Ekstase, ihre Schreie verwandelten sich in ein Lächeln, während sie mit ihrer Vision sprachen. Dann war die Ekstase vorbei ... als wir sie fragten, antworteten sie lediglich: ›Wir müssen morgen um dieselbe Zeit zurückkehren.‹«

»Die Kinder begannen zu schreien, und zwar so laut, dass meine Beine ganz weich wurden und mich jemand halten musste«, erklärte Jacintas Mutter María González. »Wir alle waren uns sicher, dass wir das Fronleichnamsfest nicht mehr erleben würden, das am übernächsten Tag gefeiert wurde.«

Zeitgleich mit der Erscheinung ihrer beiden Freundinnen fiel auch Conchita in der Küche ihrer Mutter in Ekstase. Nur ihre Tante Maximina und einige Besucher waren bei ihr. An einem Punkt griff sie nach einem Blatt Papier und einem Kugelschreiber. Sie hielt das Blatt mit zwei Fingern in die Luft,

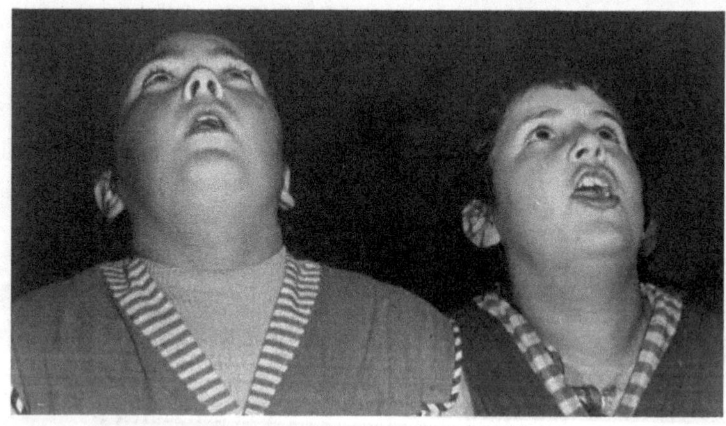

Loli und Jacinta in der »Nacht der Schreie«

während sie mit der anderen Hand etwas daraufschrieb. Dabei blieb das dünne Blatt so fest und stabil, als läge es auf einer festen Unterlage, und reagierte nicht auf den Druck des Kugelschreibers. Drei Anwesende, Dr. Ortiz aus Santander, seine Frau und seine Schwägerin, bestätigten den Vorfall. Dann sagte Conchita: »Ach, deshalb weinen Loli und Jacinta gerade? Oh! Wie traurig ist das; ich werde nicht schreiben, dass …«

Keiner der Anwesenden wusste, dass die beiden Mädchen gerade ihre Erscheinung hatten, nur Conchita sah es in ihrer Ekstase. Kurz darauf kamen die ersten Zeugen der Ereignisse in der *Calleja* in ihr Haus und begannen zu erzählen: »Wenn ihr gehört hättet, wie Loli und Jacinta geschrien haben …« Doch alle, die bei Conchita geblieben waren, erwiderten nur: »Das wissen wir doch, Conchita hat uns alles genau beschrieben.«

Loli und Jacinta aber gingen in Ceferinos Haus und schrieben eine kleine Botschaft nieder, die sie etwas später verlesen ließen:

Die selige Jungfrau sagte uns:
dass wir das Strafgericht nicht erwarten;
dass es kommen wird, auch wenn wir es nicht erwarten;
denn die Welt hat sich nicht geändert,
und sie hat uns das nun schon zum zweiten Mal gesagt;
und wir schenken ihr noch immer keine Beachtung.
Da die Welt immer schlechter wird
und sich sehr ändern müsste,
sich aber nicht im Geringsten verändert hat,
bereiten wir uns vor. Beichten wir,
denn das Strafgericht kommt bald.
Und die Welt bleibt die gleiche …
Ich sage euch dies: dass die Welt weiter so bleibt.
Wie traurig, dass sie sich nicht ändert.

Bald kommt ein sehr großes Strafgericht, wenn sie sich nicht ändert.

María Dolores Mazón
Jacinta González

In der nächsten Nacht war dann auch Conchita bei der Erscheinung anwesend; ihrem Knie ging es besser und ihre Mutter war damit einverstanden, dass sie wieder das Haus verlassen durfte. Laut ihrer Tante Maximina gelangte sie zum *Cuadro*, »als habe sie der Wind dorthin getragen, und obwohl die beiden anderen Mädchen vorausgegangen waren, kamen sie zeitgleich dort an. Trotz ihrer Schwellung war sie an diesem Tag so schnell, als sei alles in Ordnung bei ihr.«

Wieder sollte die Menge der Schaulustigen auf der Höhe des letzten Stalls des Dorfes zurückbleiben – und wieder erfüllten gellende Angstschreie den Hohlweg.

Einer der anwesenden Besucher war Pater Félix Larrazábal OFM, Superior des Franziskanerklosters San Pantaleón in Aras (Santander), der gerade in Garabandal eingetroffen war, wo er in Vertretung von Pfarrer Valentín den Fronleichnamsgottesdienst feiern sollte. Als er die Schreie der Kinder hörte, bekam er es mit der Angst zu tun. Er begann zu beten und forderte die Menge auf, es ihm nachzutun. In dem Augenblick, als die Gebete begannen, ließen die Schreie der Kinder nach und ihr Leiden schien sich abzuschwächen. Doch sobald das Gebet unterbrochen wurde, wurden die Schreie noch lauter und herzzerreißender, als sie es zuvor waren. So bedrängte die völlig verängstigte Menge den Franziskaner immer wieder: »Beten Sie, Pater, bitte beten Sie!« Dabei war, wie Angelina González anmerkte, der arme Pater selbst so erschüttert, dass er sich bei seinen Gebeten ständig verhaspelte.

Obwohl die Gebete des Paters offenbar Linderung verschafften, schien es, als seien die Ausrufe der Kinder noch lauter als am Tag zuvor. An einer Stelle war es Jacinta, die voller Entsetzen brüllte: »Nicht die Kinder! Nicht die Kinder!« Der Dorfmaurer Pepe Diez, gewiss aus hartem Holz geschnitzt, gab später zu:

»Ich habe noch nie so viel Angst verspürt wie in diesem Augenblick. Ich hatte viele Schwierigkeiten in meinem Leben, ich war oft in gefährlichen Situationen, aber noch nie fühlte ich eine solch große Gefahr wie in dieser Nacht. Jeder, der dabei war, wird das bestätigen können, denn wir alle spürten die gleiche Furcht. Jeder erlebte, was der andere in seinem Inneren durchlitt. Ich fühlte, wie meine Beine zu zittern begannen und unter mir nachgaben und ich bekam es richtig mit der Angst zu tun. Ich warf einen Blick auf meinen Nachbarn und sah, dass es bei ihm dasselbe war; niemand drückte seine Angst aus, aber wir fühlten ihre Präsenz in jedem von uns. Währenddessen setzten die Kinder ihre Schreie oder Rufe fort. Ich erinnere mich, wie Loli rief: ›Warte, warte, nimm zuerst die kleinen Kinder. Gib jedem noch die Gelegenheit zu beichten!‹ Als wir das hörten, erschraken wir zutiefst. Es war eine Angst, die man nicht in Worte fassen konnte. Wir fühlten die Angst, ohne etwas zu sehen. Jeder schaute zum Himmel, um zu sehen, was uns bedrohte; die Kinder versuchten mit ihren Armen, etwas aufzuhalten. Sobald die Ekstase vorüber war, fragten wir sie und sie sagten uns: ›Wir sahen das Strafgericht: Wir haben etwas gesehen, das noch schlimmer war, als verbrannt zu werden. Es wird etwas Furchtbares sein, ganz schrecklich …‹«

»Was für Schreie das waren! Das war furchtbar, ganz entsetzlich«, erklärte auch Maximina González:

»Da waren die drei allein dort oben mitten in der Nacht und wir hörten sie von weiter unten … da waren viele Leute und sie alle hörten, wie die Mädchen schrien: ›Oh, bitte lass das nicht geschehen, bitte lass es nicht kommen! Möge doch zumindest jeder vorher noch zur Beichte gehen! Vergib uns! Bitte, lass das nicht geschehen!‹

An diesem Tag war ich überzeugt, dass der Himmel auf die Erde stürzt. Ich dachte, der Jüngste Tag sei gekommen ... Ich dachte an meinen alten Vater, machte mir Vorwürfe und sobald die Ekstase vorüber war, lief ich nach Hause, um ihn zu sehen – er lag im Bett –, und ich sagte zu ihm: ›Vater, vergib mir, denn das ist das Ende der Welt.‹

Dann kehrten wir zum Hohlweg zurück und blieben dort die ganze Nacht zusammen mit den meisten Dorfbewohnern. Und am nächsten Tag, es war Fronleichnam, ging das ganze Dorf zur heiligen Kommunion. Das ganze Dorf! Vielleicht bis auf ein oder zwei Ausnahmen. Aber eine solche Kommunion mit so einer wunderbaren Hingabe und einer großartigen Prozession habe ich noch nie erlebt.«

Tatsächlich ging das ganze Dorf aber zunächst bei Pater Félix Larrazábal zur Beichte, um zu Fronleichnam mit großer Andacht und Hingabe die heilige Kommunion zu empfangen und an der Dorfprozession teilzunehmen.

So erinnert sich María González, Jacintas Mutter: »Ja, jeder ging zur Beichte nach diesem furchtbaren Schrecken; wir dachten alle, dass uns bald etwas Furchtbares zustoßen würde. Wir gingen zur Beichte und zur heiligen Kommunion, als würden wir bald sterben. Es war eine gute, eine sehr gute Beichte.« Jacintas Bruder, Miguel Ángel González, bestätigte: »Wir waren uns alle sicher, dass das Ende der Welt bevorstand. Am Tag ... ging jeder zur Beichte – sogar ich. Es gab niemanden, der nicht ging.« Die Hausfrau Angelina González: »Ich erinnere mich, wie die *Mozos*, die jungen Männer, sagten: ›Das Erste, was ich morgen früh tue, ist, dass ich zur Beichte gehe!‹ ... Am nächsten Tag ging ich auch zur Beichte wie jeder andere auch. Es gab niemandem im Dorf, der nicht ging.«

Am 23. Juni, offenbar nach einer weiteren Erscheinung der Gottesmutter, schrieben die Kinder eine zweite, ähnlich lautende Botschaft nieder:

Die selige Jungfrau sagte uns:
dass die Welt noch immer die gleiche ist,
dass sich nichts verändert hat;
dass nur wenige Gott erkennen;
so wenige sind es, dass es die selige Jungfrau sehr traurig macht.
Wie schade, dass sich die Welt nicht ändert!
Die selige Jungfrau sagte uns, dass das Strafgericht kommt.
Da sich die Welt nicht verändert, füllt sich der Becher [des göttlichen Zorns, d. Verf.].
Wie traurig war die selige Jungfrau!
Auch wenn sie uns das nicht sehen lässt, weil die selige Jungfrau uns so sehr liebt.
Sie leidet allein, weil sie so gut ist!
Jeder sollte gut sein, dann wäre die selige Jungfrau glücklich!
Sie sagte uns, dass die Guten für die Bösen beten sollten.
Ja, wir sollen zu Gott für die Welt beten, für jene, die ihn nicht kennen.
Seid gut.
Jeder sollte gut sein.

María Dolores Mazón, 13 Jahre alt
Jacinta González, 13 Jahre alt

Doch was hatten die Mädchen in den Nächten der Schreie Furchtbares gesehen? Erst später, am 7. Oktober 1962, beantwortete Mari Loli der Spanierin María Herrero de Gallardo diese Frage:

María Dolores (»Mari Loli«) Mazón, Jacinta González

»Oh, es war furchtbar anzuschauen. Wir waren absolut erschüttert. Ich finde keine Worte, um es zu erklären. Wir sahen, wie das Wasser in den Flüssen zu Blut wurde ... Feuer fiel vom Himmel ... Und noch etwas Schlimmeres, über das ich zum derzeitigen Zeitpunkt noch nicht sprechen darf. Die Botschaft, die wir damals erhielten, besagte, dass das Strafgericht kommt, wenn wir es am wenigsten erwarten. Die selige Jungfrau sagte, dass jeder zur Beichte gehen und die heilige Kommunion empfangen sollte.«

Ende 1967 schrieb Mari Loli dem mexikanischen Priester Fr. Gustavo Morelos:

»In der Nacht der Schrecken sahen wir, während wir immer noch die selige Jungfrau sahen, eine große Menschenmenge, die alle unglaublich litten und vor Schmerzen schrien ...

Sie [die Jungfrau] ließ uns sehen, dass ein großes Strafgericht über die ganze Menschheit kommen wird, direkt von Gott. In einem gegebenen Augenblick wird kein Motor, keine

Maschine mehr funktionieren. Es wird eine furchtbar große Hitze herrschen, und die Menschen werden brennenden Durst leiden. Sie werden verzweifelt nach Wasser suchen, jedoch wird es durch die intensive Hitze verdampft sein. Da wird die Menschen eine entsetzliche Verzweiflung ergreifen, und sie werden sich gegenseitig töten wollen. Aber in dem Augenblick, in dem sie daran sind, dies zu tun, werden ihnen die Kräfte dazu fehlen, und sie werden zu Boden stürzen.

Dann wird Gott ihnen zu erkennen geben, dass er es ist, der all dies zulässt.

Schließlich sahen wir viele Menschen, die brannten und in Flammen eingehüllt waren. Sie stürzten sich verzweifelt ins Meer (ich glaube, es war das Meer, denn man sah viel Wasser), aber der Kontakt mit dem Wasser löschte das Feuer nicht, die Leute brannten weiter, denn das Wasser war siedend und begünstigte das Feuer. Ich bat die heiligste Jungfrau, die Kinder mit sich zu nehmen. Sie aber sagte, dass diese Kinder zu jener Zeit erwachsen sein werden.«

Bei einer anderen Gelegenheit sagten die Sehermädchen, dass das Strafgericht schrecklicher sei, als wenn man brennen würde.

In den 1960er-Jahren klang ein solches Szenario geradezu absurd, doch heute ist die Wissenschaft ganz anderer Ansicht. Sie kennt mittlerweile ein Phänomen, das tatsächlich die von Mari Loli geschilderten Folgen hätte, nämlich den sogenannten elektromagnetischen Impuls (EMP). Ein EMP kann durch eine Atombombenexplosion ausgelöst werden oder durch einen Sonnensturm. So hat die US-Raumfahrtbehorde NASA eine Studie in Auftrag gegeben, um die Auswirkungen eines EMP als Folge eines »Weltraumunwetters« einschätzen zu können. Ihr Ergebnis war, dass tatsächlich sämtliche Elektronik durch einen EMP ausgeschaltet und danach nicht mehr funktionieren würde. Einen Vorgeschmack darauf erlebten die Menschen im Jahr 1859, als eine intensive Sonnenaktivität das Telegrafensystem zusammenbrechen ließ und intensive Stromschläge die Papierrollen der Geräte in Brand setzten. Heute würde ein heftiger Sonnensturm nicht nur zu einer extremen Hitzeeinwirkung führen, sondern jede Elektrizität, alle Motoren und Maschinen, ja sogar das Internet, kurzum: unsere gesamte Zivilisation schachmatt setzen. So stellte eine Studie der Schutzkommission beim Bundesminister des Innern der Bundesrepublik Deutschland 2011 fest:

> »Der EMP kann alle elektronisch gestützten Maschinen vom Flugzeug bis zum Herzschrittmacher stören oder zerstören, er gefährdet die zentralen Systeme von Rundfunk, Rettungswesen, Krankenhäusern, Energieversorgung und Bahntransport – mit entsprechender Gefahr für das Warnwesen, die Patientenversorgung und Evakuierungen.«

Nichts anderes beschrieben die Kinder von Garabandal ein halbes Jahrhundert früher. Dabei hat ihre Schilderung auch biblische Parallelen. So lesen wir im Buch der Offenbarung des Johannes:

> »Der vierte Engel goss seine Schale über die Sonne. Da wurde ihr Macht gegeben, mit ihrem Feuer die Menschen zu verbrennen. Und die Menschen verbrannten in der großen Hitze. Dennoch lästerten sie den Namen Gottes, der die Macht über diese Plagen hat. Sie bekehrten sich nicht dazu, ihm die Ehre zu geben. Der fünfte Engel goss seine Schale über den Thron des Tieres. Da kam Finsternis über das Reich des Tieres und die Menschen zerbissen sich vor Angst und Schmerz die Zunge. Dennoch lästerten sie den Gott des Himmels wegen ihrer Schmerzen und ihrer Geschwüre; und sie ließen nicht ab von ihrem Treiben. Der sechste Engel goss seine Schale über den großen Strom, den Eufrat. Da trocknete sein Wasser aus,

sodass den Königen vom Aufgang der Sonne der Weg offen stand« (Offb 16,8–12).

Ein ähnliches Szenario schildert das dritte Geheimnis von Fátima, das im Juni 2000 von Kardinal Ratzinger im Auftrag von Papst Johannes Paul II. veröffentlicht wurde. Es betont zudem, dass es die Gottesmutter ist, die das Strafgericht abmildern wird:

> »Links von Unserer Lieben Frau etwas oberhalb [haben wir] einen Engel gesehen, der ein Flammenschwert in der linken Hand hielt; es sprühte Funken, und Flammen gingen von ihm aus, als sollten sie die Welt anzünden; doch die Flammen erloschen, als sie mit dem Glanz in Berührung kamen, den Unsere Liebe Frau von ihrer rechten Hand auf ihn ausströmte: den Engel, der mit der rechten Hand auf die Erde zeigte und mit lauter Stimme rief: Buße, Buße, Buße!«

Erinnern wir uns, dass nach dem Wunsch der Gottesmutter das dritte Geheimnis 1960 veröffentlicht werden sollte, sich aber Papst Johannes XXIII. weigerte, weil er den »Untergangspropheten« keinen Vorschub leisten wollte. Erschien die Gottesmutter deshalb ein Jahr später in Garabandal? Sollten die vier Mädchen deshalb nicht in ein Kloster eintreten, damit nicht erneut kirchliche Disziplin die Verbreitung der Botschaft behindern konnte?

Conchita jedenfalls offenbarte weitere Details am 2. Februar 1965 in einem Brief an Pater Materne Laffineur:

> »Ich darf die Natur des Strafgerichts nicht enthüllen, obwohl die selige Jungfrau sie mir ebenso wie Loli und Jacinta offenbart hat. Ich kann nur sagen, dass es ein direktes Eingreifen Gottes sein wird, weshalb man es mehr fürchten muss als alles, was wir uns vorstellen können. Für die Kinder sei es weniger

schrecklich, eines natürlichen Todes zu sterben, als durch die Auswirkung des Strafgerichts. Alle Katholiken sollten vorher beichten, alle anderen zumindest ihre Fehler bereuen. Dieses Strafgericht wird, wenn es kommt – und ich glaube, dass es kommen wird – nach einem großen Wunder stattfinden.«

Bevor wir der Frage nach dem Wunder nachgehen, verharren wir noch bei dem Strafgericht. Auf die Frage einer Gruppe von Amerikanern antwortete Conchita am 14.9.1965:

»Das Strafgericht wird fürchterlich sein, wenn wir uns nicht bessern. Es wird so sein, wie wir es verdienen. Wir haben es gesehen, aber wir dürfen nicht sagen, woraus es besteht, wir haben nicht die Erlaubnis der heiligen Jungfrau dazu. Als ich es sah, empfand ich eine sehr große Angst, obwohl ich gleichzeitig die heilige Jungfrau sah.«

In einem Brief ergänzte sie:

»Ich sah das Strafgericht und ich versichere Ihnen, dass es, wenn es kommt, schlimmer sein wird, als wenn wir von Flammen eingeschlossen wären; schlimmer, als wenn wir heiße Asche oder glühende Kohlen unter unseren Füßen oder auf unserem Kopf hätten. Ich weiß aber nicht, wie viel Zeit zwischen dem Wunder und dem Strafgericht vergehen wird.«

Ist es Zufall, dass die Kinder von Garabandal das Strafgericht am Vortag des Festes der Eucharistie erlebten, deren Missachtung an erster Stelle das Gottesgericht über die Welt heraufbeschwört? Ist es Zufall, dass es den Seherkindern ausgerechnet in der Nähe jenes Apfelbaumes gezeigt wurde, der sie an ihre eigene kleine Sünde erinnerte, dessen Frucht aber im Volksglauben auch für die Frucht vom Baum der Erkenntnis und die Sünde Evas steht?

Nur das Rosenkranzgebet und eine echte Bekehrung, ein bußfertiges Leben vieler gläubiger Christen könnten, so die Seherkinder, diese Katastrophe noch abwenden. Doch bevor das Strafgericht kommt, so erfuhren die Kinder von Garabandal, wird die Barmherzigkeit Gottes den sündigen Menschen noch zwei Gelegenheiten zur Umkehr geben: eine Warnung und ein Wunder.

16.

Das Wunder der Eucharistie

Einer der größten Heiligen der Kirchengeschichte, Don Giovanni Bosco, hatte im Mai 1862 eine Vision. Er sah ein Meer voller Schiffe, die sich zu einer Angriffsfront in einer Seeschlacht formierten. Sie verfügten über eiserne Schiffsschnäbel und hatten Kanonen, jede Menge Gewehre und Brandgeschosse geladen. Ihr Ziel war ein sehr viel größeres Schiff, von vielen kleinen Booten begleitet, die offensichtlich von dem Schiff aus kommandiert wurden und es verteidigen sollten. Es war das Schiff der Kirche. Doch die feindliche Übermacht, der widrige Wind und die Aggressivität der Feinde ließen ihr Unterfangen zunächst vergeblich erscheinen. Erst dann sah Don Bosco etwas, das ihm Mut machte:

> »Mitten im weiten Meer stehen in geringem Abstand voneinander zwei mächtige Säulen. Die eine wird von einer Statue der Immaculata gekrönt, zu deren Füßen steht: *Auxilium Christianorum* [›Hilfe der Christen‹], auf der zweiten, viel höheren und mächtigeren Säule sehen wir eine übergroße Hostie, darunter auf einem Schild die Worte: *Salus Credentium* [›Heil der Gläubigen‹].«

Als die feindliche Macht dem großen Schiff und seinen Begleitern immer mehr zusetzte, als der widrige Wind zu einem Sturm anwuchs, der drohte, es zum Kentern zu bringen, ordnete sein Kommandant, in dem Don Bosco den Papst erkannte, an, es an den beiden Säulen festzumachen. Immer wieder schleuderten die Feinde Brandgeschosse auf das Schiff des Papstes und feuerten ganze Salven von Kanonenkugeln darauf ab. Doch immer wieder wehte ein sanfter Wind von diesen beiden Säulen, der alle Wunden heilte und alle Löcher, die in den Schiffsleib gerissen worden waren, wieder schloss. Die Wut der Feinde wurde dadurch nur noch mehr angestachelt und ließ sie das Schiff noch erbarmungsloser attackieren. Eine Kugel traf den Papst, doch seine Helfer richteten ihn schnell wieder auf. Erst einer zweiten Kugel erlag er. Die Feinde jubelten, doch in Windeseile wählten die Männer des Papstes einen Nachfolger, was der Schlacht die Wende brachte. Während die Feinde sich entmutigt zurückzogen, gelang es ihm, das Schiff sicher zwischen den beiden Säulen zu verankern. Von diesem Moment an breiteten sich Stille und Frieden über dem Meer aus.

Als er seinem engsten Vertrauen und späteren Nachfolger als Generaloberer der Salesianer, Don Michael Rua, von seiner Vision erzählte, deutete Don Bosco sie mit den Worten:

> »Die feindlichen Schiffe bedeuten die Verfolgungen der Kirche. Sie bereiten schwerste Qualen für die Kirche vor. Das, was bisher war, ist beinahe nichts im Vergleich zu dem, was noch kommen wird. Die Schiffe symbolisieren die Feinde der Kirche, die das Hauptschiff versenken würden, wenn es ihnen gelänge. Nur zwei Mittel verbleiben uns zur Rettung in dieser Verwirrung: die Verehrung der Gottesmutter und die häufige heilige Kommunion.«

Exakt hundert Jahre nach der Vision des heiligen Don Bosco, unmittelbar vor Eröffnung des Zweiten Vatikanischen Konzils, übermittelte der Himmel in Garabandal eine nahezu gleichlautende Botschaft. Denn auch in den Erscheinungen der vier Mädchen ging es um diese beiden Säulen: um die Verehrung der Gottesmutter speziell durch das tägliche oder täglich mehrfache Gebet des Rosenkranzes, um das sie die Kinder bat, und um die Hingabe an die heilige Eucharistie durch ihre Anbetung im Tabernakel oder in der Monstranz ebenso wie durch den täglichen Empfang der heiligen Kommunion. Dieser Aspekt steht schon im Zentrum der für viele so enttäuschend kurzen, doch dabei umso prägnanteren Botschaft vom 18. Oktober 1961, in der es hieß, die Gläubigen (das heißt: wir alle!) sollten »oft das Allerheiligste Sakrament besuchen«. Der eucharistische Herr im Tabernakel, so drückten es die Kinder mit ihren einfachen Worten aus, sei »das Beste, was es in der Kirche gibt«. Die Gottesmutter meinte sogar:

> »Ihr geht in eine Zeit solch großer Verwirrung, dass ihr sogar vielen von euren Priestern (auch guten) keinen Glauben mehr schenken könnt. Wenn ihr nicht mehr aus noch ein wisst, dann besucht Jesus im Tabernakel und bittet uns um Erkenntnis. Wir [Jesus und seine Mutter] werden euch Erleuchtung geben, damit ihr erkennen könnt, was wahr ist.«

So verwundert es nicht, dass die Marien- und Engelserscheinungen von Garabandal, die zunächst rein marianisch begannen, in ihrem zweiten Jahr eine immer unübersehbarere eucharistische Ausrichtung bekamen.

Die Kinder wurden langsam und schrittweise darauf vorbereitet, wie Conchita in ihrem Tagebuch berichtet:

> »Zu Beginn der Erscheinungen gab uns der Engel St. Michael nicht konsekrierte Hostien. Wir hatten kurz zuvor gegessen, aber er gab sie uns auf die gleiche Weise.«

Zunächst also fanden, wie im Kommunionunterricht für Kinder, »Trockenübungen« statt, bei denen es lediglich um den würdigen Kommunionempfang ging. Daher konnten sie auch ohne Einhaltung der Abstinenzregel stattfinden. Zur Zeit der Erscheinungen sollten sich Katholiken vor dem Empfang des

Conchita empfängt bei den Kiefern
die mystische Kommunion

Altarsakramentes mindestens drei Stunden lang jeder Nahrung enthalten haben; heute, nach der päpstlichen Anordnung aus dem Jahr 1964, ist es nur noch eine Stunde. Ganz wichtig war dem Engel aber die richtige Haltung beim Kommunionempfang. Die Kinder lernten, dass er kniend, bei leicht geöffnetem Mund und auf der Unterlippe ruhender Zunge erfolgen sollte, um wirklich würdig zu sein.

»Eines Tages bat [der Engel] uns, frühmorgens zu den Kiefern zu gehen, bevor wir etwas gegessen hatten, und ein kleines Mädchen mitzunehmen. Wir nahmen ein kleines Mädchen mit und taten, worum er uns gebeten hatte. Als wir die Kiefern erreichten, erschien uns der Engel mit einem Kelch, der wie aus Gold aussah. Er sagte zu uns: ›Ich werde euch jetzt die heilige Kommunion reichen, aber dieses Mal sind die Hostien konsekriert. Rezitiert bitte das *Ich bekenne …*‹«

Die Mädchen knieten sich hin und sprachen das *Confiteor,* also das Schuldbekenntnis, wie es bis 1970 gebetet wurde:

Ich bekenne Gott, dem Allmächtigen,
der seligen, allzeit reinen Jungfrau Maria,
dem heiligen Erzengel Michael,
dem heiligen Johannes dem Täufer,
den heiligen Aposteln Petrus und Paulus,
allen Heiligen,
und euch, Brüder / und dir, Vater,
dass ich viel gesündigt habe
in Gedanken, Worten und Werken:
durch meine Schuld, durch meine Schuld,
durch meine übergroße Schuld.

Darum bitte ich die selige, allzeit reine Jungfrau Maria,
den heiligen Erzengel Michael,
den heiligen Johannes den Täufer,
die heiligen Apostel Petrus und Paulus,
alle Engel und Heiligen,
und euch, Brüder / und dich, Vater,
für mich zu beten bei Gott, unserem Herrn.

Conchita weiter:

»Wir rezitierten es und er gab uns die heilige Kommunion. Anschließend sagte er uns, dass wir Gott Dank sagen sollten. Als wie das getan hatten, sagte er, wir sollten mit ihm das Gebet *Anima Christi* sprechen:

Seele Christi, heilige mich,
Leib Christi, rette mich,
Blut Christi, tränke mich,
Wasser der Seite Christi, reinige mich,

Leiden Christi, stärke mich.
O guter Jesus, erhöre mich.
Birg in deinen Wunden mich,
von dir lass nimmer scheiden mich,
vor dem bösen Feind beschütze mich.
In meiner Todesstunde rufe mich,
zu dir zu kommen heiße mich,
mit deinen Heiligen zu loben dich
in deinem Reiche ewiglich. Amen.

»Das taten wir ebenfalls. Dann sagte er: ›Ich werde euch morgen wieder die Kommunion bringen.‹ Dann ging er fort.«

Das könnte zu der Zeit gewesen sein, als Pfarrer Marichalar suspendiert war, denn 1970 erklärte Conchita: »Er [der Engel] begann, uns die heilige Kommunion mit konsekrierten Hostien zu spenden, als er wusste, dass gerade kein Priester im Dorf war.« Ein anderes Mal ergänzte sie: »An Tagen, an denen ein Priester im Dorf war, geschah dies nicht.«

Conchitas Mutter Aniceta erinnerte sich an eine Begebenheit im Sommer 1962, als man gerade sehr viel mit der Landarbeit zu tun hatte. So brachen die beiden frühmorgens auf, um auf den Feldern zu helfen, doch Conchita bat darum, kurz zu den Kiefern gehen zu dürfen, wo sie die heilige Kommunion aus den Händen des Engels empfangen wollte. Aniceta war einverstanden, ein wenig zu warten, doch der Engel kam nicht. Sie wurde immer ungeduldiger, es lag ihr nicht, warten zu müssen, und schließlich regte sie sich regelrecht auf, wartete doch noch so viel Arbeit auf sie. Doch Conchita ließ sich nicht drängen. »Warte noch ein wenig, Mama!«, bettelte sie. »Der Engel hält doch immer ein, was er sagt. Ich weiß auch nicht, warum er heute so spät dran ist.« Ein letztes Mal ließ Aniceta sich breitschlagen. Während ihre Tochter andächtig betete, schweifte ihr Blick über das Dorf, das zu Füßen des

Der Erzengel Michael bringt den Kindern die heilige Kommunion – Gemälde nach den Angaben der Seherkinder

Kiefernhügels lag, als sie plötzlich die schmale Gestalt eines Franziskanerpaters ausmachte, der gerade an ihre Haustür klopfte. »Das erklärt alles«, rief sie ihrer Tochter zu. »Wir verschwenden hier unsere Zeit. Da ist jemand, der dir die Kommunion bringen wird. Darum kommt der Engel heute nicht!«

Die Gottesmutter hatte den Mädchen gegenüber immer den Vorrang des Priesters betont, erklärte Conchita in ihrem Interview aus dem Jahr 1970:

> »Sie verglich ihn mit einem Engel und sagte, dass wir, wenn wir einen Engel und einen Priester sehen würden, zuerst den Priester grüßen sollten und dass wir eher vor einem Priester auf die Knie fallen sollten als vor einem Engel. Sie sagte uns,

das sei, weil der Priester die Wandlung vollziehen kann, weil er Jesus Christus in seinen Händen halte und der Engel nicht. Ja, so sprach sie zu uns bei verschiedenen Gelegenheiten ... Sie sagte uns auch, dass es eine größere Gnade sei, Jesus [in der heiligen Kommunion] zu empfangen, als sie zu sehen.«

Auf die Frage, woher denn der Engel die Hostie habe, da er doch selbst nicht konsekrieren kann, nahm Conchita bereits in ihrem Tagebuch Stellung:

»Als wir den Menschen [von den Engel-Kommunionen] erzählten, glaubten einige uns nicht, insbesondere die Priester, denn sie sagten, dass ein Engel nicht konsekrieren könne. Als wir den Engel wiedersahen, erzählten wir ihm, was die Leute gesagt hatten, und er antwortete, dass er bereits konsekrierte Hostien den Tabernakeln der Welt entnommen habe. Das erzählten wir danach den Menschen und einige zweifelten immer noch. Er aber gab uns noch längere Zeit die heilige Kommunion.«

Die Engel-Kommunion von Fátima 1916 – Statuengruppe am Originalschauplatz

Das mag unglaublich klingen, doch genauso war es auch in Fátima, wo der »Engel von Portugal«, ebenfalls der Erzengel Michael, den Kindern wohl am 29. September 1916 die heilige Kommunion brachte. Als Lúcia, die Älteste von den dreien, 1942 ihre Erinnerungen an die Erscheinungen veröffentlichte, wurden auch hier schon Zweifel laut. Wo hätte der Engel, der laut Lúcia einen Kelch und eine blutende Hostie in den Händen hielt, diese herbekommen können? Es dauerte einige Jahre, bevor diese Frage geklärt war.

Am 29. September 1916 hatte in Juncal, 25 km westlich von Fátima, wie jedes Jahr eine eucharistische Prozession zu Ehren des heiligen Michael, des Pfarrpatrons, stattgefunden, der hier vor Jahrhunderten einmal erschienen war. Nach der Prozession entnahm Pfarrer Luis da Costa Carvalho die Hostie der Monstranz und legte sie zusammen mit dem Messkelch in den Tabernakel, den er sorgsam verschloss. Zu Zeiten der portugiesischen Republik kam es häufig zu Einbrüchen in Kirchen, daher die besondere Sicherheitsmaßnahme für den Kelch. Die Monstranz war zu groß für den Tabernakel, darum wurde sie in der Sakristei weggeschlossen. Als der Pfarrer am nächsten Morgen zur Heiligen Messe den Tabernakel öffnete, war der Kelch nicht mehr an seiner Stelle. Dort, wo er zuvor gestanden hatte, war auf der Tuchverkleidung des Tabernakels ein blutroter Fleck zu sehen. Zudem, und das erschreckte ihn noch mehr, war die Hostie verschwunden. Ein Sakrileg, einen Hostienraub befürchtend, stellte er seinen Kaplan und den Küster zu Rede, die sich beide den Vorfall nicht erklären konnten. Die Kirche war in der fraglichen Nacht verschlossen gewesen, es gab keinerlei Hinweise auf einen Einbruch. Während seines ganzen Lebens beschäftigte der mysteriöse Vorfall Pfarrer da Costa Carvalho und er machte sich Vorwürfe, dass es in seiner Kirche zu einem Hostienfrevel gekommen sein könnte. Erst auf dem Sterbebett erfuhr er von der Engel-Kommunion von Fátima und fand die Erklärung, nach der er immer gesucht hatte. 1992 konnte der portugiesische Historiker Carlos Evaristo den längst in einem Abstellraum entsorgten Tabernakel identifizieren. Er ließ den Fleck, der noch immer in seiner Stoffauskleidung zu sehen war, von dem amerikanischen Gerichtsmediziner Prof. Frederick Zugibe untersuchen. Es handelte sich tatsächlich um menschliches Blut.

Doch zurück nach Garabandal. Am 22. Juni 1962, als diese mystischen Kommunionen mit einiger Regelmäßigkeit stattfanden, schrieb Conchita in ihr Tagebuch:

»Wir flehten die selige Jungfrau und den Engel immer um ein Wunder an, und so sagte er mir am 22. Juni, als ich die heilige Kommunion aus seinen Händen empfangen sollte:
›Ich werde ein Wunder wirken, aber nicht ich, sondern Gott, durch meine und deine Fürbitte.‹
›Was wird es sein?‹, frage ich.
›Wenn ich dir die heilige Kommunion spende, wird die heilige Hostie [im Spanischen: *la forma*, also die Brotsgestalt] auf deiner Zunge sichtbar sein‹, antwortete er.
Ich dachte kurz nach und sagte dann zu ihm: ›Aber wenn ich die Kommunion von dir empfange, sehen sie das denn sonst nicht?‹
›Die Menschen um dich herum können sie nicht sehen, aber am Tag des Wunders werden sie das können.‹
›Aber das ist [ein] klein[es Wunder – spanisch: chicu]‹, meinte ich zu ihm. Er lachte und verschwand.«

Wieder beeindruckt die unverkrampfte Natürlichkeit, mit der Conchita mit dem Engel spricht, aber auch die theologische Korrektheit – kein Engel, kein Heiliger, ja nicht einmal die heilige Jungfrau kann von sich aus Wunder wirken, sondern nur Gott allein durch ihre Fürsprache.

Eine Woche später, am Freitag, dem 29. Juni, als in der Dorfkirche wieder keine Heilige Messe gefeiert wurde, erschien der Engel Conchita erneut. Sie hatte gerade den Rosenkranz im *Cuadro* gebetet und war auf dem Weg in die Kirche, wo sie eine »Station« beten wollte, als der Engel sie zum Kommunizieren einlud. Wieder sprach sie auf seine Anweisung hin das *Confiteor* sowie, nach dem Kommunionempfang, jetzt gemeinsam mit dem Engel, das *Seele Christi.* Nach der Danksagung fragte sie ihn:

»›Wann wird das Wunder denn stattfinden?‹
›Die selige Jungfrau wird es dir sagen!‹«

Am Abend desselben Tages erschien ihr die Gottesmutter, die sie an diesem Tag auf besondere Weise anlächelte.

»›Der Engel St. Michael hat mir gesagt, dass Gott durch seine und meine Fürbitte ein Wunder wirken wird. Wann wird dies geschehen?‹
›Am dreißigsten wirst du eine Stimme hören, die es dir sagt‹, erwiderte die Erscheinung.
›Wessen Stimme ist es denn dann?‹, fragte Conchita verwirrt nach. Sie erhielt keine Antwort.«

Doch genau so geschah es. Am Samstag, dem 30. Juni, als Conchita gerade bei den Kiefern den Rosenkranz betete, hörte sie eine Stimme, die ihr sagte: »Am 18. Juli wird *el Milagrucu* [»das kleine Wunder«], wie du es nennst, stattfinden.«

Noch am selben Abend erzählte sie ihren drei Freundinnen, ihrer Mutter, ihrer Tante Maximina und dem Priester Don José Ramón García de la Riva von dem bevorstehenden Wunder, noch ohne den Zeitpunkt zu nennen. Denn der Engel hatte ihr aufgetragen, es erst 15 Tage vorher, also am 3. Juli, mit dem genauen Termin anzukündigen.

17.

El Milagrucu – »Das kleine Wunder«

Schon am Nachmittag des 2. Juli schrieb Conchita an den Apostolischen Administrator des Bistums Santander und an Don Dr. Odriozola, den Leiter der Untersuchungskommission, um sie über den Zeitpunkt des »kleinen Wunders« zu informieren und sie einzuladen, Augenzeugen zu werden. Als sie Don Valentín, ihrem Pfarrer, davon erzählte, warnte sie dieser: »Schreib nicht zu viele Briefe. Was machst du, wenn das Wunder nicht stattfindet?« Das war nur eine kritische Stimme von vielen. Im Dorf glaubte man ihr nicht mehr so ohne Weiteres, stellte sie enttäuscht in ihrem Tagebuch fest. Auch Bischof Fernández und Don Odriozola sahen keine Notwendigkeit, sich am fraglichen Tag nach Garabandal zu begeben. Sie schickten lediglich einen Beobachter, der dann tatsächlich nichts sah, weil er sich von der Menge abdrängen ließ. Trotzdem machte das Gerücht, am 18. Juli würde sich in Garabandal ein Wunder ereignen, schnell die Runde.

So kam es, dass schon ab dem frühen Morgen die Menschen zu Hunderten und Tausenden in das Bergdorf strömten. Pepe Diez schätzt, dass es »5000 bis 6000 Menschen waren, möglicherweise noch mehr … Von Cosío bis ins Dorf standen die Autos am Weg und alle warteten.« Es war zugleich der Tag der Kirchweihe in San Sebastián de Garabandal und so herrschte bald Volksfeststimmung. Je mehr Menschen kamen, desto mehr sorgten sich die Einheimischen aus zweierlei Gründen. Die Kinder fürchteten, dass sie das Gespött der Massen sein würden, wenn das »Wunderchen« noch kleiner ausfiel, als sie es bereits erwarteten. Eine Hostie, die auf der

Zunge eines Mädchens sichtbar wurde, ist nicht gerade »massentauglich« – es lag auf der Hand, dass nur einige wenige Umstehende etwas sehen könnten, dass also automatisch der allergrößte Teil der Besucher enttäuscht sein würde. Die Einheimischen sahen, wie immer mehr Menschen in ihr sonst so beschauliches Dorf strömten, dass sie sich angesichts der Menschenmenge kaum mehr bewegen konnten und dass die Fremden zum allergrößten Teil eher Schaulustige und nicht Pilger waren, ihre Disziplin also zu wünschen ließ. Je länger das Wunder auf sich warten ließ, desto größer wurde die Zahl der Fremden, die sich mehr für das Dorffest interessierten als für das Gebet der Kinder. »In der Nähe meines Hauses fand ein Tanzfest statt«, schrieb Conchita in ihr Tagebuch. »Zwei Dinge fanden gleichzeitig statt. Einige beteten den Rosenkranz, während andere tanzten.«

Ein Mann, Ignacio Rubio, fragte Conchita, ob er die Tanzerei beenden solle. Das Mädchen winkte ab. Das Wunder würde so oder so stattfinden, ob die Leute nun tanzten oder nicht.

Als es dämmerte und noch immer kein Wunder geschehen war, wurden die Menschen langsam unruhig. Nur Conchita blieb zuversichtlich. »Der Engel und die selige Jungfrau haben mir gesagt, dass es heute stattfindet, und keiner von beiden hat mich je enttäuscht«, beharrte sie.

Um 22.00 Uhr, viele Schaulustige waren bereits empört »über diesen Betrug« abgereist, erhielt Conchita ihren ersten Ruf. Der zweite folgte gegen Mitternacht. Um halb zwei in der Früh, sie befand sich in ihrem Elternhaus, erschien ihr der Engel. Ihre Mutter Aniceta, ihr Bruder Aniceto, ihr Onkel Elias, ihr Cousin Luciuca und eine Freundin aus Aguilar, María del Carmen Fontaneda, waren dabei, als sie in Ekstase fiel. Was dann geschah, erlebte sie selbst so:

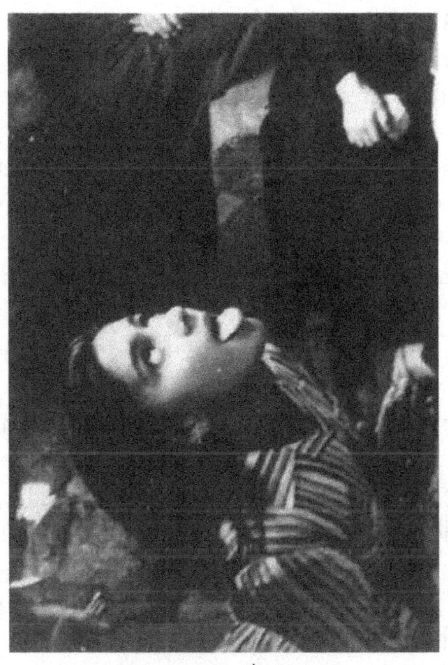

Conchita empfängt
die mystische Kommunion

»Der Engel blieb mit mir eine Weile und wies mich an wie an den anderen Tagen: Sprich das *Ich bekenne* ... und denke darüber nach, wen du empfangen wirst. Das tat ich und dann reichte er mir die heilige Kommunion. Danach forderte er mich auf, das *Seele Christi* zu rezitieren, Dank zu sagen und meine Zunge mit der heiligen Hostie darauf ausgestreckt zu lassen, bis er verschwand und die selige Jungfrau erschien. Und das tat ich.

Als die selige Jungfrau kam, sagte sie: ›Es glauben immer noch nicht alle!‹

Und sie wies mich an, den Rosenkranz zu beten, was ich tat.«

Was sie in Ekstase nicht mitbekam, beschrieben die Zeugen des »kleinen Wunders«.

Als sie entrückt wurde, fiel ihr Kopf nach hinten und sie verließ den Raum, stieg die Treppe hinab und ging hinaus auf die Straße, wo die Menschen noch immer auf das Wunder warteten, das sie angekündigt hatte. Kaum trat sie vor die Tür ihres Elternhauses, war sie schon von einer ganzen Menschentraube umgeben. Die Schaulustigen ließen sie kaum bis zur nächsten Straßenkreuzung gehen, so eng drängten sie sich um sie, um ja nicht zu verpassen, was auch immer geschehen würde. Kaum hatte sie die Ecke der Häuserzeile erreicht, stürzte sie mit den Knien auf den Boden. Als Nächstes streckte sie ihre Zunge heraus und jeder, der sich in ihrer Nähe befand, konnte bezeugen, dass diese leer war. Doch dann erschien urplötzlich, im Bruchteil einer Sekunde, eine dicke, weiß leuchtende Hostie auf ihrer Zunge, die so lange dort liegen blieb, bis jeder sie gesehen hatte und Conchita ihren Mund schloss.

Einer der Zeugen war der Dorfmaurer Pepe Diez, den Aniceta gebeten hatte, auf ihre Tochter aufzupassen; sie fürchtete, dass die vielen Menschen sie erdrücken könnten oder sie in der Menschenmasse erstickte. Obwohl er hungrig, durstig und müde war, harrte Pepe bis 1.30 Uhr in der Früh aus, als Conchita, bereits in Ekstase, das Haus verließ. Sein Augenzeugenbericht ist einzigartig und es wert, an dieser Stelle vollständig zitiert zu werden.

> »Ich konnte sehen, dass mein Auftrag schwierig sein würde, weil einige Leute schon schrien, andere stolperten und fielen und wieder andere über sie zu stolpern drohten. Es war ein Wunder, dass trotz allem niemand in diesem Handgemenge verletzt wurde.
>
> Einige Leute versuchten, meinen Platz einzunehmen und rissen an meiner Kleidung und meinem Gürtel. Aber sie meinten

es nicht böse. Ich leistete mit aller Kraft Widerstand, doch es wurde immer schwieriger, und ich begann, mir Sorgen zu machen, nicht so sehr um Conchita als um mich selbst. Ich ergriff ihren Arm und dachte nur: ›Ich werde da nicht mehr lebend rauskommen. Wenn das der Wille Gottes oder der seligen Jungfrau ist, dann sei dem so. Aber wenn sie uns töten, lass sie uns zusammen töten.‹

Conchitas Brüder und Cousins und andere Männer aus dem Dorf, die sie ebenfalls beschützen wollten, waren schon von der Menge abgedrängt worden. Es herrschte Krieg, wenn es auch ein sehr friedvoller Krieg war.

Als wir an einen bestimmten Punkt kamen, fiel Conchita auf ihre Knie und entglitt meinem Griff unter ihrem Arm. Sie begann, etwas zu sagen, doch ich verstand ihre Worte nicht, weil die Menge so laut war. Doch ich wandte meine Augen nicht von ihrem Gesicht ab und richtete meine starke Taschenlampe darauf, die ich mitgebracht hatte und die ich nur mit größter Schwierigkeit festhalten konnte.

Als Conchita auf ihre Knie fiel, versuchten alle anwesenden Leute, dasselbe zu tun; einige knieten aufeinander, andere tatsächlich auf dem Boden und wieder andere verneigten sich tief, um ihre Demut zu zeigen. Trotz der Menge versuchte jeder, Rücksicht auf seinen Nachbarn zu nehmen, auch wenn das nicht einfach war. Deshalb sage ich, dass sich die Leute im Großen und Ganzen nicht einmal allzu schlecht benahmen.

Ich aber wandte meinen Blick nicht von dem Mädchen ab. Sie sagte etwas, betete, dann lächelte sie und öffnete dabei ihren Mund, um ganz natürlich ihre Zunge auszustrecken. Sie streckte ihre Zunge nicht nur ein wenig aus, sondern in ganzer Länge, und als ich sah, dass sie völlig leer war, hatte ich das schreckliche Gefühl, dass dies eine Katastrophe sei. In meiner Naivität hatte ich gedacht, dass wir im selben Moment, in dem Conchita ihre Zunge ausstreckt, auch die Hostie sehen könnten oder die Hostie sofort erscheinen würde oder wer weiß was noch.

Doch da war nichts. Die Zunge war leer. Ich war umso enttäuschter, weil ich die Szene doch aus größter Nähe beobachtet hatte und mir sicher sein konnte, nichts verpasst zu haben. Zudem war ich kaum 40 Zentimeter von ihrem Gesicht entfernt. Der Anblick ihrer Zunge, ausgestreckt und leer, vermittelte mir das schreckliche Gefühl eines Versagens. Mir, der sich so viel erhofft hatte! Conchita hielt ihre Zunge noch gut eine Minute lang ausgestreckt. Und während ich dort stand, meine Augen fest auf ihre Zunge gerichtet, die so hoffnungslos bar war, geschah etwas Unglaubliches: Ohne dass ich meine Augen auch nur für den Bruchteil einer Sekunde bewegte, erschien plötzlich eine ordentliche, präzise und gut geformte Hostie auf geheimnisvolle Weise auf Conchitas Zunge. Ich kann bezeugen, dass Conchita, seit sie ihre Zunge ausgestreckt hatte, nicht die geringste Bewegung gemacht hatte, weder mit ihrem Mund noch mit der Zunge; kein einziger Muskel ihres Gesichtes oder ihres Mundes hatte sich bewegt. Alle haben das gesehen, die Conchita in diesem Augenblick nah waren, und ich bin mir sicher darin, was ich gesehen habe: Die Zunge war weit ausgestreckt, trocken und nackt, und urplötzlich war die Hostie da! Ich sah sie nicht kommen. Es war urplötzlich! Ich kann nicht einmal sagen, dass sie in einem Bruchteil einer Sekunde erschien. Sie war einfach… da! Das war der wichtigste Teil des Wunders, das kann nichts anderes als ein Wunder gewesen sein, sonst hätte es zumindest den Bruchteil einer Sekunde gedauert. Aber hier können wir nicht einmal vom Bruchteil einer Sekunde reden … und ich war so begierig, ganz genau zu sehen, was geschieht, dass ich nicht ein einziges Mal meinen Blick von ihrer Zunge abgewendet habe.

Nachdem die Hostie auf ihrer Zunge erschienen war, blieb sie dort drei Minuten lang. Andere sagen zwei oder zweieinhalb Minuten lang, aber ich denke, es waren drei Minuten.

Die Hostie lag dort für alle sichtbar wie auf einem Präsentierteller, und das erstaunte mich, denn normal wäre es gewesen, wenn Conchita sie sofort geschluckt hätte wie jeder, der die heilige Kommunion empfängt, aber das tat sie nicht. Sie wartete und die Hostie war mindestens drei Minuten lang für jedermann deutlich sichtbar.

Zuerst sah sie aus wie eine normale Hostie, ganz wie jene, die uns der Priester gibt, doch während dieser drei Minuten wuchs diese Hostie merklich an. Es erschien mir, als sei sie lebendig – es fällt mir schwer, das zu erklären –, denn ich sah in dieser Hostie eine lebendige Kraft, die mich an Wellen erinnerte, wie sie glitzerten und sich unter der Sonne bewegten, wenn wir sie aus der Entfernung sahen. Das ist es, was ich im Zentrum dieser Hostie sah: etwas Lebendiges, das von innen strahlte. Dabei veränderten sich ihre Maße, ihre Dicke wie ihr Umfang. Dieses Wachstum war sehr auffällig. Doch noch mehr beeindruckte mich, dass sich etwas in dieser kleinen, weißen Scheibe bewegte.«

Ein weiterer Zeuge, der Landarbeiter Benjamín Gómez aus Potes, war nur eine Handbreit von Conchita entfernt und sah ebenfalls, wie die Hostie urplötzlich auf ihrer zuvor völlig leeren Zunge erschien:

»Da war absolut nichts. Ich sah ihre Zunge ganz deutlich; sie war sauber und ich versichere, dass sie nicht die kleinste Bewegung machte. Urplötzlich sah ich auf ihr die Hostie. Sie war weiß und strahlend ... aber von einem Weiß, das nicht von dieser Welt war. Manchmal suche ich nach einem Vergleich, aber mir fällt nur einer ein, der auch wieder nicht ganz passt. Ich hätte gesagt, etwa wie Schnee – eine Schneeflocke, die im Sonnenlicht glitzert. Aber dabei brennt das Weiß in den Augen, was bei der Hostie nicht der Fall war.«

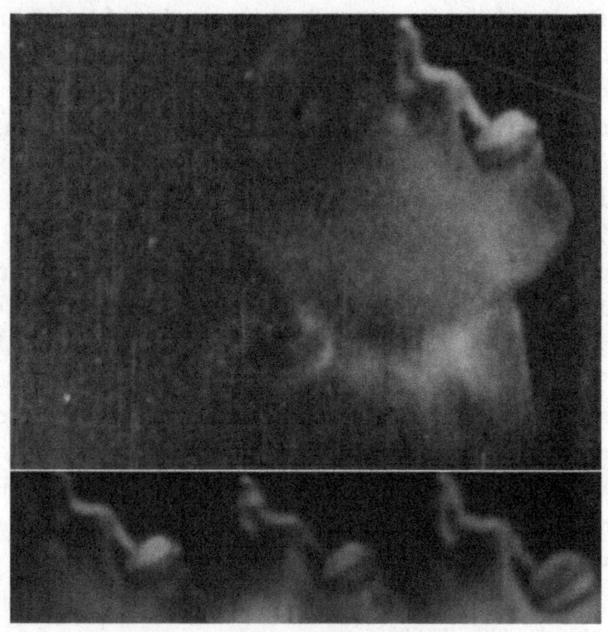

Filmaufnahme des Hostienwunders
durch Alejandro Damians

Hätte Conchita die Hostie vorher in ihrem Mund verbergen können?

> »Unmöglich! Ich habe ihr von Anfang an direkt in den Mund geschaut und da war nichts. Sie hat auch weder ihren Mund noch ihre Zunge bewegt.«

Eine dritte Zeugin, die Landarbeiterin Felicidad González, beschreibt die Hostie als

> »hell leuchtend … eine dicke, glitzernde Hostie. Ich war tief bewegt. Ich sah, wie sich die Hostie leicht erhob bis zur Breite eines Fingernagels … eine Minute lang glaubte ich, der Engel

würde die Hostie von der Zunge des Kindes nehmen und sie hochheben, sodass alle sie sehen könnten und dies das Wunder sei.«

Das unglaublichste Zeugnis aber stammt von zwei Männern, von denen der eine das eucharistische Wunder filmen sollte, aber nicht konnte, während der andere erst durch seinen Anblick bekehrt wurde und zumindest die letzten Sekunden auf Zelluloid bannte.

Der eine der beiden Männer war Dr. Jean Caux, ein skeptischer Facharzt aus Paris. Er hatte im Vorfeld mit Conchita korrespondiert und die Erlaubnis bekommen, das angekündigte Wunder zu filmen. Dafür hatte er das bestmögliche Equipment besorgt, sich eine gute Position gesucht, von der aus er, wie er glaubte, alles überschauen und die Kamera auf das Mädchen richten konnte. Doch dann ging alles schief. Er war, wie er später zugab, im Zustand der Todsünde nach Garabandal gekommen. Zudem befand er sich in Begleitung seiner schönen, sehr viel jüngeren Frau, die von den Dorfbewohnern für seine Geliebte gehalten wurde. Um einen Skandal zu vermeiden, bat Dorfpfarrer Marichalar sogar die Gardisten, ihm die Kamera abzunehmen. Dazu kam es nicht. Doch als Conchita auf die Straße eilte und auf die Knie fiel, um zu kommunizieren, drängten sich so viele Menschen dicht an dicht um sie, dass Dr. Caux aus seiner erhöhten Position rein gar nichts filmen konnte. Erst im letzten Augenblick, unmittelbar bevor Conchita die Hostie hinunterschluckte, sah er sie für den Bruchteil einer Sekunde, zu kurz, um die Kamera darauf zu richten, doch lange genug, um in ihren Bann gezogen zu werden. »In diesem Moment empfand ich einen grauenhaften, einen furchtbaren Schmerz, der mir den Atem nahm, von einem Gott, den ich nur ahnen konnte und der sich von mir entfernte«, erklärte er später. Es sollte der Moment seiner Bekehrung werden: »Genau in diesem Augenblick kam mir zu Bewusstsein – vorher hatte ich nicht daran gedacht –, dass ich mich im Zustand der Todsünde befand. Ich weinte vor Schmerz und begriff in diesem Augenblick, was Hölle und Sünde sind!« Nach dem Hostienwunder kam Conchita im Rückwärtsgang auf ihn zu, blieb, ihm den Rücken zukehrend, stehen und reichte ihm drei Mal ihr Kruzifix zum Kuss. Bei der nächsten Gelegenheit legte er eine Lebensbeichte ab und konnte fortan sagen: »Gott allein ist wichtig für mich.«

Der andere, Alejandro Damians, war ein Geschäftsmann aus Barcelona, ein gläubiger Katholik, der zwar regelmäßig beichtete und sich daher im Zustand der Gnade befand, aber glaubte, keine Wunder zu brauchen, und skeptisch blieb, was Erscheinungen betraf. Ein Cousin drängte ihn trotzdem, am 18. Juli mit ihm nach Garabandal zu fahren und schließlich ließ er sich überreden und sagte zu. Auch als bei diesem in letzter Sekunde etwas dazwischenkam, blieb er bei seinem Entschluss und nahm anstelle seines Cousins einen Freund mit, der sich ebenfalls für die Erscheinungen interessierte. Bevor er losfuhr, lieh ihm der Cousin noch seine Filmkamera mit der Bitte, für ihn das Wunder zu filmen. Obwohl Damians noch nie eine Filmkamera in den Händen gehalten hatte, versprach er nach einer kurzen Einweisung, sein Bestes zu versuchen.

Am Abend des 18. Juli wartete er wie so viele andere vor Conchitas Haus und folgte ihr, als sie sich in Ekstase auf der Straße zeigte. Dabei wurde die Menschenmenge bald zu einem Fluss, der alles mitriss, was sich ihm in den Weg stellte. Als die Ersten stürzten und andere über sie hinwegtrampelten, bekam Damians es für einen Augenblick mit der Angst zu tun. Doch dann fiel Conchita so unvermittelt auf die Knie, dass ein Teil der Menge das nicht mitbekam und an ihr vorbeilief, während er, von der Nachhut getrieben, sich unvermittelt direkt neben ihr wiederfand, gerade einmal 40 Zentimeter von der rechten Seite ihres Gesichts entfernt. Im Licht des

Mondes und Dutzender Taschenlampen, die auf sie gerichtet waren, sah er, wie Conchita ihren Mund öffnete und ihre Zunge ausstreckte, um die heilige Kommunion zu empfangen. Während er noch die Schönheit ihres verklärten Gesichts bestaunte, erschien plötzlich, ohne dass das Mädchen auch nur den kleinsten Muskel seines Gesichtes bewegt hätte, die Hostie auf seiner Zunge. »Das war völlig unerwartet«, gab Damians später zu Protokoll, »sie schien nicht daraufgelegt worden zu sein, sondern hatte sich offenbar dort materialisiert, schneller, als das menschliche Auge es wahrnehmen konnte.« Ein anderes Mal erklärte er: »Ich habe die ganze Zeit, die ich nahe bei dem Mädchen stand, nur auf seine Zunge geschaut, und ich kann schwören, dass mein Blick nicht einen einzigen Moment abgeschweift ist ... Was ich wirklich gesehen habe, ist, dass die Hostie mit Lichtgeschwindigkeit auf der Zunge Gestalt annahm, oder, um es besser auszudrücken: in weniger als dem Bruchteil einer Sekunde.« In diesem Augenblick überkam ihn ein unglaubliches Glücksgefühl. »Es war eine so intensive, so tiefe Freude, dass ich sie weder ausdrücken noch mit irgendjemandem teilen konnte, etwas so Außergewöhnliches, wofür ich mein Leben geben würde ... mein Eindruck war, dem wahren Gott begegnet zu sein.« Erst die Rufe der Umstehenden, er solle doch auf die Knie gehen, damit auch sie etwas sehen könnten, und ein ziemlich unsanfter Schlag auf seinen Hinterkopf rissen ihn in die Wirklichkeit zurück. In diesem Moment erinnerte er sich an die Kamera, die nach wie vor an seinem Armgelenk baumelte. Die Proteste hinter ihm ignorierend, sich nur schwach an die Einweisung seines Cousins erinnernd, richtete er das Objektiv auf das Gesicht des Mädchens, drückte einen Knopf und begann, die letzten Sekunden des »kleinen Wunders« zu filmen. Dann schluckte Conchita die Hostie, stand auf und setzte ihren ekstatischen Marsch fort, während die ganze Menge ihr jetzt wieder folgte. Nur Damians, noch benommen von dem, was er gerade erlebt hatte, blieb zurück, lehnte sich an eine Wand und begann, vor Glück zu weinen. Etwas später, nachdem er sich wieder beruhigt hatte und sinnend durch die Gassen des Dorfes gewandert war, ging er zu Conchitas Haus und verabschiedete sich von ihr und Pfarrer Marichalar. Nicht einen Augenblick lang glaubte er, dass seine Aufnahme etwas geworden war. Erst als er den Film von der Entwicklung abholte, stellte er fest, dass tatsächlich einige der 79 belichteten Einzelbilder die Wunderhostie auf der Zunge des Sehermädchens zeigten, auch wenn die Aufnahme selbst durch das Geschubse der Menge stark beeinträchtigt war. Damit war der Beweis erbracht, dass das »kleine Wunder« keine Massenhysterie war und dass tatsächlich eine ungewöhnlich starke und offenbar leuchtende Hostie auf Conchitas Zunge erschienen war.

Doch trotzdem verfehlte das *Milagrucu* seine Wirkung.

> »Nach diesem Wunder, das Gott, unser Herr, durch die Fürsprache des Engels St. Michael gewirkt hatte, glaubten die Menschen, die das komplette Wunder gesehen haben, und einige von denen, die nur die Hostie auf meiner Zunge sahen, sofort und fest. Selbst jene, die selbst nichts gesehen haben, aber das Zeugnis jener, die es sahen, akzeptierten, glaubten ebenfalls«,

schrieb Conchita in ihr Tagebuch.

> »Doch nach einigen Tagen begannen die Menschen zu zweifeln, weil einige Leute behauptet hatten, dass ich es gewesen sei, die die Hostie auf meine Zunge gelegt hätte. Für einige Zeit war die Hostie das einzige Gesprächsthema.«

Das Wunder spaltete die Schaulustigen in jene, die nun noch fester an die Echtheit der Erscheinungen von Garabandal glaubten, und andere, die jetzt überzeugt waren, dass alles ein gigantischer Schwindel war, eine Massenhysterie, basierend auf kindlichem Schauspiel und billigen Taschenspielertricks.

Die mystischen Kommunionen der Kinder aber setzten sich noch den ganzen Sommer über fort, was die Bedeutung der Eucharistie in der Botschaft von Garabandal noch mehr unterstrich. Doch gleichzeitig zeichnete sich ein anderes Charakteristikum der Erscheinungen ab, das mit den Nächten der Schreie seinen Anfang genommen hatte: die Ankündigung zukünftiger Ereignisse. Mit ihr wiederum fand Garabandal seine Erfüllung – und steuerte einer Zeit entgegen, in der der Himmel wieder schweigen sollte.

18.

Das große Wunder

Conchitas »kleines Wunder« führte nicht nur bei Garabandal-Pilgern zu ganz unterschiedlichen Reaktionen, es drohte auch den Zusammenhalt unter den vier jungen Seherinnen zu zerstören. Selbst Jacinta kolportierte ziemlich unkritisch das Gerücht, dass Conchita selbst das »Wunder« inszeniert habe, während Loli und Mari Cruz eher eifersüchtig reagierten. Bei ihren Familien führte die unterschiedliche Privilegierung der vier Mädchen zu regelrechten Rivalitäten und heftigen Diskussionen, welche der vier die Aufrichtigste sei und welche die Gottesmutter am meisten liebte. Wer das als ziemlich unchristlich empfindet, sei an das Neue Testament erinnert, wo die Jünger Jesu darum stritten, wer der Größte unter ihnen sei, wer einmal welchen Platz im Himmelreich einnehmen werde und wo Salome, die Mutter der »Donnersöhne« Johannes und Jakobus, für ihre Söhne Privilegien beanspruchte.[11] Auch bei anderen Erscheinungen kam es zu Zerwürfnissen unter

11 Lk 9,46: »Unter ihnen kam der Gedanke auf, wer von ihnen der Größte sei.«
Mt 20,20–24: »Damals kam die Frau des Zebedäus mit ihren Söhnen zu Jesus, fiel vor ihm nieder und bat ihn um etwas. Er fragte sie: Was willst du? Sie antwortete: Versprich, dass meine beiden Söhne in deinem Reich rechts und links neben dir sitzen dürfen! [...] Als die zehn anderen Jünger das hörten, wurden sie sehr ärgerlich über die beiden Brüder.«
Mk 10,35–37: »Da traten Jakobus und Johannes, die Söhne des Zebedäus, zu ihm und sagten: Meister, wir möchten, dass du uns eine Bitte erfüllst. Er antwortete: Was soll ich für euch tun? Sie sagten zu ihm: Lass in deiner Herrlichkeit einen von uns rechts und den andern links neben dir sitzen!«

den Seherkindern und ihren Familien, ganz extrem etwa in Heede im Emsland, wo die Gottesmutter von 1937 bis 1941 an 105 Tagen erschien. Während eines der vier Mädchen, Grete Ganseforth, mystische Gaben entwickelte und schließlich die Stigmata, die Wundmale Jesu, empfing, kam es dort zu einigen unschönen Attacken aus der Familie einer anderen Seherin mit dem Ziel, Gretes Glaubwürdigkeit zu erschüttern. Hier wie dort, in Garabandal wie in Heede, zeigte sich wieder einmal die Koexistenz göttlicher Begnadung und menschlicher Schwäche. Nicht selten ist hier auch der Widersacher Gottes am Werk mit dem Ziel, durch seine Einflussnahme das Wirken des Himmels zu diskreditieren. Die unendliche Geduld der göttlichen Barmherzigkeit zeigt sich darin, dass sie wartet, bis eine Seele solche Schwächen überwunden hat und sie trotz aller Unzulänglichkeiten liebt. So kommentiert auch Pater Eusebio García de Pesquera OFM, einer der besten Kenner der Ereignisse von Garabandal:

> »Die Vielzahl übernatürlicher Gnaden, die die Seherinnen von Garabandal von Gott empfingen, veränderte nicht grundlegend ihre menschliche Natur, die stark beeinflusst wurde durch die schlechten Einflüsse, die wir Laster oder Sünden nennen.«

Wie allgegenwärtig die Macht der Sünde ist, erfuhr Loli, als in diesen Tagen ihr kleiner Bruder geboren wurde. Eines Tages fiel sie gleich neben ihm in Ekstase und ihre Familie erlebte, wie sie über ihn sprach, und war erstaunt, was die Gottesmutter darauf antwortete: »Was, so klein und schon im Zustand der Todsünde?« Sie hielt ihr Kruzifix erst an seine Lippen, als er getauft worden war.

Nur Conchita hatte die vielleicht beste Antwort auf die Frage parat, weshalb gerade sie die mystische Kommunion öfter als die anderen Mädchen empfing und an ihr das Wun-

Conchita González

der vom 18. Juli gewirkt wurde: »Weil ich die Schlimmste von allen bin!«

Vielleicht war das der Grund, weshalb sie zur Hauptbotschafterin für den zweiten und dritten Teil der »Offenbarung von Garabandal« wurde. Loli und Jacinta hatten die Botschaft vom drohenden Strafgericht überbracht. Jetzt war es an ihr, die beiden Zeichen zu verkünden, die dem Strafgericht vorausgehen würden, um die Sünder zu bekehren, bevor es zu spät ist: die Warnung und das Wunder.

Das Wunder war bereits von Pater Luis geschaut worden am Abend vor seinem plötzlichen Tod. Es ist wahrscheinlich, dass auch die Kinder diese Vision teilten, obwohl sie nie darüber sprachen bzw. sprechen durften. Jetzt aber, nach der Schreckensvision des Strafgerichtes, bekam dieses Wunder eine ganz neue Dimension.

In der Nacht vom 4. auf den 5. September 1962, gegen 1.30 Uhr in der Früh, fiel Conchita im Haus ihrer Mutter in Ekstase. In Trance ging sie zum Friedhof, betete den Rosenkranz für die Verstorbenen, dann setzte sie ihren Weg betend und singend auf den Straßen des Dorfes fort, bis sie in ihr Elternhaus zurückkehrte. Dort fiel sie auf die Knie und führte eines ihrer Gespräche mit dem Erzengel Michael, der ihr offenbar gerade erschienen war. Doch anders als bei den meisten Ekstasen hatte dieses Mal ein Gast ihrer Mutter ein Tonbandgerät dabei und hielt ihr das Mikrofon an die Lippen. Die Aufnahme hielt fest, was die Zeugen nur teilweise verstanden, weil das Mädchen zu leise sprach:

> »Du sagst, dass es ein Wunder geben wird? ... Und das Wunder besteht worin? ... Und die selige Jungfrau wird gesehen werden? ... Und wann wird das sein? ... Was, dann erst? ... Mit mir allein? ... Nein, das möchte ich nicht ... Mach das nicht! Wirke es mit uns vieren ...«

Fünf Tage später, am 9. September, notierte Dr. Ortiz aus Santander in seinem Tagebuch:

> »Meine Frau und ich sowie ihre Cousine María López-Dóriga waren in Maximinas Haus. Conchita kam, um ein Geschenk vorbeizubringen, als wir gerade mit dem Essen begonnen hatten. Wir luden sie ein zu bleiben, und kaum hatte sie sich gesetzt, sprach Maximina sie an:
> ›Wir kennen schon dein Geheimnis ... Dass es ein Wunder geben wird! Du kannst das nicht abstreiten, es ist auf Band aufgenommen worden!‹
> Conchita lächelte und erwiderte nach einem Augenblick des Schweigens:
> ›Ja, es wird ein Wunder geben. Die selige Jungfrau sagte es mir und es wird sehr groß sein.‹

›Wann wird es stattfinden?‹

›Das weiß ich nicht.‹

›Dann wird es niemand von uns sehen.‹

›Jeder, der hier ist, wird es sehen. Und der Papst, wo immer er auch gerade ist. Und auch Pater Pio. Jeden Tag bete ich, dass das Wunder für jeden sichtbar sein wird. Aber bitte sagt niemandem etwas davon.‹

›Nicht einmal Pater Andreu oder Pater Retenaga?‹

›Nun … ihnen … schon.‹«

Noch in der gleichen Nacht, als Conchita wieder lange nach Mitternacht in Ekstase fiel, hörte man, wie sie sagte (und auch das wurde auf Band aufgenommen):

»Wenn du das Wunder wirkst, bitte wirke es mit uns allen [vieren, d. Verf.]. Ich möchte dabei nicht allein sein. Schau! Mit jedem, möchtest du das nicht? Das sagst du mir nicht? Soll ich das sagen, damit sie Bescheid weiß?«

In den frühen Morgenstunden des 25. November 1962 zwischen 6.00 und 7.30 Uhr hatte Conchita erneut eine Erscheinung, in der die Gottesmutter ihr weitere Details über das Wunder offenbarte. Zeugen waren ihre Tante Maximina sowie Dr. Celestino Ortiz und ein Herr namens Plácido Ruiloba, der eine Tonbandaufnahme anfertigte. Dabei erfuhr sie,

- dass sich das Wunder um 20.30 Uhr ereignen würde, zur selben Uhrzeit also wie die erste Erscheinung;
- dass es eine Viertelstunde lang dauern würde;
- dass es am Himmel erscheinen würde und dabei so klar sei, dass es keinen Zweifel gäbe, dass es von Gott stammt;
- dass die Kranken, die gläubig gekommen seien, an diesem Tag geheilt würden.

Der Kinderarzt Dr. Ortiz notierte:

»Nach der Ekstase strahlte das Mädchen vor Freude. Wir beharrten darauf, dass sie uns den Tag des Wunders verriet, aber sie sagte, dass die Zeit dafür noch nicht gekommen sei und dass wir Geduld haben sollten. Sie dürfe das Datum erst acht Tage zuvor bekannt geben, aber das Wunder würde definitiv kommen, da die selige Jungfrau das gesagt hätte und diese nicht lügen könne.«

In ihrem Tagebuch hielt Conchita fest:

»Die selige Jungfrau erzählte mir von einem großen Wunder, das Gott, unser Herr, auf ihre Fürbitte hin wirken wird.

Genau wie das Strafgericht sehr, sehr groß sein wird entsprechend dem, was wir verdienen, so wird auch das Wunder sehr groß sein entsprechend dem, was die Welt braucht [um aufgerüttelt zu werden, d. Verf.].

Die selige Jungfrau verriet mir das Datum des Wunders und woraus es bestehen wird. Ich soll es den Menschen acht Tage zuvor ankündigen, damit sie [nach Garabandal, d. Verf.] kommen können. Der Papst wird es ebenso sehen, wo immer er auch gerade sein wird,[12] und Pater Pio ebenfalls.[13] Die Kranken, die bei dem Wunder dabei sind, werden geheilt und die Sünder bekehrt. Bei keinem, der dieses große Wunder sieht, wird es auch nur den geringsten Zweifel an diesem großen Wunder geben, das Gott, unser Herr, durch die Fürsprache

12 Gemeint ist, wer zu diesem Zeitpunkt Papst sein wird. Dabei wird der Heilige Vater eine Vision des Wunders haben, ähnlich wie Papst Pius XII. gleich viermal, am 30. und 31. Oktober sowie am 1. und 8. November 1950, in den Vatikanischen Gärten das Sonnenwunder von Fátima schaute, das sich dort am 13. Oktober 1917 ereignet hatte.

13 Siehe Kapitel »Pater Pio und Garabandal«.

der seligen Jungfrau wirkt. Und jetzt, wo wir alle auf diesen großen Tag des Wunders warten, werden wir sehen, ob die Welt sich [daraufhin] ändert und das Strafgericht abgewendet werden kann.«

Später schrieb Conchita einer Spanierin:

»Das zukünftige Wunder wird sich vor dem Strafgericht ereignen, und wenn die Menschen ihr Leben ändern, wird das Strafgericht nicht stattfinden.«

Am 7. August 1971 erklärte sie einer Gruppe von Amerikanern:

»Die selige Jungfrau wird Gott bitten, ein Wunder zu wirken, um das Strafgericht zu vermeiden, doch das Strafgericht kann nicht vermieden werden, denn wir haben sogar die Bedeutung des Begriffes ›Sünde‹ vergessen. Jetzt haben wir eine solch extreme Situation erreicht, dass Gott gar keine andere Möglichkeit hat, als uns das Strafgericht zu senden. Wir brauchen es zu unserem eigenen Besten. Als Ergebnis des Strafgerichtes werden jene, die es überleben, sich stark verändern und dann werden wir wirklich für Gott leben bis zum Ende der Welt, das ebenfalls kommen wird.«

In den folgenden Jahren hat sich Conchita immer wieder zum prophezeiten Wunder geäußert und weitere Angaben darüber gemacht:

- Das Wunder, so sagte sie, »wird viel größer, viel gewaltiger sein als [das Sonnenwunder von] Fátima [vom 13. Oktober 1917, d. Verf.]. Die anwesenden Personen werden davon so erschüttert sein, dass niemand mehr zweifelnd davongehen wird.«

Die Kiefern von Garabandal,
Stätte des Wunders

- Es wird von Garabandal und den umliegenden Bergen aus sichtbar sein, so weit man von diesen aus die Kiefern sieht. Offenbar findet es bei oder über den Kiefern statt.
- Das große Wunder wird sich an einem Donnerstag um 20.30 Uhr ereignen, am Festtag eines Märtyrers, der die heilige Eucharistie sehr verehrt hat. In einem Gespräch mit Nicole Storez im Jahre 1967 ergänzte sie, es wird »im April geschehen … macht nichts, was den Monat betrifft, ich verrate das Jahr nicht«. Ein anderes Mal erklärte sie, es wird sich »nach dem Schnee«, also im Frühling, ereignen. Mehrfach meinte sie auch, dass es »zwischen den Monaten

Februar und Juli und in diesen Monaten wiederum nur zwischen dem 7. und dem 17. stattfinden wird«. In einem Interview mit der Zeitschrift *Needles* im Sommer 1974 präzisierte sie, es werde sich »zwischen März und Mai« ereignen.

- Es wird zeitgleich mit einem wichtigen Ereignis der Kirche stattfinden. Conchita erklärte 1974 in ihrem Interview mit der US-Zeitschrift *Needles*: »Ja, ich weiß, welches dieses Ereignis ist. Es ist ein in der Kirche einzigartiges Ereignis, das selten vorkommt und sich auch noch nicht ereignet hat, solange ich auf der Welt bin. Es ist weder ein neues Ereignis noch etwas Wunderbares, sondern nur selten, wie z. B. die Verkündigung eines Dogmas oder etwas Ähnliches, was die ganze Kirche betrifft. Das wird sich am selben Tag wie das Wunder ereignen, aber nicht als Folge des Wunders, sondern nur damit zusammentreffen.« Es ist also ein Ereignis, das es seit dem 7. Februar 1949, Conchitas Geburtstag, nicht gegeben hat. Damit fällt ein Heiliges Jahr (1950!) ebenso weg wie die Verkündigung eines Dogmas (am 1. November 1950 verkündete Papst Pius XII. das Dogma der leiblichen Aufnahme Mariens in den Himmel) oder ein Konklave (gab es 1958 und 1963).
- Es wird ein Zeichen zwischen den Kiefern hinterlassen, das an sich ein Mirakel ist. Man wird es fotografieren und filmen, aber nicht fühlen oder berühren können. Dieses Zeichen wird »bis zum Ende der Zeiten« dort bleiben »in Form einer leuchtenden Säule, einer Art Wolke am Tag und Feuer bei Nacht«, wie sie die Israeliten bei der Wüstenwanderung begleitete. Schon deshalb wird es von Juden wie von Christen eindeutig als »Zeichen Gottes« erkannt und viele Juden werden sich zum christlichen Glauben bekehren.
- Es sei nicht notwendig, dass die vier Seherinnen dabei sind. Gott wirkt dieses Wunder auf die Fürbitte Mariens hin, damit es die Sünder bekehrt, bevor das Strafgericht kommt.

- Kranke, die dabei sind, werden geheilt und Ungläubige bekehrt werden. Conchita: »Man soll die Kranken zum Tag des großen Wunders nach Garabandal bringen; auch diejenigen Schwerkranken, die man für nicht transportfähig hält. Gott wird allen so viel Kraft geben, dass sie die Reise ohne Schaden überstehen können.« Auf die Frage, ob dann nicht dem Bergdorf ein Verkehrschaos drohe, erwiderte sie: »Die selige Jungfrau hat allen, die sie darum bitten, für die Reise zum Wunder ihren besonderen Schutz versprochen. Wichtig ist, dass alle, die kommen wollen, nicht darin nachlassen, die selige Jungfrau zu bitten, dass sie es ermöglicht, zum Wunder nach Garabandal zu kommen. Sie sagte auch: ›Die Leute sollen nicht besorgt sein um die Möglichkeit, wie sie zum Wunder ins Dorf kommen sollen. Ich werde alles machen (*yo haré todo*).‹« Damals fragte man sich, wie man auf dem Eselspfad, der von Cosío nach Garabandal ins Dorf führte, die Kranken transportieren solle. Mittlerweile aber führt eine bequeme Landstraße direkt ins Dorf. Sie war gebaut worden, um die Menschen in ein nahe liegendes Gebiet zu bringen, das zu einem Skiresort ausgebaut werden sollte. Als die Straße bis zur Höhe des Dorfes fertiggestellt war, meldete das Unternehmen, das für das geplante Wintersportparadies verantwortlich zeichnete, Konkurs an. Die Gottesmutter hatte also tatsächlich dafür gesorgt, dass ihr Erscheinungsort zukünftig gut erreichbar ist.
- Das große Wunder wird als »Beweis für die zärtliche Liebe Gottes und der seligen Jungfrau zur Menschheit« verstanden werden.
- Wenn die Welt sich daraufhin nicht ändert, wird Gott uns das schreckliche Strafgericht senden.

Am 20. Juli 1963, nach dem Empfang der heiligen Kommunion, hatte Conchita eine Lokution (»innere Einsprechung«) Jesu. Sie fragte ihn:

»›Was ist der Zweck des Wunders? Soll es viele Seelen bekehren?‹

Antwort: ›Es soll die ganze Welt bekehren.‹

›Wird Russland bekehrt werden?‹

Antwort: ›Es wird ebenfalls bekehrt werden und dann wird jeder unsere Herzen lieben.‹

Zur Zeit der Erscheinungen sagte Conchita zu Frau Herrero: ›Die Ereignisse werden dann eintreffen, wenn die Kommunisten wiederkommen.‹

1967 erklärte sie: ›Das Wunder wird kommen, wenn der Papst nach Russland geht.‹«

Immerhin erlauben uns diese Angaben gewisse Mutmaßungen. Der einzige Märtyrer der Eucharistie, dessen Fest zwischen dem 7. und dem 17. März, April oder Mai gefeiert wird, ist der heilige Hermenegild, dessen Festtag der 13. April ist. Seine Geschichte führt uns in das 6. Jahrhundert, als in Spanien die Westgoten herrschten. Sie gehörten meist dem arianischen Glauben an, einer Irrlehre, die Christi Wesensgleichheit mit Gottvater leugnete, während die spanische Urbevölkerung katholisch war. Hermenegild war der ältere der beiden Söhne des spanischen Westgotenkönigs Leovigild, der ihn und seinen Bruder im Jahr 573 zu Mitkönigen ernannte, um die Dynastie zu sichern und das altgermanische Königswahlrecht auszuschalten. 579 verheiratete er Hermenegild mit der fränkischen Prinzessin Ingund, einer Tochter des katholischen Königs Sigibert I., die allem Druck ihres Schwiegervaters trotzte und ihrem Glauben treu blieb. Auf Wunsch seines Vaters ging Hermenegild nach Sevilla, in die Hauptstadt der Südprovinz des Westgotenreiches. Dort lernte er durch Vermittlung seiner Frau den katholischen Bischof Leander kennen und schätzen und trat zum katholischen Glauben über. Den Zorn seines Vaters fürchtend, erklärte er die Südprovinz zu einem eigenständigen Königreich und schloss Bündnisse mit katholischen Fürsten. Tatsächlich reagierte Leovigild wie erwartet und zog mit einem großen Heer gegen seinen Sohn, um dessen »Aufstand« blutig niederzuschlagen. Nach einem zweijährigen Krieg unterlag Hermenegild und geriet in Gefangenschaft seines Vaters, der ihn drängte, zum Arianismus zurückzukehren. Als dieser sich weigerte, die heilige Kommunion aus der Hand eines Arianers zu empfangen, wurde er am 13. April 585 in Tarragona hingerichtet.

Da der Tag des Wunders ein Donnerstag sein soll und es noch zu Lebzeiten Conchitas (geb. 1949) stattfinden wird, die es anzukündigen hat, kämen eigentlich nur drei Termine infrage: Donnerstag, der 13. April 2023, 2028 oder 2034. Der 13. April 2028 ist zudem ein Gründonnerstag, was zu der eucharistischen Botschaft von Garabandal passen würde. Allerdings soll Conchita bei einer anderen Gelegenheit ausgeschlossen haben, dass der Donnerstag des Wunders zugleich einer der drei »heiligen Donnerstage« (Gründonnerstag, Christi Himmelfahrt und Fronleichnam) sei. Bei dem »einzigartigen, freudigen Ereignis« in der Kirche könnte es sich um das erste von den Kirchen des Westens und des Ostens gemeinsam gefeierte Osterfest, einen großen Schritt für die Ökumene, handeln. Dass sie schon 1963 mit einer Erfüllung dieser Prophezeiungen erst im 3. Jahrtausend rechnete, geht aus einer Bemerkung Conchitas gegenüber María Herrero de Gallardo aus Santander hervor: »Im Jahr 2000 wird alles recht nahe sein.«

Vor allem aber wird das Wunder dann eintreffen, wenn man es am wenigsten erwartet, ja wenn praktisch niemand mehr an die Erscheinungen von Garabandal glaubt. So erklärte Conchita am 6. Dezember 1962 nach einer 90-minütigen Ekstase:

»Eines Tages, kurz bevor sich das Wunder ereignet, wird etwas geschehen, das viele Menschen nicht mehr an die Erscheinun-

Mari Cruz González

gen von Garabandal glauben lässt. Die Zweifel und Abkehr beruhen nicht [nur, d. Verf.] auf einer exzessiven Verspätung des Wunders.«

Während sich Conchita in diesem Sommer 1962 allmählich zur wichtigsten Seherinnenpersönlichkeit von Garabandal entwickelte, schied eines der Mädchen aus dem Quartett aus. Am 12. September hatte Mari Cruz ihre letzte Erscheinung, nachdem sie schon in den Vormonaten immer seltener zu den Begegnungen mit der Gottesmutter gerufen wurde. Zwei Faktoren mögen dabei eine Rolle gespielt haben. Laut ihrer Freundin Jacinta war sie nicht mehr zu den täglichen frühmorgendlichen Rosenkranzgebeten in der *Calleja* gekommen und seitdem blieben auch die Ekstasen aus. Damals dichteten die anderen drei Sehermädchen ein Lied für sie:

Wach auf, Mari Cruz,
riechst du nicht die Lilien,
die dir die heilige Jungfrau bringt,
die dir helfen will, sehr gut zu sein?
Wach auf, Mari Cruz,
sie kommt, die liebe Jungfrau,
mit einem Korb voller Blumen
für das kleine Mädchen.
Greif nach den Lilien,
die Maria dir bringt,
damit du gut wirst!
Schönes Mädchen, frommes Mädchen,
du bist so liebenswert,
aber du stehst nicht auf!

Entscheidend wird dabei der Druck ihres Elternhauses gewesen sein. Ihre Eltern waren eher laue Christen, denen der religiöse Eifer ihrer Tochter geradezu unheimlich war. Immer öfter verboten sie ihr, abends wach zu bleiben und auf eine Erscheinung zu warten. »Kein Zeichen himmlischen Ursprungs würde je das Gesetz [Gottes] aufheben, sondern es erfüllen [vgl. Mt 5,17, d. Verf.]«, erklärte Pater Retenaga, der im Auftrag des Bistums Santander aus Garabandal berichtete. »Darum konnten die Erscheinungen nicht die Pflicht der Mädchen, ihren Eltern zu gehorchen, übergehen.« Auch bei Jacinta gab es eine vorubergehende Auszeit, die vom 9. September bis 8. Oktober dauerte; der Grund war ihr Ungehorsam gegenüber ihren Eltern.

In jener Nacht hatte sich die Erscheinung fur 4.00 Uhr fruh angekündigt und Jacintas Vater wollte, dass sie vorher schlafen ginge; er würde sie rechtzeitig wecken, versprach er. Das

Mädchen dagegen bestand darauf, in der Küche zu warten. Sie weigerte sich hartnäckig, als ihr Vater sie ins Bett schickte, wurde trotzig, weinte und protestierte lautstark. Sie hatte Angst, die Erscheinung zu verpassen. Tatsächlich erwachte sie erst um 5.45 Uhr, woraufhin sie ihrem Vater schwerste Vorwürfe machte und erneut in Tränen ausbrach. »Du kannst jetzt zur *Calleja* gehen und dort beten«, erklärte ihr Vater, was sie dann auch tat. Doch die selige Jungfrau erschien ihr nicht, weder an diesem Tag noch an einem anderen und Jacinta wurde immer trauriger, ja geradezu verzweifelt. Immer wieder bat sie Loli und Conchita, die Gottesmutter zu fragen, weshalb sie ihr nicht mehr erscheine, doch diese schwieg nur, statt die Frage zu beantworten. Umso glücklicher war Jacinta, als Loli ihr nach fast einem Monat erklärte: »Die selige Jungfrau sagte mir, dass du sie am 8. Oktober wiedersehen wirst.« Als die Gottesmutter ihr wieder erschien, lautete ihre erste Frage:

»Warum bist du nicht gekommen? Warum hast du mich so lang allein gelassen?«

»Weil du ungezogen zu deinem Vater warst in dieser Nacht. Wie oft muss ich dir sagen, dass du deinen Eltern gehorchen sollst, noch bevor du auf mich hörst?«

Leider hielt die Lektion nicht lange an. Als die Mädchen ein dreiviertel Jahr später vom Erzengel Michael die heilige Kommunion gereicht bekamen, überging er einmal Jacinta. Als sie ihn danach fragte, erklärte er ihr, ein Streit mit ihrer Mutter sei der Grund. Sie sei wieder einmal widerspenstig gewesen, während die Gottesmutter sie doch zum Gehorsam ermahnt habe. Sie müsse erst beichten, bevor sie wieder kommunizieren dürfe.

So ist sehr wahrscheinlich, dass die negative Einstellung ihrer Eltern der Grund war, weshalb Mari Cruz aus dem Reigen der Sehermädchen ausschied. Jedenfalls hielt Conchitas Tante

Maximina am 8. November 1962 in einem Brief an Eloísa de la Roza Velarde, die Schwägerin von Dr. Ortiz, fest:

> »Die Erscheinungen finden nach wie vor statt ... Loli hat weiterhin jeden Tag Erscheinungen, gewöhnlich um 4.00 oder 5.00 Uhr früh. Conchita hat solche, die bekannt werden, an vier Tagen in der Woche [Dienstag, Mittwoch, Samstag und Sonntag], oft zur gleichen frühen Morgenstunde und fast immer geht sie dazu hinaus auf die Straße. Jacinta hat ebenfalls an vielen Tagen Erscheinungen. Aber Mari Cruz hatte seit Monaten keine mehr.«

Sie konnte nicht ahnen, dass sich auch das sehr bald ändern würde, sobald der Januar 1963 anbrach.

19.

Garabandal und das Konzil

Am 11. Oktober 1962, exakt 1391 Kilometer ostsüdöstlich von Garabandal, ergoss sich ein Fluss aus Mitren und weißen Gewändern über den Petersplatz in Rom. Sie wurden von Bischöfen aus 133 Ländern getragen, die zu den 2498 Konzilsvätern zählten, die an diesem Morgen in feierlicher Prozession in den Petersdom einzogen. Auch Papst Johannes XXIII. trug eine Mitra anstelle der damals noch üblichen päpstlichen Tiara als Zeichen, dass er *Primus inter Pares*, Erster unter Gleichen, war und sein wollte. Auf dem Petersplatz benutzte er noch den päpstlichen Tragsessel, um besser gesehen zu werden, doch kaum hatte er die Basilika erreicht,

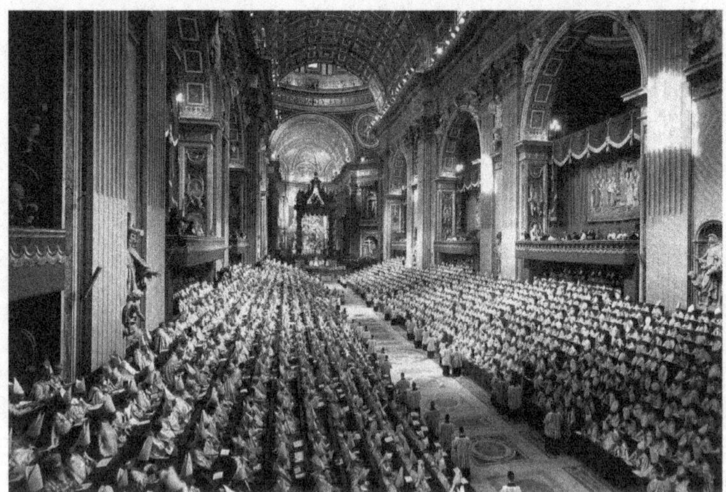

Eröffnungssitzung des Zweiten Vatikanischen Konzils

ließ er sich von seinen Trägern absetzen und ging den Rest des Weges zu Fuß. Das Innere des Petersdoms war zu einer gigantischen Konzilsaula umgebaut worden. In seinem Mittelschiff befanden sich auf beiden Seiten 90 Meter lange, ansteigende Tribünen, von denen aus in den nächsten vier Jahren über die Zukunft der Kirche und den Glauben im 20. Jahrhundert diskutiert werden sollte.

Marienerscheinungen fanden oft an welt- oder kirchengeschichtlichen Wendepunkten statt; Lourdes etwa vier Jahre nach der in Kirchenkreisen umstrittenen Verkündigung des dritten marianischen Dogmas durch Papst Pius IX., Philippsdorf (Tschechien, 1866) und Pontmain (1871) im Umfeld des Ersten Vatikanischen Konzils, Fátima vor der Oktoberrevolution 1917, die den Vormarsch des atheistischen Bolschewismus auslöste. 1931, im Vorfeld des Spanischen Bürgerkrieges, war es im baskischen Ezquioga zu (angeblichen) Marienerscheinungen gekommen, 1932 und 1933, im Jahr vor und direkt nach der Machtergreifung der Nationalsozialisten, im belgischen Beauraing und Banneux. Seit 1937, im Vorfeld des Zweiten Weltkriegs, erschien die Gottesmutter im norddeutschen Heede, 1949–1952, zu Beginn des Kalten Krieges, im fränkischen Heroldsbach. Schon deshalb war es gewiss kein Zufall, dass Maria im Vorfeld und zeitgleich zum Zweiten Vatikanischen Konzil in Garabandal erschien. Doch sollte die Botschaft aus dem spanischen Bergland in Rom gehört werden? Und was hatte die Gottesmutter über das Konzil zu sagen?

In der Nacht vom 25. auf den 26. September 1962 fiel Conchita vor Zeugen in Ekstase. Einem der Anwesenden, Don Luis Navas Carillo, gelang es, die Worte des Mädchens auf Tonband aufzunehmen, als sie sagte:

»Das Konzil wird das größte von allen sein? ... Das wird ein Erfolg sein? ... O, wie schön ist das! So wird man dich besser kennenlernen, du wirst sehr glücklich sein ... warum malen sie dich so hässlich, wo du doch so schön bist?«

Gut möglich, dass sie damals schon erfuhr, dass die Gottesmutter in einem der wichtigsten Konzilsdokumente, der Apostolischen Konstitution *Lumen Gentium*, gewürdigt werden sollte:

> »Denn Maria vereinigt, da sie zuinnerst in die Heilsgeschichte eingegangen ist, gewissermaßen die größten Glaubensgeheimnisse in sich und strahlt sie wider. Daher ruft ihre Verkündigung und Verehrung die Gläubigen hin zu ihrem Sohn und seinem Opfer und zur Liebe des Vaters. Die Kirche aber wird, um die Ehre Christi bemüht, ihrem erhabenen Typus ähnlicher durch dauerndes Wachstum in Glaube, Hoffnung und Liebe und durch das Suchen und Befolgen des Willens Gottes in allem. Daher blickt die Kirche auch in ihrem apostolischen Wirken mit Recht zu ihr auf, die Christus geboren hat, der dazu vom Heiligen Geist empfangen und von der Jungfrau geboren wurde, dass er durch die Kirche auch in den Herzen der Gläubigen geboren werde und wachse. Diese Jungfrau war in ihrem Leben das Beispiel jener mütterlichen Liebe, von der alle beseelt sein müssen, die in der apostolischen Sendung der Kirche zur Wiedergeburt der Menschen mitwirken.«

Aber vielleicht spiegelt sich in Conchitas Worten auch wider, wie heftig um diese Würdigung gerungen und gestritten wurde, bis Papst Paul VI. dieser Debatte mit einem Machtwort ein Ende setzte, die Umsetzung der Konzilsdokumente der Fürbitte Mariens anvertraute und in einer feierlichen Proklamation am 21. November 1964 die Gottesmutter zur *Mater Ecclesiae*, zur »Mutter der Kirche«, erklärte. Damit reagierte er demonstrativ auf die Weigerung der Konzilsväter, den oben zitierten Abschnitt aus *Lumen Gentium* mit ebendiesem Marientitel zu überschreiben.

Am Abend des 10. Oktober, dem Vorabend des Konzils, erhielt Conchita Besuch von Alberto Mestas, dem spanischen Botschafter in Saudi-Arabien, und einem befreundeten Priester. Da Conchita mit einer Erscheinung rechnete, blieben sie wach und beteten. Als der Morgen dämmerte, stellte sie ihr Radio an, um eine Livereportage von der Konzilseröffnung zu hören. Im selben Augenblick, als sich in Rom die feierliche Prozession in Bewegung setzte, fiel das Mädchen in Ekstase.

Doch es empfing keine Botschaft für die Konzilsväter oder den Papst. Tatsächlich begann in diesen Tagen eine ganz andere Entwicklung: Der Himmel schloss sich allmählich über Garabandal. Erst im letzten Jahr des Konzils, 1965, sollte er sich wieder öffnen. Es schien, als würde sogar die Mutter der Kirche den Konzilsvätern den Vortritt lassen. Doch es war noch mehr, nämlich eine ernsthafte Krise, in deren Verlauf selbst die vier Seherinnen erst zweifelten, dann sogar leugneten – und sich selbst ihre engsten Vertrauten fragten, ob sie nicht Opfer einer dämonischen Täuschung geworden waren. So stellten sich Fragen, die bis auf den heutigen Tag nicht endgültig beantwortet werden können.

Doch auch das war von der Gottesmutter schon von Anfang an angekündigt worden. Bereits im August 1961 hatte Conchita erklärt: »Unsere Liebe Frau sagte, dass wir unter uns eine ähnliche Verwirrung erleben würden, wie sie jetzt in der Kirche herrscht.« Damals protestierte ein anwesender Priester: »Das kann niemals die selige Jungfrau gesagt haben, denn es gibt keine Verwirrung in der Kirche. Es muss der Teufel gewesen sein, der das sagte.« Doch wie groß die Verwirrung auch damals schon war, zeigte sich in den Debatten, die das Konzil begleiteten. So hörte Conchita im Oktober 1962 das Gespräch zweier Priester zu den ersten beunruhigenden Nachrichten aus Rom. »Sie sagen, dass es da kleine Verwirrungen auf dem Konzil gibt, dass einige Bischöfe nicht mit der Meinung anderer übereinstimmen«, zitierte sie diese daraufhin, um, tatsächlich prophetisch, zu erklären: »Nun, es wird noch viel schlimmer kommen (*van a suceder cosas peores todavía*)!«

Seinen ersten Dämpfer erhielt Garabandal nur wenige Tage vor der Eröffnung des Zweiten Vatikanischen Konzils. Im Januar 1962 hatte Santander, das bislang dem Apostolischen Administrator Bischof Doroteo Fernández unterstand, mit Msgr. Eugenio Beitia Aldazabal endlich wieder einen Titularbischof bekommen. Noch bevor Bischof Aldazabal nach Rom zum Konzil aufbrach, nämlich am 7. Oktober 1962, ausgerechnet am Rosenkranzfest, ließ er seine erste offizielle *Nota* zu den Ereignissen von Garabandal veröffentlichen:

> »Die Untersuchungskommission, die sich mit den Ereignissen in dem Dorf San Sebastián de Garabandal befasst hat, bestätigt ihre bisherige Erklärung, nach der die dortigen Phänomene jedes übernatürlichen Charakters entbehren und eine natürliche Erklärung haben.
>
> Infolgedessen und weil es unser Bedürfnis ist, alle Menschen unserer Diözese angemessen zu informieren und dass alle, die mit den Ereignissen in Verbindung stehen, über sichere Richtlinien verfügen, in Erfüllung unserer pastoralen Verpflichtung und unter Berufung auf unsere lehramtliche Autorität
>
> 1. bestätigen wir die Feststellungen der amtlichen Noten des Bistums Santander vom 26. August und 24. Oktober 1961;
> 2. untersagen wir allen Priestern, sowohl unserer Diözese wie von außerhalb unserer Diözese, ohne ausdrückliche Genehmigung der diözesanen Kanzlei den besagten Ort aufzusuchen;
> 3. wiederholen wir allen Gläubigen gegenüber die Warnung, sich fernzuhalten von einer Anheizung der Atmosphäre,

die durch die Zurschaustellung dieser Ereignisse geschaffen wurde und deshalb von einem Besuch in diesem Dorf abzusehen.

In einer solch ernsthaften Frage vertrauen wir darauf, dass diese Anweisungen von jedermann befolgt werden.

Eugenio, Bischof von Santander«

Die Auswirkungen dieser ersten bischöflichen Verurteilung der Ereignisse von Garabandal – nachdem die beiden ersten Erklärungen lediglich zur Vorsicht mahnten – waren nicht zu unterschätzen. »Die *Nota* … stürzte viele Augenzeugen der Phänomene in eine ungewöhnliche Verwirrung«, kommentierte Pater Luis López Retenaga vom Priesterseminar des Bistums Santander zwei Monate später, »waren sie doch [aufgrund ihrer Erfahrungen, d. Verf.] zu dem Schluss gekommen, dass diese übernatürlichen Ursprungs waren. So bewirkte sie bei ihnen einen inneren Konflikt, bei dem die Schlussfolgerungen ihres Verstandes sich den Erfordernissen ihres Glaubenslebens [dem Gehorsam gegenüber dem Lehramt, d. Verf.] beugen mussten.«

Auch die Seherkinder wussten keinen Rat und bekamen auch keine himmlische Hilfe. Als Conchita in ihrer Ekstase vom 11. Oktober die Gottesmutter fragte, »warum der Bischof diese *Nota* veröffentlicht hatte«, reagierte diese nur mit ihrem üblichen geheimnisvollen Lächeln. Es schien, als sei alles Teil eines göttlichen Plans.

Wie wenig ihre Botschaften zur Stimmung bei der Konzilseröffnung passten, zeigte nur allzu deutlich die Eröffnungsansprache von Papst Johannes XXIII., die von einem Optimismus getragen war, der so gar nicht den apokalyptischen Visionen der Kinder entsprach. Er hätte sie wohl auch zu den »Unglückspropheten« gezählt wie die Kinder von Fátima, deren drittes Geheimnis er nicht veröffentlichen wollte, obwohl das von der Gottesmutter für das Jahr 1960 erbeten worden war. Stattdessen erklärte der Papst:

»In der täglichen Ausübung Unseres apostolischen Hirtenamtes geschieht es oft, dass bisweilen Stimmen solcher Personen unser Ohr betrüben, die zwar von religiösem Eifer brennen, aber nicht genügend Sinn für die rechte Beurteilung der Dinge noch ein kluges Urteil walten lassen. Sie meinen nämlich, in den heutigen Verhältnissen der menschlichen Gesellschaft nur Untergang und Unheil zu erkennen. Sie reden unablässig davon, dass unsere Zeit im Vergleich zur Vergangenheit dauernd zum Schlechteren abgeglitten sei …

Wir aber sind völlig anderer Meinung als diese Unglückspropheten, die immer das Unheil voraussagen, als ob die Welt vor dem Untergang stünde. In der gegenwärtigen Entwicklung der menschlichen Ereignisse, durch welche die Menschheit in eine neue Ordnung einzutreten scheint, muss man viel eher einen verborgenen Plan der göttlichen Vorsehung anerkennen. Dieser verfolgt mit dem Ablauf der Zeiten, durch die Werke der Menschen und meistens über ihre Erwartungen hinaus sein eigenes Ziel, und alles, auch die entgegengesetzten menschlichen Interessen, lenkt er weise zum Heil der Kirche.«

Zunächst schien es, als würden weder das bischöfliche Interdikt noch die Konzilsereignisse in Garabandal viel verändern. So schrieb der bereits oben zitierte Pater Retenaga im Dezember 1962:

»Obwohl ihnen die *Nota* des Bischofs bekannt ist, hatten [die Seherkinder] nach wie vor diesen unveränderbaren inneren Frieden, der so charakteristisch für sie war; und dieser Frieden ging einher mit einem klaren Verständnis dafür, dass Gehorsam erforderlich war. Ich besitze einen Brief von Conchita, in dem sie den Besuch von vier Priestern im Dorf erwähnt, aber betont, dass – obwohl sie sich über ihren Besuch freute – es für sie besser gewesen wäre, dem Bischof zu gehorchen.«

Im November stand das Totengedenken im Mittelpunkt des Geschehens. Regelmäßig besuchten die Kinder den alten Friedhof des Dorfes, einen Ort, der den meisten Dorfbewohnern eher unheimlich war. So schrieb Conchitas Tante Maximina am 6. November 1962 an Dr. Ortiz:

»Die Erscheinungen finden weiterhin wie gewohnt statt. Jetzt wird an vielen Tagen im ganzen Dorf der Rosenkranz gesungen (!). Conchita geht sehr oft zum Friedhof, gerade gestern war sie mit María Dolores [»Loli«, d. Verf.] dort. Sie sangen den Rosenkranz auf ihrem Weg dorthin und forderten uns alle auf, ihn ebenfalls zu singen, und so folgten wir ihnen zum Friedhof. Dort angekommen, hörten sie auf zu singen und beteten ihn mit großer Hingabe. Sie hatten den Friedhof zuvor nie betreten, doch jetzt öffnete Conchita das Tor und ging hinein. Oh! Sie ahnen nicht, wie groß der Respekt war, den sie dadurch in uns hervorrief. Zuerst gingen die beiden zu der Stelle, wo Conchitas Vater lag. Sie knieten mit großer Hingabe nieder, legten das Kreuz auf den Boden und reichten es danach der Jungfrau zum Kuss. Was das eine Mädchen tat, wiederholte das andere. Danach gingen sie zum Grab meines Mannes. Auch dort knieten sie nieder, was mich tief bewegte … dann kamen sie zu mir und hielten mir das Kruzifix zum Kuss hin. Sie gingen zu einem anderen Grab und dann dorthin, wo meine Mutter lag … Sie wissen, wie die Mädchen in Ekstase ihre Köpfe halten [nämlich nach hinten gereckt, d. Verf.], wobei sie nichts sehen. Und wie sie all die Gräber fanden!«

Das alles geschah zu einem Zeitpunkt, als schon wieder tiefer Schnee in Garabandal lag und die übernächtigten Familienmitglieder vor Kälte bibberten. Den Mädchen aber schienen weder die Kälte noch die Uhrzeit der Erscheinungen etwas auszumachen. Schon im September hatte der Arzt Dr. Ortiz festgehalten: »Ich bin beeindruckt von den Mädchen. Obwohl sie die meisten Nächte ohne Schlaf verbrachten und ihrem Körper damit die erforderliche Ruhe fehlte, ist ihre psychologische Konstitution besser denn je.« Ähnlich erstaunt zeigte sich Maximina, die am 27. Dezember an eine befreundete Familie namens Pifarré schrieb:

> »Wenn das [die Erscheinungen, d. Verf.] nicht wahr sein sollte, wie und warum machen die Mädchen dann all das, was sie machen, trotz des furchtbaren, eiskalten Wetters in diesen Tagen? Bis heute ist keine davon krank geworden. Wie kann das sein, dass sie seit über einem Jahr Nacht für Nacht der Kälte und dem Schlafmangel trotzen?«

Doch dann kam alles ganz anders.

20.

Die Krise

Zur Jahreswende wuchsen die Zweifel. Der äußere Anlass dazu war das von den Seherkindern angekündigte Wunder, dessen Eintreffen zumindest von den Dorfbewohnern und vielen Gläubigen in allernächster Zukunft erwartet wurde. Vielleicht eifersüchtig darauf, dass nur Conchita Details und der Termin des großen Wunders offenbart worden waren, begannen Loli und Jacinta zu spekulieren, ob die Gottesmutter ihnen nicht ein ganz anderes Wunder angekündigt habe, das noch vor Jahresende erwartet wurde. Der Druck durch ihr Umfeld wiederum führte die Seherkinder bald auf Abwege. Loli und Jacinta hatten die Idee, eine Marienstatue zu vergraben und eine Ekstase zu simulieren, in der sie zum Graben aufgefordert und fündig werden würden. Tatsächlich hatten die Seherkinder bereits mehrfach kleine Tricks angewandt, die vielleicht moralisch noch in den Bereich der lässlichen Sünden und Notlügen fielen und hoffentlich auch sofort gebeichtet wurden. So hielt Conchita in ihrem Tagebuch fest:

> »Es gab Zeiten, als wir drei zusammenbleiben wollten, es aber nicht konnten, weil unsere Eltern nicht erlaubten, dass wir nach Einbruch der Dunkelheit draußen waren. Deshalb kam es manchmal vor, dass wir, wenn wir [nachts] vom Rosenkranzgebet [in der Kirche] kamen und schon den zweiten Ruf empfangen hatten, zum Himmel schauten, als würden wir die selige Jungfrau sehen. Das ermöglichte uns, in den Straßen zusammenzubleiben. Unsere Eltern und die Menschen folgten uns dabei. Dann erschien uns die selige Jungfrau, während wir

zusammen waren. Es endete aber immer damit, dass wir die selige Jungfrau sahen und nie täuschten wir ganze Ekstasen vor.«

Doch was Loli und Jacinta jetzt vorschlugen, hatte einen ganz anderen Charakter, es war praktisch Betrug. Conchita war entsetzt und wollte ihren Freundinnen durch einen Streich eine Lektion verpassen. Sie erzählte von einem geheimnisvollen Zauberpulver, das sie besäße und das ihre Levitationen ausgelöst hätte; würden die beiden Mädchen es nehmen, könnten sie gemeinsam vor den Augen der Schaulustigen schweben und damit alle Skeptiker zum Verstummen bringen. Tatsächlich handelte es sich um harmloses Zahnpulver, das sie Loli und Jacinta anbot. Doch die beiden glaubten ihr und waren zu allem bereit. Loli schluckte sogar so viel von dem Pulver, dass sie sich den Magen verdarb. Dass sie sich dann doch nicht in die Lüfte erhob, mag sie zutiefst erschüttert, gewiss aber auch wieder auf den rechten Weg gebracht haben.

Was die leider gut bezeugte Episode jedoch zuallererst anzeigt, ist eine moralische Orientierungslosigkeit der drei Teenager, die wohl der eigentliche Auslöser der Krise von Garabandal war. Sie ist sicher ihrer kindlichen Naivität und Verspieltheit geschuldet, vielleicht auch dem großen Druck, unter dem sie standen und an dem sie zerbrachen. Auf alle Fälle aber disqualifizierten sie sich damit als Botinnen der Gottesmutter. So kam es, wie es kommen musste: Ab dem Januar 1963 blieben die Erscheinungen von einem Tag auf den anderen aus. Es gab nicht einmal eine formelle Verabschiedung der seligen Jungfrau, wenn sie es denn wirklich war. Sie kam einfach nicht mehr – und ließ die Kinder in einer noch größeren Verwirrung zurück.[14]

14 Im Februar 1963 schrieb Conchita eine Postkarte an Maria Herrero de Gallardo in Madrid, in der sie erklärte: »Sie fragen mich, ob es wahr ist,

Als Pater Luis López Retenaga vom 22. bis 24. Februar 1963 im Auftrag des Bischofs von Santander das Dorf besuchte, fiel sein Bericht entsprechend düster aus:

»Seit Anfang Januar dieses Jahres schienen sich die Hoffnungen vieler Menschen zu zerschlagen, die sahen, dass das erhoffte Wunder, das die beiden Mädchen [Loli und Jacinta, d. Verf.] angekündigt hatten, ausblieb. Nicht nur ihre Familien, sondern auch die Mehrheit der Dorfbewohner fühlte sich daraufhin betrogen und beschämt.

Conchita González, ca. 1965

Entsprechend der unschönen Tendenz der Massen, von einem Extrem zum anderen zu wechseln, wurde aus der Bewunderung, die sie bislang für die Mädchen empfanden, eine Zurückweisung und ein Misstrauen, die diese zu ständigen Objekten ihrer Beschwerden machten. Dabei richteten sich diese in erster Linie gegen Conchita, die immer als Verantwortliche und als Sündenbock für die vier hinhalten musste.«

dass wir keine Erscheinungen mehr haben. Ja, es ist einige Zeit her, seit wir sie hatten ... Ich weiß nicht, ob die Jungfrau mir wieder erscheint, da sie sich nicht verabschiedet hat, noch uns irgendetwas sagte. Hier sind die Leute sehr entmutigt.« Auch Jacinta erklärte, die selige Jungfrau sei ihr im Januar 1963 das letzte Mal erschienen »ohne Lebewohl zu sagen oder eine Erklärung zu geben«.

Diese Stimmung im Dorf bestätigte Conchita am 13. Februar in einem Brief an ihren Vertrauten, Pater de la Riva, den Pfarrer von Barro:

»Es ist wahr, dass die Atmosphäre heute im Dorf eine andere ist als damals, als Sie hier waren. Kaum jemand glaubt noch. Meine Mutter nicht, auch meine Tante Maximina nicht. Das ganze Dorf nicht ...«

Bei seinem nächsten Besuch in Garabandal in der Karwoche (8. bis 13. April) des Jahres 1963 stellte Pater Retenaga fest:

»[Nach dem vermeintlichen Nichteintreffen des Wunders] standen [die Mädchen] unter dem Druck ihrer Familien und vieler Menschen. Der Druck wurde von ihnen als Argument einer Autorität empfunden und ihnen kamen echte Zweifel am Ursprung dessen, was ihnen widerfahren war ... In dieser allgemeinen Verunsicherung und darauf vertrauend, dass gewisse Menschen [die Erwachsenen, die Kommission, ihr Priester] mehr wussten als sie trotz ihrer inneren Überzeugung, ein wunderbares Wesen gesehen zu haben, erklärten sie schließlich ihrem Pfarrer, dass alles eine Lüge sei mit Ausnahme des Hostienwunders.«

Doch lassen wir Conchita selbst zu Wort kommen und zitieren aus ihrem Tagebuch:

»Als alles begann, erklärte die selige Jungfrau uns vieren, Loli, Jacinta, Mari Cruz und mir, dass wir uns eines Tages widersprechen würden, dass unsere Eltern nicht miteinander auskommen würden und dass wir an einen Punkt kommen würden, an dem wir sogar abstreiten würden, die selige Jungfrau und den Engel gesehen zu haben. Ganz sicher waren wir sehr überrascht, das aus ihrem Mund zu hören.

Doch im Januar 1963 wurde alles, was die selige Jungfrau uns zu Anfang gesagt hatte, wahr. Wir begannen, uns zu widersprechen und wir gingen sogar so weit, dass wir abstritten, die selige Jungfrau gesehen zu haben. Wir beichteten dies sogar eines Tages.

Doch in unserem Inneren wussten wir, dass der Engel und die selige Jungfrau uns erschienen waren, denn sie hatte unseren Seelen Frieden, eine tiefe Freude und ein großes Verlangen, sie mehr denn je und von ganzem Herzen zu lieben, gebracht. Ihr Lächeln und die Gespräche, die wir mit ihnen führten, erweckten in uns das Verlangen, sie immer mehr zu lieben und uns ihnen ganz und gar hinzugeben.

Als wir das beichteten, taten wir dies, ohne nachzudenken, ohne zu glauben, dass dies eine Sünde sei. Wir gingen, weil unser Pfarrer, Don Valentín Marichalar, es uns sagte. Er trug uns auf, zur Buße zehn Rosenkränze und fünf Vaterunser zu beten.

Ich weiß nicht, weshalb wir ein wenig (*un poco*) zweifelten. Es war eine Art Zweifel, der vom Teufel zu kommen schien, der wollte, dass wir die selige Jungfrau verleugneten.

Als Nächstes erzählten wir unseren Eltern, dass wir die selige Jungfrau nicht gesehen hätten, aber dass die Rufe und das Hostienwunder wahr waren. In meinem Innersten empfand ich es als seltsam, diese Dinge zu sagen, da mein Gewissen rein war, was die Erscheinungen der seligen Jungfrau betraf.

Ein paar Tage, nachdem wir diese Dinge gesagt hatten, erschien uns die selige Jungfrau erneut. [...]

Seit diesem Tag hatte keines von den drei Mädchen mehr eine Erscheinung. Doch ich hatte noch in derselben Nacht eine Erscheinung und andere bis zum 20. Januar. Seitdem habe auch ich die selige Jungfrau nicht mehr gesehen.[15]

15 Das schrieb Conchita im Sommer 1963; die Gottesmutter erschien ihr erst wieder am 8. Dezember jenes Jahres.

Loli und Jacinta sind wieder auf den Boden der Realität zurückgekehrt und glauben, dass sie die selige Jungfrau sahen. Ganz sicher, wie könnten sie es nicht glauben?

Aber Mari Cruz sagt weiter, dass sie die selige Jungfrau nicht gesehen hätte.

Auch ich zweifelte ein wenig (*un poco*), ob das Wunder stattfinden würde. Und eines Tages, als ich in meinem Zimmer war und Zweifel hatte, ob das Wunder stattfinden würde, hörte ich eine Stimme, die zu mir sagte: ›Conchita, zweifle nicht, dass mein Sohn ein Wunder wirken wird!‹

Ich hörte das in meinem Inneren aber so klar und deutlich, als sei es durch meine Ohren geschehen, und sogar besser, als wenn es durch Worte geschehen wäre. Es hinterließ in mir einen Frieden und eine Freude, die noch größer waren als jene, die ich erfuhr, wenn ich sie sah.

Placido [Ruiloba, ein Geschäftsmann aus Santander, d.Verf.] war die erste Person, der ich davon erzählte. Er erzählte es anderen. Diese Dinge werden Lokutionen [Einsprechungen, d. Verf.] genannt. Man kann sie beschreiben als eine Stimme der Freude, eine Stimme des Glücks, eine Stimme des Friedens.

Ich erlebte keine Zweifel mehr an irgendetwas.[16]

... Die Lokutionen taten mir so gut, so sehr gut, denn es war, als sei die selige Jungfrau in mir. Was für ein Glück! ... Doch ich bevorzuge es noch mehr, Jesus in mir zu haben [in der Eucharistie, d. Verf.], Jesus, der mir das Kreuz reicht, um mich zu reinigen und der mir durch mein Kreuz erlaubt, mit der Hilfe Gottes etwas für die Welt zu tun, denn von mir aus kann ich gar nichts tun. Das ist mein Gebet, das ich zu Jesus spreche: *Ay, Jesús mío!* – ›Oh mein Jesus!‹«

16 Die Zweifel sollten allerdings 1966 zurückkehren, wie wir noch sehen werden.

Mit den Lokutionen, die sich seit dem 20. Juli 1963 monatlich ereigneten, trat das Geschehen von Garabandal in seine zweite Phase ein. Auch Loli hatte solche Einsprechungen; vielleicht vier oder fünf Mal antwortete die Gottesmutter auf diese Weise auf ihre Fragen.

Eine Lokution, die sie am 20. Juli 1963 nach Empfang der heiligen Kommunion hatte, hielt sie anschließend in der Sakristei auf einem Blatt Papier fest:

> »Bei der Danksagung und Fürbitte um bestimmte Dinge antwortete er mir. Ich bat ihn, mir das Kreuz zu reichen, denn ich lebe ohne jedes Leiden außer dem, kein Kreuz tragen zu können. Als ich Jesus darum bat, erwiderte er: ›Ja, ich will dir das Kreuz geben.‹ Innerlich aufgerüttelt, begann ich, weitere Fragen zu stellen:
>
> ›Warum kommst du in mein armes, unwürdiges Herz?‹
> ›Tatsächlich bin ich nicht deinetwegen gekommen bin, sondern für alle‹ ...
> ›Werde ich in den Himmel kommen?‹
> ›Wenn du viel liebst und zu unseren Herzen betest‹ ...
> ›Werde ich bald sterben?‹
> ›Du musst noch auf der Erde bleiben, um der Welt zu helfen.‹
> ›Ich bin so wenig wert, ich wäre keine große Hilfe‹, erwiderte ich.
> ›Durch deine Gebete und dein Leiden wirst du der Welt helfen‹, antwortete er.
> ›Wenn ein Mensch in den Himmel kommt, ist er dann tot?‹
> ›Ein Mensch stirbt nicht‹, erklärte er.«

Von Jacinta und Mari Cruz sind keine Lokutionen bekannt. Zum allergrößten Teil konzentrierte sich das Geschehen jetzt auf Conchita. Sie sollte fortan das wichtigste Sprachrohr der Gottesmutter von Garabandal werden.

21.

Die Päpste-Prophezeiung

Man hatte es erwartet und doch war es für alle ein Schock. Seit Wochen wusste die gesamte Christenheit, dass der Mann, den sie *il Papa buono*, »den gütigen Papst«, nannten, den alle wegen seines grenzenlosen Optimismus, seines warmen Humors und seiner tiefen Menschlichkeit liebten, nach nicht einmal fünf Jahren auf der Kathedra Petri im Sterben lag. Doch trotzdem war die Welt erschüttert, als der Vatikan am Abend des Pfingstmontags, des 3. Juni 1963, den Tod Johannes' XXIII., bürgerlich Angelo Giuseppe Roncalli, bekannt gab. Er war nach Tagen der Agonie nicht einmal acht Monate nach Eröffnung des von ihm einberufenen Konzils seinem Krebsleiden erlegen.

Fast zeitgleich begannen bis in die hintersten Winkel der Erde die Kirchenglocken ihr Trauergeläut und brachten die erschütternde Kunde in die Häuser und Wohnungen von etwa 450 Millionen Katholiken. Auch in Garabandal verkündeten die wehmütig läutenden Glocken im Turm der Dorfkirche den Tod des Roncalli-Papstes, hallte ihr blecherner Klang in der kleinen Küche der Witwe Aniceta González wider, auf deren Bank ihre mittlerweile 14-jährige Tochter Conchita saß.

»Hörst du, sie läuten die Glocken!«, meinte das Mädchen.

»Das ist wegen des Papstes«, erwiderte die Mutter, während sie das Abendessen zubereitete.

»Sicher ... jetzt bleiben noch drei.«

Erst jetzt blickte Aniceta auf und sah zu ihrer Tochter hinüber:

»Was sagst du?«

»Was ich gehört habe. Dass nur drei Päpste bleiben.«

»Und wo hast du das aufgeschnappt?«

»Ich habe das nirgendwo aufgeschnappt. Die selige Jungfrau hat es mir gesagt.«

»Meinst du, dass danach das Ende der Welt kommt?«, wollte ihre Mutter wissen.

»Die selige Jungfrau sagte nichts vom ›Ende der Welt‹, sondern von der Endzeit.«[17]

»Ist das nicht dasselbe?«

»Das weiß ich nicht.«

Es ist die geheimnisvollste und zugleich beunruhigendste Prophezeiung von Garabandal, die Conchita damals aussprach. Sie hilft nicht nur, die von der Gottesmutter angekündigten endzeitlichen Ereignisse – die Warnung und das Wunder – zeitlich einzuordnen, und erklärt, weshalb jede »Naherwartung«, wie sie im Dorf kursierte, völlig unzutreffend war. Sie würde auch bedeuten, dass wir heute, rund 60 Jahre nach dem Tod Johannes' XXIII., inmitten der Endzeit leben – und uns deshalb die Mahnungen Mariens viel direkter betreffen als die Augenzeugen der Ekstasen und Lokutionen der Seherkinder.

Conchitas Päpste-Prophezeiung wird noch erstaunlicher durch eine Ergänzung, die das Mädchen machte, als es am nächsten Tag mit seiner Mutter, seiner Tante Maximina und Paquina de la Roza Velarde, der Frau von Dr. Ortiz, zu einer Totenmesse ging, die der Pfarrer in der Dorfkirche für den verstorbenen Papst zelebrierte. Auf dem Weg sprachen die Frauen über die Folgen seines Todes:

17 Conchita benutzte die spanische Formulierung *el fin de los tiempos*, die für den eschatologischen Begriff der »Endzeit« benutzt wird, wörtlich aber auch »das Ende unserer Epoche« bedeutet.

Paquina: »Wahrscheinlich endet jetzt mit dem Tod des Papstes auch das Konzil ...«

Conchita unterbrach: »Ein anderer Papst wird kommen und das Konzil fortführen ...«

Paquina: »Nun, ganz sicher wird ein neuer Papst kommen, aber was das Konzil betrifft, wäre ich mir da nicht so sicher. Vielleicht denkt der neue Papst ja ganz anders als Johannes XXIII.«

Conchita ließ keinen Zweifel zu: »Ein anderer Papst wird kommen und das Konzil fortsetzen.«

Paquina: »Du scheinst dir da ziemlich sicher zu sein, aber so sicher ist das nicht. Es kann auch ganz anders kommen.«

Conchita: »Ich sage Ihnen, und ich wiederhole es noch einmal: Ein anderer Papst wird kommen und das Konzil wird fortgesetzt. Und ich sage Ihnen auch, dass nur drei Päpste übrig bleiben ...«

Paquina: »Ach, du beziehst dich auf die Prophezeiung des heiligen Malachias?«

Conchita: »Heiliger Malachias? Den Namen höre ich zum ersten Mal. Die selige Jungfrau sagte mir, dass nach diesem Papst noch drei übrig bleiben und danach die Endzeit kommt.«

Paquina: »Du meinst das Ende der Welt?«

Conchita: »Die selige Jungfrau sagte: ›Die Endzeit.‹«

Paquina: »Ist das nicht dasselbe?«

Conchita: »Das weiß ich nicht.«

Nach der Totenmesse, als sie wieder zu Hause waren, kam Aniceta noch einmal auf das Thema zu sprechen, das ihr einfach keine Ruhe ließ. Sie wollte sichergehen, dass sie Conchita wirklich richtig verstanden hatte, vielleicht aber auch herausfinden, ob ihre Tochter sich dabei in Widersprüche verstrickte.

Aniceta: »Sag mal ehrlich, woher weißt du denn, dass noch drei Päpste kommen?«

Conchita: »Von der seligen Jungfrau. Eigentlich sind es noch vier, aber einen zählt sie nicht mit.«

Aniceta: »Warum zählt sie einen nicht mit?«

Conchita: »Das hat sie nicht gesagt; sie sagte nur, dass sie einen nicht mitzählt. Sie sagte aber, dass einer nur kurze Zeit regieren wird.«

Aniceta: »Zählt sie den vielleicht nicht mit?«

Conchita: »Das weiß ich nicht.«

Aniceta: »Und was kommt dann?«

Conchita: »Das hat sie nicht gesagt.« Nach einer kurzen Pause ergänzte sie: »Die selige Jungfrau hat zu uns einige Male davon gesprochen, dass Jesus, ihr Sohn, wiederkommen wird, aber ob er dann kommt, weiß ich nicht.«

Aniceta: »Ist das alles?«

Conchita: »Ja! Doch sie hat auch gesagt: ›Die Getrennten [Kirchen oder Christen, d. Verf.] werden wieder vereint sein. Es gibt dann nur noch eine Konfession.‹«

Aniceta: »Mir ist es lieber, dass du darüber nicht mehr sprichst! Hast du verstanden?« Sie fürchtete, dass ihre Tochter wieder ins Gerede kam. Doch am Abend des 13. November 1965 erzählte sie selbst in Beisein von Zeugen dem deutschen Autor und Garabandal-Experten Albrecht Weber von diesem dritten Dialog, der damit ebenso gut bezeugt ist wie die beiden ersten.

Tatsächlich folgten auf Johannes XXIII. bislang aber keine drei oder vier, sondern fünf Päpste, nämlich:

- Paul VI. (1963–1978)
- Johannes Paul I. (26.8.–28.9.1978)
- Johannes Paul II. (1978–2005)
- Benedikt XVI. (2005–2013)
- Franziskus (seit 2013)

Dabei ist zunächst einmal bemerkenswert, dass Conchita schon 1965 von einem Papst sprach, der »nur kurze Zeit regieren wird« und daher von ihr zunächst nicht mitgerechnet wurde; eine Prophezeiung, die auf erstaunlich präzise Weise wahr wurde durch das nur 33 Tage dauernde Pontifikat des »lächelnden Papstes« Johannes Paul I.[18] Doch selbst wenn wir den Luciani-Papst bei Conchitas »3+1-Zählweise« berücksichtigen, wäre der letzte Papst, der laut der Seherin »übrig bleibt«, Benedikt XVI. Wurde Garabandal also durch die Wahl von Papst Franziskus am 13. März 2013 – ausgerechnet einem Fátima-Tag! – widerlegt?

Anhänger einer pseudokatholischen Sekte, die sich auf die angeblich durch automatisches Schreiben – eine okkulte Praxis! – offenbarten Botschaften der irischen Geschäftsfrau und Agenturchefin Mary Carberry-McGovern alias »Maria Divine Mercy« berufen, behaupten stattdessen, dass Benedikt XVI. noch immer der einzig legitime Papst, Franziskus aber ein Usurpator auf dem Thron Petri, ja sogar der »falsche Prophet« aus der Offenbarung des Johannes sei. Das ist natürlich Unsinn, zumal der Rücktritt Benedikts XVI. aus nachvollziehbaren gesundheitlichen Gründen geschah und er eben nicht, wie Carberry-McGovern behauptet, »aus dem Vatikan vertrieben« wurde (er wohnt nach wie vor im Kloster Mater Ecclesiae in den Vatikanischen Gärten). Dass auch Conchita in Franziskus einen legitimen Papst sieht, geht aus ihrer Prophezeiung hervor, das Wunder würde geschehen, »wenn der

18 Als Conchita 1966–1967 die Schule der Missionsschwestern von der Unbefleckten Empfängnis besuchte, vertraute sie der Schulleiterin, Mutter Maria de las Nieves García, an, einer der vier Päpste würde »Papa Papa« genannt werden, was so viel wie »großer Papst« bedeute, und sei »a muy amante de la Virgin«, ein großer Verehrer der Gottesmutter. Da wir in ihm unschwer den großen heiligen Johannes Paul II. erkennen, bleibt zu fragen, ob sie seinen Namen nur falsch verstanden hat und es statt »Papa Papa« eher »Papa JP« (spanisch ausgesprochen: »Jo-Pe«) heißen müsste.

Papst nach Russland geht«. Kein Papst hat diese Reise bislang angetreten und es ist ausgeschlossen, dass der mittlerweile 95-jährige Benedikt XVI. sie unternimmt; also ist es an Franziskus (oder seinem Nachfolger), sie anzutreten.

Dann aber kann die Prophezeiung der »vier (3+1) Päpste« nur eines bedeuten (zumindest wenn wir von der Zuverlässigkeit ihrer Quelle ausgehen) und das ist, dass noch vor der Wahl von Papst Franziskus die Endzeit angebrochen ist!

Das deckt sich erstaunlicherweise mit der Päpste-Prophezeiung, die dem heiligen Malachias zugeschrieben wird, obwohl sie wahrscheinlich auf den römischen Heiligen Philipp Neri zurückgeht.[19] Dort wird allen Päpsten bis Benedikt XVI. ein prophetischer Titel verliehen, bevor es zu einem auffälligen Bruch in der Aufzählung kommt:

- *Flos florum* (»Blume der Blumen«): Paul VI., der drei Lilien im Wappen trug;
- *De medietate lunae* (»Vom halben Mond«): Johannes Paul I., dessen Pontifikat bei Halbmond begann und beim nächsten Halbmond schon wieder endete;
- *De labore solis* (»Von der Arbeit der Sonne/Sonnenfinsternis«): Johannes Paul II., der während einer Sonnenfinsternis geboren wurde. Höhepunkt seines Pontifikats war das Heilige Jahr 2000, dem die große europäische Sonnenfinsternis vom 11. August 1999 vorausging. Er wurde zum Zeitpunkt einer partiellen Sonnenfinsternis beigesetzt;
- *Gloria olivae* (»Ruhm des Ölbaums«): Benedikt XVI., der nicht nur aus dem von den Olivetanern=Benediktinern geprägten Bayern stammt und sich nach dem heiligen Benedikt von Nursia benannte, sondern der auch dem Judentum

19 Siehe Michael Hesemann: *Menetekel – Prophezeiungen, Visionen, blutende Hostien. Ungelöste Rätsel der Christenheit*, Bd. 2, Paderborn 2017.

den Ölzweig des Friedens reichte; zur Erinnerung an seinen Besuch in Israel schenkte ihm Ministerpräsident Netanjahu einen Ölbaum für die Vatikanischen Gärten.

Danach folgt der einzige längere Text in der malachianischen Päpste-Prophezeiung:

> *In persecutione extrema S.R.E. (Sanctae Romanae Ecclesiae) sedebit. Petrus II. Romanus, qui pascet oves in multis tribulationibus, quibus transactis civitatis septicollis diruetur et judex tremendus judicabit populum suum. Finis.* – »Der während der letzten (oder schlimmsten) Verfolgung der Heiligen Römischen Kirche regiert. Petrus II. von Rom, der seine Schafe in vielen Drangsalen weidet; wenn diese vorbei sind, wird die Siebenhügelstadt zerstört und der furchtbare Richter sein Volk richten. Ende.«

Hier werden offenbar die beiden Päpste der Endzeit genannt, die auch als »Zeit der Drangsal« beschrieben wird, nämlich

- in persecutione extrema: Franziskus und
- Petrus II. Romanus: sein Nachfolger.[20] In dessen Pontifikat findet das Strafgericht statt.

Gibt es Hinweise darauf, dass noch während des Pontifikats von Benedikt XVI. die Endzeit anbrach oder sich zumindest eine Zeitenwende andeutete? Diese Hinweise gibt es. Denn welthistorische Wenden haben immer ihre Vorgeschichte. So erstaunte viele, dass die Gottesmutter den Kindern von Fátima ankündigte, der Zweite Weltkrieg würde während des

20 Der Punkt nach »sedebit« deutet meines Erachtens darauf hin, dass die Prophezeiung von zwei Endzeitpäpsten spricht; ansonsten wäre Franziskus tatsächlich der letzte römische Papst!

Pontifikats von Pius XI. beginnen, der am 10. Februar 1939 verstarb. Tatsächlich aber begann Hitlers Expansionspolitik nicht erst mit seinem Einmarsch in Polen am 1. September 1939, dem »offiziellen« Beginn des 2. Weltkriegs, sondern schon mit der Annexion Österreichs am 12. März 1938 und damit tatsächlich noch während des Pontifikats des Ratti-Papstes. Genauso kann der Ursprung der Ereignisse, die zu der momentanen Weltkrise führten, im Jahr 2009 verortet werden, als der amerikanische Präsident Barack Hussein Obama einen entscheidenden Schritt zur Verwirklichung der masonischen »Neuen Weltordnung« unternahm. Damals, am 4. Juni 2009, gab Obama mit seiner »Kairoer Rede« den Startschuss zum »Arabischen Frühling«, einer Welle von Aufständen in der muslimischen Welt. Dabei ging es jedes Mal um den Sturz eines laizistischen, aber meist diktatorisch regierenden Staatsoberhauptes, auf den eine Phase der Demokratie folgen sollte, bis bei den ersten freien Wahlen Islamisten an die Macht kommen, deren Ziel die Einführung der Scharia, des islamischen Rechtes, ist. Das wiederum bedeutet die Vertreibung oder zumindest verstärkte Diskriminierung und Entrechtung christlicher Minderheiten und eine vermehrt aggressive Rhetorik gegen Israel. Dabei wurden die Islamisten je nach Couleur von den USA, der Türkei, Katar oder Saudi-Arabien unterstützt. Ein Paradebeispiel dafür war Ägypten, wo 2011 Staatspräsident Mubarak entmachtet wurde, bei den Wahlen 2011 und 2012 der Muslimbruder-Terrorist Mohammed Mursi an die Macht kam und bereits zur »Befreiung Jerusalems« aufrief, bis ein Militärputsch Gott sei Dank die Umwandlung des Landes in einen Scharia-Staat im letzten Augenblick verhinderte.

In Syrien dagegen führten die inszenierten Proteste gegen den laizistischen Präsidenten Assad, der sich bei den Christen des Landes großer Beliebtheit erfreut, ab 2011 zu einem blutigen Bürgerkrieg, dem eine halbe Million Menschen zum Opfer fielen. Als die mit Russland verbündete Assad-Regierung im Sommer 2013 wieder die Oberhand gewann, versuchte die Türkei als Drahtzieher der islamofaschistischen Muslimbruderschaft, sie durch eine False-Flag-Operation international zu diskreditieren und ein Eingreifen der USA unter Obama zu legitimieren. Der vom türkischen Geheimdienst inszenierte Giftgasanschlag auf Ghuta, einen Vorort von Damaskus, war maßgeschneidert nach dem, was Obama zuvor als »rote Linie« definiert hatte, die zu einer US-Intervention führen würde. So kündigte er am 1. September 2013 einen US-Militäreinsatz in Syrien an. Papst Franziskus war alarmiert und rief für den 7. September einen weltweiten Tag des Fastens und Betens für den Frieden aus. Einen Tag später verkündete der russische Außenminister Lawrow die Bereitschaft Syriens, unter UN-Kontrolle alle Chemiewaffen zu vernichten. Am 9. September verweigerte der amerikanische Kongress Obama die Gefolgschaft; in letzter Sekunde konnte damals der Ausbruch eines Dritten Weltkriegs verhindert werden. Russland dagegen engagierte sich fortan aktiv im syrischen Bürgerkrieg und trug Seite an Seite mit Assads Truppen zur Zerschlagung der islamistischen Terrorgruppen bei.

Obama dagegen nahm jetzt die Ukraine ins Visier, um Putins Russland in die Grenzen zu weisen. Im November 2013 wurden nach dem Vorbild des »Arabischen Frühlings« in Kiew Proteste gegen den frei gewählten, russlandfreundlichen Präsidenten Victor Janukowitsch inszeniert, die zu dessen Sturz führten. Stattdessen kam eine US-freundliche Regierung an die Macht, zu deren ersten Handlungen der Transfer der ukrainischen Goldreserven in die USA gehörte. Eine Amerikanerin, Mitarbeiterin des US-Außenministeriums, wurde neue Finanzministerin der Ukraine. Es folgte eine Politik der Provokation Russlands durch gezielte Diskriminierung der russischsprachigen Minderheit im Land. Die Grenzen nach Russland sollten geschlossen werden, Russisch als Sprache aus dem öffentlichen Leben verschwinden. Zudem wurde auf Betreiben des neuen ukrainischen Präsidenten Poroschenko die autokephale »Orthodoxe Kirche in der Ukraine« gegründet, um die dem Moskauer Patriarchat unterstellte (also de facto russisch-orthodoxe) »Ukrainisch-Orthodoxe Kirche des Moskauer Patriarchats« zu ersetzen. Dabei kam es zu massenhaften Enteignungen russisch-orthodoxen Kirchenbesitzes. Als sich die russische Minderheit wehrte, auf der Krim in einem Referendum für den Anschluss an Russland stimmte und den Donbass, die Region an der russischen Grenze, für autonom erklärte, kam es zum Bürgerkrieg. Acht Jahre lang belagerte und beschoss die Kiewer Regierung, von der Welt weitgehend unbeachtet, die Rebellengebiete. Während der Friedenspräsidentschaft von Donald Trump (2017–2021) wurde auf eine Eskalation verzichtet. Doch kaum kam im Januar 2021 in den USA der ehemalige Vizepräsident Obamas, Joe Biden, an die Macht, der sich bereits 2014–2016 für die Amerikanisierung der Ukraine eingesetzt hatte, eskalierte die Lage. Nur zwei Monate später, im März 2021, erklärte der neue ukrainische Präsident Wolodymyr Selenskij die Rückeroberung des Donbass zum wichtigsten Ziel seiner Regierung und forderte die NATO zur Unterstützung auf. Im Gegenzug verlegte Russland immer mehr Truppen an die Grenze, um schließlich am 24. Februar 2022 in die Ukraine einzufallen. Die weltweite Empörung über den brutalen und völkerrechtswidrigen Angriffskrieg führte zu weitreichenden Sanktionen gegen Putins Russland und zu Waffenlieferungen an die Ukraine. Der Konflikt hat durchaus das Potenzial für einen Dritten Weltkrieg, gleich, wie er sich in den nächsten Monaten entwickeln wird.

Während im Westen fast unisono für eine Unterstützung der überfallenen Ukraine geworben wird, indem man, wie es heißt, die Freiheit Europas gegen den »asiatischen Despoten« Putin verteidigt, setzt Papst Franziskus auf friedensstiftende

Diplomatie und die Macht des Gebetes. Am 24. März 2022 wiederholte er die feierliche Weihe Russlands und jetzt auch der Ukraine an das Unbefleckte Herz Mariens, wie sie die Gottesmutter von Fátima 1917 und 1929 erbeten hatte. Die erste Weihe durch Pius XII. am 31. Oktober 1942 hatte immerhin zur entscheidenden Wende im Zweiten Weltkrieg, die letzte durch Johannes Paul II. am 25. März 1984 zum Zusammenbruch der Sowjetunion und der in Fátima prophezeiten Bekehrung Russlands (vom atheistischen Kommunismus zum orthodoxen Christentum) geführt. Zudem bemüht Franziskus sich seit Mitte März 2022 um ein Treffen mit dem russischen Präsidenten Wladimir Putin, wie er am 3. Mai in einem Interview mit der italienischen Tageszeitung *Corriere delle Sera* erklärte. Er sei bereit, nach Moskau zu reisen, wenn das dazu beitragen könne, den Krieg gegen die Ukraine zu beenden:

> »Bisher haben wir noch keine Antwort erhalten, aber wir beharren weiterhin darauf, auch wenn ich fürchte, dass Putin dieses Treffen zum jetzigen Zeitpunkt nicht wahrnehmen kann und will. Aber wie kann man eine solche Brutalität sonst stoppen?«

Ein Besuch in Kiew dagegen sei nicht geplant. »Ich spüre, dass ich nicht gehen sollte. Zuerst muss ich nach Moskau gehen, zuerst muss ich Putin treffen.« Ohne ihr Recht auf Selbstverteidigung grundsätzlich infrage zu stellen, bezweifelte der Papst, dass Waffenlieferungen an die Ukraine der richtige Weg seien. Gerade der Waffenhandel führe doch zu Kriegen, erklärte Franziskus und bezeichnete diesen als einen »Skandal, dem nur wenige widersprechen«. Der Papst sprach auch von einer »Wut, die vielleicht durch das ›Gebell‹ der NATO an den Toren Russlands ausgelöst wurde«, was den Kreml dazu gebracht habe, »falsch zu reagieren und den Konflikt zu entfesseln«. Natürlich setzte er sich damit zwischen alle Stühle, weil er verlangte, konsequent nach den Lehren Jesu zu handeln.

Doch mit dem Plan des Papstes, nach Moskau zu reisen, sind wir wieder mitten in den Botschaften von Garabandal angelangt. Denn laut Conchita gibt es ein untrügliches Zeichen dafür, dass wir uns in der Zeit der Drangsal und unmittelbar vor der Warnung und dem Wunder befinden, und das sei »wenn der Papst nach Russland geht, nach Moskau. Sobald er in den Vatikan zurückkehrt, werden gewalttätige Verfolgungen ausbrechen.«

Droht dann auch ein Dritter Weltkrieg? 1962, als die Welt fürchtete, dass die Krise um die Stationierung sowjetischer Atomwaffen auf der Insel Kuba eskalieren könnte, fürchteten auch die Bewohner von Garabandal einen Dritten Weltkrieg. Damals fragte Conchita bei einer Erscheinung die Gottesmutter: »Wird es einen Krieg geben?«, und die Antwort lautete: »Hab keine Angst, es wird keinen weiteren Weltkrieg geben. Gott wünscht keinen Krieg für seine Kinder.« Allerdings ist fraglich, ob sich diese Antwort auf die Situation von 1962 oder auch auf die fernere Zukunft bezog. Immerhin betonte Lúcia, die Seherin von Fátima, dass nach Aussagen der Gottesmutter 1985 ein globaler Atomkrieg ausgebrochen wäre, wenn der Papst nicht 1984 Russland und die Welt der Gottesmutter geweiht hätte. Die Zukunft allein wird zeigen, was sie 1962 in Garabandal wirklich meinte.

Gut möglich ist, dass Conchita die Antwort kennt. Noch einmal erschien ihr die selige Jungfrau an ihrem Namenstag, dem 8. Dezember. Es war noch dunkel an diesem eisigen Wintermorgen, nur der Schnee glitzerte in der Stille dieser frühen Stunde. Die Uhr zeigte 5.30 Uhr, als Conchita ihre Mutter weckte und sie bat, sie zur Kirche zu begleiten. Vor dem verschlossenen Portal fiel das Mädchen auf die Knie, ohne die eiskalten, schneebedeckten Steine der Straße zu spüren. Aniceta verstand nur wenig von dem, was ihre Tochter in Ekstase murmelte, und so fragte sie diese anschließend nach dem Inhalt des Dialogs: »Die selige Jungfrau gratulierte mir zu meinem Namenstag, um mir danach zu sagen: ›Du wirst nicht glücklich auf der Erde, aber du wirst es im Himmel sein‹«, erklärte Conchita. »Anschließend sagte sie mir noch ein paar Dinge … sie sprach mit mir über zukünftige Ereignisse …«

»Kannst du sie mir sagen?«

»Nein, sie sagte mir, ich solle nicht darüber sprechen.«

22.

Die Warnung

Verlief das Jahr 1963 eher unspektakulär in Garabandal, wurde es 1964 noch stiller um die Erscheinungen. Lediglich aus den Briefen ihrer Tante Maximina wissen wir, dass in der jetzt 15-jährigen Conchita der Wunsch wuchs, in ein Kloster einzutreten. »Die Welt interessiert sie nicht sonderlich«, heißt es in einem der Briefe, »sie ist eher mit den jüngeren Kindern zusammen, vor allem mit meiner Tochter und den Mädchen ihres Alters.« Nach wie vor hatte sie ihre monatlichen Lokutionen, aber keine Erscheinungen mehr. Doch auch von deren Inhalt ist wenig bekannt mit einer Ausnahme. Am 2. August schrieb sie Pater Ramón, dem Bruder des verstorbenen Pater Luis, dass dieser »am Tag nach dem Wunder aus seinem Grab erhoben würde und man seinen Leichnam intakt und unverwest vorfinden wird«. Tatsächlich wurde das Ordensseminar, auf dessen Friedhof er bestattet worden war, 1976 aufgegeben und sein Sarg, zusammen mit denen anderer Jesuitenpatres, exhumiert. Während behauptet wurde, man habe dabei seinen Sarg geöffnet und nur noch sein Skelett vorgefunden, widersprach sein Bruder Alejandro Andreu diesem Gerücht. Tatsächlich sei der Sarg auf Anweisung des Jesuiten-Provinzials ungeöffnet in das Jesuitenkolleg von Loyola überführt und dort beigesetzt worden. Es ist also unbekannt, in welchem Zustand sich sein Leichnam heute befindet.

Ansonsten schien 1964 für die drei Seherinnen eine Zeit der Ruhe und Besinnung, aber auch der Rückkehr in den Alltag gewesen zu sein, bevor es ein Jahr später zum großen Finale kam. Die Stimmung im Dorf dagegen war von wachsender

Skepsis und Entfremdung geprägt. Das vorhergesagte große Wunder war noch immer nicht eingetroffen und all die kleinen Wunder, deren Zeuge man geworden war, schienen in weite Ferne gerückt, ja in Vergessenheit geraten zu sein. Wer jetzt ins Dorf kam und einen beliebigen Bewohner fragte, was denn mit den Erscheinungen sei, erhielt fast unisono dieselbe Antwort: »*Ay, Señor*. Da war nichts.«

Nur eine einzige Lokution ist für 1964 bezeugt, wieder am 8. Dezember, dem Namenstag Conchitas. Doch dieses Mal verhieß die Botschaft ein Ereignis der Zukunft, über das die junge Seherin sehr wohl sprechen, ja das sie der Welt verkünden sollte: »Am 18. Juni wirst du den Erzengel Michael sehen.«

Sie ahnte zu diesem Zeitpunkt noch nicht, dass sie keineswegs noch ein halbes Jahr zu warten brauchte. Kaum hatte das neue Jahr begonnen, am 1. Januar 1965, sollte ihr die Gottesmutter wieder erscheinen und ihre Offenbarung über die »letzten Ereignisse«, das Wunder und das Strafgericht, um ein drittes Geheimnis erweitern – die Ankündigung einer »Warnung« (spanisch: *aviso*[21]) für die ganze Welt.

Als der Abend des ersten Tages im neuen Jahr dämmerte, trieben zwei Hirtenkinder aus dem Dorf, Joaquina (12) und Urbano (9), ihre kleine Schafherde von der Weide zum Stall, wobei sie an der Gruppe von Kiefern, die sich oberhalb des Dorfes erhebt, vorbeigehen mussten. Kaum hatten sie diese erreicht, bemerkten sie etwas, das den älteren Dorfbewohnern sicher vertraut war, ihnen aber ganz außergewöhnlich erschien. Unter einem der Bäume kniete ein Mädchen, die Hände gefaltet, den Kopf in den Nacken gelegt, den Blick

21 Das spanische Wort *aviso* kann man besser noch als »Ankündigung« übersetzen. Allerdings hat sich in deutschen wie amerikanischen Garabandal-Kreisen das Wort »Warnung«/»Warning« durchgesetzt, weshalb auch wir es hier benutzen.

Conchita in Ekstase bei den Kiefern

starr zum Himmel gerichtet. Als sie näher kamen, so weit, wie es ihre Sorge um die Schafe erlaubte, bemerkten sie, dass die junge Frau sprach, ja einen Dialog mit einem unsichtbaren Gegenüber zu führen schien. Es war Conchita, die gerade ihre erste Erscheinung seit 13 Monaten hatte und eine der wichtigsten Botschaften der Gottesmutter empfing. Doch trotz der unbestreitbaren Relevanz der Worte Mariens vom 1. Januar 1965 dauerte es noch Monate, bevor sie es wagte (oder die Erlaubnis erhielt), über ihren Inhalt zu sprechen.

Noch keine Andeutung machte Conchita am 12. Januar in einem Brief an Pater Laffineur, einen französischen Priester, der regelmäßig nach Garabandal gekommen war. Sie verriet ihm, dass sie am Neujahrstag »die Jungfrau bei den Kiefern gesehen« habe, doch von der Botschaft der Erscheinung schrieb sie kein Wort. Als der Priester nach weiteren Details fragte, antwortete das Sehermädchen ein paar Wochen später eher ausweichend:

»Die selige Jungfrau scheint das gleiche Alter zu haben wie beim ersten Mal, als ich sie sah [am 2. Juli 1961, d. Verf.]. Das gleiche wie in den vergangenen Jahren. Etwa 18 Jahre.

Sie trägt ein weißes Gewand und einen himmelblauen Mantel.

Ein erstaunliches Licht, das die Augen nicht blendet, geht von ihr aus und umgibt sie gänzlich.

Außer dass ich am 18. Juni eine Ekstase haben werde, weiß ich nicht, ob die Erscheinungen wieder beginnen, ob nun nur mit mir oder uns allen vieren.

Die selige Jungfrau wird eine neue Botschaft geben, denn sie sagte: ›Die andere [vom 18. Oktober 1961, d. Verf.] ist kaum beachtet worden.‹ Daher wird die selige Jungfrau eine letzte Botschaft verkünden.«

Erst am 19. Juni, am Tag nach der Verkündigung der Botschaft (von der im nächsten Kapitel die Rede ist), versprach sie Pater Laffineur, der zu diesem Anlass nach Garabandal gekommen war: »Ich werde Ihnen von der Warnung schreiben, von der ich während der Erscheinung am 1. Januar erfahren habe, als ich allein bei den Kiefern war.« Und das ist, was sie ihm anschließend mitteilte:

»Die Warnung, die die selige Jungfrau uns senden wird, wird wie eine Strafe sein, um die Guten näher zu Gott zu bringen und um die anderen zu warnen, dass sie sich entweder bekehren oder empfangen, was sie verdienen.

Ich werde nicht sagen, woraus die Warnung besteht. Die selige Jungfrau sagte mir nicht, dass ich es erzählen soll. Und so gibt es darüber auch nicht mehr zu sagen.

Gott wünscht, dass wir durch die Warnung unser Leben ändern und weniger Sünden gegen ihn begehen!«

»Werden Menschen durch die Warnung sterben?«, wollte der Pater daraufhin wissen. Conchita antwortete mit einem kryptischen Satz:

> »Die Warnung selbst wird nicht ihren Tod verursachen, aber das, was sie dabei sehen und empfinden.«

Einige Wochen nach der Erscheinung vom 1. Januar war sie noch gesprächiger. Als sie mit ihrer Patentante Maximina zusammensaß, erklärte sie:

> »Vor dem Wunder wird es eine Warnung geben, sodass die Welt sich ändert.
>
> Sie sagte mir, dass wir eines Tages ein schreckliches Unglück erleiden werden und das in allen Teilen der Welt.
>
> Niemand von uns wird dem entkommen; die Guten, damit sie näher zu Gott geführt werden, und die Bösen, damit sie ihr Leben ändern. Sie sagte mir nicht, was es sei; aber sie erwartet es eines Tages. Es würde vor dem Wunder geschehen.
>
> Sie sagte, es sei angenehmer zu sterben, als auch nur fünf Minuten von dem zu erleiden, was da kommt. Sie sagte, dass es schrecklich sein wird, dass es ganz klar vom Himmel kommt. Menschen in jedem Teil der Welt werden darunter leiden.
>
> Ich [Maximina] fragte sie: ›Warum veröffentlichst du das nicht, sodass die Welt weiß, was geschehen wird?‹ Und sie erwiderte, sie sei es leid, Warnungen zu veröffentlichen, wenn die Welt ihnen keine Beachtung schenke.
>
> Sie sagte, dass die selige Jungfrau ihr erklärt habe, dass die Welt zwar an einen Himmel und eine Hölle glaubt, aber dass man sieht, dass wir wenig darüber nachdenken. Die selige Jungfrau sagte ihr auch, dass wir, wenn wir diese Strafe durchleiden, alles, was wir einander angetan haben mit unseren Sünden, das ganze Leiden und den Schmerz, die wir in uns

spüren, ihrem Sohn aufopfern sollten, denn er sei sehr verletzt durch das, was wir tun.

Ich fragte sie, wie lange diese Katastrophe andauern würde und sie sagte, dass sie dies nicht wüsste, aber dass wir es gleichermaßen in der Nacht und am Tag erleiden könnten.

›Werden wir sterben?‹, wollte ich wissen, und sie antwortete: ›Ich denke, wenn das geschieht, dann aus Angst.‹

›Und wenn wir in die Kirche gehen und beten?‹

›Ich denke auch, dass die Kirche der beste Ort ist, um das zu überstehen, nahe dem Allerheiligsten, sodass er uns Trost spendet und Kraft verleiht und uns hilft, es besser zu durchleiden.‹

›Seit du mir davon erzählt hast, blicke ich ständig zum Himmel auf und schaue, ob ich etwas sehe.‹

›Ich auch und wenn ich zu Bett gehe, schaue ich und habe große Angst. Doch ich wünsche mir auch, dass es kommt, damit wir doch noch unser Leben ändern, denn wir begreifen nicht, wie sehr wir den Herrn beleidigen.‹

›Nun, wenn wir sehen, dass es kommt, können wir doch alle in die Kirche gehen!‹

›Ich würde das tun! Aber vielleicht kommt es über uns in der Finsternis und wir sind dazu gar nicht in der Lage.‹

Wie schrecklich wird das sein. Wenn ich es nur so wiedergeben könnte, wie Conchita es erzählte … Sie sagte, dass sie, wenn sie nicht bereits wüsste, was das Strafgericht ist, glauben würde, dass die Warnung noch schlimmer wäre als das Strafgericht.«

Am 14. September 1965 beantwortete Conchita 18 Fragen, von denen sich vier mit der »Warnung« befassten:

Frage: »Ist die Warnung etwas Sichtbares oder eine innere Erfahrung oder beides?«

Conchita: »Die Warnung ist etwas, das direkt von Gott kommt. Sie wird in der ganzen Welt sichtbar sein, wo immer man auch gerade ist.«

Frage: »Wird die Warnung jedem Menschen in der Welt seine persönlichen Sünden offenbaren, auch Menschen anderen Glaubens einschließlich der Atheisten?«

Conchita: »Ja, die Warnung wird wie eine Offenbarung unserer Sünden sein und sie wird von jedem gleich gesehen und erlebt, von Gläubigen und Ungläubigen wie von Menschen jeder Religion.«

Frage: »Wird die Warnung dazu führen, dass viele Menschen der Toten gedenken?«

Conchita: »Die Warnung ist wie eine Reinigung für das Wunder. Und sie ist eine Art Katastrophe. Durch sie werden wir an die Toten denken in dem Sinne, dass wir lieber tot wären als die Erfahrung der Warnung durchzumachen.«

Frage: »Wird die Warnung von der Welt als direktes Zeichen Gottes erkannt und akzeptiert werden?«

Conchita: »Klar, und darum halte ich es für unmöglich, dass die Welt zu verhärtet sein wird, um sich nicht zu ändern.«

Am 22. Oktober 1965 hatte Conchita ein längeres Gespräch mit einer Spanierin, in dem es auch um die »Warnung« ging. Die Frau erwähnte eine Pressemeldung, nach der sich ein Komet der Erde nähern würde, und fragte, ob das die »Warnung« sein könnte. »Ich weiß nicht, was ein Komet ist«, erwiderte Conchita. »Wenn es etwas ist, das aus dem Willen der Menschen entstanden ist, antworte ich ›Nein.‹ Wenn es etwas ist, das Gott macht, ist es möglich.« Die Spanierin und das Mädchen gingen Arm in Arm zur Kirche. »Conchita, bete für mich, ich habe solche Angst«, meinte die Frau. »Ja, die Warnung wird schrecklich sein!«, erwiderte die Seherin, »viel, viel schrecklicher als ein Erdbeben … Es wird wie ein Feuer sein. Es wird unseren Körper nicht verbrennen, aber wir werden es an Leib und Seele spüren. Alle Nationen und alle Menschen werden es gleich spüren. Niemand kann ihm entgehen. Und selbst die Ungläubigen werden die Angst vor Gott spüren. Selbst wenn du dich in dein Zimmer einschließt und die Fensterläden schließt, kannst du ihm nicht entgehen, du wirst es trotzdem sehen und spüren … Die Gottesmutter hat mir den Namen dieses Phänomens gesagt. Dieses Wort existiert in den [spanischen, d. Verf.] Wörterbüchern. Es beginnt mit einem ›A‹. Aber sie hat mir weder den Auftrag gegeben, es zu sagen, noch es zu verschweigen.« – »Conchita, ich habe solche Angst!«, wiederholte die Frau. Liebevoll lächelnd drückte Conchita den Arm der Spanierin. »Oh, nach dieser Warnung wirst du Gott noch viel mehr lieben.«

Im März 1966 wiederholte sie in einem Brief an Pater Laffineur: »Die Warnung wird wie etwas Furchtbares sein, das sich am Himmel abspielt. Die heilige Gottesmutter hat mir das Ereignis mit einem Wort angekündigt, das im Spanischen mit einem ›A‹ beginnt.«

Ist es ein *asteroide* (»Asteroid«) oder sind es *auroras boreales* (»Nordlichter«)?

Im Oktober 1968 interviewte das Ehepaar Froelich aus New York die junge Frau (Conchita war zu diesem Zeitpunkt 19), und wieder beantwortete diese auch Fragen zur Warnung:

> Frage: »Einige sagen, die Warnung sei ein Naturphänomen, das Gott benutzt, um zur Menschheit zu sprechen …«
> Conchita: »Die Warnung ist etwas Übernatürliches, das die Wissenschaft nicht erklären kann. Sie wird gesehen und empfunden werden.«
> Frage: »Was ist gemeint mit der Aussage, dass wir während der Warnung uns selbst erkennen und die Sünden, die wir begangen haben?«

Conchita: »Die Warnung wird eine Korrektur des Gewissens der Welt sein.«
Frage: »Was ist mit den vielen Menschen, die Christus nicht kennen? Als was werden sie die Warnung verstehen?«
Conchita: »Jene, die Christus nicht kennen, werden glauben, dass es eine Warnung Gottes sei.«

Bei einem Interview im Februar 1977 ergänzte die Seherin:

»Es ist ein Phänomen, das in allen Teilen der Welt gesehen und empfunden wird. Ich gebe immer das Beispiel von zwei Sternen, die kollidieren. Dieses Phänomen wird keinen physischen Schaden verursachen, aber es wird uns verängstigen, denn in diesem Augenblick werden wir unsere Seele sehen und den Schaden, den wir angerichtet haben. Das wird sehr schmerzhaft sein, aber wir werden nicht an den Auswirkungen sterben, höchstens aus Angst oder durch den Schock, uns so zu sehen … Die selige Jungfrau sagte, dass die Warnung und das Wunder die letzten öffentlichen Ereignisse oder Warnungen sind, die Gott uns schenkt. Daher glaube ich, dass wir uns dann in der Endzeit befinden.«
Frage: »Wird die Warnung uns verletzen oder schädigen?«
»Nein. Für mich ist das so, wie wenn zwei Sterne kollidieren und dabei einen enormen Lärm machen und hell aufleuchten, aber nicht [zur Erde] stürzen. Es wird uns nicht physisch verletzen, aber wir werden es sehen. In diesem Augenblick werden wir unser Gewissen sehen. Wir werden all das Böse sehen, das durch unsere Handlungen geschah … und auch das Gute, das wir zu tun versäumt haben.«

Auch wenn uns die Begleitumstände ihrer Visionen nicht bekannt sind, so scheint es doch, dass auch Jacinta und Loli Botschaften über die Warnung empfingen. So erklärte Jacinta:

»Die Warnung ist etwas, das zuerst überall auf der Welt in der Luft gesehen wird und das sich sofort in das Innere unserer Seelen überträgt. Sie wird nicht lange dauern, aber das wird uns wie eine lange Zeit erscheinen, weil es diese Auswirkung auf uns hat. Es wird zum Besten unserer Seelen sein – damit wir in uns unser Gewissen erkennen … das Gute und Böse, das wir getan haben.

Es wird uns wie Feuer vom Himmel überkommen, das wir intensiv in unserem Inneren spüren. In seinem Licht wird jeder den Zustand seiner Seele in völliger Klarheit sehen; er wird spüren, was es bedeutet, Gott zu verlieren; er wird die reinigende Kraft des Feuers spüren. Kurz gesagt wird es so sein, als würde man das himmlische Gericht in seiner eigenen Seele noch vor dem Tod durchleben. Die Reinigung durch die Warnung ist notwendig, um uns für das Wunder bereit zu machen. Sonst wären wir nicht in der Lage, die übermenschliche und wunderbare Erfahrung des Wunders zu ertragen. Vielleicht ist Pater Luis Andreu so früh verstorben, weil er in jener Sommernacht des Jahres 1961 das Wunder sah, ohne zuvor die Warnung durchlitten zu haben.«

Laut Mari Loli ereignen sich die Warnung und das Wunder innerhalb eines Jahres. Aufhorchen lässt uns, was die Seherin am 19. Oktober 1982 in einem Interview erklärte:

Frage: »Erinnern Sie sich, was die heiligste Jungfrau über die Drangsal sagte, die der Warnung vorausgehen wird?«
Mari Loli: »Es wird so scheinen, als hätten die Kommunisten in der ganzen Welt die Macht, und es wird sehr schwer sein, seinen Glauben zu praktizieren, für die Priester, das Messopfer zu feiern und die Kirchentore offen zu halten.«
Frage: »Meinen Sie das, wenn Sie sagen, die Kirche würde verschwinden?«

Mari Loli: »Ja.«

Frage: »Ist das aufgrund der Verfolgungen und nicht, weil die Menschen ihre Religion nicht mehr praktizieren?«

Mari Loli: »Ja, ich nehme an, dass viele Menschen ihre Religion nicht mehr praktizieren. Diejenigen, die ihren Glauben noch praktizieren, werden das heimlich tun müssen.«

Frage: »Gilt das nur für Europa oder auch für andere Kontinente?«

Mari Loli: »Das weiß ich nicht, denn damals war Europa meine ganze Welt. Ich denke, das wird es sein. Die selige Jungfrau hat keinen besonderen Ort genannt. Ich denke, es könnte überall sein.«

Frage: »Die Weltlage ist also noch nicht schlimm genug, als dass die Warnung stattfinden könnte?«

Mari Loli: »Es wird [1982] noch nicht geschehen, denn es ist wahrscheinlich, dass es noch viel schlimmer wird.«

Frage: »Sie sagten, es würde für Priester schwierig sein, das Messopfer zu feiern. Sagte die selige Jungfrau Ihnen das oder denken Sie das aufgrund der prophezeiten kommunistischen Drangsal?«

Mari Loli: »Wenn ich mich richtig erinnere, sagte mir die Jungfrau das.«

Frage: »Und die Jungfrau sagte, es würde so scheinen, als wäre die Kirche verschwunden?«

Mari Loli: »Ja!«

Frage: »Sagte die selige Jungfrau auch, dass der Heilige Vater Rom verlassen müsse, wenn sich die Warnung zuträgt?«

Mari Loli: »Nein, aber was mir scheint, obwohl ich damals verwechselt haben könnte, was ich sah und was die heilige Mutter sagte, und nachdem so viele Jahre vergangen sind, ist, dass der Papst nicht offen in Rom bleiben kann, verstehen Sie? Sie werden ihn auch verfolgen und er wird sich wie alle verstecken müssen.«

Frage: »Sie sagten, dass, wenn die Warnung kommt, Flugzeuge in der Luft stehen bleiben und alle Motorfahrzeuge ebenfalls. Hat Ihnen die Gottesmutter das gesagt?«
Mari Loli: »Sie sagte, dass alles überall für einen Moment stoppen würde und dass jeder nachdenken würde und wir unser Innenleben sehen könnten.«
Frage: »Wird die Warnung von Geräuschen begleitet sein, etwa wie der Wind bläst?«
Mari Loli: »Wie ich mich erinnere, war es mehr wie ein enormes Schweigen, wie ein Gefühl der Leere. Alles war still. So habe ich es gesehen.«

1983 erklärte sie einer Frau Bocabeille, die in Madrid einen Garabandal-Kongress organisierte:

»Es wird in dem Augenblick sein, wenn die Welt die Ankündigung am notwendigsten braucht.« – »Wann ist das?« – »Es ist dann, wenn Russland einen großen Teil der freien Welt unvorhergesehen und plötzlich überfallen und überfluten wird … Gott will nicht, dass das so schnell geschieht. Auf alle Fälle wird die Warnung kommen, wenn Sie sehen, dass die Heilige Messe nicht mehr frei gefeiert werden kann; dann wird die Welt es am notwendigsten haben, dass Gott eingreift.«

Schließlich ergänzte Jacinta im August 1979, sie erinnere sich »an eine Invasion oder etwas, das als eine Invasion verstanden wurde; etwas sehr Schlimmes, wobei der Kommunismus eine wichtige Rolle spiele, aber ich erinnere mich nicht, welche Länder oder Regionen betroffen sein werden. Die heilige Jungfrau forderte uns auf zu beten [um es zu verändern]. Diese großen Ereignisse finden vor der Warnung statt, die sich dann ereignet, wenn die Situation am schlimmsten ist … das bezieht sich nicht nur auf eine Verfolgung; viele Menschen werden auch einfach aufhören, ihre Religion zu praktizieren.«

Tatsächlich ist die »Warnung« schon lange vor den Ereignissen von Garabandal von diversen Sehern und Heiligen angekündigt worden. Der englische Jesuitenpater und Märtyrer St. Edmund Campion (1540–1581) sprach bereits im 16. Jahrhundert von »einem großen Tag«, an dem »der schreckliche Richter das Gewissen aller Menschen offenlegen und jeden Menschen, gleich welcher Religion, ermahnen wird. Das ist der Tag der Veränderung.« Die sel. Mystikerin Anna Maria Taigi (1769–1837) erklärte: »Eine große Reinigung wird über die Welt kommen. Ihr geht eine Erleuchtung des Gewissens voraus, wenn jeder sich selbst so sehen wird, wie Gott ihn sieht.«

Auch der italienische Mystiker Stefano Don Gobbi (1930–2011), Gründer der Marianischen Priesterbewegung, erfuhr bei einer Marienerscheinung von der Warnung als »etwas so Großem, dass es alles übertrifft, was seit Anbeginn der Welt geschehen ist. Es wird ein Jüngstes Gericht im Kleinen sein und jeder wird sein eigenes Leben und alles, was er getan hat, im Lichte Gottes sehen.«

Seit es im März 2016 von einer Pilgerreise nach Medjugorje zurückkam, erlebte das aus Sizilien stammende Ehepaar Gisella und Gianni Cardia aus Trevignano Romano (33 km nördlich von Rom) Zeichen und Wunder. Zuerst begann eine kleine Madonnenstatue, die sie in Medjugorje gekauft hatten, blutige Tränen zu vergießen. Dann wiederholte sich das »Tränenwunder« bei einem Bild des Barmherzigen Jesus (nach Sr. Faustina) aus Rom. Bald darauf, seit Juni 2016, haben beide Erscheinungen der Gottesmutter und empfingen von ihr Botschaften. Ein Sonnenwunder und diverse Zeichen am Himmel, die u.a. auch fotografiert und gefilmt wurden, scheinen ihren übernatürlichen Ursprung zu bestätigen. Einer Sammlung der Botschaften wurde in Polen die Imprimatur erteilt. Von Anfang an warnte die Erscheinung vor einer Pandemie, die auch Rom befallen würde. Immer wieder war aber auch von der »Warnung« (italienisch: *avvertimento*) die Rede, so zuletzt am 3. August 2021:

»Meine geliebten Kinder, ich bitte euch, bereit zu sein, denn die Warnung (*il avvertimento*) ist sehr nahe. Viele werden zu Gott zurückkehren, auch diejenigen, die nicht glauben, vor allem die Priester, die nicht an all das glauben, was ihr in dieser Zeit erlebt. Einige werden alles Mögliche finden, um das Gesehene zu verzerren, und sie werden nicht zugeben wollen, dass Gott alles tun kann. In diesem Moment werden sie ihre Wahl getroffen haben.«

In Sievernich bei Düren in der Voreifel erschien der Hausfrau und Mutter Manuela S. von 2000 bis 2005 die Gottesmutter als »Maria, die Makellose« (*Immaculata*) und seit 2018 Christus in Gestalt des Prager Jesuskindes. Zahlreiche mystische Phänomene, darunter eucharistische Wunder und ein Sonnenwunder vor vielen Zeugen, unterstreichen die Glaubwürdigkeit dieser beiden Erscheinungsserien.[22] Am 7. Oktober 2019, zum Rosenkranzfest, sahen Dutzende Zeugen während einer Eucharistischen Anbetung in der Dorfkirche das Prager Jesuskind in der Hostie. Anschließend erschien es Manuela S. im Freien und offenbarte ihr ein Wort, das ihr bislang unbekannt war: *aviso* – das spanische Wort, das die Kinder von Garabandal für die »Warnung« benutzt hatten. Dazu erklärte das Jesuskind:

»Wenn man mein Wort ändert, werde ich die Welt mahnen ... Wenn ich die Welt mahne, dann wird es für euch sein, als wenn die Zeit stillsteht. Und so schaut ihr eure eigene Seele. Vieles hat meine Mutter, meine heiligste Mutter, euch schon

22 Michael Hesemann (Hrsg.): *Im Namen des Kostbaren Blutes. Die Botschaften von Sievernich 2000–2022*, Kißlegg 2022.

auf der Erde gesagt, doch folgt ihr nicht ihren Worten. So oft hat sie euch schon auf der Erde besucht.«

Die Botschaft von Sievernich ist in zweierlei Hinsicht interessant. Einmal, weil eben nicht das gängige deutsche Wort »Warnung« benutzt wird, sondern das spanische *aviso*, das einen viel breiteren Bedeutungshorizont hat: Ankündigung, Bescheid, Nachricht, Alarmierung, Erinnerung, Warnhinweis oder, wie es das Jesuskind zu übersetzen scheint: Ermahnung. Und zweitens, weil hier Garabandal, wo das spanische Wort erstmals für dieses apokalyptische Ereignis benutzt wurde, ausdrücklich als authentische Marienerscheinung bestätigt wird.

Fassen wir also kurz zusammen, was den Seherkindern von Garabandal über dieses erste Ereignis der Trilogie »Warnung – Wunder – Strafgericht« offenbart wurde:

- Es ereignet sich nach dem Pontifikat Benedikts XVI.
- Es findet kurz nach einer wichtigen Synode statt.
- Es findet statt, nachdem der Papst aus Moskau zurückgekehrt ist.
- Der Kommunismus/Sozialismus, der tot geglaubt war, wird sich in der ganzen Welt, speziell auch in Europa, verbreiten.
- Es wird gerade eine Invasion stattfinden.
- Vorher wird es eine Zeit lang nicht möglich sein, die Heilige Messe zu feiern.
- Die Kirche wird in einer Krise sein, es wird schwierig, die Religion zu praktizieren.
- Der Kirche droht vorher ein Schisma, aber auch eine Annäherung an die Konfessionen der Orthodoxie.
- Es findet zeitgleich mit einem kosmischen Ereignis statt, evtl. der Kollision zweier Kometen.
- Es wird auf der ganzen Erde sichtbar sein, gleich, ob es dort gerade Tag oder Nacht ist.

- Es wird nicht lange dauern, höchstens fünf Minuten.
- Es wird wie ein Feuer sein, das man aber nicht körperlich spürt.
- Es ist etwas, das von Gott kommt, nicht vom Menschen.
- Es führt zu einer kollektiven Seelenschau bei Gläubigen wie Ungläubigen.
- Innerhalb eines Jahres folgt das Wunder.

Doch zuvor richtete die Gottesmutter noch einen letzten, prophetischen Appell an uns alle …

23.

Die letzte Botschaft

Als sich am 17. Juni 1965, dem Fronleichnamstag, die Sonne über dem Horizont erhob, trafen die ersten Schaulustigen und Pilger in San Sebastián de Garabandal ein. Es hatte sich herumgesprochen, ja die Presse hatte sogar davon berichtet, dass Conchita am nächsten Tag eine Erscheinung erwartete, mehr noch, dass der Erzengel Michael ihr die letzte Botschaft der Gottesmutter überbringen würde. Die Menschen wussten, dass der Platz im Dorf beschränkt war, es nur wenige Übernachtungsmöglichkeiten gab, und so zogen viele es vor, so früh wie möglich vor Ort zu sein. Schließlich wusste niemand, um welche Uhrzeit die Seherin in Ekstase fallen würde. Alles, von den frühen Morgenstunden bis in die späte Nacht, war möglich. So setzte schon am Vortag ein Strom ein, der in den nächsten 24 Stunden nicht abbrechen sollte, bevor er zur Mittagszeit des 18. Juni seinen Höhepunkt erreichte. Hunderte Fahrzeuge[23] mit Kennzeichen aus ganz Spanien, aber auch aus Frankreich, Italien, England und Deutschland waren am Wegesrand geparkt und dienten oft genug ihren Besitzern als Notunterkunft. Andere zogen es vor, auf den Straßen, den Türschwellen, in den Ställen, oder, wenn sie Glück hatten, in den Küchen und wenigen Gästezimmern der 60 Häuser des Dorfes zu übernachten, das, als die Nacht hereinbrach, einem Heerlager glich. Die mittlerweile zwei Tavernen hatten rund um die Uhr geöffnet und waren bis auf den letzten Platz

23 Eine Zählung geht von 140 Wagen aus dem Ausland und 50 aus Spanien aus.

Garabandal am 18. Juni 1965

gefüllt. Sogar aus den USA waren »Garabandalistas« angereist, während gleich zwei TV-Teams ihre Crew-Transporter nicht weit von den Wagen der *Guardia Civil* geparkt hatten: das der staatlichen spanischen Nachrichtenagentur NO-DO und das des italienischen Fernsehens, für das der beliebte Schauspieler Carlo Campanini, ein Schüler Pater Pios, aus Garabandal berichten sollte. Soldaten des 242. Kommandos der *Guardia Civil* sollten für Ordnung sorgen, doch das war eigentlich nicht nötig. Die Stimmung in der Menge war gut, voller Erwartung, aber auch von authentischer Frömmigkeit: Es wurde gebetet, gesungen, gebeichtet und trotz des bischöflichen Verbots wurden gleich mehrere Heilige Messen gefeiert, bei denen über 1500 Mal die heilige Kommunion ausgeteilt wurde.

Nur die wichtigste Person dieses Tages war zunächst nirgendwo zu finden, denn Conchita war krank. Seit Tagen litt sie unter einem grippalen Infekt, hatte noch am Morgen

39 Grad Fieber gehabt und unter Schüttelfrost gelitten. Böse Zungen unterstellten ihr, die Krankheit nur vorzutäuschen, um der Blamage zu entgehen, sollte die Erscheinung wider Erwarten ausbleiben. Doch sie lag tatsächlich im Bett auf Anweisung ihres Arztes und unter der strikten Kontrolle ihrer strengen Mutter Aniceta. So verzichtete sie auf die Teilnahme an der traditionellen Fronleichnamsprozession, für die auch Aniceta ihr Haus mit Blumen, Zweigen und einem Banner in den spanischen Nationalfarben mit der Aufschrift »Es lebe Christus, der König!« (*Viva Cristo Rey*) geschmückt hatte. Mit Tränen in den Augen hörte das Sehermädchen die Gesänge der Gläubigen, als die Prozession, in diesem Jahr größer und internationaler als je zuvor in der Geschichte des Dorfes, an ihrem Zimmer vorbeizog.

Conchita und ihre Mutter Aniceta González im Sommer 1964

Erst am Vormittag des 18. Juni, als Gläubige, Schaulustige und Reporter ihr Haus buchstäblich belagerten, öffnete Aniceta langsam, wie in Zeitlupe, die schwere Eichentür ihres Hauses und erlaubte ihrer Tochter, blass und in Schal und Pullover, als sei es noch Winter, vor die Menge zu treten.[24] Die mittlerweile 16-Jährige, von natürlichem Charme, zeigte ihr süßestes Lächeln und bemühte sich trotz erkennbarer Schwäche, allen Erwartungen zu entsprechen.

24 Tatsächlich hatten einige Vertraute sie schon am Nachmittag des 17. Juni besuchen dürfen.

Conchita am 18. Juni 1965, Filmaufnahmen

Sie küsste unzählige Medaillen, Skapuliere, Rosenkränze und Kruzifixe, unterschrieb Andachtskarten, beantwortete spontan die Fragen, die man ihr zurief, versprach, für die verschiedensten Anliegen zu beten, tröstete die Betrübten und umarmte die Kinder. Die Filmaufnahmen der Spanier und Italiener, die an diesem Tag entstanden, legen ein beredtes Zeugnis vom Charisma der 16-Jährigen ab. Trotz des immensen Ansturms, trotz Hunderter drängelnder und sie bedrängender Menschen, strahlte Conchita eine freundliche Gelassenheit, Bescheidenheit und natürliche Herzlichkeit aus. Poch Soler, ein Reporter der französischen Tageszeitung *Le Monde et la Vie*, war bezaubert: »Ich gestehe, dass dies der bewegendste Moment meiner journalistischen Karriere war. Noch nie hat eine Person mich mit solchem Respekt und Vertrauen erfüllt.«

Schließlich machte sich Conchita, begleitet von dem blinden Amerikaner Joey Lomangino, der in ihrem Elternhaus genächtigt hatte, auf den Weg in die Dorfkirche, wo Pater Marcelino Andreu SJ, ein weiterer Bruder des verstorbenen Jesuitenpaters Luis Andreu, das Messopfer feierte. Er war

Menschenauflauf vor Conchitas Elternhaus,
Filmaufnahme vom 18. Juni 1965

normalerweise als Missionar in Taiwan tätig, aber gerade auf Heimaturlaub.

Als Conchita aus der Kirche kam, warteten bereits dreißig Journalisten, Fotografen und Kameraleute auf sie. Die wichtigste Frage, die alle stellten, war, wann und wo die Erscheinung stattfinden würde. Die Seherin lächelte und erwiderte, sie wisse es nicht. Sicher sei nur, dass es eine Erscheinung gebe, »denn die selige Jungfrau hat es mir gesagt und sie lügt nicht«. Da wieder der Erzengel Michael erwartet wurde und es der 4. Jahrestag seiner ersten Erscheinung am 18. Juni 1961 um 20.30 Uhr war, kursierte bald das Gerücht, dass die versprochene Botschaft zu ebendieser Zeit empfangen würde. So warteten die Menschen vor Conchitas Elternhaus, einige stehend, andere kniend, betend oder singend. Doch nichts geschah.

In der Küche des Hauses hatte Poch Soler, der Journalist aus Frankreich, den Aniceta in ihr Haus eingeladen hatte, die Möglichkeit, der jungen Seherin ein paar Fragen zu stellen:

»›Bist du jetzt glücklich, Conchita?‹

›Sehr glücklich, mein Herr. Ich freue mich sehr.‹

›Weshalb?‹

›Weil ich heute den Engel sehen werde und das ist wundervoll.‹

›Hast du gesehen, wie viele Menschen nach Garabandal gekommen sind?‹

›Ich muss ständig an sie denken.‹

›Und was empfindest du angesichts dieser großen Menschenmenge?‹

›Meine Freude ist schwer in Worten auszudrücken. Wie glücklich wird die selige Jungfrau wohl sein?‹

›Bist du dir sicher, dass du heute den Engel sehen wirst?‹

›Ganz sicher.‹

›Zu welcher Zeit?‹

›Das kann ich nicht sagen, weil ich es nicht weiß. Ich weiß nicht, zu welcher Zeit, aber ich habe das Gefühl, dass es eher spät sein wird.‹«

Allmählich wurde es Abend, ohne dass sich etwas tat. Doch niemand wurde wirklich ungeduldig, im Gegenteil: Die Menschen verharrten im Gebet, Rosenkränze und Litaneien in einem halben Dutzend europäischen Sprachen stiegen in den sich allmählich verdunkelnden Himmel auf.

Erst gegen 22.00 Uhr erschien Pater Luis Luna, ein Priester aus Saragossa, der zwischenzeitlich zu Conchitas Seelenführer geworden war, vor der Tür des González-Hauses, was zu regelrechten Tumulten führte, und verkündete: »Das ist von Conchita: Die Erscheinung wird etwas später in der *Calleja* stattfinden. Bitte sagen Sie allen, dass sie bis dahin weiterhin den Rosenkranz beten und Buße tun sollen. Ich komme gleich zu Ihnen.«

Als diese Ankündigung in diverse Sprachen übersetzt worden war und den letzten Winkel des Dorfes erreicht hatte, änderte sich die Stimmung schlagartig. Von einem Moment auf den anderen wechselte die Menge von der Andacht in einen hektischen Aktivismus. Geradezu in Panik, etwas zu versäumen oder auch nur einen schlechten Platz abzubekommen, strömten die Menschen zur *Calleja*, dem steinigen Hohlweg, auf dem alles begonnen hatte. Weil jeder der Erste sein wollte, wurde nicht nach rechts oder links geschaut, wurde gedrängelt und gezerrt und ignoriert, wenn jemand stürzte. Es war ein Wunder, dass in dieser Nacht niemand zu Schaden kam. »Das Spektakel war nicht nur überwältigend, es war furchterregend«, notierte Poch Soler. »Eine Frau schleifte ihren fünfjährigen Sohn zwischen ihren Beinen mit sich; der kleine Junge weinte, aber das kümmerte die Mutter nicht, sie wollte nur um jeden Preis einen guten Platz ergattern. Ein blinder Amerikaner kletterte auf eine Mauer, Freunde halfen ihm dabei. Ein Gehbehinderter bat mich, ihm meine Hand zu reichen, damit er den steinigen Weg hinaufsteigen konnte. Das menschliche Drama, das all diese Menschen zum *Cuadro* trieb, überwältigte uns alle.« Einige kletterten auf die Böschung am Rande der *Calleja*, um alles besser überblicken zu können, andere ließen sich am Hang des Hügels nieder, auf dem die Kiefern wachsen, zu denen der Hohlweg führt.

Die wenigen Auserwählten, die mit Conchita in der Küche ihres Hauses warteten, waren beeindruckt von der Heiterkeit und Ruhe, die das Mädchen noch immer ausstrahlte. Nicht ein Hauch von Zweifel oder Unsicherheit schien sie zu trüben. Nach etwa anderthalb Stunden wurde sie ernst, schaute auf ihre Uhr und erklärte: »Es ist halb zwölf. Lasst uns zur *Calleja* gehen!«

Besorgt um ihre Gesundheit, obwohl das Mädchen wie durch ein Wunder genesen erschien, reichte Aniceta ihrer Tochter eine kurze Jacke. Dann hakte Conchita ihre Cousine unter und verließ das Haus. Begleitet von ihren Brüdern, einigen jungen Burschen aus dem Dorf und sechs Männern der

Die Menschen warten am Rande des Dorfes, wo die *Calleja* beginnt

Guardia Civil bahnte sie sich ihren Weg zu der Erscheinungsstätte, während ihre Freunde, die bis dahin in der Küche mit ihr gewacht hatten, ihr folgten. Doch plötzlich hielt sie nichts mehr, sie rannte los und ließ ihre Entourage weit hinter sich …

Am *Cuadro*, am oberen Ende der *Calleja*, war zwischenzeitlich Ruhe eingetreten. Die Menschen beteten wieder mit lauter Stimme, wobei sich die Spanier und die Franzosen abwechselten. Viele schauten zum Himmel empor, der fast wolkenlos war und den ein Meer funkelnder Sterne bedeckte. Was dann geschah, schilderte Pater Laffineur so:

»Plötzlich hoben alle ihre Köpfe. Vom Nordwesten her schoss ein neuer Stern hervor, heller als die anderen. Er zog einen großen Kreis und kehrte an seinen Ausgangspunkt zurück. Zwei Minuten später erschien ein anderer Stern, hell leuchtend, aber kleiner als der erste, über Conchitas Haus, zog langsam seine Bahn am Himmel und verschwand plötzlich über den Kiefern. Jeder sprach mit seinem Nebenmann über dieses außergewöhnliche Phänomen, als am Anfang des Weges, im Licht der sternenglänzenden Nacht und der Scheinwerfer und Taschenlampen, Conchita erschien, beschützt von einer Polizeieinheit. Das junge Mädchen ging so schnell, dass die Gardisten außer Atem waren.«

Auch der Brigadier der *Guardia Civil*, Juan Álvarez Seco, beobachtete das Phänomen, »während ich zwischen 23.30 und 23.45 Uhr am 18. Juni auf Conchita wartete«. Der erste Stern »schien hell, leuchtete stark und hatte eine goldene Farbe. Er stieg vom Boden auf ... Der andere, weniger hell, bewegte sich in horizontaler Richtung.«

Was dann geschah, beschrieb der Reporter Poch Soler wie folgt:

»Eine Viertelstunde vor Mitternacht stieg Conchita in völlig normalem Zustand, gefolgt von ein paar Priestern und sieben Polizisten [tatsächlich waren es sechs Gardisten, d. Verf.] die *Calleja* hinauf. Sie lief schneller, als ihr Blick erstarrte. Die Blitze der Fotografen spiegelten sich in ihrem Gesicht. Ein Polizeigardist fragte sie: ›Ist es hier, Conchita?‹ – ›Nein, Señor, etwas höher.‹

Als sie an der vorgesehenen Stelle ankamen, stürzte das Mädchen mit den Knien auf die spitzen, scharfkantigen Steine des Weges. Die Ekstase hatte begonnen.

Ein atemberaubender Moment. Conchitas Augen sind auf den Himmel fixiert. Sie lacht und sagt etwas mit sehr leiser Stimme ... doch urplötzlich verändert sie sich komplett und Tränen laufen ihre Wangen hinunter.

Die Fotografen und die TV-Kameraleute machen ihre Aufnahmen und ihre Blitzlichter und Scheinwerfer strahlen direkt in ihre weit geöffneten Augen – doch sie blinzelt nicht noch macht sie die geringste Bewegung. Die Ekstase ist vollkommen.«

In den ganzen zwanzig Minuten, die diese Erscheinung dauerte, blinzelte sie kein einziges Mal.

Conchita in Ekstase am 18. Juni 1965

Pater Luna aus Saragossa war nahe genug an der Seherin, um zumindest einen Teil ihrer Worte zu verstehen:

»Ich war tief beeindruckt von der übermenschlichen Schönheit ihres Gesichtes und dass sie sprach, ohne dabei zu blinzeln, obwohl die Kameraleute und die Fotografen mit ihren Blitzlichtern ihre Augen mit grellem Licht geradezu überfluteten. Ich war überwältigt, als sie zu weinen begann, etwas, was ich zuvor bei ihr noch nie gesehen hatte. Aus ihren Augen strömten die Tränen und vereinigten sich zu einem Strom, der in die linke Ohrmuschel floss und von dort aus zu Boden tropfte wie Wasser aus einem tropfenden Wasserhahn. Ich hörte sie sprechen mit einer Stimme, die keuchend und atemlos klang: ›Nein ... nein! Noch nicht! ... Erbarmen, vergib uns!‹ Dann sah ich, wie sie sich um 70 Zentimeter aufrichtete, die rechte Hand erhoben und ohne gestützt zu werden, bevor sie erneut mit einem furchterregenden Krachen mit den Knien auf den Boden stürzte. Später sagte sie, als würde sie es wiederholen und dabei nachfragen: ›Priester? ... Bischöfe? ... 2. Juli?‹ Ich sah noch, wie sie sich mit majestätischer Langsamkeit bekreuzigte ... und plötzlich ihre beiden Hände vor ihr Gesicht hielt, um ihre Augen vor dem grellen Licht zu schützen. Die Ekstase war offensichtlich vorüber.«

Den Grund für ihr Aufstehen inmitten der Ekstase konnte Pater Luna nicht wissen. Während der ganzen Zeit der Erscheinung hielt Conchita ein zehn Zentimeter langes Kruzifix in den Händen, mit dem sie den Saum des Gewandes berühren sollte, das der Erzengel Michael trug. Auf Anweisung des Engels hielt sie es anschließend drei Personen hin, die in ihrer Nähe standen und mit besonderen Anliegen gekommen waren. Dabei blieb ihr Kopf in den Nacken geworfen, der Blick starr zum Himmel gerichtet, sodass sie gar nicht sehen konnte, wem sie das Kreuz hinhielt. Der Erste war Pater Dr. Constant Pel (1878–1966), ein französischer Franziskanertertiar, Theologe, Religionsgeschichtler und Mystiker, der im Ruf der Heiligkeit stand. Der persönliche Freund des heiligen Charles de Foucauld und geistliche Führer der verehrungswürdigen Marthe Robin war ein glühender Verehrer des Heiligsten Herzens Jesu, hatte selbst Lokutionen und pflegte stundenlang vor dem Tabernakel zu beten. Als einmal eine Gruppe von Franzosen nach San Giovanni Rotondo kam, um dort den heiligen Pater Pio zu treffen, meinte dieser zu ihnen:

»Warum kommt ihr hierhin, wo ihr doch in Pater Pel so einen großen Heiligen in eurem Land habt?« Pater Pel hatte schon mehrfach Garabandal besucht und war fest davon überzeugt, dass durch die Seherkinder der Himmel sprach. An diesem Abend hatte der 87-Jährige in einiger Entfernung das Geschehen verfolgt, weil er sich im Gedränge der Menge nicht wohlfühlte. Doch plötzlich fand er sich, zusammen mit seinen zwei Begleitern, in der ersten Reihe wieder, gerade rechtzeitig, um von Conchita das Kruzifix gereicht zu bekommen, das er andächtig küsste. Während sein Landsmann Monsieur Pique und der in Madrid lebende Franzose Monsieur Mazure es ebenfalls küssen durften. – Letzterem übermittelte Conchita die Botschaft: »Der Engel sagte, ich soll Ihnen sagen, dass die selige Jungfrau Ihre Bitte erfüllt« – da rief Pater Pel überwältigt aus: »Wir dürfen nicht zweifeln, dass dies von Gott kommt!«

Pater Dr. Constant Pel

Noch einmal machte Conchita ganz langsam das Zeichen des Kreuzes, so wie die Gottesmutter es sie gelehrt hatte. Dann, jetzt geblendet vom grellen Licht der Scheinwerfer, tastete sie ihren Weg von der Ewigkeit in die Gegenwart zurück und bahnte sich langsam und wortlos mithilfe der sechs Gardisten und ihrer Brüder den Weg zurück nach Hause. Während sich eine Lawine von Menschen, die unbedingt dabei sein wollten, wenn die Botschaft des Engels verkündet würde, jetzt über das Dorf ergoss, schloss sich die Tür des González-Hauses für diese Nacht.

Nur den Autor und Wirtschaftsprofessor Francisco Sánchez-Ventura y Pascual, der mit Pater Luna gekommen war, ließ Aniceta noch hinein. Dort gelang es ihm, Conchita ein paar Fragen zu stellen, die diese »mit einer natürlichen Selbstverständlichkeit beantwortete wie jemand, der nicht die Wichtigkeit der Phänomene begreift, in denen sie eine Hauptrolle spielt«.

»Was hat der Engel dir gesagt?«
»Der Engel gab mir eine Botschaft an die Welt.«
»Kannst du sie uns sagen?«
»Nein, nicht jetzt.«
»Ist sie gut oder schlecht?«
»Was von Gott kommt, ist immer gut.«
»Ich meine angenehm oder unangenehm.«
Conchita zuckte mit den Schultern.
»Kannst du uns jetzt sagen, worum es geht?«
»Er sagte mir, ich solle sie schriftlich vorlegen.«
»Werden wir morgen wissen, was es ist?«
»Ja.«

Bald darauf verabschiedete auch er sich und ging hinaus in die Nacht, in das Dorf, das jetzt in einer Stimmung heiterer Erwartung war. Fremde umarmten sich und wurden zu Brüdern im gemeinsamen Glauben, dass sie gerade Zeugen einer Manifestation des Himmels geworden waren. Eher zufällig fand sich Prof. Sánchez-Ventura an der Seite eines italienischen Kapuziners wieder, der sich als Pater Bernardino Cennamo zu erkennen gab. Er stammte aus San Giovanni Rotondo und war auf Wunsch Pater Pios gekommen, der ebenfalls von der Echtheit der Erscheinungen von Garabandal überzeugt war. Später sollte Pater Bernardino als Prior das Kloster des stigmatisierten Heiligen leiten und 1968 dessen Beisetzungsfeier vorstehen.

Als nach einer ruhigen, wenn auch kurzen Nacht das Dorf langsam erwachte, sammelten die Menschen sich wieder vor Conchitas Elternhaus. Die Nachricht, dass an diesem Morgen die Botschaft des Engels verkündet würde, hatte sich wie ein Lauffeuer verbreitet. Als sich die schwere Holztür öffnete und Conchita erschien, war sie nicht nur völlig genesen, sie sprühte nur so vor Energie und Herzlichkeit. Mit einer Engelsgeduld erlaubte sie jedem noch so Fremden, sich von ihr zu verabschieden, signierte endlos Fotos, küsste Andachtsgegenstände und verteilte Dutzende Drucke mit dem Antlitz des Turiner Grabtuchs, die ein Frommer ihr überlassen hatte. Das hatte seinen Sinn, denn am 4. November 1962 hatte die Gottesmutter Conchita erklärt, dass die *Sábana Santa* – wie das Grabtuch in Spanien genannt wird – »das göttliche Abbild meines Sohnes« sei. Doch was die Botschaft betraf, so bat sie die Menschen noch um ein wenig Geduld. Zunächst einmal ging sie, begleitet von Joey Lomangino, in die Kirche zur Heiligen Messe. Erst am Mittag, als ein Bus voller Pilger aus Frankreich schon abfahren wollte, trat Pater Luna vor die Tür ihres Hauses und hielt einen Zettel in der Hand, auf den Conchita in sauberer Schönschrift in der letzten Nacht die Botschaft niedergeschrieben hatte:

Weil meine Botschaft vom 18. Oktober (1961)
weder erfüllt noch der Welt bekannt gegeben wurde,
sage ich euch, dass dies die letzte ist.
Zuvor hat sich der Kelch gefüllt. Jetzt läuft er über.
Viele (Kardinäle, Bischöfe und[25]*) Priester gehen*
den Weg des Verderbens und mit ihnen noch mehr Seelen.
Man misst der heiligen Eucharistie immer weniger Bedeutung zu.

25 Von Conchita später ergänzt!

El mensaje que la Santisima Virgen
a dado al mundo por la intercesion de
San Miguel. El Angel hadicho Como no
se ha cumplido y no se ha dado a conocer
al mundo mi mensaje del 18 de Octubre
os diré que este es el ultimo.
Antes la Copa estaba llenando ahora esta
rebosando. Los sacerdotes van muchos por
el camino de la perdicion y con ellos más
almas. La Eucaristia se da menos impor
tancia. Devemos evitar la ira de Dios sobre
nosotros, con nuestros esfuerzos. Si le
pedis perdon con vuestras almas sinceras
El os perdonará yo vuestra Madre que por
intercesión del Angel San Miguel os quiere
decir que os enmendeis ya estais con los
ultimos avisos os quiero mucho y no quiero
vuestra condenación. Pedidnos sinceramente
nosotros os lo daremos. Deveis sacrificaros más
Pensad en la Pasion de Jesus
18-VI-1965
Conchita Gonzalez
+

Der Zettel mit der Botschaft des Engels, den Pater Luna am 19. Juni 1965 verlas

Ihr müsst durch eure Anstrengungen den Zorn Gottes von euch wenden.
Wenn ihr ihn aufrichtig und von ganzem Herzen um Verzeihung bittet, wird er euch verzeihen.
Ich, eure Mutter, bitte euch durch die Vermittlung des heiligen Erzengels Michael darum, dass ihr euer Leben ändert.
Ihr erhaltet jetzt die letzten Warnungen.
Ich liebe euch sehr und will eure Verdammung nicht.
Ihr müsst mehr Opfer bringen. Denkt an die Passion Jesu.

Pater Andreu las anschließend eine Übersetzung ins Englische vor, Pater Laffineur den französischen Text. Nicht wenige der Pilger hatten danach Tränen in den Augen.

Dabei ahnten sie nicht, dass ihnen lediglich eine zensierte Version der Engelsbotschaft (die eigentlich eine Marienbotschaft war, die der Engel nur übermittelte) präsentiert worden war. In der ersten Version, die Conchita nach der Erscheinung niedergeschrieben hatte, hieß es [wie oben ergänzt, d. Verf.], dass nicht nur »viele Priester« den Weg ins Verderben gingen, sondern »viele Kardinäle, Bischöfe und Priester«. Als sie später dazu befragt wurde, erklärte Conchita, sie habe auf die explizite Erwähnung von Kardinälen und Bischöfen verzichtet, »weil diese doch auch Priester« seien. Das ist sachlich korrekt, doch der wahre Grund war sicher ein anderer: Ihre priesterlichen Berater und Freunde werden sie dringend davor gewarnt haben, diese zu nennen, um nicht ein weiteres bischöfliches Interdikt zu provozieren. Zudem galten zumindest die höheren Würdenträger der Kirche zu Konzilszeiten noch als sakrosankt. Wer sie kritisierte, galt in den Augen vieler frommer Christen automatisch als Werkzeug des Teufels.

Schon im August 1961 hatte Conchita von zukünftigen »Verwirrungen in der Kirche gesprochen« und war dabei von einem Priester harsch zurechtgewiesen worden; so etwas könne ihr nur der Teufel gesagt haben.

Erst heute wissen wir, wie recht die Botschaft hatte. Es sind nicht nur weltweit Tausende Missbrauchsfälle, die das Vertrauen in die katholische Kirche und ihre Priester in den Augen der Öffentlichkeit erschüttern. Es sind vor allem auch Modernisten, die Glaubenswahrheiten leugnen und die Lehre der Kirche, die geoffenbarte Wahrheit, dem Zeitgeist anpassen wollen: Männer wie der Münchner Erzbischof Reinhard Kardinal Marx[26] und der verstorbene ehemalige Erzbischof

26 Kardinal Marx wörtlich im Interview mit dem STERN vom 31.3.2022: »Homosexualität ist keine Sünde ... Ich spreche vom Primat der Liebe gerade in der sexuellen Begegnung ... Ich fühle mich seit Jahren freier zu sagen, was ich denke, und will die kirchliche Lehre weiterbringen. Auch die Kirche wandelt sich und geht mit der Zeit: LGBTQ+-Menschen sind Teil der Schöpfung und von Gott geliebt, und wir sind gefordert, uns gegen Diskriminierung zu stellen. Die Kirche ist in manchem vielleicht langsamer, aber das ist ja nun eine Entwicklung, die überall stattfindet.« Auf die Frage des Reporters, die Kirche habe doch Homosexualität als Sünde definiert, erwiderte der Kardinal: »Was haben Sie

von Brüssel, Godfried Kardinal Danneels, die etwa bestreiten, dass gelebte Homosexualität eine Todsünde ist oder gleich den Begriff der Sünde an sich relativieren oder gar, wie der ehe-

denn ständig mit der Sünde? Es muss um die Qualität von Beziehungen gehen ... Der Katechismus ist nicht in Stein gemeißelt. Man darf auch in Zweifel ziehen, was da drinsteht ... Da leben Menschen in einer innigen Liebesbeziehung, die auch eine sexuelle Ausdrucksform hat. Und wir wollen sagen, das sei nichts wert? ... Wer Homosexuellen mit der Hölle droht, der hat nichts verstanden.«

Zum Vergleich die Heilige Schrift: »Schläft einer mit einem Mann, wie man mit einer Frau schläft, dann haben sie eine Gräueltat begangen; beide haben den Tod verdient; ihr Blut kommt auf sie selbst« (Lev 20,13). »Wisst ihr denn nicht, dass Ungerechte das Reich Gottes nicht erben werden? Täuscht euch nicht! Weder Unzüchtige noch Götzendiener, weder Ehebrecher noch Lustknaben, noch Knabenschänder [...] werden das Reich Gottes erben« (1 Kor 6,9–10). »Darum lieferte Gott sie entehrenden Leidenschaften aus: Ihre Frauen vertauschten den natürlichen Verkehr mit dem widernatürlichen; ebenso gaben auch die Männer den natürlichen Verkehr mit der Frau auf und entbrannten in Begierde zueinander; Männer treiben mit Männern Unzucht und erhalten den ihnen gebührenden Lohn für ihre Verirrung. Und da sie es nicht für wert erachteten, sich gemäß ihrer Erkenntnis an Gott zu halten, lieferte Gott sie einem haltlosen Denken aus, sodass sie tun, was sich nicht gehört: Sie sind voll Ungerechtigkeit, Schlechtigkeit, Habgier und Bosheit ... Sie erkennen, dass Gottes Rechtsordnung bestimmt: Wer so handelt, verdient den Tod. Trotzdem tun sie es nicht nur selbst, sondern stimmen bereitwillig auch denen zu, die so handeln« (Röm 1,26–32).

Darum lehrt der *Katechismus der Katholischen Kirche*, Abschnitt 2357: »Homosexuell sind Beziehungen von Männern oder Frauen, die sich in geschlechtlicher Hinsicht ausschließlich oder vorwiegend zu Menschen gleichen Geschlechtes hingezogen fühlen. Homosexualität tritt in verschiedenen Zeiten und Kulturen in sehr wechselhaften Formen auf. Ihre psychische Entstehung ist noch weitgehend ungeklärt. Gestützt auf die Heilige Schrift, die sie als schlimme Abirrung bezeichnet [vgl. Gen 19,1–29; Röm 1,24–27; 1 Kor 6,9; 1 Tim 1,10], hat die kirchliche Überlieferung stets erklärt, ›dass die homosexuellen Handlungen in sich nicht in Ordnung sind‹ (CDF [Kongregation für die Glaubenslehre], Erkl. ›Persona humana‹, 8). Sie verstoßen gegen das natürliche Gesetz, denn die Weitergabe des Lebens bleibt beim Geschlechtsakt ausgeschlossen. Sie entspringen nicht einer wahren affektiven und geschlechtlichen Ergänzungsbedürftigkeit. Sie sind in keinem Fall zu billigen.«

malige Washingtoner Erzbischof, Theodore Kardinal McCarrick, diese Todsünde selbst praktizieren. Die Förderung gleichermaßen häretischer wie schismatischer Initiativen wie des »Synodalen Weges« in Deutschland durch einen Großteil der deutschen Bischöfe führt ebenso zahlreiche Seelen ins Verderben. »Der Rauch des Satans ist in den Tempel Gottes eingedrungen«, klagte der heilige Papst Paul VI. in seiner berühmten Predigt vom 29. Juni 1972: »Man dachte, dass nach dem Konzil ein sonniger Tag in der Geschichte anbrechen würde. Stattdessen ist ein bewölkter Tag angebrochen, ein Tag des Sturms, der Dunkelheit, des Suchens, der Ungewissheit ... Wir versuchen Gräben zu graben, statt sie zuzuschütten.«

In seinem Apostolischen Schreiben *Quinque iam anni* zum 5. Jahrestag des Konzilabschlusses, dem 8. Dezember 1970, wurde der Montini-Papst noch konkreter und redete den Bischöfen ins Gewissen. Es ist so aktuell, dass es sich lohnt, es ausführlicher zu zitieren. Paul VI.:

»Gewiss, die Hirten der Kirche hatten immer die Pflicht, den Glauben in seiner ganzen Fülle und in einer den Menschen ihrer Zeit angepassten Weise weiterzugeben. [...] Denn es ist die Aufgabe des Bischofskollegiums, zusammen mit Petrus und unter seiner Leitung das Offenbarungsgut authentisch weiterzugeben, wofür es nach den Worten des heiligen Irenäus ein ›sicheres Charisma der Wahrheit‹ (*Adversus haereses,* IV, 26, 2; PG 7, 1053) erhalten hat. [...]

Dennoch fordert die gegenwärtige Glaubenssituation von uns eine verstärkte Anstrengung, damit dasselbe Gotteswort in seiner ganzen Fülle zu den Menschen unserer Zeit gelangt und die von Gott vollbrachten Heilstaten ohne Entstellung mit glühender Liebe zur Wahrheit, die uns rettet (vgl. 2 Thess 2,10), ihnen dargeboten werden. Im selben Augenblick nämlich, da die Verkündigung des Gotteswortes in der Liturgie dank des Konzils eine wunderbare Erneuerung erfährt, die

Vertrautheit mit der Heiligen Schrift im christlichen Volk zunimmt, der Fortschritt in der Katechese, wenn sie nach den Richtlinien des Konzils erfolgt, eine vertiefte Glaubensverkündigung ermöglicht, da die biblische, patristische und theologische Forschung oft einen wertvollen Beitrag zur genaueren Auslegung der geoffenbarten Wahrheiten leistet, im selben Augenblick, sagen Wir, sind viele Gläubige durch eine Fülle von Zweideutigkeiten, Unsicherheiten und Zweifeln in wesentlichen Wahrheiten ihres Glaubens verwirrt. Zu diesen gehören die Dogmen der Trinitätslehre und Christologie, das Geheimnis der heiligen Eucharistie und der Realpräsenz, die Lehre von der Kirche als Heilsinstitution, der priesterliche Dienst inmitten des Gottesvolkes, die Bedeutung des Gebetes und der Sakramente, Forderungen der christlichen Sittenlehre, wie zum Beispiel die Unauflöslichkeit der Ehe und die Unantastbarkeit des menschlichen Lebens. Ja, selbst die göttliche Autorität der Heiligen Schrift wird durch eine übertriebene Aussonderung sogenannter mythischer Elemente, die man als ›Entmythologisierung‹ bezeichnet, infrage gestellt.

Während allmählich gewisse Grundwahrheiten der christlichen Religion mit Stillschweigen übergangen werden, sehen wir eine Tendenz, die von den psychologischen und soziologischen Gegebenheiten her ein Christentum aufzubauen sucht, das sich von der ununterbrochenen Tradition lossagt, die es mit dem Glauben der Apostel verbindet, und ein christliches Leben anpreist, das seines religiösen Inhaltes beraubt ist. [...] In der Krise, in der sich gegenwärtig die Ausdrucksweise und das Denken der Menschen befinden, ist es die Aufgabe jedes einzelnen Bischofs in seiner Diözese, der einzelnen Synoden und Bischofskonferenzen, sorgfältig darauf zu achten, dass derartige notwendige Bemühungen niemals der Wahrheit selbst und der Kontinuität der Glaubenslehre widersprechen. Ganz besonders aber müssen wir darüber wachen, dass keine willkürlichen Spekulationen den Heilsplan Gottes auf die Fassungskraft unserer menschlichen Vernunft einengen und die Verkündigung des Gotteswortes nur auf diejenigen Wahrheiten beschränken, die unseren Ohren schmeicheln, und nach rein natürlichen Kriterien all das stillschweigend übergehen, was dem Geschmack der Zeit weniger gefällt. ›Selbst wenn wir‹, so ermahnt uns der Apostel Paulus, ›oder ein Engel vom Himmel euch ein anderes Evangelium verkünden, als wir euch verkündet haben – er sei verflucht!‹ (Gal 1,8). [...]

Wir müssen auch Folgendes bedenken: Wenn die soziologischen Untersuchungen auch nützlich sind, um die Mentalität bestimmter Menschengruppen und die Sorgen und Nöte derjenigen kennenzulernen, denen wir das Wort Gottes verkünden, ferner auch die Anklagen, die die Denkweise unserer Zeit ihm gegenüber erhebt, indem sie der weitverbreiteten Meinung folgt, nach der es kein anderes gleichwertiges Wissen außerhalb ihrer eigenen höheren Gelehrsamkeit gebe, so können jedoch die Schlussfolgerungen derartiger Untersuchungen an sich kein entscheidendes Kriterium für die Wahrheit sein. [...]

Lassen wir uns nicht, geliebte Brüder, durch die Furcht vor stets möglicher und mitunter auch nicht ganz unbegründeter Kritik zum Stillschweigen verleiten. Wie notwendig auch die Arbeit der Theologen ist, hat Gott dennoch den Auftrag, den Glauben der Kirche authentisch zu erklären, nicht den Wissenschaftlern anvertraut. Dieser ist nämlich in das Leben des Gottesvolkes gelegt, für das die Bischöfe vor Gott die Verantwortung tragen. Ihnen steht es zu, diesem Volk zu sagen, welchen Glauben Gott von ihm verlangt. [...]

Indem wir Gott und den Menschen, zu denen wir gesandt sind, die Treue wahren, werden wir mit Klugheit und Umsicht, aber auch mit aller Deutlichkeit und Entschlossenheit die erforderlichen Unterscheidungen zu machen wissen. Hier liegt ohne Zweifel eine der schwierigsten und für unsere heutige Zeit auch notwendigsten Aufgaben des Episkopats. Es besteht im Widerstreit der Meinungen, die aufeinanderprallen, in der

Tat die Gefahr, dass sich mit der größten Hochherzigkeit die gegensätzlichen Beteuerungen verbinden. Wie zur Zeit des heiligen Paulus werden ›aus eurer eigenen Mitte Männer sich erheben und mit verkehrten Reden die Jünger auf ihre Seite zu ziehen suchen‹ (Apg 20,30).«

Die Botschaft von Garabandal legt also den Finger der Gottesmutter direkt in die Wunde der modernen Kirche und thematisiert die vier gefährlichsten Entwicklungen nach dem Konzil:

- die Krise des Priestertums
- lehramtliche und praktische Verirrungen im Umgang mit der heiligen Eucharistie
- den allmählichen Verlust jeder Bereitschaft zu Buße und asketischem Leben
- die Aufgabe jeder Bestrebung, die Geduld, Unterwerfung, Demut und Opferbereitschaft für Christus verlangt

Der Hinweis auf die Passion Christi war von Anfang an fester Bestandteil der Botschaft von Garabandal. Bereits im August 1961 begannen die Mädchen, zu ihren Ekstasen ein Kruzifix mitzunehmen. Beim ersten Ruf fingen sie an, eines zu suchen, beim zweiten verbargen sie es unter ihren Kleidern, beim dritten nahmen sie es in die Hand. Während der Ekstasen reichten sie es zum Küssen, manchmal küssten sie es auch selbst oder segneten die Umstehenden damit. Wenn sie auf ihren ekstatischen Märschen durch die Gassen des Dorfes die Kranken besuchten, segneten sie diese mit dem Kruzifix und reichten es anschließend zum Kuss. Eines Nachts reichte Conchita es ihnen durch die Gitter ihres Fensters, damit alle, die gerade in Erwartung einer Ekstase das Haus umlagerten, es küssen konnten. Fotos zeigen, dass die Mädchen ab dem Sommer 1961 bei fast allen Ekstasen das Kruzifix in den Händen hiel-

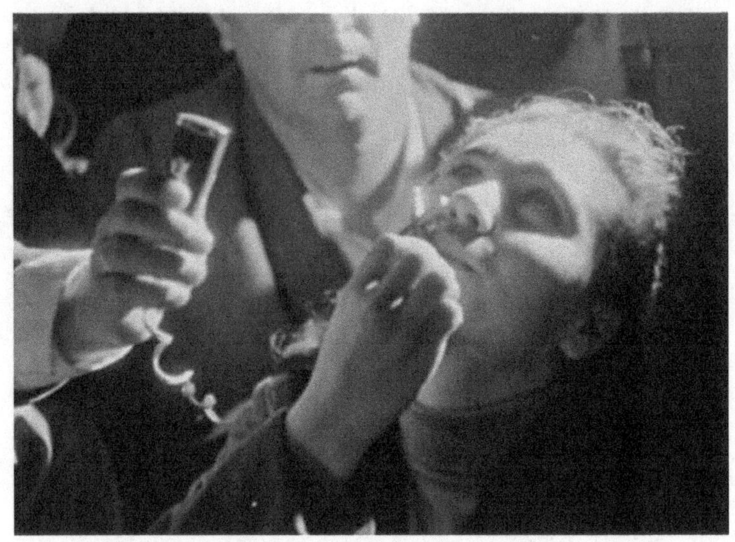

Conchita küsst in Ekstase das Kruzifix.
Einer ihrer Begleiter nimmt ihre Worte auf Tonband auf

ten und noch 1965, bei Conchitas letzter Ekstase, wollte anschließend jeder der Pilger das Kreuz küssen. Immer wieder lud sie auch zur Kreuzwegandacht ein.

Am 10. November 1965 ergänzte Conchita in einem Brief an Pater José María Alba SJ aus Barcelona:

> »Die selige Jungfrau erklärte mir ... dass wir Katholiken nicht an die andere Welt denken, weder an den Himmel noch an die Hölle. Sie sagte, dass wir mehr darüber nachdenken sollten und wenn wir dies täten, wäre unser Leben mit Christus vereint. Sie sagte auch, dass wir mehr über die Passion Christi nachdenken und meditieren sollten. Wir sollten dies nicht nur selbst tun, sondern darauf achten, dass andere es ebenso halten würden. Das würde uns der Glückseligkeit Gottes näherbringen und wir würden unsere Kreuze mit Freude und aus Liebe zu Gott akzeptieren.«

Doch davon sind selbst wir Katholiken damals wie heute meilenweit entfernt.

Die Krise des Lehramtes führte zu einer Krise des Glaubens, aus dem die Krise des Priestertums, die Krise der Eucharistie und aus diesen wiederum die Krise der Kirche erwuchs.

Diese Krise zu korrigieren und statt ihrer Irrwege den Weg des Glaubens und der Treue, des Gebetes und der Buße, der Liebe zur heiligen Eucharistie und der Hoffnung auf Rettung zu gehen, das und nichts anderes ist die Botschaft von Garabandal. Sie ist heute aktueller denn je.

Alles Böse beruht darauf, dass wir unseren eigenen Wegen folgen wollen statt dem Weg und dem Willen Gottes.

Garabandal ruft uns auf, den Irrweg unserer Rebellion gegen Gott, unseren billigen Versuch, sein Gesetz durch unsere Wünsche zu ersetzen, jetzt und heute zu korrigieren, bevor es zu spät ist und der Weg ins Verderben unumkehrbar wird.

Es ist eine Warnung Gottes, die seine Liebe zu uns bezeugt.

24.

Ein Lebewohl im Regen

Die letzte Botschaft der Gottesmutter in Garabandal schien, anders als die erste Botschaft vom 18. Oktober 1961, doch viele Herzen berührt zu haben. Die meisten der rund 2000 Besucher, die aus ganz Europa, Kanada und den USA nach Garabandal gekommen waren, empfanden, was der französische Reporter Poch Soler so formulierte: »Wir verließen das Dorf erschöpft, aber zugleich erfüllt.«

Sein Landsmann, Pater Laffineur, nutzte die Zeit nach der Abreise der Fremden noch zu einem Streifzug durch das Dorf, als er Pepe Diez traf. »Wie geht's dir heute, Pepe?«, fragte er ihn. »Was sagen die Leute jetzt?«

»Dieses Mal ist es echt!«, antwortete der Maurer. »Jeder scheint wieder [an die Erscheinungen] zu glauben.«

Doch Ausnahmen bestätigten auch hier die Regel. Zu ihnen gehörte die Mutter von Mari Cruz, die alles für einen Schwindel hielt, seit ihre Tochter keine Erscheinungen mehr hatte. Aber auch eine Gruppe von Priestern aus dem benachbarten Puentenansa, die fest davon überzeugt waren, dass es in der Botschaft um sie ging, und schon deshalb ihre Verbreitung um jeden Preis unterbinden wollten. Offenbar drang ihr Protest bis zum Bischof von Santander vor. So dauerte es gerade einmal drei Wochen, bis die Bistumsleitung am 8. Juli 1965 ihre vierte *Nota* zu Garabandal publizierte. Sie bestätigte das bisherige Urteil der Untersuchungskommission, dass »es keinen Beweis für einen übernatürlichen Charakter der Phänomene, die sie gründlich untersuchte«, gäbe. Doch in einem Punkt unterschied sich diese vierte *Nota* von ihren drei

Vorgängerinnen. Im Gegensatz zu der negativen Einschätzung durch die Kommission enthielt sie auch eine positive Passage, die ausgerechnet auf Bischof Beitia selbst zurückgeht:

> »Dennoch möchten wir feststellen, dass wir keine Aussage fanden, die eine kirchliche Verurteilung verdient hätte, weder in den doktrinalen Aussagen noch in den geistlichen Empfehlungen, die bei diesen Gelegenheiten weitergegeben wurden und sich an gläubige Christen richten und bei denen es sich um einen Aufruf zu Gebet und Buße, eucharistischer Frömmigkeit und der Verehrung der Gottesmutter in den traditionellen, lobenswerten Formen oder die Ehrfurcht vor Gott handelt, der durch unsere Sünden beleidigt wird. Es wird lediglich die aktuelle Lehre der Kirche in diesen Fragen wiederholt.
>
> Wir anerkennen den guten Willen und religiösen Eifer der Menschen, die nach San Sebastián de Garabandal gehen und unseren größten Respekt verdienen …«

Damit bestätigte der Bischof von Santander nichts weniger als dass, obwohl es keine eindeutigen Beweise für ihren übernatürlichen Ursprung gäbe, die Botschaft von Garabandal rechtgläubig war und ist.

Conchita schien weder der neuerliche Kommentar aus Santander noch die Häme der einen oder die Begeisterung der anderen etwas auszumachen. Filmaufnahmen, die von ihr in diesen Tagen entstanden, zeugen von ihrer tiefen inneren Ruhe, ihrer herzlichen Offenheit und, trotz ihrer 16 Jahre, ihres noch immer kindlich-unschuldigen Gemütes. Sie bringt mit ihrem Esel den Männern, die auf den Almen arbeiten, das Essen, sie hilft ihrer Mutter bei der Heuernte, sie spielt Seilspringen mit teils sehr viel jüngeren Kindern und streckt allzu neugierigen Freundinnen inmitten der Dreharbeiten auch mal keck die Zunge raus oder zeigt ihnen eine lange Nase, nicht ahnend, dass sogar das von den Garabandal-Gegnern einmal gegen sie

Conchita 1965 bei der Landarbeit

verwendet werden würde.[27] Während im Dorf schon spekuliert wurde, »dass es jetzt wieder losgeht«, dass es wieder regelmäßig zu Erscheinungen kommen würde (und viele, die jetzt Zimmer vermieteten, einen erneuten Ansturm der Pilger geradezu herbeisehnten), winkte Conchita ab. Zwar habe sich die Gottesmutter noch nicht verabschiedet, im Gegenteil, der Engel habe während der Erscheinung vom 18. Juni sogar für den 2. Juli eine Nachricht von ihr angekündigt. Doch immerhin hatte die heilige Jungfrau schon bei ihrer Erscheinung vom 1. Januar keinen Zweifel daran gelassen, dass die Botschaft, die der Engel überbringen würde, ihre letzte sei.

So wissen wir lediglich, dass Conchita am 2. Juli, dem 4. Jahrestag ihrer ersten Erscheinung, eine Lokution der Gottesmutter hatte, ebenso wie am 18. Juli, dem 3. Jahrestag des Hostienwunders. Die Ekstasen dagegen blieben aus, nicht nur bei Conchita, sondern auch bei Jacinta und Loli. Es gab keine Neuauflage der Erscheinungen von Garabandal. Die Seherkinder waren erwachsen geworden, sie hatten durch ihre zeitweise Leugnung der übernatürlichen Ereignisse ihre Un-

27 So sah eine deutsche Bloggerin und selbst ernannte Mystik-Expertin darin sogar einen Hinweis darauf, dass Conchita das Hostienwunder manipuliert habe – hatte sie doch auch dabei, freilich zum Empfang der mystischen (Mund-)Kommunion, die Zunge herausgestreckt.

schuld verloren. Die Begleitumstände hatten sich verändert. Die letzte Botschaft war verkündet worden – mehr gab es nicht zu sagen. Selbst die Mädchen sahen keinen Grund mehr, im Dorf zu bleiben. Es war an der Zeit, über ihre Zukunft nachzudenken, über ein Leben nach den Erscheinungen. Sollten sie, wie Bernadette von Lourdes oder Lúcia von Fátima, in ein Kloster eintreten? Oder wartete auf sie ein weltliches Leben als Hausfrau und Mutter? »Das Beste ist, wenn wir vier das Dorf verlassen«, erklärte Conchita in diesen Tagen, »dann zählt dort ganz allein die selige Jungfrau.« Sie selbst träumte von einem Leben als Ordensfrau. So schrieb sie Pater Laffineur: »Meine Mutter hat mir erlaubt, ins Kloster einzutreten. Für mich ist es eine große Sache, in der Lage zu sein, mich auf diese Weise ganz Christus zu weihen – von meinem 17. Lebensjahr an für den Rest meines Lebens ... Bitte beten Sie für mich, dass ich so bald wie möglich bei den Missionsschwestern der Unbeschuhten Karmeliterinnen eintreten kann.« Am 29. September, dem Fest des Erzengels Michael, wollte sie diesen neuen Lebensabschnitt in Pamplona beginnen. Für den 30. September waren Loli und Jacinta im Kollegium der Barmherzigen Schwestern der heiligen Anna in Saragossa angemeldet. Es war ein tränenreicher Abschied, denn er bedeutete das endgültige und unumkehrbare Ende der glücklichsten Zeit ihres Lebens, jener Jahre in engster Verbindung mit der Mutter Jesu, die zu ihrer zweiten Mutter geworden war. »Loli, wenn ich dir in der Zukunft nicht mehr erscheine, dann bedeutet dies, dass die Stunde deines Leidens gekommen ist«, lautete die Abschiedslokution einer der beiden. Jacinta war weniger sentimental. Wie Conchita, so träumte auch sie von einer Aufnahme in einen Karmel, den Pater Luna für sie sogar arrangiert hatte. Obwohl die Schwestern in einer geheimen Abstimmung zu ihren Gunsten entschieden hatten, war es ihr Vater, der in letzter Sekunde ihren Eintritt ins Kloster verhindern sollte. Er empfand es als »barbarisch«, dass seine

Tochter, die nie etwas von der Welt außerhalb ihres Bergdorfes gesehen hatte, den Rest ihres Lebens in strikter Klausur verbringen sollte.

Doch auch bei Conchita kam alles ganz anders, als sie es sich erträumt hatte. Der Grund war, wie sollte es anders sein, ihre strenge Mutter Aniceta. Sie bestand plötzlich darauf, dass ihre Tochter mit dem Eintritt in ein Kloster noch ein wenig wartete. Für sie, die Witwe, die außer Santander noch nicht viel von der Welt gesehen hatte, schien die Verwirklichung eines ganz anderen Planes plötzlich Priorität zu haben. Immerhin hatte Pater Luna von der Möglichkeit gesprochen, dass Conchita, natürlich von ihr begleitet, nach Rom eingeladen würde, um dort hohe Würdenträger der Kirche und möglicherweise sogar Papst Paul VI. zu treffen. Damit würde sich für Aniceta ein ganz persönlicher Traum erfüllen, dem auch ihre Tochter alle anderen Pläne unterordnen musste. Das Kloster konnte warten, zuerst kam der Papst!

In diese Zeit der Unsicherheit über die Zukunft platzte eine Nachricht hinein, die alles verändern sollte. Bischof Beitia, der Garabandal gegenüber wohlwollend eingestellt war, trat zum 16. August 1965 von seinem Amt als Diözesanbischof zurück. Einen Tag später wurde sein Nachfolger, Vincente Puchol, ein Reformer und erklärter Modernist, in sein Amt eingeführt. Er sollte sich als erbitterter Gegner der Erscheinungen erweisen und ließ keine Zeit verstreichen, um zu seinem ersten Schlag gegen Garabandal auszuholen. Als er erfuhr, dass Pater Luna eine Romreise Conchitas mit Papstaudienz vorbereitete, ließ er seine Beziehungen spielen, um ebendas zu verhindern. Sein Plan war, Garabandal zu isolieren und gewissermaßen auszutrocknen. Pfarrer Marichalar wurde endgültig versetzt. An seine Stelle sollte ein moderner, junger Priester namens José Olano treten, dessen Auftrag lautete, »die Mädchen im Dorf zu halten«, wo er sie kontrollieren und beeinflussen konnte. Eine theologische Umerziehung der Seherinnen und aller anderen Dorfbewohner, so glaubte Bischof Puchol, würde das Problem ganz von allein lösen.

So verzögerte sich Conchitas geplante Romreise um ein halbes Jahr – und durchkreuzte schließlich auch ihre Pläne, Ordensschwester zu werden. Für das Sehermädchen begann eine Zeit des Leidens und der inneren Konflikte. Ihr Leben lang war sie ihrer strengen Mutter gehorsam gewesen, doch nichts hatte sie sich mehr herbeigesehnt als ihren Eintritt ins Kloster. Mit jedem Monat, um den sich die Romreise verschob, während sie jetzt allein, ohne ihre Freundinnen, in ihrem Dorf zurückblieb, rückte auch ihr Traum vom Kloster in ihrem Bewusstsein in weitere Ferne. Jeden Tag betete sie, dass der Himmel ihre Mutter umstimmte, doch diese Gebete wurden nie erhört. Aniceta hatte einen Willen wie Stahl. Für sie war die Reise nach Rom, die erhoffte Begegnung mit dem Papst, genau das, was sie brauchte, um die Kritiker und Spötter zum Schweigen zu bringen und ihr Ansehen im Dorf nachhaltig zu verbessern. Mit einem Schlag wären Conchita und ihre Visionen rehabilitiert und damit auch sie selbst, ihre Mutter. Keine Macht der Welt, nicht einmal der Himmel selbst, hätte sie von dieser Überzeugung abbringen können. Erst dann, so glaubte sie, hatte Conchita ihre Aufgabe erfüllt, und war sie bereit, ihre Tochter gehen zu lassen.

Selbst der Himmel konnte Conchita allenfalls trösten. Am vorletzten Tag des Rosenkranzmonats Oktober, am 30. Oktober 1965, ging das Mädchen wie jeden Tag in die Kirche, um vor dem Allerheiligsten zu beten, als es eine Einsprechung der Gottesmutter empfing: »Geh am Samstag, dem 13. November, zu den Kiefern, dort wirst du mich sehen. Und bring viele religiöse Gegenstände mit, die ich alle küssen werde, damit du sie verteilen kannst. Mein Sohn wird durch sie viele Wunder wirken.«

Das war wie ein Lichtstrahl in der Dunkelheit und Traurigkeit dieses Herbstes, der Conchita wieder Hoffnung schenkte.

So endete die Geschichte der Erscheinungen von Garabandal mit einem melancholischen Abschied im Regen. Niemand kann ihn besser beschreiben als Conchita selbst, deren ungekünstelte Klarheit, Einfachheit und Tiefe in diesen Zeilen ganz besonders zum Ausdruck kommen:

»Ich sehnte diesen Tag herbei, an dem ich jene wiedersehen würde, die meiner Seele göttliches Glück gebracht hatten, die selige Jungfrau und das Jesuskind, das sie in ihren Armen hielt.

Es regnete, doch das hielt mich nicht davon ab, hinauf zu den Kiefern zu gehen. Ich brachte viele Rosenkränze mit, die mir vor Kurzem geschenkt wurden, um sie zu verteilen. Ich nahm sie mit, damit die selige Jungfrau sie küssen konnte, wie sie es mir angekündigt hatte.

Als ich ganz allein zu den Kiefern hinaufstieg, überkam mich aufrichtige Reue für meine Verfehlungen und ich sagte mir, dass ich sie nicht wieder begehen dürfe. Dabei schämte ich mich, vor die Gottesmutter zu treten, ohne mich zuvor von ihnen befreit zu haben.

Als ich bei den Kiefern ankam, holte ich die religiösen Gegenstände heraus, die ich mitgebracht hatte. Als ich dies gerade tat, hörte ich eine sehr liebliche Stimme, eindeutig die der seligen Jungfrau, die sich von allen anderen unterscheidet und die mich beim Namen rief. Ich antwortete: *Que* – ›Was möchtest du?‹

Dann sah ich sie mit dem Jesuskind im Arm. Sie war wie immer gekleidet und lächelte. Ich meinte zu ihr: ›Ich habe dir die Rosenkränze mitgebracht, die du küssen wolltest.‹

Und sie antwortete: ›Das sehe ich.‹

Ich hatte ein Kaugummi im Mund, doch als sie erschien, hörte ich mit dem Kauen auf und drückte ihn an einen Zahn. Aber sie wusste offenbar, dass ich ihn [im Mund] hatte und sagte: ›Warum nimmst du nicht dein Kaugummi heraus und opferst es auf zur Ehre meines Sohnes?‹

Verschämt nahm ich es aus dem Mund und warf es auf den Boden.

Dann sagte sie zu mir: ›Du erinnerst dich, dass ich dir an deinem Namenstag gesagt habe, dass du noch viel auf Erden leiden würdest. Nun, vertraue uns und opfere dein Leiden großzügig unseren Herzen auf zum Wohl deiner Glaubensgeschwister. Auf diese Weise wirst du fühlen, wie nah wir dir sind.‹

Und ich sagte ihr: ›Wie unwürdig bin ich, liebe Mutter, der vielen Gnaden, die ich durch dich empfangen habe. Und trotzdem kommst du heute zu mir, um mein kleines Kreuz zu erleichtern, das ich jetzt trage.‹

Sie antwortete: ›Conchita, ich bin nicht nur deinetwegen gekommen. Ich bin für alle meine Kinder gekommen, um sie näher zu unseren Herzen zu ziehen.‹

Dann meinte sie: ›Gib mir alles, was du mitgebracht hast, damit ich es küssen kann.‹

Und ich gab ihr alles. Ich hatte ein Kruzifix bei mir. Sie küsste auch das und sagte ›Leg es in die Hände des Jesuskindes‹, was ich tat. Das Jesuskind sagte nichts zu mir.

Ich fragte die selige Jungfrau: ›Dieses Kreuz, werde ich es mit ins Kloster nehmen?‹

Sie antwortete darauf nicht.

Nachdem sie alles geküsst hatte, sagte sie zu mir: ›Durch den Kuss dieser Objekte wird mein Sohn Wunder wirken. Verteile sie an andere.‹

›Das werde ich gerne tun‹, erwiderte ich.

Sie fragte mich nach den Anliegen der Menschen, die mich gebeten hatten, diese ihr vorzutragen. Und ich erzählte ihr davon.

Dann sagte sie: ›Conchita, erzähl mir von meinen Kindern. Ich habe sie alle unter meinem Mantel versammelt.‹

›Der ist aber klein, da passen wir doch gar nicht alle darunter‹, erwiderte ich.

Sie lächelte. ›Weißt du, Conchita, warum ich am 18. Juni nicht selbst gekommen bin, um dir die Botschaft an die Welt zu überbringen? Es war, weil es mich schmerzte, euch das alles zu sagen. Aber ich muss es euch sagen, zu eurem eigenen Wohl, und wenn ihr sie beachtet, dann zur Ehre Gottes. Ich liebe euch sehr und ich wünsche mir eure Erlösung und sehne mich danach, uns alle hier vereinigt zu sehen im Himmel beim Vater, beim Sohn und beim Heiligen Geist. Wir zählen auf dich, Conchita, nicht wahr?‹

›Wenn ich dich ständig sehen könnte, würde ich sagen: Ja. Aber wenn nicht, dann weiß ich das nicht, denn ich bin sehr schlecht‹, gestand ich.

›Mach alles, was du kannst, und wir werden dir helfen.‹

Sie blieb nur kurz.

›*Das wird das letzte Mal sein, dass du mich hier siehst. Aber ich werde immer mit dir und allen meinen Kindern sein*‹, erklärte sie.

Sie sagte auch zu mir: ›Conchita, warum gehst du nicht öfter und besuchst meinen Sohn im Tabernakel? Er wartet dort Tag und Nacht auf dich.‹

Wie ich schon sagte, regnete es stark, aber die selige Jungfrau und das Jesuskind wurden überhaupt nicht nass. Während ich sie schaute, bemerkte ich nicht, dass es regnete. Danach aber war ich durchnässt.

Ich sagte der seligen Jungfrau: ›Ich bin so glücklich, wenn ich euch beide sehe. Warum nimmst du mich jetzt nicht mit zu dir in den Himmel?‹

›Erinnere dich daran, was ich dir an deinem Namenstag sagte‹, erwiderte sie. ›Wenn du vor Gott erscheinst, sollten deine Hände gefüllt sein mit guten Taten, die du für deine Brüder und zu seiner Ehre verrichtet hast. Doch zum jetzigen Zeitpunkt sind deine Hände noch leer.‹

Es ist jetzt alles vorbei. Die glücklichen Momente, die ich mit meiner himmlischen Mama und meiner besten Freundin und dem Jesuskind verbringen durfte, sind vergangen, doch ich habe nie aufgehört, ihre Gegenwart zu verspüren.

Noch einmal hatten sie meine Seele mit Frieden und Freude erfüllt und einem großen Verlangen, meine Fehler zu überwinden und mit ganzer Kraft die Herzen Jesu und Mariens zu lieben, die uns so lieben ...

Vorher aber hatte die selige Jungfrau mir noch gesagt, dass Jesus uns das Strafgericht nicht schickt, um uns zu entmutigen, sondern um uns zu helfen und uns zurechtzuweisen, weil wir ihn nicht mehr genügend beachten.

Er wird uns die Warnung schicken, um uns zu reinigen, damit wir das Wunder mehr zu schätzen wissen, durch das er deutlich seine Liebe zu uns beweist und seinen Wunsch, dass wir der Botschaft folgen.

Die Warnung wird überall und von jedem gesehen und erfahren. Es ist wie eine Züchtigung. Wir werden die Folgen der Sünden sehen, die wir begangen haben. Ich denke, dass jene, die daran nicht verzweifeln, viel Gutes dadurch erfahren zu ihrer eigenen Heiligung.«

Offenbar sprach die Gottesmutter mit Conchita aber auch über die Natur der Sünden, die den »Kelch zum Überlaufen bringen« und das Strafgericht heraufbeschwören würden. Denn am Tag nach dieser letzten Erscheinung, am 14. November 1965, besuchte der (leider zwischenzeitlich verstorbene) deutsche Autor und Garabandal-Experte Albrecht Weber die Seherin im Haus ihrer Mutter. Als beide über das Strafgericht sprachen, zögerte Conchita ein wenig, bevor sie sich traute, ihn zu fragen: »Können Sie sich vorstellen, dass man die Kinder in der Mutter töten kann, ohne dass die Mutter dabei auch stirbt?« – »Wie kommst du darauf?«, wollte der Deutsche wissen. »Die heilige Jungfrau hat davon gesprochen und mich wissen lassen, dass das zum Überlaufen des Kelches führen wird«, erwiderte sie erschüttert, ohne eine Idee davon zu haben, dass so etwas möglich ist. Weber weiter:

> »Conchita sagte darauf noch, dass sie das sehr beunruhige und dass man die Menschen doch davor noch rechtzeitig warnen sollte, doch habe sie Angst, sich lächerlich zu machen, weil sie nicht ganz verstehe, wie dieses Töten geschehe, von dem die heilige Jungfrau zu ihr gesprochen habe. Die heilige Jungfrau habe ihr nicht genau gesagt, wie das vor sich gehen werde. Bisher habe ihr darauf auch niemand eine richtige Antwort geben können, damit sie das verstehen könne.«

Tatsächlich war das Wissen um das größte Verbrechen unserer Zeit, den Massenmord an ungeborenen Kindern, 1965 noch nicht in ihr spanisches Heimatdorf vorgedrungen. In Spanien herrschte während der Franco-Diktatur, genauer gesagt bis 1985, ein striktes Abtreibungsverbot. Auch in anderen westlichen Ländern beugten sich die Regierungen erst in den 1970er-Jahren den Forderungen der marxistischen Studentenrevolte von 1968, nach dem Vorbild der UdSSR Schwangerschaftsabbrüche zu legalisieren. Ein weltweites Signal war das Urteil Roe vs. Wade am Obersten Gerichtshof der Vereinigten Staaten im Jahr 1973, das Abtreibungen prinzipiell für zulässig erklärte. In Deutschland setzte sich ab 1974 eine Fristenlösung durch. Seitdem werden hierzulande jedes Jahr über 100 000 Kinder im Mutterleib ermordet, in den USA über eine Million, weltweit sind es nach Angaben der WHO um die 73 Millionen. Seit 1973 gab es allein in den USA 55 Millionen Abtreibungen, weltweit sogar geschätzte 3 Milliarden, was einem Drittel der momentanen Erdbevölkerung entspräche!

2021 erklärte auch Jacinta in einem Interviewbuch mit dem spanischen Journalisten José María Zavala, dass sie in den beiden »Nächten der Schreie« nicht nur das Strafgericht gezeigt bekam, sondern auch die Sünden und Verbrechen, die durch ihre Gottlosigkeit über die Menschen kamen und es bewirkten. Als sie damals »Nicht die Kinder! Nicht die Kinder« schrie, habe sie gesehen, wie Ungeborene dem Leib ihrer Mütter entrissen wurden. Auch sie konnte damals nicht ahnen, dass mehr als zwei Jahrzehnte später der größte Massenmord der Geschichte legalisiert würde.

Das also wird der Gräuel sein, der den Kelch zum Überlaufen und das Strafgericht über uns bringen wird, wenn wir uns nicht radikal ändern. Und genau darum, um den Aufruf zur Umkehr, ging es die ganze Zeit in Garabandal, wie auch Conchita in ihrem Rückblick auf diese letzte Erscheinung betont. Denn dort schreibt sie uns allen ins Stammbuch, was vielleicht als das beste, klarste Fazit ihrer Erscheinungen gelten darf:

»PS: (Das ist etwas, das ich mir selbst immer sage:) Es ist zwecklos, an die Erscheinungen zu glauben, wenn wir nicht der Botschaft folgen, genauer gesagt, wenn wir nicht nach dem leben, was die heilige Mutter Kirche uns lehrt.

Wir alle wissen, dass die selige Jungfrau hier nur bestätigte, was sie bereits in Lourdes und Fátima gesagt hatte, ohne etwas Neues hinzuzufügen.

Das Wunder wird stattfinden, damit wir die Botschaft erfüllen und auch, um diese Erscheinungen zu bestätigen. Wenn wir der Botschaft folgen, spielt es jedoch keine Rolle, ob wir auch an die Erscheinungen glauben oder nicht.

Wenn wir an die Erscheinungen glauben, so müssen wir mehr für Gott tun, denn unser Glaube ist eine Gnade, die von unserem Herrn stammt.

Wir müssen viel für unsere Brüder beten, die Gott nicht kennen. Ich glaube, das ist der Wunsch Unserer Lieben Frau. Wir müssen auch für jene beten, die Gnaden von Gott und der seligen Jungfrau empfangen, ohne ihre Dankbarkeit dafür zu zeigen.«

Damit endete im strömenden Regen, einsam unter einer der Kiefern, eine der beeindruckendsten Serien von Marienerscheinungen in der Kirchengeschichte. Für die Seherkinder war es, als habe die selige Jungfrau jahrelang unter ihnen gelebt, als sei ihr Bergdorf zu einem zweiten Nazareth, einem Ort der Gnade und der Manifestation des Göttlichen, geworden. Maria, die Muttergottes, war zu ihrer und zu unser aller Mutter geworden, nicht ohne stetig auf ihren Sohn und seine Gegenwart in der heiligen Eucharistie zu verweisen. Insofern ist die Botschaft von Garabandal ebenso eucharistisch, wie sie marianisch ist. Auf die Zeit der Offenbarung folgten ein Triumph und eine Niederlage, vor allem aber eine Zeit des Wartens, die bis auf den heutigen Tag andauert. Dabei scheint es, als neige sie sich allmählich ihrem Ende zu, als stünde Garabandal vor seinem Triumph, der ein Triumph des Unbefleckten Herzens der Gottesmutter sein wird – wenn auch, wie einmal der heilige Pater Pio betonte, erkauft mit dem Blut Tausender. Zuvor aber gilt es, die Welt auf die Warnung und das Wunder vorzubereiten und zu verhindern, dass das schreckliche Strafgericht über uns kommt.

Und so wischte sich Conchita das triefende Regenwasser, diese Tränen des Himmels, die sich mit ihren Tränen vereint hatten, von der Stirn und von den Wangen. Sie verlagerte ihr Gewicht von den Knien, die sich bis dahin tief in den nassen, zu Schlamm aufgeweichten Boden gedrückt hatten, auf ihre Füße, um langsam erst in die Hocke zu gehen, dann die Knie durchzudrücken und schließlich aufzustehen. Ganz langsam tat sie dies, wie in Zeitlupe, so als würde sie dieses einzigartige Gefühl des Erwachens aus einer Ekstase noch einmal bewusst vollziehen, es verinnerlichen, um es tief in ihr Gedächtnis einzuprägen. Sie wusste, dass es das letzte Mal war, dass sie ihrer zweiten Mutter gegenüberstehen durfte, dass sie nie mehr ihr liebevolles Lächeln, ihre himmlische Wärme und ihre strahlende Schönheit genießen würde. Die Zeit des

Glücks und der Wunder war vorüber und mit ihr auch ihre Kindheit, die Zeit der Sorglosigkeit, des Glücks, der Geborgenheit und bedingungslosen Liebe. Jetzt war die Zeit des Leidens gekommen, die ihr die Gottesmutter angekündigt hatte und die sie aufopfern wollte für diese sündige, verlorene und Gott vergessende Welt.

Ganz langsam ging sie den Weg ins Dorf hinunter, vorbei an der Stätte ihrer ersten Begegnung mit dem Engel und all den anderen Schauplätzen dieses göttlichen Mysterienspiels, das viereinhalb Jahre gedauert hatte. Mit jedem Schritt wurde sie trauriger, dachte sie wehmütig an das Erlebte zurück, war es, als habe sie ihr Herz im Schlamm bei den Kiefern gelassen. Sie war jetzt wirklich allein, zumindest schien es ihr so. Vorbei war die Zeit, in der Tausende auf die Botschaft warteten, die sie im Auftrag der Gottesmutter überbringen sollte oder sie in Ekstase jedes Haus ihres Dorfes besuchte, um die Alten und Kranken zu segnen. Wie sehr hatte die Erscheinung an ihrem Leben in diesem Dorf teilgenommen, hatte über die Episoden gelacht, die sie ihr vortrug, denn, so Conchita später, »sie hatte sich wirklich für alles interessiert, sogar für unsere Kühe«. Jetzt würde ihr niemand mehr zuhören, niemand mehr süße Worte in ihr Herz schreiben und sie an der Hand in den Himmel führen. Doch in die Traurigkeit dieses Abschieds mischte sich eine tiefe Dankbarkeit für alles, was geschehen war. Und die Zuversicht, dass dieser Abschied nicht das Ende war, sondern der Anfang. Dass sie eben doch nicht allein war. »Ich werde immer mit dir und allen meinen Kindern sein«, hatte die selige Jungfrau ihr doch gerade versprochen. Und von all den Worten, die in Garabandal gesprochen worden waren, tröstete keines sie so sehr wie dieses.

Denn wer wirklich glaubt, ist nie allein.

25.

Reise nach Rom

Offenbar hatten die Versuche des neuen Bischofs von Santander, eine Reise Conchitas nach Rom zu verhindern, keinen nachhaltigen Erfolg. Nur vier Wochen nach dem Abschied der Gottesmutter im Regen, gegen Mitte Dezember 1965, erhielt Pater Luna, der Conchitas Seelenführer geworden war, einen Anruf aus Santander. Dort, so erklärte man ihm, sei gerade ein Bote aus Rom eingetroffen, der einen Brief von Kardinal Ottaviani, dem Präfekten der Glaubenskongregation, überbringen sollte. Er war direkt an den geistlichen Begleiter der jungen Seherin gerichtet und erhielt eine ziemlich unzweideutige Ansage: »Ob mit oder ohne Erlaubnis des Ortsbischofs, bringen Sie die Kinder zu mir!«

Am liebsten hätte sich Pater Luna sofort ins Flugzeug gesetzt, doch eine solche Reise musste vorbereitet werden. Weihnachten stand vor der Tür, Flugtickets und die Hotels der Ewigen Stadt waren ausverkauft, und so entschied sich der Ordensmann, in der zweiten Januarwoche zu reisen. Der Wirtschaftswissenschaftler und illustre Autor Francisco Sánchez-Ventura erklärte sich spontan bereit, die Reisekosten für das Trio – denn natürlich wollte Conchitas Mutter Aniceta ihre erst 16-jährige Tochter begleiten – zu übernehmen. Aus protokollarischen Gründen informierte Pater Luna den Generalvikar von Santander über die bevorstehende Reise, der wiederum den Bischof in Kenntnis setzen sollte, was aber, Gott sei Dank, nicht geschah. Als Pater Luna nach der Reise bei Bischof Puchol vorstellig wurde, wusste dieser (noch) von nichts.

So kam es, dass Conchita und ihre Mutter am 11. Januar 1966 in Garabandal aufbrachen, um nicht nur die weiteste, sondern auch die wichtigste Reise ihres bisherigen Lebens anzutreten. Ihr Weg führte sie zunächst nach Saragossa, wo sie früh am nächsten Morgen gemeinsam mit Pater Luna den Zug nach Barcelona bestiegen. Dort startete gegen Mittag ihr Flugzeug in die Ewige Stadt. Zwei prominente Katholiken hatten sich bereit erklärt, sie dort unter ihre Fittiche zu nehmen und ihnen die römischen Sehenswürdigkeiten zu zeigen. Der eine war Prof. Enrico Medi (1911–1974), der ehemalige spanische Botschafter am Heiligen Stuhl, der an der Universität von Rom Atomphysik lehrte. Er war geradezu der Prototyp des katholischen Wissenschaftlers; er verstarb im Ruf der Heiligkeit, sein Seligsprechungsprozess wurde 1996 eröffnet. Die andere war Prinzessin Cécile von Bourbon-Parma (1935–2021), Tochter des spanischen Thronanwärters, deren humanitäre Aktivitäten, speziell für den Malteserorden, regelmäßig für Schlagzeilen sorgten. Ihr Vater, Fürst Xavier, Herzog von Parma und Piacenza, hatte sie auf die Ereignisse von Garabandal aufmerksam gemacht und so brannte sie darauf, die junge Seherin persönlich kennenzulernen. Fotos von dieser Reise zeigen die beiden Frauen und ihre Entourage – die Prinzessin wurde stets von ihrer Sekretärin begleitet – im Kolosseum oder vor der Lateranbasilika. Conchita macht dabei *bella figura*: Aus ihr war eine schöne, elegante junge Frau mit Charisma und einem bezaubernden Lächeln geworden.

Pater Luna, Conchita, Prinzessin Cécile von Bourbon-Parma, Aniceta

Am 14. Januar brachte Pater Luna sie in das »Heilige Offizium«, den Palazzo der Kongregation für die Glaubenslehre im Vatikan, wo Kardinal Ottaviani sie bereits erwartete. Zweieinhalb Stunden dauerte das Gespräch, zu dem der Präfekt der Glaubenskongregation zwei seiner Mitarbeiter hinzugeholt hatte. Den offiziellen Untersuchungsbericht der Diözese Santander in den Händen, den Bischof Puchol ihm übersandt hatte, wollte er zu den strittigen Fragen die Antwort der jungen Frau hören. Conchita wusste, dass es vielleicht ihre einzige Gelegenheit war, vor dem höchsten Gremium der Kirche auszusagen, und so erzählte sie dem Kardinal alles – ihre mystischen Erfahrungen, ihre Fehler, ihre Ängste, ihre Sünden, aber auch etwas, das sie weder ihren Freundinnen noch ihren engsten Angehörigen erzählt hatte: Sie vertraute ihm den Zeitpunkt des Wunders und die Natur des »wichtigen kirchlichen Ereignisses« an, das am selben Tag stattfinden würde. Gleich mehrere Male unterbrach der Kardinal das Gespräch und ging in den Warteraum, in dem Pater Luna und die anderen Begleiter Conchitas saßen. »Er wollte uns mitteilen, wie beeindruckt er von allem war, was Conchita ihm erzählte«, schrieb Pater Luna später:

»Ich erinnere mich noch gut, wie er mir sagte und es später wiederholte: ›Bringen Sie mir auch die anderen Mädchen. Bringen Sie sie zu mir!‹ Dass Jacinta und Loli nicht nach Rom kamen, lag daran, dass ihre Eltern es ihnen nicht erlaubten, wozu diese jedes Recht hatten, aber es war auch deshalb, weil jemand diese beeinflusst hatte, und dieser Jemand hatte kein Recht dazu. Der Kardinal aber schien überzeugt. Von den etwa zwanzig Erscheinungen der seligen Jungfrau, die das Heilige Offizium zu diesem Zeitpunkt untersuchte, erschienen ihm die von Garabandal als *molto interessante* [›besonders interessant‹], um ihn wörtlich zu zitieren.«

Kardinal Ottaviani war von der Aufrichtigkeit der jungen Frau überzeugt. Als sie ihm ihren großen Wunsch, den Hei-

Alfredo Kardinal Ottaviani (1890–1979)

ligen Vater zu treffen, anvertraute, versprach er, sich darum zu kümmern.

Am nächsten Tag teilte Kardinal Ottaviani Pater Luna mit, dass er den Heiligen Vater über die Ereignisse von Garabandal und die Bitte Conchitas um eine Audienz informiert habe. Paul VI., so der Kardinal, sei bereit, sie und ihre Begleiter zu empfangen. Daher solle der Pater beim Präfekten des Apostolischen Palastes (seit 1967 Päpstlichen Hauses) vorstellig werden und sich dort einen Audienztermin geben lassen. Doch als der Geistliche aus Saragossa kurz darauf das Büro des Präfekten betrat, musste er feststellen, dass der Bischof von Santander hier schon erfolgreich interveniert hatte.

»Der Papst wird Sie nicht empfangen!«, lautete die schroffe Antwort auf sein Termingesuch.

»Aber Monsignore, Seine Eminenz hat uns gerade gesagt, dass der Heilige Vater ihm persönlich zugesagt hatte, dass er uns empfangen wolle.«

»Kardinal Ottaviani soll sich um sein eigenes Dikasterium kümmern«, erwiderte der Präfekt, »ich bin hier der Verantwortliche.«

Damit war die Diskussion beendet.

Als Pater Luna anschließend noch einmal bei Kardinal Ottaviani vorsprach, schüttelte dieser nur den Kopf. Er war mit vatikanischen Intrigen vertraut und daher nicht allzu erstaunt. Pater Luna zitierte daraufhin die Botschaft des Engels vom 18. Juni 1965, der zufolge »viele Kardinäle, Bischöfe und Pries-

Papst Paul VI. nach einer Audienz im Petersdom

ter ... den Weg des Verderbens« gehen, worauf Ottaviani mit heftigem Kopfnicken seine Zustimmung bekundete.

Doch der Pater gab nicht auf und fand schließlich doch noch eine Möglichkeit, wie Conchita vor ihrer Abreise den Papst treffen konnte.

Die letzte Trumpfkarte, die er zog, war ausgerechnet Prof. Medi, einer ihrer Gastgeber in Rom. Mit ihm ging die Gruppe am Mittwoch, dem 19. Januar 1966, zur Generalaudienz des Papstes, die damals im Petersdom stattfand und ausgerechnet im Zeichen der »Woche des Gebetes für die Einheit der Christen« stand. Es war für Conchita buchstäblich die letzte Chance, denn am Nachmittag ging ihr Rückflug nach Barcelona. Als Paul VI. auf seiner Sänfte, von acht Männern getragen, den Weg zurück in den Apostolischen Palast nahm, stellte sich Medi so hin, dass er für den Papst unübersehbar war. Tatsächlich erblickte dieser ihn sofort, begrüßte ihn mit *Professore, Professore!* und wies seine Träger mit *Fermi tutti* (»Alles anhalten«) an, die *Sedia Gestatoria* abzusetzen und den Raum zu verlassen. So konnte Medi ihm völlig ungestört seine drei Begleiter, Conchita, Aniceta und Pater Luna vorstellen. Schließlich hatte die junge Seherin die

Möglichkeit, den Papst unter vier Augen zu sprechen. Es ist nicht bekannt, was sie ihm sagte. Doch die Begegnung endete damit, dass er sie segnete und, für alle Anwesenden deutlich hörbar, erklärte: »Ich segne dich und mit mir segnet dich die ganze Kirche.«

Überglücklich eilte die kleine Gruppe zum Wagen des Professors, der sie auf dem schnellsten Weg zum Flughafen brachte. Für sie war jetzt klar, was Pater Luna so formulierte: »Der Papst ist mit uns.«

Dass dies kein Wunschdenken war, bestätigt der Jesuitenpater Xavier Escalada SJ (1934–2006) aus Navarra, der zu den wichtigsten Historikern der »Gesellschaft Jesu« gehörte. Ihm verdankt die Kirche etwa die historische Bestätigung der Existenz des Sehers von Guadalupe, des Azteken Juan Diego, dem die Gottesmutter 1531 erschienen war. Pater Escalada hatte einen seitdem nach ihm benannten Codex aus dem Jahre 1548 entdeckt, auf dem, von einem Richter bestätigt, Juan Diego die Szenerie seiner Erscheinung gezeichnet hatte.

1966 wurde Pater Xavier Escalada in Begleitung seines Ordensgenerals, Pater Pedro Arrupe SJ, von Papst Paul VI. empfangen, um ihm seine Studie über die Ereignisse von Garabandal zu überreichen. Laut Pater Escalada hatte der Heilige Vater bereits ein Buch über die Erscheinungen aus der Feder Pater Joseph Pelletiers, einige Artikel zum Thema und den Bericht Kardinal Ottavianis über sein Gespräch mit Conchita gelesen, sodass Pater Escalada sich kurzfassen konnte. Die Reaktion Pauls VI. war eindeutig. »Diese Botschaften müssen bekannt gemacht werden«, erklärte der Papst.

»Eure Heiligkeit, viele bekämpfen sie, darunter sogar in Ihrem engsten Umfeld«, erwiderte Pater Escalada und spielte damit auf den Präfekten des Apostolischen Palastes an.

»Das ist nicht wichtig«, erwiderte Paul VI., »sagen Sie den Menschen, dass es der Papst ist, der dies sagt, dass es dringend notwendig ist, diese Botschaften in der Welt bekannt zu machen.« Dann hielt er für einen Augenblick inne, schaute dem Jesuitenpater direkt in die Augen und öffnete sein Herz:

> »Garabandal ist die schönste Geschichte der Menschheit seit der Geburt Christi. Es ist wie ein zweites Leben der allerheiligsten Jungfrau auf Erden, und ich habe keine Worte, um dafür meinen Dank auszudrücken.«

Zwei Jahre später, im Februar 1968, wurde Conchita erneut nach Rom eingeladen, jetzt um Kardinal Franjo Seper zu treffen, den Nachfolger Kardinal Ottavianis im Amt des Präfekten der Glaubenskongregation. Dieses Mal bezahlte der Vatikan ihre Reise; untergebracht wurde sie bei einer persönlichen Bekannten des Papstes. Da ihr ausdrücklich untersagt worden war, über die Ereignisse auf dieser Reise zu sprechen, ist unbekannt, ob sie dieses Mal erneut Paul VI. traf.

1975 schließlich konnte Kardinal Ottaviani, mittlerweile längst im Ruhestand, zumindest Jacinta noch sehen. Nach einem halbstündigen Gespräch erklärte er ihr: »Wir müssen viel beten, Jacinta, dass die Kirche Garabandal anerkennt.« Er selbst, so gestand er ihr, »glaube an den übernatürlichen Charakter« der Erscheinungen. Paul-Pierre Kardinal Philippe (1905–1984), damals Präfekt für die Kongregation der Orientalischen Kirchen und Mitglied der Glaubenskongregation, unterbrach eigens eine Bischofskonferenz, um Jacinta zu treffen und ihr zu erklären: »Ich segne Sie im Namen der Gottesmutter und bin ganz mit Ihnen.«

13 Jahre später, am 23. Juli 1988, begegnete die dritte der Seherinnen von Garabandal, Mari Loli, auf einer öffentlichen Audienz Papst Johannes Paul II. Als ihr Begleiter, der Priester Robert Francis Lee Graves, sie mit den Worten »Heiliger Vater, darf ich um Ihren Segen bitten für Ihre Kinder, die im Namen der Gottesmutter von Garabandal kommen«, vorstellte, wiederholte der große Pole: »Garabandal, aha!«,

Johannes Paul II. mit Mari Loli und
ihrer Tochter María Dolores

und küsste die siebenjährige Tochter der Seherin, bevor er diese segnete.

Pater Juan José Arteaga Álvarez aus Madrid war dabei, als dem polnischen Papst in einer anderen Audienz eine Gruppe von spanischen Weihekandidaten, also künftigen Priestern, vorgestellt wurde. Als er sie, wie er es stets bei Audienzen zu tun pflegte, fragte: »Woher kommen Sie?«, erwiderten zwei der Seminaristen: »Aus Santander!« – »Ah, aus Santander«, meinte Johannes Paul II. sichtlich erfreut und in perfektem Spanisch. »Santander und Kantabrien. Kantabrien ist ein schönes Land. Es ist das Land des heiligen Toribio und das von Garabandal.« Einer der Seminaristen kannte sehr wohl das Kloster S. Toribio de Liébana mit der größten Kreuzreliquie Westeuropas, aber Garabandal war ihm unbekannt. Als er merkte, wie enttäuscht der Papst darauf reagierte, dass er offenbar nichts von den Erscheinungen wusste, war seine Neugierde geweckt. Kaum war er wieder in Santander, sprach er seinen Bischof, Msgr. del Val, auf Garabandal an und wurde von diesem aufgeklärt. Seitdem ist der ehemalige Seminarist geradezu zum Garabandal-Experten geworden.

Auch der deutsche Garabandal-Fachmann Albrecht Weber erhielt einen Beweis für die Sympathie des polnischen Papstes für die Erscheinungen der vier Kinder. Als 1993 die erste Auflage seines Bestsellers *Garabandal – Der Zeigefinger Gottes* erschien, schickte Weber ein Exemplar zu ihm nach Rom. Gewöhnlich erhalten katholische Autoren, die ihr Buch an den Papst schicken, ein ziemlich unverbindlich gehaltenes Formschreiben des vatikanischen Staatssekretariats. Umso mehr war Weber überrascht, als er ein paar Wochen später ein persönliches Dankschreiben überbracht bekam, das Papstsekretär Stanisław Dziwisz (später Kardinal und Erzbischof von Krakau) im Auftrag Johannes Pauls II. verfasst hatte:

> »Vergelt's Gott für alles. Besonders für die tiefe Liebe, mit der Sie das Geschehen sowie Zusammenhänge bezüglich Garabandal darstellen und weitherum bekannt machen. Möge die Botschaft der Gottesmutter Zugang zu den Herzen finden, bevor es zu spät ist ... Der Heilige Vater erteilt Ihnen als Ausdruck der Freude und Dankbarkeit Seinen apostolischen Segen.«

Ein handschriftlicher persönlicher Gruß Johannes Pauls II. war angefügt.

Und Benedikt XVI.? Er hat nicht nur, als er noch Präfekt der Glaubenskongregation war, Conchita empfangen. Ihm war auch eine ausführliche Dokumentation der Ereignisse von einem der wohlgesonnenen Untersucher von Garabandal, dem Jesuitenpater Francis Benac SJ, zugegangen und er hat wohl auch diverse Bücher über die Erscheinungen gelesen. Doch sein Interesse geht noch weiter zurück. Wie sein amerikanischer Biograf John L. Allen Jr. schreibt, interessierte er sich schon als Theologieprofessor für die Ereignisse von 1961–1965. Zwischen 1970 und 1979 lehrte er nicht nur an der Universität Regensburg, er gab auch Sommerkurse an der

Gustav-Siewerth-Akademie in Bierbronnen/Schwarzwald, einer privaten Hochschule für Theologie und Philosophie, die unter seiner Mitwirkung von der großen katholischen Philosophin Prof. Dr. Alma von Stockhausen gegründet worden war. Dort, so Allen, habe er erstmals von Garabandal erfahren und sich einschlägige Literatur besorgt. Dabei beruft sich der Biograf auf gleich mehrere ehemalige Ratzinger-Schüler, mit denen der spätere Papst Benedikt XVI. über die Erscheinungen gesprochen hatte. Als 1989 der damalige Bischof von Santander, Msgr. Juan Antonio del Val, mit Unterstützung aus Rom eine zweite Untersuchung der Ereignisse von Garabandal in Auftrag gab, übersandte er die Ergebnisse an die Glaubenskongregation zu Händen von Kardinal Ratzinger. Hier wird dieser seinen ersten, offenbar positiven Eindruck bestätigt gesehen haben.

Doch nicht nur zwei heilige Päpste zeigten Interesse an den Erlebnissen der vier Mädchen, denen Unsere Liebe Frau vom Berg Karmel erschienen war, sondern auch zwei der größten Heiligen unserer Zeit.

26.

Pater Pio, die Heiligen und Garabandal

Mitte März 1962 überbrachte der Postbote Conchita einen an sie adressierten Brief, auf dessen Umschlag als Absender das Kapuzinerkloster von San Giovanni Rotondo in Italien genannt wurde. Der Brief selbst war mit Schreibmaschine auf ein neutrales DIN-A4-Blatt getippt und nicht unterzeichnet. Er trug lediglich das Datum des 3. März 1962. Da er auf Italienisch verfasst war, konnte Conchita nicht viel mit ihm anfangen, sie beherrschte keinerlei Fremdsprachen. So steckte sie ihn eher ratlos in ihre Tasche und da war er noch, als sie zu ihrer nächsten Erscheinung gerufen wurde. In Ekstase erinnerte sie sich an das geheimnisvolle Schreiben und fragte die Gottesmutter aus reiner Neugier, von wem es stamme. »Der Brief wurde dir von Pater Pio geschickt«, erwiderte die se-

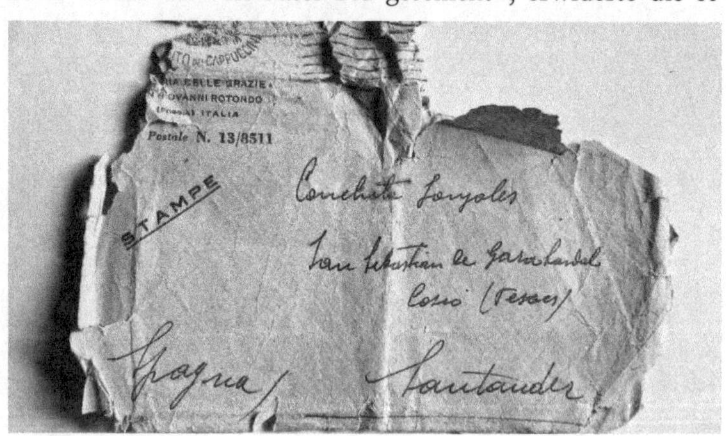

Der geheimnisvolle Briefumschlag, der Conchita im März 1962 zuging

lige Jungfrau, eine Antwort, die Conchita wenig sagte, denn der stigmatisierte Kapuziner, der zu den größten Heiligen des 20. Jahrhunderts gehört, war ihr zu diesem Zeitpunkt noch unbekannt. Da sein Name ihr nichts sagte, stellte sie auch keine weiteren Fragen, sondern beließ es dabei.

Erst am Abend nach der Erscheinung musste sie wieder an den mysteriösen Brief denken und fragte in die Runde der Besucher, die in der Küche ihrer Mutter Aniceta versammelt waren, ob denn jemand wisse, wer dieser Pater Pio sei. Ein Seminarist, der sie gerade besuchte, ein gewisser Félix López, klärte sie auf über den Kapuziner, der 1918 die Wundmale Christi empfangen hatte und seitdem durch zahlreiche Wunder, die sein Gebet und seine Fürsprache bewirkten, bekannt geworden war. Dann fragte er Conchita, ob er den Brief einmal lesen dürfe. Da er Italienisch sprach – er hatte in Rom studiert –, ließ das Sehermädchen das nicht nur zu, sie bat ihn auch, diesen für sie zu übersetzen:

»Liebe Mädchen, um 9.00 Uhr heute Morgen hat mir die heilige Jungfrau Maria aufgetragen, euch Folgendes zu sagen:

›Ach, gesegnete Mädchen von San Sebastián de Garabandal, ich verspreche, dass ich bis zum Ende der Zeit mit euch sein werde und ihr mit mir am Ende der Welt sein werdet. Und dann vereint mit mir in der Herrlichkeit des Paradieses.‹

Ich sende euch diese Kopie des heiligen Rosenkranzes von Fátima, da mir die Jungfrau aufgetragen hat, ihn euch zu geben. Dieses Rosenkranzgebet wurde von der heiligen Jungfrau diktiert und soll zur Errettung der Sünder und zur Bewahrung der Menschheit vor den schlimmsten Strafen, mit denen der gute Gott droht, verbreitet werden. Ich gebe euch nur einen Rat: Betet und ermutigt andere, auch zu beten, denn diese Welt steht am Anfang des Untergangs. Sie glauben euch nicht und euren Gesprächen mit der Weißen Dame, aber sie werden glauben, wenn es zu spät ist.«

Tatsächlich hatte auch López nicht den geringsten Zweifel an der Autorenschaft. Pater Pio (1887–1968) lebte in San Giovanni Rotondo, von wo der Brief stammte, ihm wurden neben zahlreichen anderen mystischen Gaben auch Marienerscheinungen nachgesagt und er war ein großer Verehrer der Gottesmutter von Fátima, was die Übersendung des Rosenkranz-Gebetes erklärt. Heute wissen wir, dass der Brief tatsächlich auf seiner Schreibmaschine getippt worden war. Pater Pio benutzte sie häufig, da es ihm aufgrund seiner Stigmata schwerfiel, längere Texte mit der Hand zu schreiben. Da er nie öffentlich über seine Marienerscheinungen sprach und sicher fürchtete, dass der Brief in falsche Hände geraten könnte, hatte er wohl darauf verzichtet, ihn zu unterzeichnen. Der Aufdruck des Briefumschlags war Hinweis genug, von wem er stammte.[28]

Zudem war bekannt, dass Pater Pio sich brennend für die Ereignisse von Garabandal interessierte. Als ihn am 1. Januar 1962 eine Gruppe spanischer Pilger nach der Authentizität der dortigen Marienerscheinungen fragte, antwortete der Stigmatisierte: »Wie oft muss sie [die Gottesmutter, d. Verf.] noch dort erscheinen, damit Sie es glauben?«

Jedenfalls schrieb Conchita ein paar Tage später einen Brief an Pater Pio und lud ihn sehr herzlich ein, sie zu besuchen, sollte er nach Spanien kommen, denn sie würde ihn gerne sehen. Er antwortete mit einem kurzen Brief: »Glaubst du, ich kann durch die Kamine ein und aus gehen?« Zu diesem Zeit-

28 Tatsächlich wurden verschiedene Abschriften des Briefes angefertigt, weil es in Garabandal keine Kopiergeräte gab. Daraus, dass diese handschriftlichen Kopien natürlich nicht im Entferntesten der Handschrift Pater Pios ähnelten, schloss eine deutsche katholische Bloggerin und fanatische Garabandal-Gegnerin, der Brief sei gefälscht. Das maschinenschriftliche Original ignorierte sie dabei ebenso geflissentlich wie den bedruckten Absender-Umschlag. Schreibmaschinen gab es in Garabandal nicht und keines der Seherkinder sprach Italienisch, hätte also den Brief fälschen können.

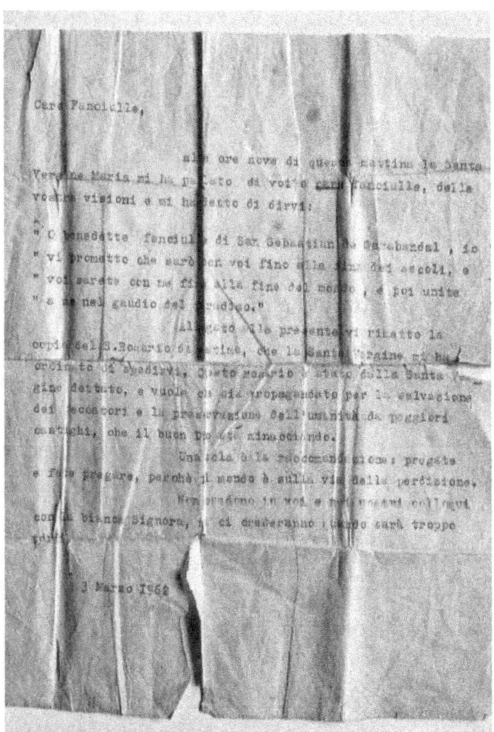

Care Fanciulle,

alle ore nove di questa mattina la Santa Vergine Maria mi ha parlato di voi, o care fanciulle, delle vostre visioni e mi ha detto di dirvi:

" O benedette fanciulle di San Sebastian de Garabandal, io
" vi prometto che sarò con voi fino alla fine dei secoli, e
" voi sarete con me fino alla fine del mondo, e poi unite
" a me nel gaudio del paradiso."

Allegato alla presente vi rimetto la copia del S. Rosario [illegible], che la Santa Vergine mi ha ordinato di spedirvi. Questo rosario è stato dalla Santa Vergine dettato, e vuole che sia propagandato per la salvazione dei peccatori e la preservazione dell'umanità da peggiori castighi, che il buon Dio sta minacciando.

Una sola è la raccomandazione: pregate e fate pregare, perchè il mondo è sulla via della perdizione.

Non credono in voi e [illegible] colloqui con la bianca Signora, [illegible] ci crederanno quando sarà troppo tardi.

3 Marzo 1962

Das Original des Briefes von Pater Pio

punkt, mit 13 Jahren, hatte das Mädchen noch keine Ahnung davon, was es bedeutete, in einem Kloster zu leben.

Umso glücklicher war Conchita, als es sich während ihrer Romreise im Januar 1966 ergab, dass sie an zwei freien Tagen nach San Giovanni Rotondo fahren konnte, um Pater Pio in seinem Kloster zu besuchen. Was dort geschah, schildert sie wie folgt:

»Wir kamen um neun Uhr abends an. Man sagte uns, wir könnten P. Pio erst am nächsten Tag in seiner Messe um fünf Uhr morgens sehen. Vor der Messe gingen Pater Luna und der Professor [Medi] in die Sakristei. Der Professor erzählte mir danach, was sich dort ereignet hatte. Er sagte, dass Pater Luna Pater Pio sagte, die Prinzessin von Spanien [Cecilia von Bourbon-Parma] sei gekommen, um ihn zu sehen. P. Pio antwortete: ›Ich fühle mich nicht wohl und werde sie erst später sehen können.‹ Daraufhin griff Professor Medi ein: ›Eine andere Person möchte Sie ebenfalls kennenlernen. Conchita möchte mit Ihnen sprechen.‹ Pater Pio sagte dann: ›Conchita aus Garabandal? Kommen Sie um acht Uhr morgens!‹

Als wir ankamen, wurden wir in einen kleinen Raum geführt, eine Zelle, in der sich ein Bett, ein Stuhl und ein kleiner Tisch befanden. Ich kann mich erinnern, dass ich das Kruzifix, das die Jungfrau geküsst hatte, bei mir trug. Ich fragte P. Pio: ›Das ist das Kreuz, das die Gottesmutter geküsst hat. Wollen Sie es küssen?‹ Pater Pio nahm das Kreuz und legte es auf seine linke Handfläche, auf das Stigma. Dann nahm er meine Hand und legte sie auf das Kruzifix ... er segnete meine Hand und das Kreuz ... während er zu mir sprach.‹«

Als Prof. Dr. Joachim Bouflet, der Philosophie an der berühmten Universität Sorbonne in Paris lehrte und die Kongregation für Selig- und Heiligsprechungen des Heiligen Stuhls beriet, am Abend des 23. August 1968 bei Pater Pio beichtete, empfahl ihm der Stigmatisierte: »Beten Sie zur Gottesmutter. Weihen Sie sich der Jungfrau vom Berg Karmel, die in Garabandal erschien.« Bouflet traute seinen Ohren nicht und fragte nach, was er gerade gesagt habe, woraufhin der Pater wiederholte: »Weihen Sie sich der Jungfrau vom Berg Karmel, die in Garabandal erschien.« – »Sie meinen die Erscheinungen in Garabandal?«, wollte Bouflet sich versichern. »Sind die denn echt?« – *Certo é vero!* – »Natürlich sind die echt!«, erklärte Pater Pio energisch.

Auf den Tag genau einen Monat später, am 23. September 1968, verstarb Pater Pio im Beisein von Pater Pellegrino, seinem Pfleger und engsten Vertrauten. Conchita war erschüttert. Sie hatte mit ihm nicht nur eine spirituelle Vaterfigur verloren, sie begann auch für einen Moment, an den Botschaften der Gottesmutter zu zweifeln, die ihr versichert hatte, dass Pater Pio das Wunder sehen würde. Dann, am 16. Oktober 1968, erhielt sie ein Telegramm aus Lourdes mit der Aufforderung, schnellstmöglich dorthin zu kommen, um einen Brief entgegenzunehmen, den Pater Pio für sie hinterlassen habe. Zwei Franzosen, die gerade Garabandal besuchten, der Priester Alfred Combe und Bernard L'Huillier, boten sich an, Conchita und ihre Mutter nach Lourdes zu fahren. Sie machten sich noch in derselben Nacht auf den Weg. In Lourdes erwartete sie Pater Bernardino Cennamo OFMCap, der bereits im Auftrag Pater Pios zur Verkündigung der letzten Botschaft am 18. Juni 1965 nach Garabandal gekommen war. Jetzt gab er ihr gegenüber zu, damals noch skeptisch gewesen zu sein. Doch seine Meinung habe sich radikal geändert, als Pater Pio ihn auf dem Sterbebett bat, ihr den Schleier zu überbringen, der nach seinem Tod sein Gesicht bedecken sollte.[29] Auch einen seiner Handschuhe, die seine Stigmata bedeckten, und seinen Rosenkranz »vererbte« er dem Sehermädchen. Zudem hatte Pater Bernardino einen Brief im Gepäck, den Pater Pio einen Monat vor seinem Tod, am 22. August 1968, dem Fest des Unbefleckten Herzen Mariens (heute: Maria Königin), seinem Pfleger und Vertrauten Pater Pellegrino diktiert hatte:

»Für Conchita: Pater Pio sagte: ›Ich bete zur allerseligsten Jungfrau, dass sie dich tröstet und zur Heiligkeit führt. Ich segne dich von ganzem Herzen.‹«

29 Tatsächlich waren es mehrere Schleier, die man nach und nach auf das Antlitz des Wunderpaters legte. Conchita erhielt einen davon.

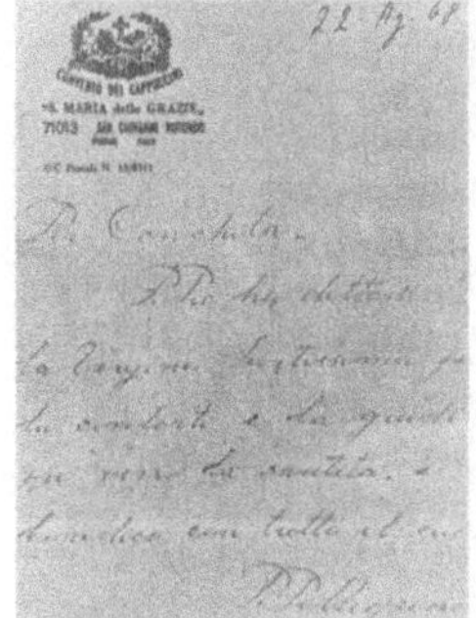
S. MARIA delle GRAZIE

Pater Bernardino, der Conchita Reliquien wie diesen Handschuh und einen Brief von Pater Pio überbrachte, den er seinem Freund und Pfleger Pater Pellegrino (unten rechts) diktiert hatte

Conchita war tief berührt, doch noch immer nagte in ihr der Zweifel: »Warum hat die selige Jungfrau mir gesagt, Pater Pio würde das Wunder sehen, wo er doch jetzt verstorben ist?« »Aber er hat das Wunder gesehen!«, erwiderte der Kapuziner. »Er selbst hat es mir gesagt.« Und dann vertraute Pater Bernardino der jungen Seherin an, was Pater Pio ihm über Garabandal gesagt hatte. »Er meinte zu mir: ›Arme Conchita, sie muss viel erleiden.‹ Er liebte die selige Jungfrau von ganzem Herzen, er gehörte ihr, lebte und arbeitete für sie, die dir als Unsere Liebe Frau von Garabandal erschienen war. Er sagte: ›Sie ist es, die ihren Fuß auf den Berg gesetzt hat. Sie ist der

Stern des Berges.‹ Und dann fügte er noch hinzu: ›Wir müssen die Seherinnen von Garabandal unterstützen!‹«

In seinem Buch *Our Lady Comes to Garabandal* veröffentlicht der amerikanische Theologe, Kirchengeschichtler, Priester und Ordensmann Pater Joseph Pelletier AA ein Schreiben Pater Bernardinos, der zwischenzeitlich zum Prior des Klosters von San Giovanni Rotondo bestimmt worden war. Darin bestätigte dieser am 4. Juli 1969:

> »Zu Lebzeiten bezeugte Pater Pio die Authentizität der Erscheinungen (von Garabandal). Er traf Conchita in San Giovanni Rotondo. Noch in den letzten Tagen seines Lebens sprach er mit seinen Ordensbrüdern darüber und hinterließ eine persönliche Botschaft für die Hauptperson der Erscheinungen. Diese Botschaft, die er seinem Ordensbruder Pater Pellegrino diktierte, wurde in meiner Gegenwart in Lourdes im Oktober letzten Jahres an Conchita übergeben.«

1966 schrieb Paul-Pierre Kardinal Philippe, Präfekt der Kongregation für die Orientalischen Kirchen und Mitglied der Glaubenskongregation, in einem Brief an die Oberin des Karmels von Puebla, den der Erzbischof von Jalapa in Mexiko, Msgr. Manuel Pio López, am 8. Juli 1966 veröffentlichte:

> »Die Tatsache, dass Pater Pio, bekannt für seine Tugendhaftigkeit, seine Weisheit und seine Treue zum Heiligen Stuhl, diese Erscheinungen guthieß und die vier Mädchen ermutigte, die Botschaft der allerseligsten Jungfrau zu verbreiten, ist ein starker Beweis für die Wahrhaftigkeit dieser Erscheinungen.«

Untrennbar mit Pater Pio ist auch die Geschichte des »Missionars von Garabandal«, des blinden Amerikaners Joey Lomangino (1930–2014), verbunden. Joey war das Älteste von fünf Kindern einer armen italienischen Einwandererfamilie und wuchs in Brooklyn/New York auf. Sein Vater war ein kränklicher Mann, der seinen bescheidenen Lebensunterhalt damit verdiente, dass er im Sommer Eis und im Winter Kohlen auslieferte. Schon in seiner Schulzeit war der intelligente Junge eine große Hilfe für seinen Vater und hatte es jeden Tag eilig, vom Unterricht nach Hause zu kommen, um in dessen kleinem Unternehmen mithelfen zu können. Auf ihm lag die ganze Hoffnung seiner Familie, bis das Schicksal grausam zuschlug. Am 13. Juni 1947, gleich nach der Schule, wollte er den Lastwagen seines Vaters fahren, als er bemerkte, dass der linke Vorderreifen Luft verloren hatte. So montierte er den Reifen ab und brachte ihn in eine nahe gelegene Werkstatt, um ihn auf einen Schaden hin zu untersuchen und wieder aufzupumpen. Als er mit beiden Knien auf dem Reifen die undichte Stelle suchte, kam es zu einer Explosion. Dabei schoss der Metallring im Reifeninneren direkt in Joeys Gesicht und drang oberhalb der Nasenwurzel in seine Stirn ein, zertrümmerte den Knochen und durchtrennte seine Geruchs- und Sehnerven. Sofort ins Krankenhaus eingeliefert, verbrachte der Junge drei Tage im Koma, um ausgerechnet am 16. Juni, dem Fest Unserer Lieben Frau vom Berg Karmel, wieder zu sich zu kommen. Er hatte überlebt – doch sein Leben fand fortan in völliger Dunkelheit statt.

Der Unfall stürzte seine Familie für sieben Jahre in ein finanzielles Desaster und machte sie abhängig von der Mildtätigkeit ihrer Nachbarn und Freunde. Joey versuchte, sich als Hilfsarbeiter im Hafen durchzuschlagen, verdiente aber nur rund 100 Dollar im Monat. Es war eine traurige Zeit, die ihn auch an Gott zweifeln ließ; warum ließ er seine Familie, diese grundanständigen Menschen, nur so leiden? Doch dann kam Hilfe. Ein Pater half ihm, in einem Institut für Blinde angenommen zu werden, und danach erhielt er ein Stipendium an der *St. John's University*. Mit Dagmar, seinem Blindenhund, an der Seite nahm er sein Studium auf, als ein Jahr später das zweite »Wunder« geschah: Ein Geschäftsmann, der von seinem Schicksal erfahren hatte, lieh ihm das Geld, um ein zum Verkauf stehendes Sanitärunternehmen zu übernehmen. Joey stürzte sich in die Arbeit, stellte seine Brüder ein und war bereits nach einem Jahr in der Lage, den Kredit zurückzuzahlen.

Sieben weitere Jahre später, 1961, war Lomangino 31 Jahre alt, erfolgreich und völlig überarbeitet. Sein Arzt riet ihm dringend, sich eine Auszeit zu nehmen, und so kaufte er ein Ticket und besuchte Verwandte in Bari an der Adria. Obwohl er noch immer mit Gott haderte und den Glauben verloren hatte, ließ er sich überreden, seinen Onkel nach San Giovanni Rotondo zu begleiten, das Kloster bei Foggia, in dem der stigmatisierte Wunderpater Pio lebte. Dort nahmen sie um 5.00 Uhr an der Heiligen Messe teil, die der heiligmäßige Ordensmann zelebrierte, und knieten anschließend nieder, um von ihm gesegnet zu werden. Als Pater Pio zu Joey kam, sprach er ihn mit seinem Namen an (den er nicht wissen konnte), berührte sein Gesicht und segnete ihn.

Das allein genügte, um in Joey einen Transformationsprozess auszulösen. Er ging wieder, zunächst gelegentlich, zur Heiligen Messe, er fand Frieden in seiner gepeinigten Seele, er begann, sich mit Gott zu versöhnen und sich mit seiner Behinderung abzufinden. Vor allem aber brannte er darauf, nach Italien zurückzukehren, um den heiligen Mann, der ihn so tief berührt hatte, wiederzusehen. Im Februar 1963 nahm er erneut eine Auszeit und reiste, diesmal von einem Freund begleitet, direkt nach San Giovanni Rotondo. Am dritten Tag war er bereit, bei Pater Pio zu beichten. Der ergriff ihn am Handgelenk, schüttelte ihn und sagte mit eindringlicher Stimme: »Joey, beichte es dir selbst!« Als Joey zögerte, wiederholte der Heilige seine Forderung.

»Segne mich, Pater, denn ich habe gesündigt«, begann Joey seine Beichte. Doch wieder unterbrach ihn der Pater:

»Joey, du bist wütend, nicht wahr?«

Joey Lomangino begegnet Pater Pio

»Nein, Pater, ich arbeite viel, ich bin erschöpft …«

»Nein, nein, Joey, du bist wütend, nicht wahr?«, beharrte Pater Pio und begann, dem Amerikaner seine Sünden aufzuzählen: »Joey, erinnerst du dich an diese eine Nacht in einer Bar, an ein Mädchen namens Barbara und die Sünde, die du damals begangen hast?«

Joey war erschüttert. Wie konnte der Italiener wissen, was damals, in dieser Bar in Brooklyn, geschehen war? Und dann fuhr der Pater fort, zählte Joeys ganze Sünden auf, mit Daten, Namen und Orten … und Joey fühlte sich, »als sei ich aus Wasser«, wie er später erklärte. Am Ende dieser ungewöhnlichen Beichte meinte Pater Pio zu ihm: »Joey, tut es dir leid?« – »Ja, Pater!« Dann erhob Pater Pio seine Hände und fuhr fort: »Ich rufe Jesus und Maria auf dich herab!« Als der Stigmatisierte ihm die Lossprechung gab, fühlte er, wie seine Augäpfel rotierten. Etwas geschah mit ihm, doch er wusste nicht, was es war. Dann berührte Pater Pio mit dem Handrücken seine Lippen, damit der Amerikaner seine Wundmale küssen konnte, tätschelte dessen Wange und meinte: »Joey, hab ein wenig Geduld, ein wenig Mut und alles wird gut.«

Der Dreiunddreißigjährige fühlte sich jetzt wie ein Sechzehnjähriger und nahm sich vor, sich zu bessern. Von ganzem Herzen bereute er jede Sünde, die er begangen hatte. Zum ersten Mal seit vielen Jahren fühlte er sich gut und rein, stand er wieder in der Gnade Gottes. Er war zwar weiterhin blind, aber er litt nicht mehr länger unter seiner Behinderung. Er hatte Frieden mit sich und mit Gott geschlossen. Von diesem Moment an sollte kein Tag mehr vergehen, an dem er nicht die heilige Kommunion empfing.

Ein paar Tage später fand sich Lomangino in einer Reihe von vielleicht 50 Pilgern wieder, die nach der Heiligen Messe niederknieten, um von Pater Pio gesegnet zu werden. Als der Stigmatisierte an ihm vorbeiging, riss Joey plötzlich seine Arme in die Höhe und warf sich nach hinten, um sich vor etwas zu schützen, das er für eine Explosion hielt. Zugleich aber roch er den Duft von Rosen und das, obwohl sein Riechnerv seit mehr als fünfzehn Jahren zerstört war. »Joey, fürchte dich nicht«, beruhigte Pater Pio ihn. Von diesem Moment an war Lomangino wieder in der Lage, normal zu riechen, was nach Aussage seiner Ärzte eine medizinische Unmöglichkeit war.

Joey Lomangino und Pater Pio

Sein Freund Mario, der ihn begleitete, hatte von den Erscheinungen in Garabandal gehört und geplant, von Italien aus weiter nach Spanien zu fahren. Doch Joey war jetzt so überwältigt von seinen Begegnungen mit Pater Pio, dass er in San Giovanni Rotondo bleiben wollte. Schließlich überredete er den Freund, die Entscheidung von der Antwort des Wunderpaters abhängig zu machen. Bei der nächsten Begegnung fragte er ihn: »Pater, ist es wahr, dass die Jungfrau Maria vier Mädchen in Spanien erscheint?« Die Antwort war kurz und klar: »Ja!« – »Dürfen wir nach Garabandal fahren?«, wollte er sich vergewissern. »Ja! Warum nicht?«

So trafen Joey Lomangino und sein Begleiter Ende Februar 1963 in dem kantabrischen Bergdorf ein, in dem noch tiefster Winter herrschte. »Die Temperatur war sehr niedrig und es war drinnen genauso schlimm wie draußen«, erinnerte er sich später. »Die Häuser waren aus Stein gebaut, es gab kein fließendes Wasser, tatsächlich überhaupt kein Wasser, keine Toiletten, keine Heizung und nur gelegentlich elektrisches Licht, stattdessen einen kleinen Holzofen, der zum Kochen benutzt wurde, und schmale Betten mit Strohmatratzen.« Obwohl er alle seine Kleidung übergezogen hatte, konnte er in dieser Nacht vor Kälte nicht schlafen. So hatte er viel Zeit, um nachzudenken über seinen Weg von Pater Pio nach Garabandal, aber auch über das Wunder, das an ihm geschehen war. Doch er wurde für alle Härten dieser Nacht belohnt, als er am nächsten Morgen Conchita treffen durfte. Auf Anhieb war er beeindruckt von der Schlichtheit und Lauterkeit ihres Wesens, ihrer Liebe zum Gebet und ihrem kindlichen Vertrauen in die Wahrheit ihrer Visionen. Sie gab ihm ein Heiligenbildchen, auf das sie eine Botschaft für ihn geschrieben hatte:

> »Wir müssen viele Opfer bringen und Buße tun und wir müssen dem Allerheiligsten Sakrament viele Besuche abstatten. Aber vor allem müssen wir sehr gut sein, und wenn wir das nicht tun, wird ein Strafgericht kommen. Der Kelch ist dabei überzulaufen, und wenn wir uns nicht ändern, werden wir eine große Strafe erleiden.

> Wollen Sie es tun, Herr? Ich kenne Ihren Namen nicht; aber tun Sie es und bringen Sie andere dazu, dass auch sie es tun!«

Das musste ihm wie ein Auftrag des Himmels erscheinen. Als er dann noch in Madrid Pater Ramón Andreu SJ, den Bruder von Pater Luis, traf, der ihm geduldig alle seine Fragen beantwortete, war er restlos überzeugt. Er wurde zum Apostel von Garabandal.

Zurück in New York begann er zunächst, bei Freunden und Verwandten für Garabandal Zeugnis abzulegen. Er zeigte die Fotos der Ekstasen, die Pater Ramón ihm mitgegeben hatte, und verteilte von der heiligen Jungfrau geküsste Rosenkränze, die Conchita ihm geschenkt hatte. Dabei beobachtete er immer wieder, was die Botschaft von Garabandal in den Menschen bewirkte. Schließlich gründete er in New York die Organisation »Arbeiter Unserer Lieben Frau vom Berg Karmel«, ein Garabandal-Zentrum, und gab eine Zeitschrift heraus, die ursprünglich *Needles* (»Nadeln«) und heute *Garabandal* heißt. Seine bekehrten Freunde halfen ihm dabei und sorgten dafür, dass Garabandal in den USA bald bekannter war als in Europa. Wichtige Bücher spanischer und französischer Autoren ließ er ins Englische übersetzen und drucken, während ein Freund, Dick Everson, einen Dokumentarfilm über die Erscheinungen produzierte. Schließlich hielt der einst so scheue Italoamerikaner jeden Monat vor bis zu 80 000 Zuhörern Vorträge über die Erscheinungen und baute 400 lokale Gebetsgruppen auf. Zudem verging kein Jahr mehr, in dem er Garabandal nicht besuchte, wo er meist im Haus von Conchitas Mutter Aniceta wohnte.

1964 erzählte er Conchita beim Abschied von einer Stimme, die er kurz nach seinem Unfall gehört und die ihn gefragt hatte, ob er wieder sehen wolle. Als er dies bejahte, habe sie ihm aufgetragen: »Dann musst du beten. Bete dreimal täglich 17 Ave-Maria, sieben Reuegebete und fünf Vaterunser … Ich

Conchita und Joey Lomangino

komme bald wieder.« Das hatte er getan, bis er den Glauben verlor. Zudem sprach er mit ihr über seinen Plan, den er auf einer Behinderten-Wallfahrt nach Sainte-Anne-de-Beaupré in Kanada gefasst hatte, in New York ein »Haus der Nächstenliebe« für Verlassene und Betrübte zu bauen. Die Seherin versprach ihm, die Gottesmutter danach zu fragen. Zwei Wochen später erhielt er einen Brief aus Garabandal:

»St.-Josephs-Tag (19. März) 1964

Mein lieber Joey,

nur zwei Zeilen, um dir die Botschaft mitzuteilen, die die selige Jungfrau mir heute bei den Kiefern für Dich übermittelte ... Sie sagte mir, dass die Stimme, die Du gehört hast, die ihrige war und dass Du genau am Tag des Wunders sehen wirst. Sie sagte auch, dass das Haus der Nächstenliebe, das Du in New York bauen willst, Gott große Ehre bringen wird.

Conchita González.«

Obwohl Joey sein Leben lang der Gottesmutter von Garabandal und Pater Pio die Treue hielt, wurde seine Hoffnung enttäuscht. Am 18. Juni 2014, also am 53. Jahrestag der ersten Erscheinung, verstarb Lomangino im Alter von 84 Jahren, ohne das Wunder gesehen und sein Augenlicht zurückerhalten zu haben. Sein Tod schien die Prophezeiung der Gottesmutter zu widerlegen, ja die Echtheit der Erscheinungen selbst infrage zu stellen. Sogar vom »Ende von Garabandal« war die Rede.

Wenn wir nicht annehmen wollen, dass Joey am Tag des Wunders sehend von den Toten aufersteht, bleibt allerdings auch eine spirituelle Deutung dieser Worte. Denn sah er nicht schon alles mit »neuen Augen«, mit den Augen des Glaubens, als er nach seinem Besuch in Garabandal in die USA zurückkehrte? Und wird er nicht jetzt schon, im Himmel, wieder sehen können? Hat er womöglich sogar im Augenblick des Todes, wie es von Pater Pio heißt, das Wunder geschaut? Hat Conchita vielleicht die Gottesmutter einfach missverstanden, ja ihre eigene Hoffnung in ihre Worte projiziert? Tatsache ist, dass er, obwohl er sein ganzes Leben vergeblich auf das Wunder wartete, nie seinen Glauben an Garabandal verloren hat.

Pater Pio und die heiligen Päpste Paul VI. und Johannes Paul II. sind nicht die einzigen Heiligen unserer Zeit, die von der Übernatürlichkeit der Erscheinungen von Garabandal überzeugt waren. Zu ihnen zählt auch der Jesuitenpater Lucio Rodrigo SJ, der 1973 im Alter von 89 Jahren im Ruf der Heiligkeit bei einem Autounfall verstarb. Dieser bedeutende Theologe und Vizerektor der »Päpstlichen Universität Comillas« in der Diözese Santander war überzeugt: »Wenn in dieser Welt ein Fenster existiert, durch das man den Himmel erahnen kann, dann ist das Garabandal.« Und er erklärte:

»Unsere Überzeugung basiert nicht darauf, was die Mädchen über ihre damaligen Visionen gesagt haben, ob nun im Zustand der Ekstase oder danach, sondern auf der Betrachtung dieser Kombination von Phänomenen, deren Zeugen wir wurden oder die andere zuverlässige Personen bestätigten; wir haben diese Ansammlung von Fakten einer soliden kritischen Analyse unterzogen und kamen zu der Schlussfolgerung, dass diese Phänomene nicht von den Kindern erfunden waren und erfunden sein konnten noch das Ergebnis pathologischer oder dämonischer Täuschungen sein konnten … (daraus) leiteten wir unseren Glauben an den göttlichen, übernatürlichen Charakter dieser Phänomene ab …

In Garabandal prophezeite die selige Jungfrau uns die Krise des Priestertums und die große Verwirrung in der Kirche. Diese Prophezeiungen sind jetzt wahr geworden. Das geschah in einer Deutlichkeit und so schwerwiegend, wie es sich niemand in dem kleinen Dorf je hätte vorstellen können, weil nicht einmal die Theologen mit ihrem ganzen Wissen den geringsten Verdacht hatten … In meinen Augen ist dies ein mehr als ausreichender Beweis dafür, dass die Botschaft von Garabandal übernatürlichen Ursprungs ist.«

Conchita 1970 mit Pater Rodrigo SJ und Pater Nieto SJ; mit Pater Ciszek SJ

Ähnlich dachte sein Ordensbruder Pater Manuel García Nieto SJ (1894–1974), dessen Seligsprechungsprozess 1990 eröffnet und dessen heroischer Tugendgrad – die Vorstufe zur Seligsprechung – 2019 von Papst Franziskus festgestellt wurde. Der »Vater der Armen«, wie man ihn aufgrund seines sozialen Engagements nannte, lehrte nicht nur als Professor an der »Päpstlichen Universität Comillas« Pastorale und Spirituelle Theologie, er gründete auch die *Escuela de Pescadores* (»Schule der Fischer«), um den Unterprivilegierten eine gute Schulbildung zu vermitteln. Weniger bekannt ist, dass er ein großer Marienverehrer war, der seit 1969 als Conchitas Beichtvater und Seelenführer fungierte. Kurz vor seinem Tod schrieb er der jungen Seherin: »Ich opfere mein Leben dafür, dass du zur Heiligkeit gelangst.« Einem Mitbruder vertraute er an: »Ja, Garabandal ist echt!«

Ein dritter heiligmäßiger Jesuitenpater, der sich zu Garabandal bekannte, war Pater Walter Ciszek SJ (1904–1984), dessen Seligsprechungsprozess 1989 eröffnet wurde. Der Sohn polnischer Einwanderer wurde in den USA geboren, trat der »Gesellschaft Jesu« bei und erhielt 1937 die Priesterweihe im byzantinischen Ritus. Weil er den Katholiken hinter dem Eisernen Vorhang dienen wollte, ging er 1940 in die Sowjetunion. Dort wurde er sofort nach seiner Einreise verhaftet und musste 20 Jahre in den Arbeitslagern des Gulag verbringen. Erst 1963 erlaubten die Sowjets ihm die Rückkehr in die Vereinigten Staaten. Dort erfuhr er von Garabandal und war sofort vom übernatürlichen Ursprung der dortigen Ereignisse überzeugt. Als Conchita 1972 in die USA zog, wurde er zu einem ihrer engsten Vertrauten.

Doch außer Pater Pio wird man keine Persönlichkeit der jüngeren Kirchengeschichte finden, die sich so begeistert für Garabandal engagiert hat wie die 2003 von Papst Johannes Paul II. selig- und 2016 von Papst Franziskus heiliggesprochene Friedensnobelpreisträgerin Mutter Teresa von Kalkutta (1910–1997). »Es war 1970, als ich das erste Mal von den Erscheinungen in San Sebastián de Garabandal erfuhr«, erklärte sie am 19. November 1987 in einem Brief an Msgr. del

Mutter Teresa und die Seherinnen von Garabandal

Val, den damaligen Bischof von Santander. »Von Anfang an fühlte ich, dass die ›Ereignisse‹ authentisch waren.« So ließ sie es sich nicht nehmen, drei der vier Seherkinder persönlich kennenzulernen – und pflegte bis zu ihrem Tod engen Kontakt mit ihnen. Eine intensive Freundschaft unterhielt sie zu Conchita, die, wie gesagt, seit 1972 in den USA, nämlich auf Long Island, lebte; jedes Mal, wenn Mutter Teresa nach New York kam, traf sie sich dort mit der Seherin. Als Conchitas dritte Tochter Ana María Josefa 1976 zur Welt kam, wurde sie ihre Taufpatin. Die letzte Begegnung fand nur wenige Wochen vor Mutter Teresas Tod statt. Viele Male, wenn sie eine wichtige Entscheidung zu treffen hatte, besprach sie sich zuvor mit Conchita und holte deren Meinung ein. Ihre Liebe zu Garabandal ging so weit, dass sie 1978 Bischof del Val anbot, jeden Priester seiner Diözese von einer ihrer Schwestern »adoptieren« zu lassen, sodass diese täglich für ihn beten würde. Dankbar nahm der Bischof das Angebot an, das weltweit einzigartig war.

Als der Jesuitenpater Francisco Benac SJ begann, die Botschaft von Garabandal in Indien bekannt zu machen, schrieb Mutter Teresa ihm am 5. Oktober 1987:

»Danken wir Gott für Menschen wie Conchita und ihre Familie, denn ihr Leben spricht laut hörbar von der Liebe Gottes in ihnen und durch sie zu allen, die sie treffen.«

Im Januar 1992, als sie sich gerade in einem Haus ihres Ordens in Tijuana/Mexiko von einer schweren Krankheit erholte, lud Mutter Teresa auch Jacinta ein, sie zu besuchen. Die Seherin lebte damals in Pasadena/Kalifornien, gerade einmal 230 Kilometer von Tijuana entfernt, und machte sich sofort auf den Weg. Als sie am 19. Januar, dem Vorabend des Festes des heiligen Sebastian, in dem Ordenshaus eintraf, stellte Mutter Teresa sie den Schwestern ihrer Gemeinschaft mit den Worten »Hier ist Jacinta aus Garabandal. Garabandal ist authentisch!« vor. Dann stellte sie ihr zahlreiche Fragen, bevor sie die Seherin bat, für ihr Institut zu beten: »Sie haben nur ein Haus, ich habe Dutzende, um die ich mich kümmern muss.«

Ein heiligmäßiger Bischof sei noch als Zeuge für Garabandal genannt: Don João Pereira Venâncio (1904–1985), der ehemalige Bischof von Leiria und Fátima und damals engste Vertraute der einzigen noch lebenden Seherin von Fátima, Schwester Lúcia dos Santos (1907–2005). Als glühender Marienverehrer interessierte er sich schon früh für die Ereignisse in Garabandal und unterhielt seitdem einen engen Kontakt zu Conchita. Die haufigen Treffen führten dazu, dass Conchita sich, obwohl sie in den USA lebt, ein Haus in Fátima kaufte, von wo aus sie das Wunder in Garabandal anzukündigen plant. Zweimal reiste Bischof Venâncio wiederum nach New York, um dort

Fátima-Bischof Venâncio mit Conchita

Conchita zu besuchen. Bei einem der Besuche schenkte sie ihm einen Ring, den sie seit der Erscheinungszeit getragen und den die Gottesmutter geküsst hatte. Der Bischof trug ihn bis kurz vor seinem Tod, als er ihn Conchita zurückgab. 1983 erklärte er in einem Interview mit dem Priester A. Combe, der damals eine Pilgergruppe nach Fátima führte, dass Schwester Lúcia ihm erstmals von Garabandal erzählt habe, und deutete an, dass diese ebenfalls von der Echtheit der spanischen Erscheinungen überzeugt war. Für ihn jedenfalls stand fest: »Die Botschaft, die uns die selige Jungfrau in Garabandal gab, ist dieselbe, die sie in Fátima gab, nur angepasst an unsere Zeit.«

Auf Nachfrage von Pfarrer Combe, was er mit der »Anpassung« meine, erklärte er:

»Das ist ganz einfach. 1917 warnte die Jungfrau Maria uns nicht vor der Krise, in der die Kirche heute steckt und die uns so sehr schmerzt: die Krise der Lehre, des Katechismus, der Moral, Liturgie, Disziplin, im Priesteramt, religiösen Leben etc. und als Folge die große Verwirrung der Gläubigen. Warum? Weil es damals, 1917, noch keinen Grund gab, uns davor zu warnen. Damals war die Lage normal und vieles war noch immer perfekt. Erinnern Sie sich, wie groß die Verehrung der Eucharistie und der Gottesmutter, das christliche Empfinden, was Sünde ist, die Häufigkeit im Empfang des Bußsakramentes, wie feierlich die Liturgie, wie unverrückbar die Treue zum Papst als Nachfolger Petri damals waren? 1961, zur Zeit der Erscheinungen von Garabandal, war die Lage schon ganz anders. Wir sahen damals diese großen Gefahren noch nicht kommen, aber die selige Jungfrau sah sie. Und weil sie Mutter und Prophetin ist, kam sie in dieses kleine spanische Dorf, um uns explizit zu warnen und uns wieder zu Gebet und Opfer, zu Buße und Umkehr zu rufen. Mit anderen Worten: In Garabandal aktualisierte sie die Botschaft von Fátima für die heutige Kirche.«

Tatsächlich gab die Gottesmutter in Fátima ein Zeichen, das durchaus auf Garabandal verweisen könnte. Während sie bei allen Erscheinungen vor den drei Seherkindern Lúcia, Jacinta und Francisco ganz in Weiß gekleidet war, zeigte sie sich bei ihrem Abschied am 13. Oktober 1917, unmittelbar vor dem großen Sonnenwunder, ein einziges Mal als Unsere Liebe Frau vom Berg Karmel, die ein weißes Kleid, einen blauen Umhang und das braune Skapulier trug. Es war, als habe sie damals sagen wollen: »Auf Wiedersehen in Garabandal!«

27.

Der Widerruf

So erfolgreich Conchitas Romreise auch war, sie konnte es dennoch kaum erwarten, endlich im Flugzeug Richtung Barcelona zu sitzen. Ihre Mutter hatte versprochen, dass sie nach ihrer Rückkehr die Klosterschule der Missionsschwestern der Unbeschuhten Karmeliterinnen in Pamplona besuchen dürfte. Und Aniceta hielt ihr Wort. Am Morgen ihres 17. Geburtstags, den sie am 7. Februar 1966 feierte, wurde die junge Seherin in Begleitung ihrer Mutter, Joey Lomanginos und Pater Lunas von Prof. Francisco Sánchez-Ventura mit dem Wagen nach Pamplona gebracht. Ihr Plan war, während ihrer Zeit auf der Schule selbst zunächst Postulantin, dann Novizin zu werden, um schließlich eines Tages dem Karmeliterinnenorden beizutreten und irgendwann als Missionsschwester in Afrika zu wirken.

Doch der Mensch denkt und Gott lenkt; am Ende kam alles ganz anders.

Gerade einmal sechs Tage nach ihrer Ankunft in Pamplona, am Sonntag, dem 13. Februar, ging Conchita zur heiligen Kommunion, sagte Dank und

> »erfuhr zugleich große Freude, aber auch noch größeres Leid und Enttäuschung. Ich hörte, wie die Stimme Christi zu mir sagte:
>
> ›Conchita, du kommst hier zur Klosterschule, um dich darauf vorzubereiten, meine Braut zu werden und, wie du sagst, mir nachzufolgen. Sagst du nicht, Conchita, dass du meinen Willen erfüllen willst? Nun aber folgst du nur deinem eigenen.

Wird es so dein ganzes Leben lang sein? Ich erwählte dich in der Welt, damit du in ihr bleibst und die zahlreichen Schwierigkeiten in Kauf nimmst, die du meinetwegen erleiden wirst. Ich will all das für deine Heiligung und damit du es aufopferst für die Rettung der Welt. Du musst der Welt von Maria erzählen. Erinnere dich daran, wie du mich im Juni gefragt hast, ob du eine Nonne sein würdest. Ich erwiderte, dass, wo immer du auch bist, das Kreuz und Leiden dein Los sein würden. Ich wiederhole das heute noch einmal. Conchita, hast du je gehört, wie ich dich gerufen hätte, meine Braut zu werden? Nein, denn ich habe dich nie berufen.‹

Ich fragte: ›Aber wie spürt man deinen Ruf zum Ordensleben?‹

Er antwortete: ›Sorge dich nicht darum. Du wirst ihn nicht spüren.‹

Ich sagte ihm: ›Dann liebst du mich nicht, Jesus?‹

Er erwiderte: ›Conchita, das fragst du mich? Wer hat dich erlöst? Erfülle meinen Willen und du wirst meine Liebe finden. Prüfe dich gut. Denke mehr an die Seelen. Beunruhige dich nicht wegen der Versuchungen. Wenn du treu in meiner Liebe bleibst, wirst du die vielfachen Versuchungen überwinden, die dich erwarten. Sei klug beim Verstehen dessen, was ich dir sage, geistlich klug. Verschließe nicht die Augen deiner Seele. Lass dich von niemandem täuschen. Denke nie, dass das, was du getan hast, ausreicht. Ziehe in Betracht, was du tun musst und was du tun sollst, nicht um den Himmel zu erlangen, sondern für die Welt, sodass die Menschen meinen göttlichen Willen erfüllen. Jede Seele, die sich vorbereitet, die sich öffnet, um mich zu hören, soll wissen, was mein Wille ist.

Ich möchte dir sagen, Conchita, dass du, bevor sich das Wunder ereignet, viel leiden wirst, denn nur wenige Menschen werden dir glauben. Deine eigene Familie wird glauben, dass du sie getäuscht hast. Ich bin es, der all das wünscht, wie ich dir bereits sagte, um deiner Heiligung willen und damit die

Welt die Botschaft erfüllt. Ich möchte dich wissen lassen, dass der Rest deines Lebens ein kontinuierliches Leiden sein wird. Erschrecke nicht davor. In deinem Leiden wirst du mich finden und auch Maria, die du so sehr liebst.‹

Ich fragte ihn, ob man auch in Rom aufhören würde zu glauben, aber er antwortete darauf nicht.

Er sagte mir auch noch: ›Sorge dich nicht, ob Menschen glauben oder nicht. Ich werde alles tun. Aber ich werde dir auch Leiden geben. Ich werde mit jedem sein, der um meinetwillen leidet.‹«

Die größte Prüfung aber stand Conchita zu diesem Zeitpunkt noch bevor.

Die Lokution vom 13. Februar war die letzte übernatürliche Einsprechung für Conchita und stürzte sie in eine tiefe Krise. Ihr großer Traum, Ordensfrau zu werden, war mit einem Mal zerplatzt. Christus selbst hatte ihr offenbart, dass er sie nicht als seine Braut haben wollte, was für Conchita die größte Enttäuschung ihres jungen Lebens war. Der Himmel schwieg fortan und sie fühlte sich alleingelassen, ja sie hatte nicht die geringste Vorstellung davon, was jetzt aus ihr werden sollte. Sollte sie nach Garabandal zurückkehren, wo sie sich längst wie ein seltenes Tier im Zoo fühlte, das von Fremden begafft und bestaunt wurde, während die Nachbarn immer häufiger mit Neid oder Unverständnis reagierten? Diese Vorstellung bereitete ihr größtes Unbehagen. Aber was dann? Wie sollte sie, ein junges Mädchen, dem gerecht werden können, was der Himmel ihr offenbart hatte? Und was meinte der Herr mit den vielen Leiden, die ihr bevorstünden? In die Ungewissheit mischte sich Angst und aus den vielen unbeantworteten Fragen wurden allmählich immer lauter werdende Zweifel. Wenn Christus sie nicht zur Ordensfrau berufen hatte, war sie vielleicht nie wirklich berufen worden, war vielleicht alles, was ihr bislang als sicher erschien, nur eine einzige große Täuschung. Durch diese Zweifel hatte bald der Teufel ein leichtes Spiel. Conchita überkam, was die großen Mystiker als »die dunkle Nacht der Seele« beschrieben. Sowohl Bernadette Soubirous, die Seherin von Lourdes, wie auch Lúcia dos Santos, eines der drei Seherkinder von Fátima, durchliefen eine Zeit der Zweifel sogar an den persönlich bezeugten Erscheinungen. »Es ist alles so weit entfernt ... sehr weit entfernt ... all diese Dinge: Ich erinnere mich nicht mehr an sie«, erklärte Bernadette am Ende ihres Lebens. »Ich spreche nicht gerne zu viel darüber, da ich fürchte, bei Gott, ich könnte mich geirrt haben.« – »Mehr denn je fürchte ich, dass ich mich durch meine Vorstellungskraft in eine Täuschung fallen ließ und dass ich vielleicht nur zu mir selbst gesprochen habe, als ich glaubte, mit Gott zu sprechen, oder dass ich Opfer einer teuflischen Illusion wurde und auf diese Weise Sie, hochwürdiger Pater, ebenso wie die heilige Kirche täuschte«, schrieb Schwester Lúcia am 5. Juni 1936 an ihren Beichtvater, Pater José Bernardo Gonçalves. Die heilige Teresa von Ávila, die in der Kirche als »Lehrerin der Mystik« verehrt wird, schrieb in ihren Lebenserinnerungen, dass auch sie sich an ihre Visionen eine Zeit lang »nur wie an einen Traum erinnerte ... ich hatte tausend Zweifel und Verdächtigungen, ob ich alles richtig verstanden hatte, dachte, vielleicht sei alles nur Einbildung, dass es genug sei, nur mich selbst getäuscht zu haben und nicht auch noch gute Menschen. Ich betrachtete mich als so völlig verdorben und verloren ...« Ähnlich erklärte der selige Bernardo de Hoyos, der große Mystiker des Herzens Jesu aus dem 18. Jahrhundert, seinem Ordensoberen und Seelenführer: »Ich bin der größte Lügner, der alle getäuscht und nie das Heiligste Herz Jesu gesehen, sondern alles erfunden hat, was er je sagte.« Oder die »kleine Therese«, die heilige Therese von Lisieux, deren *Geschichte einer Seele* zu den großen mystischen Werken des 20. Jahrhunderts gehört. Sie schreibt dort, wie sie ihre Vision der Gottesmutter infrage stellte, die ihr Leben verändert hatte, als ihre Schwester skeptisch reagierte: »Ich stellte mir vor, ich hätte gelogen. Ah! Nur im Himmel werde ich sagen können, was ich durchlitt.« So ging es auch Conchita, die in den folgenden Monaten zeitweise sogar an der Realpräsenz des Herrn in der Eucharistie zweifelte und nicht mehr täglich die heilige Kommunion empfing.

Doch ihre Krise war nicht allein eine Folge ihrer seelischen Verfassung, nachdem ihr bisheriges Leben so unwiederbringlich zu Ende gegangen war und ihre Zukunft in Trümmern lag. Wenn es der Teufel war, der sie in diesen Monaten versuchte, dann hatte er drei wackere Mitstreiter. Der erste war Pater Emiliano, der Spiritual der Klosterschule, die Conchita besuchte. Er glaubte nicht an die Erscheinungen und redete dem Mädchen bei jedem Beichtgespräch ein, es solle diese endlich widerrufen, sonst könne er ihr keine Lossprechung erteilen. Beharrlich säte er Zweifel in ihr, während er ihr gleichzeitig verbot, mit Mitgliedern ihrer Familie oder den anderen Seherkindern über diese zu sprechen. Als sie in den Sommerferien ihr Dorf besuchte, bombardierte er sie mit Briefen, in denen er von ihr verlangte, öffentlich zu erklären, dass alles eine Lüge sei, sonst würde sie im Zustand schwerer Sünde leben. Conchita, die Priester immer für die ultimative geistliche Autorität gehalten hatte, befand sich nun in einer schmerzhaften Zwickmühle. Sollte sie auf ihre eigene Intuition hören, die sie bereits in der Frage ihrer Berufung getäuscht hatte, oder auf die Stimme der Kirche, die für sie immer die Stimme Gottes gewesen war?

In Garabandal übernahm der zweite »Agent des Widerspruchs«, Pater Olano, der neue junge Pfarrer von Garabandal, den der Bischof von Santander eigens in das Dorf entsandt hatte, um dem Glauben an die Erscheinungen ein Ende zu setzen. Er hatte bereits die Sommerferien genutzt, um auch bei Mari Loli und Jacinta Zweifel zu säen. Als Conchita vertrauensvoll das Gespräch mit ihm suchte, voller Schuldgefühle über ihre Zweifel und die verweigerte Absolution, drängte auch er sie zu widerrufen. Zwei Priester, so glaubte Conchita, konnten nicht irren. Sollte sie sich vielleicht wirklich alles nur eingebildet haben? Waren die Erscheinungen nur ein Traum, ein Produkt ihrer kindlichen Fantasie?

Erscheinungen sind keine Erfahrung, an der die Sinnesorgane beteiligt sind, sie spielen sich allein vor dem inneren Auge ab. In dieser Hinsicht sind sie tatsächlich mit Träumen vergleichbar. Genau wie es uns schwerfällt, am nächsten Morgen oder gar Tage später einen Traum wiederzugeben, verschwimmen auch die Erinnerungen an Erscheinungen im Laufe der Zeit. Am sichersten erinnern sich die Seher und Seherinnen noch unmittelbar nach der Ekstase an das Geschaute, doch je mehr Zeit vergeht, desto unsicherer ist diese Erinnerung. Es gibt Ausnahmen, etwa wenn in einem halbekstatischen Zustand durch die Einwirkung des Heiligen Geistes alles noch einmal durchlebt und mit dem inneren Auge geschaut wird, wie es Schwester Lúcia widerfuhr, als sie Anfang der 1940er-Jahre, zweieinhalb Jahrzehnte nach den Erscheinungen von Fátima, ihre Erinnerungen daran niederschrieb. Doch unter extremem Stress tendiert das Gehirn eher dazu, Erinnerungen, die nicht an äußere Sinneserfahrungen gebunden sind, zu unterdrücken oder durch rationale Erklärungsmuster zu ersetzen. Und genau das war auch in der »Causa Garabandal« der Fall. Jedenfalls gelang es Pater Olano, Conchita so weit zu bringen, dass sie zum Widerruf bereit war, und er meldete diesen Erfolg nach Santander. Kaum war sie wieder auf ihrer Klosterschule in Pamplona, am 30. August 1966, rückte dort der dritte »Mitstreiter des Widersachers«, Bischof Puchol, persönlich an, begleitet von seinem Generalvikar Javier Azagra, von Pater Olano und einem Sekretär, Agapito Amieva, um das jetzt vollends isolierte und eingeschüchterte Mädchen gewissermaßen vor ein Inquisitionsgericht zu stellen. Mit Erfolg: Nach einem siebenstündigen Verhör war

Conchita verzweifelt genug, um zuzugeben, »dass alles eine Lüge war«. In den folgenden Wochen bis zum 11. Oktober wurden die anderen drei Mädchen – Mari Loli, Jacinta und Mari Cruz – ebenfalls verhört und zum Widerruf genötigt. »Würden wir nicht abstreiten, so drohten sie, würden sie uns exkommunizieren«, erklärte Jacinta später.

Liest man die Protokolle der Verhöre, dann fällt vor allem die Widersprüchlichkeit der Aussagen der Sehermädchen auf:

»Frage: ›Als du gesagt hast, du würdest die selige Jungfrau sehen, hast du gelogen?‹
Conchita: ›Nein, ich sagte die Wahrheit.‹
Frage: ›Und jetzt, wo du sagst, du hättest sie nicht gesehen, lügst du?‹
Conchita: ›Nein, ich sage die Wahrheit.‹
Frage: ›Dein Gewissen ist dabei rein, jetzt auch?‹
Conchita: ›Ja!‹
Frage: ›Und als du gesagt hast, du hättest die selige Jungfrau gesehen, war dein Gewissen ebenfalls rein?‹
Conchita: ›Ja, ganz sicher, ja.‹
Frage: ›Wann war dein Gewissen am reinsten?‹
Conchita: ›Als ich sagte, ich hätte die selige Jungfrau gesehen, war mein Gewissen ganz rein. Jetzt, natürlich, ist es immer noch rein, aber da ist etwas in einer Ecke meines Gewissens ...‹
Frage: ›Und warum sagst du, du hättest die selige Jungfrau nicht gesehen?‹
Conchita: ›Die selige Jungfrau allein weiß, warum sie etwas auf diese Weise macht.‹«

Weiter behauptete Conchita: »Alles sei eine Lüge ... bis auf die Rufe und das Hostienwunder; dieser Teil war wahr« oder »Ich habe die Jungfrau nicht gesehen, aber das, was ich in meinem Tagebuch geschrieben habe, ist wahr« und »Das große Wunder wird aber kommen«. Natürlich, denn die

Rufe hat sie im Wachbewusstsein empfangen, also unter Mitwirkung aller Sinnesorgane, und das Hostienwunder wurde immerhin gefilmt. An anderer Stelle sprach sie ganz selbstverständlich von ihren Visionen und Botschaften. Jacinta relativierte ihre Aussage noch deutlicher mit den Worten: »Wenn sie [die Erscheinungen] in den Augen der anderen nicht wahr sind, dann dürfen sie für mich auch nicht wahr sein.« Selbst Mari Cruz verwickelte sich in Widersprüche. Einerseits kolportierte sie das Narrativ der Untersuchungskommission, sie sei ein Opfer der »Atmosphäre« im Dorf geworden und habe unter dem Druck der Dorfbewohner und der zahlreichen Besucher Visionen simuliert. Doch dann ergänzte sie: »Wenn die Ekstasen echt waren, sahen und hörten wir nichts von dem, was um uns herum geschah. Wenn die Ekstasen vorgetäuscht waren, sahen und hörten wir alles.« Dabei war es im Dorf kein Geheimnis, dass die Kinder, um weitgereiste Pilger nicht zu enttäuschen, niederknieten, beteten und dann Ekstasen »spielten«. Doch jeder, der die Ereignisse von Garabandal von Anfang an miterlebt hatte, erkannte sofort den Unterschied. So erklärte Pepe Diez:

> »Wenn die Ekstasen gespielt waren, liefen die Mädchen nur über gepflasterte, gerade Straßen, wo es keine Hindernisse gab, während sie in echten Ekstasen mit Leichtigkeit und in hoher Geschwindigkeit über jede Art von Terrain liefen, ohne je über ein Hindernis zu stolpern, gleich, ob sie vorwärts- oder rückwärtsgingen und in welcher Haltung sie sich befanden ... zudem dauerten die gespielten Ekstasen nie länger als fünf Minuten, höchstens zehn ... während die echten Ekstasen bis zu vier oder fünf Stunden dauern konnten, auf sehr schwierigem Gelände ... ohne Anzeichen von Ermüdung oder Erschöpfung.«

Die Kinder jedenfalls trösteten sich damit, dass ihnen die Gottesmutter schon im Juli 1961 angekündigt hatte, »dass eine Zeit kommen wird, wenn ihr bestreiten werdet, mich gesehen zu haben, und ihr werdet einander widersprechen«. Nur die Gewissheit, damit ihre Prophezeiung erfüllt zu haben, errettete sie aus ihren Seelenqualen und ließ sie glauben, dass auch diese Ableugnung Teil eines größeren göttlichen Planes war. Immerhin hatte auch der heilige Petrus, der Fels, auf den Jesus seine Kirche baute, den Herrn im Hof des Hohepriesters Kajaphas dreimal verleugnet. Oder wie es Conchita in einem Brief vom 13. November 1966 formulierte:

> »Was meine Widerrufe betrifft, so akzeptiere ich sie als ein Kreuz, das der Herr mir gesandt hat. Manchmal aber denke ich auch: Wenn das alles nicht wahr ist, dann ist das weder ein Kreuz noch sonst irgendetwas.«

Bischof Puchol aber hatte sein Ziel erreicht. Am 27. Oktober informierte er Rom darüber, dass »es in Garabandal keine Erscheinungen gab ... und keine Botschaft ... [alles war] ein unschuldiges Spiel der Mädchen«. Die Glaubenskongregation, deren Präfekt einen ganz anderen Eindruck von Conchita, aber auch keinen Beweis für die Echtheit der Erscheinungen hatte, weigerte sich, darauf zu reagieren. »In der Annahme, dass diese Angelegenheit von Eurer Exzellenz untersucht und dann entschieden wurde, gibt es für diese heilige Kongregation keinen Grund, hier zu intervenieren«, lautete die Antwort aus Rom vom 7. März 1967. Am 17. März 1967 gab Bischof Puchol eine offizielle Erklärung seiner Diözese heraus:

> »Aus den Erklärungen der beteiligten Parteien ergeben sich folgende Tatsachen:
>
> 1. Es gab keine Erscheinung, weder der seligen Jungfrau Maria noch des heiligen Erzengels Michael oder anderer himmlischer Wesen.

2. Es gab keine Botschaft.
3. Für alle Ereignisse, die sich in der genannten Ortschaft [Garabandal, d. Verf.] zugetragen haben, gibt es eine natürliche Erklärung.«

Doch er beließ es nicht bei einer simplen *Nota*. Er lud auch noch zu einer Pressekonferenz ein, auf der er vor den Kameras des spanischen Fernsehens über die »mehr als tausend Erscheinungen eines Engels mit einem Kichererbsengesicht« spöttelte und die Ekstasen der Kinder zur unwürdigen Komödie erklärte.

Es war der letzte große öffentliche Auftritt des Bischofs. Ausgerechnet am 8. Mai, dem Fest der Erscheinung des Erzengels Michael, steuerte Bischof Puchol seinen Wagen über eine kurvige Straße in der Nähe des gigantischen Kreuz-Monumentes im Tal der Gefallenen in der Nähe von Madrid. Nach Aussage seines Beifahrers, des Provisors der Diözese, schrie er plötzlich laut auf und sein Gesicht verzerrte sich, als ob er eine schreckliche Vision hätte. In diesem Augenblick geriet der Wagen aus der Fahrbahn und stürzte in einen Graben, wo er sich mehrere Male überschlug. Der Bischof war sofort tot, während sein Beifahrer den Unfall unversehrt überstand.

Sein Nachfolger, Bischof José María Cirarda, bestätigte in zwei offiziellen »Noten« 1968 und 1970 die Einschätzung seines Vorgängers, die Erscheinungen von Garabandal hätten »eine natürliche Erklärung«, ergänzte aber, dass die Botschaften »in keinster Weise im Widerspruch zum Dogma und der Moral der Kirche« stünden.

Conchitas Zeit in Pamplona war zu diesem Zeitpunkt längst vorüber. Es war Zeit für einen Neuanfang. Im Oktober 1966 holte Aniceta ihre Tochter von der Klosterschule ab und brachte sie nach Burgos, wo ihre Freunde ihr einen Platz im Kolleg der Konzeptionistinnen, einer im 15. Jahrhundert gegründeten Ordensgemeinschaft, besorgt hatten. Um weitere

Conchita mit Schwester María Nieves

Behelligungen zu vermeiden, wurde sie unter ihrem zweiten Vornamen, als »María González«, dort angemeldet. Die nächsten beiden Jahre (bis Dezember 1968), die Conchita hier verbrachte, sollten sich als segensreich erweisen. Denn hier war es, wo sie in ihrer Schulleiterin, der Ordensschwester und späteren Mutter Oberin María Nieves García, eine echte Freundin und verwandte Seele fand. Ihr vertraute sie sich an mit ihren ganzen Seelennöten, durch sie fand sie die Kraft, eine neue Aufgabe in der Welt zu finden.

28.

Warten auf das Wunder

Als Conchita ihr das erste Mal vorgestellt wurde, wusste Schwester María Nieves nicht mehr über sie als das, was jeder in der Zeitung lesen konnte. Zudem lag ihr die bischöfliche Note vor, die Garabandal zu einer falschen Erscheinung, einem Spiel, einer kindlichen Schwindelei, erklärte. Doch als sie die junge Frau von 17 Jahren vor sich sah, stand für sie sofort fest, dass sie es nicht mit einer Betrügerin zu tun hatte. Ihre Ausstrahlung, ihr Charisma, sprach eine andere Sprache, doch es war auch klar, dass Conchita gerade jetzt, da sie selbst an ihren Erfahrungen zweifelte, Hilfe brauchte, um wieder Klarheit zu erlangen. So bot sie ihrer Schülerin an, immer für sie da zu sein, wenn sie ein Gespräch suchte, und mit all ihren Sorgen zu ihr zu kommen.[30] Conchita nahm das Angebot dankbar an und so entstand eine geistliche Freundschaft zwischen den beiden Frauen, die von tiefem Vertrauen, gemeinsamem Gebet und intensiven Gesprächen geprägt war.

30 Sr. María Nieves beschreibt das mit eigenen Worten so: »Endlich brachten sie Conchita zu mir. Mein Eindruck war exzellent: einfach und offen, mit einem ungewöhnlichen und durchdringenden Blick; ich war sehr davon angetan ... Für sie fühlte sich alles fremd an und so kam Conchita auf das Kolleg in einer so schlechten Verfassung, dass sie sehr kämpfen musste. Zudem musste sie ständig ihre Identität verbergen. Sie brauchte eine Freundin, der sie sich und alles, was sie in sich hielt, anvertrauen konnte, bei der sie ihre Sorgen abladen und über ›alles, was geschehen ist‹, ganz natürlich und ungekünstelt reden konnte. Deshalb sagte ich ihr, dass sie immer zu mir kommen und mich in meinen freien Stunden sehen könnte, wann immer ihr danach war. Ich überließ das ganz ihr, ich rief sie nie zu mir.«

María Nieves führte Buch über diesen Austausch und war dankbar, als Conchita ihr später erlaubte, dieses auch zu publizieren.

»Alles, was damals geschah, sehe ich heute wie in einem Traum – die Erscheinungen, die Menschen«, vertraute sie der Schwester am 3. Dezember an:

»Es tut mir leid, dass viele jetzt aufgrund meiner Leugnung an den Erscheinungen zweifeln. Obwohl ich sie geleugnet habe, würde ich ihnen immer noch gerne zurufen: ›Habt Hoffnung! Seid nicht entmutigt!‹ Ich denke, dass die anderen drei Mädchen genauso denken.

Wenn ich an die selige Jungfrau denke, stelle ich sie mir als etwas vor, das ich geträumt habe. Wie schön wäre es, wenn sie hier in diesen Raum käme zu uns beiden! Welche Freude wäre das! Man muss nicht perfekt sein, um sie zu sehen. Ich war ein Mädchen mit vielen Fehlern. An dem Tag, an dem der Engel erschien, hatte ich mich gerade mit Jacinta gestritten. Und ich sehe, dass ich heute noch immer nicht so gerne bete. Sie kommt und macht uns gut.

Wenn Sie nur sehen könnten, wie menschlich die Jungfrau ist. Manchmal wiederholte sie im Scherz unsere schlecht ausgesprochenen Begriffe und sie tat dies, damit wir Vertrauen erlangten. Doch das hatten wir vom ersten Augenblick an.

Heute habe ich Zweifel über viele Dinge, doch woran ich nicht den geringsten Zweifel habe, das sind die Rufe. Ich erinnere mich perfekt an sie, so als würde ich sie jetzt noch spüren.«

Ein anderes Mal erklärte Conchita:

»Jetzt habe ich nur noch einen Wunsch: Dass der Tag des Wunders kommt, nicht des Wunders wegen, sondern um ein für alle Mal zu sehen, ob alles wahr ist oder nicht. Wenn es die selige Jungfrau war, dann wird das Wunder geschehen, denn was sie sagte, ist immer eingetroffen. Was mich aber betrifft, so werde ich immer schlecht dastehen, ob das Wunder nun eintrifft oder nicht.«

»Warum denn das?«, wollte Schwester María Nieves wissen. »Wenn die Sache wahr ist, weil ich mich schlecht verhalten habe, es abstritt und nicht großzügig war. Und wenn nicht … dann eben deswegen!«

Als sie am 8. Mai 1967 vom Tod des Bischofs Puchol erfuhr, brach Conchita in Tränen aus. »Er tat alles mit guten Absichten«, verteidigte sie ihn. Doch es schien, als sei mit dem Verscheiden dessen, der den Befehl zur Leugnung ausgesprochen hatte, der Bann gebrochen. Jetzt verschwanden auch Conchitas Zweifel, etwa als Schwester María Nieves sie nach den Fällen während der Ekstasen fragte und die junge Frau antwortete: »Wir haben das nicht mitbekommen; wir waren bei der seligen Jungfrau! Und wir folgten immer ihren Worten und den Gesprächen mit ihr, ohne wahrzunehmen, ob wir liefen oder nicht, ob wir knieten oder auf dem Boden lagen.« Pater Laffineur, der das Kolleg besuchte und sich nach Conchitas Befinden erkundigte, erklärte die Schwester: »Sie ist einfach, natürlich, offen, intelligent. So normal und ausgeglichen, dass ich bestätigen kann, in meiner ganzen Zeit als Lehrerin nie ein Mädchen wie sie getroffen zu haben … aber ich fand keinen starken Willen in ihr.« Bevor Conchita am 22. Dezember 1968 von ihrer Mutter in Burgos abgeholt wurde, um nie mehr in das Kolleg zurückzukehren, vertraute sie ihrer Schulleiterin an, dass sie längst wieder um die Echtheit ihrer Erscheinungen wusste:

»Mit der Zeit sehe ich immer klarer, dass das, was uns vier Mädchen widerfahren ist, wahr war, aber dass wir es verschwendet haben … Unsere Leugnungen waren unser eigenes

Werk. Manchmal, wenn auch nur sehr kurz, sehe ich das ganz klar.«

Auch für Mari Loli und Jacinta endete mit dem Tod des Bischofs die Zeit ihrer Leugnung der Erscheinungen. Beide widerriefen schriftlich, mit einem Brief an den neuen Bischof von Santander, ihr »Geständnis«. War es vielleicht nur eine Übung in Gehorsam und Unterordnung gewesen? Hatte die Gottesmutter es zugelassen, der Heilige Geist ihre Erinnerungen zeitweise vernebelt, um eine offene Konfrontation mit der kirchlichen Autorität zu vermeiden? Dafür spricht der Umgang Conchitas mit einer Deutschen aus dem Bistum Freiburg, die im Herbst 1965 nach Garabandal kam und sich bitter beschwerte, dass ihr Bischof ihr die Verbreitung der Botschaft der Gottesmutter persönlich verboten habe. Steht denn nicht die heilige Jungfrau über den Bischöfen? Conchita versprach, die Gottesmutter bei der nächsten (und letzten) Erscheinung am 13. November danach zu fragen. Danach erklärte die Seherin der Deutschen:

»Die heilige Jungfrau hat mir gesagt: Sie sollen dem Bischof gehorchen, das bringt Gott mehr Ehre. Sie werde selbst sehen, dass die Botschaft auch dort verbreitet wird.«

Es sei zwar wichtig, sich für die Botschaft einzusetzen, »doch«, so die Gottesmutter weiter:

»Ihr dürft bei der Verbreitung der Botschaft niemals gegen die Kirche handeln. Wenn ihr auf Widerstände stoßt, so lasst euch auf keinen Streit ein. Geht um diese Widerstände herum zu anderen, die es annehmen. Vor allem aber sollt ihr klug sein und immer im Gehorsam gegenüber der Kirche handeln.«

Zwei Jahre lang lebte Conchita noch (oder wieder) in ihrem Heimatdorf, empfing unzählige Pilger und sprach wieder offen über ihre Erscheinungen. Doch sie wurde dort nicht glücklich. »Ich litt, fühlte mich eingeengt«, erklärte sie einmal:

> »Jeder gab mir ständig Ratschläge und erklärte mir, was ich tun sollte: ›Geh zur Messe ... bete den Rosenkranz ... Tue dies ... höre damit auf ...‹ Manchmal stellte ich mir vor, wie glücklich ich in einer Einsiedelei wäre, weit entfernt von allen Menschen, wo ich Dinge nur für Gott allein täte und sehen würde, wozu ich in der Lage bin, ohne dass andere es mir ständig vorschreiben.«

Ein Pilger, der aus Spanien stammende und damals in den USA lebende Arzt Dr. Jerónimo Dominguez, sah, wie sie litt und bot ihr eine Ausbildung und einen Arbeitsplatz als Krankenschwester in seiner Klinik auf Long Island im US-Bundesstaat New York an. Begeistert, weil Dr. Dominguez vor allem die Armen behandelte, aber auch weil ihr blinder Freund Joey Lomangino in der Nähe lebte, sagte sie zu. In einem Interview aus dem Jahr 1988 erklärte sie:

> »Als ich das erste Mal dorthin kam, war ich glücklich. Mit Dr. Dominguez gemeinsam den Armen zu dienen, das war meine Sache! Auch weil mich dort keiner kannte. In Amerika fühlte ich mich gut, auch wenn ich manchmal einsam war.«

Dann lernte sie den 33-jährigen Klempner Patrick Keena kennen, den Mann, den sie schließlich am 26. Mai 1973 heiratete. Er verstarb 2013. Aus der Ehe gingen vier Kinder hervor, deren Namen von Conchitas tiefer Liebe zur Gottesmutter zeugen: María Concepción, Fátima Miriam, Ana María Josefa und Patrick Joseph María. Ana María Josefa wurde von Gaudenico Kardinal Rosales von den Philippinen getauft,

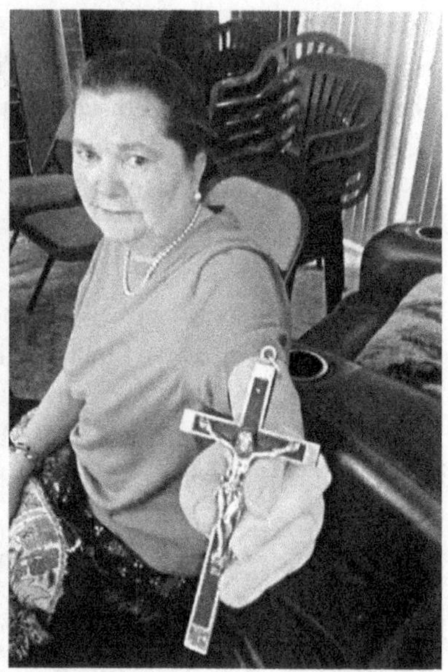

Conchita und Jacinta heute

ihre Taufpaten waren Mutter Teresa und der New Yorker Bischof Lawrence Graziano. Ansonsten lebt Conchita heute sehr zurückgezogen und meidet öffentliche Auftritte. Sie hilft in einem Altenheim aus und leitet eine Gebetsgruppe, die sich in ihrem Haus trifft. 2011, zum 50. Jubiläum der ersten Erscheinung, schickte sie eine Grußbotschaft:

> »Für mich sind es 50 Jahre der Kontemplation über etwas, das für mich die wunderbarste Erfahrung auf dieser Welt war. Ich danke Gott, dass ich Teil dieser Erfahrung war. Es ist unmöglich, angemessen alles zu beschreiben, was damals geschah. Doch ich kann sagen, dass diese Ereignisse meiner Seele die sichere Garantie des Glaubens und der Hoffnung schenkten.«

Als im März 2020 die Corona-Pandemie die Welt heimsuchte, erklärte sie:

> »Gott löst uns von den Sicherheiten dieser Welt. In der Stille einer Kirche oder in unseren Häusern sind wir jetzt in der Lage, unser Gewissen zu erforschen und uns von allem zu reinigen, was uns davon abhält, die Stimme Gottes deutlich zu hören. Wir können Gott aufrichtig darum bitten, uns zu sagen, was er heute von uns erwartet, und das an jedem Tag wiederholen. Und so viel Zeit wie möglich mit Gott in der Kirche oder irgendwo daheim oder wo immer man das Schweigen findet, zu verbringen. Er ist alles, was wir brauchen.«

Doch sie weiß auch, dass der Himmel noch eine Aufgabe für sie hat: die Ankündigung des Wunders, auf das die heute 73-Jährige geduldig wartet.

Ein Jahr nach Conchita, 1974, heiratete auch Mari Loli einen Amerikaner, Francis LaFleur, und zog mit ihm nach Brockton im US-Staat Massachusetts. Sie hatten drei Kinder, Francis, María Melanie und María Dolores. Im Jahr 2000 erkrankte sie schwer an einer Lungenfibrose, die Ärzte gaben ihr maximal noch ein Jahr. Sie hatte schon während der Erscheinungen die Gottesmutter um ein Kreuz gebeten, ein Leiden, das sie für die Priester aufopfern könnte. Die Gottesmutter erwiderte: »Ertrage alles mit Geduld, sei demütig, bete jeden Tag den Rosenkranz und bete für die Priester.« Danach richtete Mari Loli sich ihr ganzes Leben lang. »Ohne die Erscheinungen hätte ich nie angefangen, für die Priester zu beten«, erklärte sie 1984 in einem Interview. »In den 1960er-Jahren glaubten wir doch, dass die Priester ohnehin schon heilig seien und unseres Gebetes nicht bedürften.« Ihre Mutter erinnerte sich an eine Ekstase, in der Mari Loli verstört wirkte und schluchzte: »In ihrem Gesicht spiegelte sich ihr Leiden wider. Sie sagte, wir müssten viele Opfer für die Priester bringen … Sie sagte, dass eine Zeit großer Zweifel und Verwirrung kommen würde, auch und gerade für die Priester.« Tatsächlich schimpfte ihre Mutter anschließend mit ihr, denn auch sie hielt die Priester für Heilige.

So opferte Mari Loli auch ihre Krankheit der Heiligung der Priester auf und lebte noch ganze neun Jahre, bevor sie ausgerechnet am Barmherzigkeitssonntag im »Jahr der Priester«, am 19. April 2009, im Alter von nur 59 Jahren verstarb. Damit war die Prophezeiung der Gottesmutter, sie würde »viel in dieser Welt leiden und durch viele Prüfungen gehen müssen, die dir das meiste abverlangen werden«, wahr geworden.

Bei ihrer Bestattung konzelebrierte Bischof William McNaughton, einer der 2300 Konzilsväter. Er hatte das erste Mal in den 1970er-Jahren von den Erscheinungen gehört und damals »eine tiefe Liebe für Unsere Liebe Frau von Garabandal« entwickelt. Ein Priester schenkte ihm eine Medaille, die von der Gottesmutter geküsst worden war und mit der er seitdem die Kranken gesegnet hat: »Ich habe dann immer das Gefühl, als sei Maria auf besondere Weise präsent.« Um 1980 traf er das erste Mal Mari Loli und war beeindruckt von ihrer Frömmigkeit. »Sie ging jeden Tag zur heiligen Kommunion«, erinnert er sich. Auch Conchita besuchte er und nahm an einem Gebetstreffen in ihrem Haus auf Long Island teil. »Ich sagte, dass es wichtig sei, jeden Monat zu beichten. Conchita korrigierte mich und meinte: ›Es ist besser, jede Woche zu gehen.‹« Laut ihrer Tochter betete Mari Loli jeden Tag 15 Dekaden des Rosenkranzes. Einmal, sie lag schon im Sterben, war sie einen Moment lang abwesend, so als käme in ihr gerade eine Erinnerung hoch. Dann drehte sie sich hinüber zu ihrer Tochter: »Kannst du dir vorstellen, dass die selige Mutter mich das Jesuskind und ihre Krone halten ließ?«

Auf einer Tonbandaufnahme, die von Mari Lolis Ekstase am 12. September 1962 gemacht worden war, hört man, wie das Mädchen sagt: »Heiligste Jungfrau, lass mich dich nie vergessen! Lass mich dich mein ganzes Leben lang lieben! Oh! Dass ich dich nie verlasse. Dass ich dich immer, immer liebe bis zum Tod.« Es scheint, als sei dieses Gebet tatsächlich erhört worden.

Jacinta, die lange als Haushälterin in der Nähe von Garabandal tätig war, lernte in ihrem Heimatdorf den amerikanischen Marineoffizier Jeffrey Moynihan kennen, den sie 1976 in der Dorfkirche heiratete. Nach seiner Dienstzeit in Cádiz/Spanien zog das Paar nach Pasadena in Kalifornien. 1980 bekam Jacinta eine kleine Tochter, María Jacinta. Einmal im Jahr besucht sie Garabandal. 2021 gab sie dem spanischen Journalisten José María Zavala ein ausführliches Interview, das dieser in Buchform veröffentlichte. Darin erklärte sie:

> »Ich habe mir damals nichts eingebildet. Ich bestätige, dass alles, was damals geschah, dass alles absolut wahr ist. Warum es geschah, das weiß ich nicht. Aber es geschah und nur das zählt. Ich habe alles in meinem Kopf und in meinem Herzen gespeichert.«

Im Gespräch mit Zavala sagte sie, dass die einzige Tochter von Elvis Presley und Ex-Frau von Michael Jackson und Nicolas Cage, Lisa Marie Presley, von der Gottesmutter von Garabandal von einer schweren Krankheit geheilt worden sei. Presley litt wie ihr Vater und ihre Großmutter an einem Gendefekt, der schon früh Herzprobleme verursacht und zu einem frühen Tod führen kann.

> Jacinta: »Joey Lomangino hatte Elvis Presley persönlich in New York getroffen. Und da er wusste, dass seine Tochter damals sehr krank und in Todesgefahr war, überließ er ihm eine Medaille, die von der Jungfrau in Garabandal geküsst worden war, und das kleine Mädchen wurde geheilt. Joey ging mit

seiner Medaille immer an viele Orte der Welt und sagte, dass dank ihr viele Wunder geschehen seien.«

Auch von der ersten Mondlandung wusste sie Überraschendes zu berichten. Die Frau von Neil Armstrong, dem ersten Mann auf dem Mond, war eine gläubige Katholikin und große Verehrerin der Gottesmutter von Garabandal. Sie stand in engem Kontakt mit Pater Ramón María Andreu SJ, dem Bruder von Pater Luis, der ihr aus erster Hand von den Ekstasen und Botschaften der Kinder berichtet hatte. Als ihr Mann auf den Mond flog, bat sie ihn, ein kleines Andachtsbild der seligen Jungfrau vom Berg Karmel, wie sie den Kindern erschienen war und das Pater Ramón ihr geschenkt hatte, mitzunehmen. Tatsächlich, so Jacinta, deponierte Armstrong das Bild auf dem Mond, bevor er und Buzz Aldrin ihr wissenschaftliches Programm absolvierten und Mondgestein sammelten, seismische Messungen durchführten und einen Laser-Reflektor aufstellten.

Jacinta erwartet das Wunder noch zu ihren Lebzeiten. Dabei plädiert sie für ein Leben ohne Zukunftsangst, denn »mit Gott wird alles, was geschieht, zu unserem Besten sein. Wenn wir mit Gott sind, gibt es nichts zu fürchten.«

> Jacinta: »Wir dürfen keine Angst haben, sondern sollten jetzt unser Leben ändern, statt auf das Wunder zu warten, während wir weiterhin Gott beleidigen, wie es uns gefällt. Ich werde nicht müde zu wiederholen, dass die Bekehrung heute stattfinden muss, nicht erst morgen. Wir sollten Gott um seine Hilfe bitten, denn er ist der Einzige, der uns erhalten und beschützen kann während all der Unglücke, die vor uns liegen.«

Mari Cruz ist die einzige Seherin, die noch in Spanien lebt. Im Mai 1970 heiratete sie Ignacio Caballero, einen Glaser aus

Avilés in Asturien. Das Paar hat vier Kinder, Ignacio, María de Lourdes, Juan Carlos und Gabrielle. Mari Cruz kommt noch regelmäßig nach Garabandal, doch sie äußert sich nicht mehr allzu oft zu den Erscheinungen. »Es war, als hätte ich die Gegenwart, die Vergangenheit und die Zukunft gleichzeitig erlebt«, erklärte sie 2006 in einem Interview. Die selige Jungfrau zu sehen sei für sie »normal« gewesen, doch es habe sie beunruhigt, was die Leute sagen würden. 2021 ergänzte sie: »Am Ende weiß man nicht, ob man sich etwas einbildet oder ob es wirklich geschah; vielleicht haben wir es uns nur eingebildet.«

Das Leben der vier Mädchen zeigt, worin die Botschaft von Garabandal liegt. Sie ruft nicht zur Weltflucht auf, sondern zur Heiligung des Alltags. Vielleicht wurden deshalb die vier Mädchen nicht ins Kloster berufen, damit sie für uns, die in der Welt lebenden Gläubigen, Vorbilder sein können. Vielleicht nahm Maria, die von ihnen »Muttergottes und unsere Mutter« gerufen wurde, deshalb wie eine liebevolle Mutter am Alltag der Mädchen teil, vielleicht plauderte und spielte sie mit ihnen wie eine Mutter, um sie auf ihre zukünftige Rolle als Mutter vorzubereiten und ein Beispiel zu geben für die Mütter der Welt.

> »Ich verlange von euch nichts Ungewöhnliches, aber ich bitte euch und erwarte von euch, lebt euer tägliches Leben würdig als Menschen und gebt dabei Gott, dem Allmächtigen, den ihm gebührenden Platz in eurem Leben«,

hatte sie den jungen Seherinnen erklärt. Kaum war Conchita in die USA abgereist, änderte sich alles in Sachen »Garabandal«, als Msgr. Juan Antonio del Val Gallo (1916–2002) im Dezember 1971 zum neuen Bischof von Santander ernannt wurde. Bischof del Val war, anders als seine Vorgänger, bestens über die Erscheinungen informiert. Er hatte der ersten bischöflichen Untersuchungskommission von 1961 angehört, war bei zwei Ekstasen dabei gewesen und hatte bereits eingestanden, dass die Arbeit der damaligen Kommissionsmitglieder unzureichend war. So war es von Anfang an sein Ziel, die »Akte Garabandal« wieder zu öffnen und neue Untersuchungen anzustellen. Allerdings stieß seine erste Anfrage in Rom auf taube Ohren; man müsse erst abwarten, bis es zu »neuen Entwicklungen« käme, antwortete die Glaubenskongregation noch 1977. Erst 12 Jahre später, jetzt mit Zustimmung des neuen Präfekten der Glaubenskongregation, Joseph Kardinal Ratzinger, rief er eine neue Studie ins Leben, deren Ergebnisse 1991 nach Rom geschickt wurden.

Zwischen den beiden Anfragen lag ein Ereignis, das die Anti-Garabandal-Front massiv erschütterte. Ausgerechnet Dr. Luis Morales, der Psychiater und wichtigste Mediziner des ursprünglichen Untersuchungskomitees, hielt am 20. Mai 1983 im Athenaeum von Santander einen aufsehenerregenden Vortrag über die Erscheinungen von 1961–65. Vor einem bis auf den letzten Platz besetzten Auditorium gab Dr. Morales zu, dass er 1961 direkt eingegriffen hatte, um eine objektive Untersuchung zu verhindern und ein negatives Ergebnis zu diktieren. Jetzt aber nahm er dieses negative Urteil zurück und sprach sich offen für die Echtheit der Erscheinungen aus, ja er stellte sie sogar in eine Reihe mit Lourdes und Fátima. Die Wunderheilung eines gewissen Antonio F. Bonin Cavero war sein persönliches Bekehrungserlebnis. Als seine Frau 1979 an Krebs erkrankte und unter schweren Schmerzen litt, ließ er sie ein Kruzifix küssen, das von der Gottesmutter geküsst worden war; ihre Schmerzen verschwanden und sie konnte in Frieden sterben. »Jetzt erkenne ich die existenzielle Realität Unserer Lieben Frau von Garabandal«, erklärte er. Mit diesem Geständnis, das mit ausdrücklicher Genehmigung von Bischof del Val publiziert wurde, waren die ersten vier bischöflichen Noten, die sich auf ebendiese Untersuchungskommission beriefen, hinfällig. Auch die letzten drei Noten, basierend auf den »Geständnissen« der Kinder, galten nicht mehr, seit Jacinta, Mari Loli und Conchita diese widerrufen hatten. Ebendas aber machte den Weg frei für die von Bischof del Val gewünschte Neubewertung der »Causa Garabandal«.

Auch in dem Bergdorf selbst wehte unter del Val ein neuer Wind. Kaum war er in sein Amt eingeführt worden, tauschte er in Garabandal den Pfarrer aus. Der skeptische Pater Olano wurde ersetzt durch Don Juan González Gómez, einen Einheimischen, der in den Erscheinungsjahren über tausend Ekstasen beigewohnt hatte, darunter auch dem Hostienwunder vom 18. Juli 1962. Zuerst war auch er skeptisch gewesen, doch alles, was er erleben sollte, überzeugte ihn von der Echtheit der Erscheinungen. Auf seine Bitte hin hob der ohnehin schon offene Bischof das Verbot für Priester, nach Garabandal zu pilgern, auf. 1986 erhielt er von del Val die Erlaubnis, seine Dorfkirche renovieren zu lassen, nachdem Joey Lomangino bei einigen reichen Gönnern einen ausreichenden Geldbetrag für diesen Zweck gesammelt hatte. Bischof del Val besuchte nicht nur mehrfach das Dorf, er freundete sich auch mit Mari Loli und ihrem Ehemann an, die jedes Jahr nach Spanien kamen, um Garabandal, aber auch ihn zu besuchen. Auch zu Jacinta unterhielt er einen guten Kontakt. Bevor er im August 1991 in den Ruhestand ging, erklärte der Bischof in einem Interview, die Botschaft von Garabandal sei »wichtig« und »theologisch korrekt«, auch wenn sein Untersuchungskomitee zu dem Schluss gekommen sei, dass »der übernatürliche Charakter der genannten Erscheinungen nicht klar sei«. Als der deutsche Garabandal-Experte Albrecht Weber ihn im Oktober 1995 zusammen mit Conchita besuchte, erklärte er, so Weber, »dass er persönlich uneingeschränkt an die Übernatürlichkeit des Geschehens von Garabandal glaube. Er entschuldigte sich auf zutiefst demütige Weise bei Conchita für all das, was ihr zu Unrecht an Leid durch die Vertreter der

Der Autor mit Bischof Carlos Osoro,
damals Erzbischof von Oviedo, 2006

Kirche in der Vergangenheit zugefügt worden war und bat sie diesbezüglich persönlich um Verzeihung.«

Erst unter Bischof del Vals Nachfolger, Msgr. José Vilaplana Blasco, kam die eher ausweichende Antwort aus Rom:

> »Nachdem die Kongregation für die Glaubenslehre die Dokumentation aufmerksam studiert hat, betrachtet sie es nicht als opportun, direkt einzugreifen ... Dieses Dikasterium empfiehlt, dass Sie, wenn Sie es als notwendig erachten, eine Erklärung veröffentlichen, dass die Übernatürlichkeit der besagten Erscheinungen ›nicht klar‹ sei.«

Tatsächlich verzichtete Bischof Vilaplana auf eine öffentliche Bekanntgabe und publizierte lediglich ein Informationsblatt, das auf Anfrage hin versandt wurde und nichts Neues enthielt. Garabandal war von der Kirche nicht verurteilt worden. Ob die Erscheinungen echt sind oder nicht, ist nach offizieller Definition nach wie vor offen.[31]

Nachdem Bischof Vilaplana 2006 nach Huelva/Spanien versetzt worden war, wurde die Diözese Santander 2006 für ein Jahr wieder einmal einem Apostolischen Administrator unterstellt. Es war der amtierende Erzbischof der Nachbardiözese Oviedo, Carlos Osoro, der später erst zum Erzbischof von Valencia, dann von Madrid ernannt und in den Kardinalsrang erhoben wurde. Er ist heute Vorsitzender der Spanischen Bischofskonferenz. Osoro stammt aus der Diözese Santander, er war dort Rektor des lokalen Priesterseminars, Dekan der Kathedrale und Generalvikar und ist deshalb bestens mit den Ereignissen von Garabandal vertraut.

Am 7. Mai 2007, in seiner offiziellen Antwort auf die Anfrage des amerikanischen Garabandal-Anhängers Edward Kelly, erklärte Erzbischof Osoro:

> »Ich möchte, dass Sie wissen, dass ich offen für alle Informationen und Betrachtungen zu Garabandal bin, und ich möchte diese Einstellung bewahren, solange der Heilige Vater es für opportun hält, dass ich als Apostolischer Administrator fungiere, ähnlich wie es meine Mitbrüder im Episkopat in dieser Frage taten. Ich habe jetzt Priester bevollmächtigt, die Garabandal besuchen, dort in der Pfarrkirche die Eucharistie zu feiern, wann immer sie es wünschen, und das Sakrament der Versöhnung jedem zu spenden, der nach ihm verlangt.

31 Die Kirche kennt drei Bewertungen von Privatoffenbarungen: »Constat de supernaturalitate«, wie im Fall Lourdes oder Fátima, ist die offizielle Anerkennung des übernatürlichen Ursprungs. »Constat de non-supernaturalitate« ist die ebenso eindeutige Verurteilung als Täuschung oder Betrug. Garabandal befindet sich in der Grauzone, dem »Non constat de supernaturalitate«: Die Übernatürlichkeit ist möglich, steht aber nicht fest!

Bischof Jiménez in der Dorfkirche von Garabandal

Ich bin mir sicher, dass der nächste Bischof neue Studien in Auftrag geben wird, um die Ereignisse von Garabandal gründlicher zu untersuchen und sie an die Glaubenskongregation in Rom zu übersenden.

Ich achte die Erscheinungen und ich weiß von authentischen Bekehrungen. Wie kann man angesichts solcher Tatsachen nicht die Notwendigkeit verspüren, sein Herz Maria, unserer Mutter, zu öffnen und sie um ihren Schutz, ihre Hilfe, ihre Ermutigung, ihre Begeisterung, ihren Glauben, ihre Hoffnungsfülle und ihre Liebe zu bitten! Ich ermutige Sie, sich Ihre Hingabe zu unserer Mutter zu bewahren.«

Auch der nächste Bischof von Santander, Vicente Jiménez Zamora (2007–2014), zeigte sich offen für Garabandal. Am 6. Mai 2012 besuchte er das Dorf und feierte als erster Bischof der Geschichte in seiner Kirche das heilige Messopfer. Offizieller Anlass war der Jahrestag ihrer Renovierung, die Joey Lomangino und seine Gönner finanziert hatten, doch für alle »Garabandalisten« war es ein Zeichen dafür, dass sich das Bistum mit den Erscheinungen versöhnt hatte. Das wurde umso deutlicher, als Bischof Jiménez am 1. Mai 2013 nach Garabandal zurückkehrte und jetzt das Kreuz des Dorfbewohners David Toribio küsste, das während einer der Ekstasen von der Gottesmutter geküsst worden war. Sein Nachfolger, Bischof Manuel Sánchez Monge (seit 2015), setzt die liberale Politik seiner Vorgänger in Sachen Garabandal fort. Seitdem gilt, was der neue Ortspfarrer José Rolando Cabeza Fuentes in Absprache mit seinem Bischof seit 2012 auf der Website seiner Pfarrei (www.garabandalparroquia.com) so formuliert:

»Radikale Positionen wie Ablehnung oder Spott werden dem Phänomen von Garabandal nicht gerecht ... Eine Einstellung brüderlichen Respekts vor den religiösen Gefühlen und dem Glauben so vieler Menschen, die an diesem Ort über die Jahre hinweg eine innere Kraft gefunden haben, sollte kultiviert werden ... Die Menschen aus dem Dorf und von überallher, die jene ›Ereignisse‹ erlebten, drücken das wie folgt aus: ›Was wir erlebt haben, kann nichts und niemand aus unseren Herzen löschen.‹ Nichts und niemand kann uns verbieten, hier oder dort (in Lourdes, Fátima, Garabandal oder wo auch immer) zu beten oder nicht zu beten, und das gilt insbesondere, wenn die Überzeugung dieser Gläubigen nicht im Widerspruch zur Lehre der Kirche steht.«

Zwar gelte es, das Urteil der Kirche abzuwarten, doch bis dahin, so Pfarrer Rolando, sei auf die positive Wirkung verwiesen, die Garabandal auf all jene hatte, die »begriffen haben, dass diese Worte [der Botschaften, wie sie die Kinder übermittelten] wahr werden«.

29.

Eine Botschaft für unsere Zeit

Die Kirche kann »Garabandal« erst anerkennen, wenn die prophezeiten Ereignisse eingetroffen sind. So hat es die Gottesmutter selbst angekündigt. Doch längst deutet einiges darauf hin, dass die Warnung und das Wunder – die, wie gesagt, innerhalb eines Jahres stattfinden sollen – nicht mehr fern sind. Listen wir die Indizien noch einmal auf:

- Conchita soll als einziges der Seherkinder das Wunder ankündigen. Das kann, muss aber nicht, darauf hinweisen, dass die anderen Seherkinder dazu nicht mehr in der Lage sein werden. Mari Cruz ist nach wie vor ein Opfer ihrer Zweifel, Mari Loli ist 2009 verstorben. Conchita ist heute (2022) 73 Jahre alt. Es ist also davon auszugehen, dass alles innerhalb der nächsten 25 Jahre geschehen müsste. Jacinta kann, muss dann aber nicht mehr am Leben sein. Conchita selbst sagte 1998, dass sie das darauf folgende Strafgericht nicht mehr erleben würde.
- Conchita erklärte einmal in der Erscheinungszeit, dass wir »im Jahre 2000 der Erfüllung der Prophezeiungen näher« seien, hat diese also von Anfang an in das 3. Jahrtausend datiert. »Gott will nicht, dass es so schnell kommt«, sagte die Gottesmutter Conchita 1965, denn Gott will nicht die Bestrafung der Menschen, sondern ihre Bekehrung. Schon 1962 sprach die Seherin nach einer Ekstase von einer scheinbaren »exzessiven Verspätung des Wunders«, ein anderes Mal [am 5. September 1962] wurde gehört, wie sie zur Gottesmutter sagte: »Und wann wird das [Wunder]

sein? … Was, dann erst?« Mari Loli erfuhr in der »Nacht der Schreie« von der Gottesmutter, dass alle, die zur Zeit der Erscheinungen Kinder waren, längst erwachsen sein würden, wenn die prophezeiten Ereignisse einträfen.

- Auch Conchitas »Päpste-Prophezeiung« besagte, dass die Endzeit erst in oder nach vier Pontifikaten beginnen würde, also entweder kurz vor oder mit dem Pontifikat von Franziskus, der als der erste Papst der Endzeit gelten muss. Berücksichtigen wir die Päpste-Prophezeiung des Malachias, dann würden die prophezeiten Ereignisse entweder in seinem Pontifikat oder dem seines Nachfolgers eintreffen. Bei einer Durchschnittslänge der Pontifikate des 20. Jahrhunderts von 12–13 Jahren (wenn man Johannes Paul I. mitrechnet; von 14 Jahren ohne ihn) kämen wir ebenfalls auf einen Zeitraum innerhalb der nächsten 16–19 Jahre.
- Der Warnung und dem Wunder vorausgehen würde ein Ereignis, »das viele Menschen nicht mehr an die Erscheinungen von Garabandal glauben lässt«. Gut möglich ist, dass damit der Tod von Joey Lomangino gemeint ist, des Blinden, dem die Gottesmutter laut Conchita versprochen hatte, dass er »genau am Tag des Wunders wieder sehen« würde. Sein Tod am 18. Juni 2014 stürzte tatsächlich die amerikanischen Garabandal-Zentren in eine tiefe Krise. Plötzlich hieß es, die Erscheinungen seien aufgrund falscher Prophezeiungen unglaubwürdig. Genau das aber hatte die Gottesmutter vorhergesagt, ebenso wie die widersprüchlichen Aussagen und sogar die Widerrufe der Sehermädchen.
- Die Kinder sagten voraus, dass die Ereignisse einträfen, »wenn der Kommunismus wiederkommt«, wie Conchita 1965 dem deutschen Garabandal-Experten Albrecht Weber anvertraute, wörtlich:

»›Wenn der Kommunismus wiederkommt, wird alles kommen [in Bewegung geraten]‹,
sagte Conchita 1965 dem Autor, worauf dieser sie fragte:
›Was heißt *wiederkommt*?‹
›Ja, wenn er aufs Neue wiederkommt‹, antwortete sie.
›Heißt das, dass der Kommunismus vorher verschwinden wird?‹
›Ich weiß es nicht.‹ – ›Wenn der Kommunismus wiederkommt‹, war die Antwort der heiligen Jungfrau.«

In den 1960er-Jahren war es unvorstellbar, dass der Kommunismus einmal (zumindest scheinbar) verschwinden würde, aber genau das geschah nach der Weihe Russlands und der Welt an das Unbefleckte Herz Mariens durch den heiligen Johannes Paul II. am 25. März 1984. Innerhalb von fünf Jahren kollabierten die kommunistischen Diktaturen in Osteuropa, zwei Jahre später war die Sowjetunion Geschichte. Selbst in China galt der Kommunismus um die Jahrtausendwende als nahezu überwunden. Erst in unserer Zeit schwinden die Gewissheiten der letzten drei Jahrzehnte. Die Zukunft Russlands nach Putin erscheint ungewiss; mittlerweile ist sogar denkbar, dass es dort zu einer Renaissance des Stalinismus kommen könnte. China gibt sich wieder totalitärer, verfolgt romtreue Christen und reagiert auf die Corona-Pandemie mit menschenverachtenden Maßnahmen. Vor allem aber steht der Westen ganz unter dem Bann des Kulturmarxismus. Eine ökosozialistische Bewegung greift in immer mehr Staaten nach der Macht und beeinflusst auch demokratische Kräfte. Ihr Ziel ist eine Neue Weltordnung, auch »Great Reset« genannt, die das kapitalistische System zerschlagen will und eine staatlich gelenkte Wirtschaft propagiert mit dem Ziel, die Erde vor dem angeblich menschengemachten »Klimawandel« zu bewahren. Besitz, Mobilität, ja sogar Fleischkonsum werden dämonisiert und sollen auf dem Altar des

Klimagötzen geopfert werden. Die individuelle Freiheit und das Privateigentum sollen nach den Prognosen und Szenarien des Weltwirtschaftsforums in Davos unter Leitung des Hochgradfreimaurers Klaus Schwab bis 2030 von diesem Planeten verschwinden. Bereits am 10. November 2016 hatte Ida Auken im Wirtschaftsmagazin *Forbes* einen Artikel mit der Überschrift »Willkommen im Jahr 2030: Ich besitze nichts, habe keine Privatsphäre und das Leben war noch nie besser« veröffentlicht. Der Beitrag beginnt mit den Worten:

> »Willkommen im Jahr 2030. Willkommen in meiner Stadt – oder sollte ich sagen: ›In unserer Stadt.‹ Ich besitze nichts. Ich besitze kein Auto. Ich besitze kein Haus. Ich besitze keine Geräte oder Kleidung. Es mag Ihnen seltsam erscheinen, aber es macht für uns in dieser Stadt vollkommen Sinn. Alles, was Sie als Produkt angesehen haben, ist jetzt zu einer Dienstleistung geworden. Wir haben Zugang zu Transportmitteln, Unterkünften, Essen und allem, was wir in unserem täglichen Leben brauchen. Nacheinander wurden all diese Dinge kostenlos, sodass es für uns keinen Sinn machte, viel zu besitzen.«

Ebendas ist Kommunismus pur. Die Wirtschaftselite des WEF plante damals schon den Aufbau einer ökosozialistischen Weltdiktatur, und die Corona-Krise der Jahre 2020–22 sowie die Weltwirtschafts- und Versorgungskrise nach dem russischen Einmarsch in der Ukraine 2022 beschleunigten den geplanten Umbau der Gesellschaft um ein Vielfaches. Mari Loli erklärte dem mexikanischen Priester Gustavo Morelos Ende 1967, dass die Kirche in dieser Zeit einer schrecklichen Prüfung unterzogen wird:

> »Wir fragten die Jungfrau, wie diese Prüfung genannt würde und sie antwortete: ›Kommunismus‹ ... die selige Jungfrau zeigte uns, wie der Kommunismus in die Kirche eindringen

wird, und das führt zu dem großen Strafgericht. Als wir die Konsequenzen sahen, mussten wir weinen.«

- Ebendas führt uns zu zwei weiteren Hinweisen, die Mari Loli der Veranstalterin eines Garabandal-Kongresses in Madrid, Christine Bocabeille, am 9. Mai 1983 gab. Der erste lautete: »Auf alle Fälle wird die Vorwarnung kommen, wenn Sie sehen, dass die Heilige Messe nicht mehr frei gefeiert werden kann.« Dann sei die Zeit gekommen, wenn »die Welt es am nötigsten haben wird, dass Gott eingreift«. Ein anderes Mal erklärte sie: »Es wird aussehen, als hätten die Kommunisten [bzw. Globalsozialisten, d. Verf.] die ganze Welt übernommen und es wird sehr schwer sein, unsere Religion zu praktizieren, für Priester, die Messe zu lesen, und für die Menschen, die Tore der Kirchen zu öffnen … wer praktizieren will, muss dies im Verborgenen tun.« Das erschien damals völlig undenkbar, doch es wurde wahr – sieben Wochen lang, von Ende März bis Mitte Mai 2020, als praktisch in ganz Europa, mit wenigen Ausnahmen, die öffentliche Feier des heiligen Messopfers aufgrund der Corona-Pandemie unmöglich war.
- Doch noch einen zweiten Hinweis gab Mari Loli damals: »Es ist dann, wenn Russland einen großen Teil der freien Welt unvorhergesehen und plötzlich überfallen und überfluten wird.« Jacinta bestätigte, dass es in der Zeit der Drangsal eine Invasion geben würde, »etwas, was mir wie eine Invasion erschien, etwas sehr Schlechtes, bei dem der Kommunismus eine große Rolle spielen wird, aber ich erinnere mich nicht mehr, welche Länder oder welche Regionen davon betroffen sein werden«. Das ist erst seit dem 24. Februar 2022, als russische Truppen in der Ukraine einmarschierten, wieder ein denkbares Szenario geworden. Leider droht wahr zu werden, was der heilige Pater Pio der Seherin Conchita bei ihrem Besuch in San Giovanni Ro-

tondo im Januar 1966 erklärte: »Das große Wunder wird von Gott durch viel Blut über Europa erkauft werden müssen.«

- Die Zeit vor der Warnung und dem Wunder, so die Seherkinder, sei die Zeit einer extremen Krise der Kirche, Folge eines massenhaften Glaubensabfalls. So erklärte Mari Loli Ende 1967 dem mexikanischen Priester Gustavo Morelos: »Die selige Jungfrau sagte uns, dass die große Drangsal – die dem Strafgericht vorausgeht – kommen wird, weil eine Zeit naht, in der es so aussieht, als würde die Kirche verschwinden.« Jacinta bestätigte: »Es ist nicht aufgrund einer Verfolgung (der Kirche), dass viele Menschen nicht mehr ihre Religion praktizieren.« Einmal sagte die Gottesmutter: »Ihr geht jetzt in eine Zeit so großer Verwirrung hinein, in der ihr vielen von euren Priestern (auch guten) keinen Glauben mehr schenken könnt.« Dass Priester und Bischöfe die Gläubigen auf Irrwege führen und sich sogar Kardinäle gegen den Papst wenden, könnte zu »etwas wie einem Schisma« führen, wie Conchita ihrem Bruder Serafín anvertraute. Tatsächlich ist die Gefahr eines Schismas seit 500 Jahren nicht mehr so groß wie heute.
- Andererseits würde es zu einer Annäherung der Kirchen kommen, eine Wiedervereinigung mit der Orthodoxie vorbereitet, die dann nach dem Wunder erfolgen würde. »Die Getrennten werden wieder vereint sein«, zitierte Conchita die Gottesmutter. Auch das war 1961–65 undenkbar, welche Fortschritte der ökumenische Dialog in den folgenden Jahrzehnten machen würde. Erst im April 2022 schlug Papst Franziskus für die Zukunft einen gemeinsamen Ostertermin, den zweiten Sonntag im April, vor, der damit in greifbare Nähe rückt. Handelt es sich dabei um das »freudige Ereignis für die ganze Kirche«, das laut den Botschaften von Garabandal den apokalyptischen Ereignissen unmittelbar vorausgeht?

- Ihrer Lehrerin und Schulleiterin Schwester María Nieves vertraute Conchita an, dass den prophezeiten Ereignissen »eine wichtige Synode« vorausgehen würde. Auch ihrer Tante Maximina erzählte sie von dieser Botschaft, als diese sofort nachfragte:
  »Meinst du das Konzil?«
  Conchita erwiderte: »Nein, die selige Jungfrau sagte nicht ›Konzil‹, sie sagte ›Synode‹ und ich denke, eine Synode ist ein kleines Konzil.«
  Das ist schon daher bemerkenswert, weil es zur Zeit der Erscheinungen in der katholischen Kirche gar keine Synoden gab. Erst am 15. September 1965 rief Papst Paul VI. mit dem Motu proprio *Apostolica sollicitudo* (»Mit apostolischer Sorge«) dieses Instrument der Bischofssynode aus der Frühzeit der Kirche wieder ins Leben. Zwei Jahre später, im Herbst 1967, tagte in Rom die erste Synode der Neuzeit.
  Als Papst Franziskus am 10. Oktober 2021 für die Jahre 2021/23 die XVI. Ordentliche Generalversammlung der Bischofssynode in Rom zum Thema »Für eine synodale Kirche: Gemeinschaft, Teilhabe und Sendung« ankündigte, sahen amerikanische Garabandal-Anhänger, vielleicht verfrüht, auch diese Prophezeiung erfüllt.
- Das letzte Zeichen vor den prophezeiten Ereignissen aber ist der Papstbesuch in Moskau. »Der Papst wird nach Russland gehen, nach Moskau. Sobald er in den Vatikan zurückkehrt, werden gewalttätige Verfolgungen ausbrechen«, erklärte die Gottesmutter den Kindern. Tatsache ist: Papst Franziskus will schnellstmöglich nach Moskau reisen, um Präsident Putin zu treffen und für eine Beendigung des Ukraine-Konfliktes zu plädieren. Ob und wann das möglich ist, steht derzeit noch nicht fest.

Auch wenn vielleicht noch einige Zeit vergeht, bis es so weit ist: Zu keinem Zeitpunkt in den vergangenen 60 Jahren erscheint eine Erfüllung der Prophezeiungen von Garabandal so realistisch und plausibel wie in unseren Tagen, im dritten Jahrzehnt des dritten Jahrtausends. Schon das allein zwingt uns, einen zweiten Blick auf die damaligen Ereignisse zu werfen. Könnte es wirklich sein, dass der Himmel uns warnte und dass die Warnung und das Wunder, zwei Ereignisse, die über jeden Zweifel erhaben die Existenz Gottes beweisen, unmittelbar bevorstehen? Auch wenn das (noch) nicht der Fall sein sollte, lohnt es sich, der Botschaft der Gottesmutter zu folgen. Denn so oder so kann nur unsere Bekehrung diese ins Trudeln geratene Welt noch retten.

Den ersten Schritt dazu sollten wir lieber heute als morgen wagen.

Vielleicht darf Conchita den Zeitpunkt des Wunders nicht offenbaren, damit wir alle, wie die klugen Jungfrauen, in ständiger Bereitschaft leben, dass der Bräutigam kommen wird. Jeden von uns kann der Tod zu jeder Zeit ereilen, darum ist es wichtig, stets im Stand der Gnade zu sein – in Zeiten von Kriegen und Pandemien mehr denn je. So ist die Botschaft von Garabandal heute aktueller, als sie es jemals war: umzukehren, Buße zu tun, sein Leben zu ändern, gut zu sein, das heißt: nach den Lehren und dem Katechismus der Kirche zu leben. Opfer zu bringen, über die Passion Christi zu kontemplieren, viel zu beten und den Herrn im Tabernakel aufzusuchen war und ist zu jeder Zeit der beste Rat, den die Gottesmutter uns geben konnte, ja das perfekte Programm für ein gelungenes christliches Leben und der Königsweg in den Himmel. Diese Botschaft ist es, die zählt, nicht ein ungesunder Personenkult um die Seherkinder, ein sensationalistisches Starren auf die paranormalen Phänomene oder eine zu starke Fokussierung auf den Ort Garabandal und das, was sich dort vielleicht noch zu unseren Lebzeiten, mit Sicherheit aber in den nächsten 25 Jahren, ereignen soll.

Garabandal heute, Blick von den Kiefern auf das Dorf;
links die Kapelle des heiligen Erzengels Michael an der Stelle
der ersten Erscheinung

30.

Reise nach Garabandal

Doch trotzdem lohnt sich eine Reise nach Garabandal nicht erst nach Ankündigung des Wunders, um das Geschehen vor sechs Jahrzehnten besser zu verstehen. Ein Ort, an dem der Himmel sich öffnete und die Gottesmutter sich zeigte, ist ein Gnadenort, der uns einen besseren Zugang zu der übernatürlichen Wirklichkeit, dem Eingreifen Gottes in die Geschichte, ermöglicht. Zum Glück ist ein Besuch in dem Bergdorf heute einfacher als vor 60 Jahren. *Yo haré todo* – »Ich werde alles machen«, hatte die Gottesmutter damals versprochen, als die Kinder noch fragten, wie man denn die Kranken zum Wunder über den Eselspfad von Cosío hinauftransportieren könne. Zwischenzeitlich, in den 1970er-Jahren, war geplant worden, die alpine *Peña Sagra* in ein Wintersportgebiet zu verwandeln. Doch kaum war die Straße, die diese Region erschließen sollte, bis zur Abzweigung nach Garabandal gebaut, wurde das Projekt aus Geldmangel wieder eingestellt. So führt jetzt eine gut gepflasterte Straße in das einst so entlegene Bergdorf, die von Autos und Bussen bequem befahren werden kann. Und auch sonst hielt der Fortschritt hier Einzug. Konnte die Gottesmutter den Kindern noch 1961 versichern: »Ihr habt bei euch hier viele Dinge noch so, wie ich sie in meinem Leben auch gehabt habe«, lebte man damals in Garabandal noch größtenteils so wie vor Hunderten oder Tausenden von Jahren, ist davon heute wenig übrig geblieben. Der ganze Ort wurde mit einer Schotter- und Asphaltdecke versehen, der Dorfbach unter die Erde verlegt und die meisten Häuser gründlich renoviert und zum Teil umgebaut. Es

Die St.-Michaels-Kapelle an der *Calleja*

gibt keines mehr ohne Elektrizität, fließendes Wasser, Dusche und Toilette, Gasherd, Fernsehen und Internet. Stattdessen finden sich ein einfaches Pilgerhotel (»Hostería Garabandal«), Ferienwohnungen (»Apartamentos San Antonio«) und diverse Privatpensionen (etwa die »Posada Amalia«, deren Wirtin köstlich kocht, oder die »Posada Nuestra Señora del Carmen«), eine Gaststätte, eine christliche Buchhandlung (»Lux Mundi«) und ein kleiner Devotionalienladen; eine übertriebene Kommerzialisierung wie in Lourdes und Fátima ist Garabandal, Gott sei Dank, erspart geblieben. Nach wie vor sind die Bewohner des Dorfes fromm, besuchen, wenn möglich, täglich die Heilige Messe und beten regelmäßig den Rosenkranz. Doch wenn man sie auf die Erscheinungen anspricht, zucken die meisten die Schultern. »Wird das Wunder kommen?« – »Warten wir's ab!«

Die *Calleja* dagegen, der Hohlweg hinauf zu den Kiefern, erinnert noch immer an die Ereignisse, die Kirchengeschichte, vielleicht sogar Weltgeschichte schrieben. Der Stein, über dem der Engel an jenem denkwürdigen Sonntag erschien, ist mit einer Gedenktafel markiert, zudem ist hier eine kleine Kapelle errichtet, die dem Erzengel Michael geweiht ist und auf ihrem Bogen die Aufschrift »Heilige Maria, Muttergottes und unsere Mutter« trägt – so hatten die Sehermädchen zeitweise das Ave Maria gebetet, bis die Gottesmutter sie bat, der von der Kirche autorisierten Form den Vorzug zu geben. Eine Statue von Pater Pio zeugt von dem großen Heiligen, der sich zeitlebens für Garabandal eingesetzt hat. Ein Kreuzweg lädt dazu ein, die Passion Christi zu betrachten.

Und schließlich kommt man zu den Kiefern, von wo aus dem Pilger das ganze Dorf zu Füßen liegt. Auch hier erinnert ein schlichtes Marienbild mit reichem Blumenschmuck an die Erscheinungen. Ein blau-weißes Kreuz ragt in den Himmel. Es ist ein Provisorium wie alles in Garabandal. Denn an dieser Stelle soll sich einmal »das größte Wunder, das Jesus jemals

Die Kiefern heute

für die Menschen gewirkt hat und zugleich das letzte bis zum Ende der Zeiten« ereignen, wie es die Gottesmutter einst angekündigt hatte. Hier wird spürbar: Garabandal war gestern. Es ist heute. Und es ist ganz bestimmt morgen!

Nachwort
»Gott allein weiß es«

Die Geschichte, die dieses Buch schildert, gibt es seit 2019 auch als Spielfilm. »Garabandal – Gott allein weiß es« ist das Werk einer kleinen, katholischen Produktionsfirma namens *Mater Spei A.I.E.* (»Mutter der Hoffnung«). Dass der Film nur mit einem kleinen Budget gedreht wurde und die 300 Schauspieler, die unter fachkundiger Anleitung des Regisseurs Brian Jackson drehten, alle Laien sind, merkt man ihm nicht an. Vielmehr vermittelt er ein ebenso realistisches wie bewegendes Bild der Ereignisse von 1961–65, das gleichermaßen ausgewogen ist und nie die Botschaft der Erscheinungen außer Acht lässt. Das urkatholische Bemühen, sie nicht zu werten und damit das Urteil der Kirche vorwegzunehmen, spiegelt sich auch im Titel des 99-minütigen Meisterwerkes wider. Dazu heißt es auf der Homepage der Produktion (www.garabandalderfilm.com/de):

> »Wir haben lange über den besten Titel für den Film *Garabandal, Gott allein weiß es* nachgedacht und haben letztendlich den jetzigen Titel gewählt, da es unserer Überzeugung entspricht, dass Gott allein weiß, was sich in San Sebastián de Garabandal zugetragen hat. Die Kirche hat noch keine Klarheit über die Geschehnisse erlangt und hat in der Angelegenheit noch kein endgültiges Urteil gesprochen. Der Titel spiegelt auch eine andere Gewissheit wider: Gott allein weiß und kennt die Herzen der Teilnehmer dieser Geschichte und derjenigen, die die Ereignisse gedeutet haben. *Garabandal, Gott allein weiß es* beabsichtigt nicht, Urteile zu fällen, sondern nur die Erfahrungen derjenigen weiterzugeben, die zu Hunderten die

Geschehnisse erlebt haben. Noch etwas kommt hinzu: Gott allein kennt die Absichten unseres Herrn und der Gottesmutter für Garabandal. Wir, unnütze Knechte, müssen uns diesem Willen Gottes anschließen und die Klugheit haben, die Heilspläne Gottes für die Menschheit nicht zu behindern.«

Der Film wurde in 13 Sprachen übersetzt, liegt jedoch leider nur in seiner spanischen oder englischen Version mit deutschen Untertiteln vor. Dafür kann er auf der Homepage gratis angeschaut werden; eine Vermarktung ist nicht geplant, es geht ausschließlich um die Verbreitung der Botschaft.

Im Frühjahr 2022 gesellte sich ein ebenfalls sehenswerter Dokumentarfilm: *Garabandal – reißender Wasserfall* hinzu, in dem Augenzeugen der Erscheinungen interviewt werden. Er gibt dem Leser dieses Buches die Möglichkeit, einige der hier zitierten Personen im Originalton zu hören. Zumindest dieser Film, ebenfalls von *Mater Spei* produziert, liegt in einer deutschen Synchronisation vor.

Auch diese Medieninitiative, die über das Internet eine ganz neue Generation erreicht, macht die Frage nach den Erscheinungen von 1961 bis 1965 brandaktuell. Denn tatsächlich ist es eben nicht das Warten auf die Warnung und das Wunder sowie die Hoffnung, dass durch diese die Menschheit bekehrt und das Strafgericht noch einmal aufgehalten wird, die den Kern der Ereignisse von Garabandal ausmachen, sondern etwas ganz anderes: die Sorge Mariens um eine Kirche, zu deren Mutter sie auch ganz offiziell auf dem Zweiten Vatikanischen Konzil erklärt wurde. Es war eben kein Zufall, dass die Erscheinungen begannen, als die Vorbereitungen für das Konzil in ihre Schlussphase eintraten, und dass sie endeten, kurz bevor es schloss. Daran ändert auch nicht, dass die Gottesmutter während des Konzils eher zurückhaltend war, weil sie die Kirche, das von ihrem Sohn eingesetzte Lehramt, sprechen lassen wollte. Denn mehr als um das Konzil selbst, das sie ausdrücklich befürwortete, ging es ihr, so scheint es, um das, was man allgemein als die »nachkonziliare Krise« bezeichnet – die schwindende religiöse Praxis und nachlassende Disziplin in der katholischen Kirche, verbunden mit der allgemeinen Säkularisierung (Verweltlichung), speziell in der westlichen Welt. Sie war begleitet von einem regelrechten Missbrauch des Konzils und der, zugegeben, manchmal etwas vieldeutigen Konzilsdokumente durch jene, die den »Geist des Konzils« als Vorwand nutzten, um aus der Kirche Christi eine Kirche des Menschen zu machen. Beides führte zu jener beispiellosen Krise der Kirche, verbunden mit einer Apostasie, einem Glaubensabfall von historischen Dimensionen, die wir in unserer Zeit erleben. Durch sie wiederum droht ein Schisma – die Spaltung der Kirche durch jene, die ihre Verweltlichung und Anpassung an den Zeitgeist propagieren, während die Gläubigen um eine konsequente Entweltlichung beten, die allein der Kirche als Gegenentwurf zum relativistischen und materialistischen Zeitgeist neue Glaubwürdigkeit verleihen würde.

Das faszinierendste an Garabandal sind nicht die Ekstasen oder Prophezeiungen der Mädchen[32], sondern vielmehr, dass dort ebendiese dramatische Krise der Kirche, die damals noch niemand erahnen konnte, präzise vorausgesagt wurde. Oder, um den Pfarrer aus der Erscheinungszeit, Don Valentín Marichalar, zu zitieren, der 1976 in einem Interview erklärte: Gerade Conchitas Botschaft von 1965, dass »viele Kardinäle, Bischöfe und Priester ... den Weg des Verderbens« gehen würden – mitgeteilt von einer frommen 16-Jährigen in einem Dorf, das Priester liebte und verehrte –, ist »aufs Wort eingetroffen. Es war den Mädchen unmöglich, das vorauszuahnen,

32 Conchita erklärte 1983 in einem Interview: »Der Hauptgrund für die Erscheinungen war, der Welt die Botschaften zu geben. Die Botschaften gingen manchmal unter, weil die Menschen sich lieber mit dem Sensationalismus der Erscheinungen befassten.«

da zu dieser Zeit nicht einmal ich wusste, dass einmal solche Bedingungen herrschen würden.« – »Sprach die selige Jungfrau damit den Missbrauchsskandal an?«, fragte der amerikanische Autor L. R. Walker, doch damit greift er zu kurz. Denn die Missbrauchskrise ist nur ein Symptom einer tiefgreifenden Krise der Kirche, die in erster Linie eine Glaubenskrise gerade auch im Klerus ist. Ein Priester, der seine Berufung zum *alter Christus* (lat. »anderen Christus«) ernst nimmt, der begreift, dass er mit seinen Händen das größte Wunder unserer Zeit vollzieht – die Wandlung von Brot und Wein in Leib und Blut Christi –, der missbraucht seine geweihten Hände nicht für Widerwärtigkeiten wie der Befriedigung einer krankhaften Neigung, der Pädophilie. Umso kontraproduktiver ist, was die Modernisten, die Verweltlicher der Kirche, diagnostizieren. Sie behaupten, eine falsche Überhöhung des Priestertums sei Ursache des Missbrauchs und fordern dessen konsequente Entsakralisierung inklusive Aufhebung des Zölibatsgebotes und Einführung der Frauenordination. So als sei die Aufhebung der Integrität die beste Garantie für integres Verhalten. Beim deutschen »Synodalen Weg« wird derweil sogar offen darüber diskutiert, ob die Kirche überhaupt noch Priester brauche – und damit, folgerichtig, die von ihnen gespendeten Sakramente.

Die Antwort der Gottesmutter von Garabandal ist eine andere, ja sie steht konträr dazu. Sie betonte die zentrale Bedeutung der heiligen Eucharistie für die Kirche und die unverzichtbare Rolle des Priesters in diesem heiligen Mysterium. Die größte Gefahr für die Kirche und die Ursache für ihre Krise sah sie darin, dass Priestertum, Eucharistie und das in der Wandlung vergegenwärtigte Kreuzesopfer Jesu immer weniger geschätzt, ja geradezu infrage gestellt werden.

Immer wieder bekundete die selige Jungfrau in Garabandal ihre Liebe zu den Priestern. Auch den Seherkindern war immer am wichtigsten, dass Priester vor Ort waren und Zeugen der Erscheinungen und Botschaften wurden. Vielleicht lag der Grund dafür darin, dass ihr Bewusstsein für das Übernatürliche geschärft werden sollte, denn ein Priester, der weiß, dass Gott wirkt, wird ein frommer Priester, während der Zweifler wankt und in Versuchung gerät. Einmal stellte Conchita als Antwort auf den Brief eines Priesters eine Liste der Bitten Mariens an die Priester zusammen. Dazu zählte die Erfüllung seiner Versprechen aus Liebe zu Gott, die Führung der Gemeinde durch das eigene Vorbild und Gebet, das Opfer aus Liebe für die Seelen, der Rückzug ins Schweigen, um die Stimme Gottes zu hören, die häufige Meditation über die Passion des Herrn, um sich besser mit ihm zu vereinen, die Predigt über Maria, die mit sicherer Hand Seelen zu ihrem Sohn führt, aber auch, was heute so unpopulär geworden ist, über Himmel und Hölle.[33] Jesus wiederum, in einer der Einsprechungen, wies Conchita an, was sie (und alle Gläubigen) für die Priester tun könne: beten, dass sie heiligmäßig ihre Pflicht erfüllen, andere besser machen, das Wort von Jesus auch zu jenen bringen, die ihn nicht kennen, und die Liebe zu Jesus bei jenen entfachen, die ihn kennen, aber nicht genug lieben. Statt die Schuld für die Krise der Kirche bei »Strukturen« oder »der Hierarchie« zu suchen, erklärte sie: »Wir selbst sind verantwortlich dafür, dass so viele Priester den Weg des Verderbens gehen, weil wir nicht genug beten, weil wir uns nicht aufopfern.« So viele Priester hätten die Weihe mit großer Hingabe und Liebe zu Gott empfangen und seien erst später gescheitert, weil es ihnen an innerer Stärke, an ehrlichen Freunden, an Unterstützung und am Gebet der Gläubigen fehlte. Mari Loli, die ihr ganzes Leben und später ihr Leiden für die Priester aufopferte,

33 Die moderne Theologie behauptet, die Hölle sei leer, weil die Gnade Gottes alle Menschen retten würde. Die Höllenvision der Kinder von Fátima, um eine anerkannte Erscheinung zu zitieren, lehrt uns etwas anderes: Danach ist die Hölle voll und wir werden aufgefordert, für die armen Seelen zu beten!

bekannte in einem Brief an einen Priester: »Die selige Jungfrau ließ mich wissen, wenn ein Priester in Sünde war. Sie half mir, indem sie mich wissen ließ, dass er viele Gebete und Opfer brauchte.«

Das offensichtlichste Symptom für die Krise der Kirche aber ist die Krise der Eucharistie, ihres Zentrums und ihrer Kraftquelle. Man kann sie getrost als pochendes Herz der Kirche bezeichnen; wie das Herz den Körper mit Blut versorgt, verbreitet sie den Segen und die Gegenwart Gottes. Eine Kirche ohne Eucharistie ist so tot wie ein Körper, dessen Herz aufgehört hat zu schlagen. Das Zweite Vatikanische Konzil hat die Bedeutung der Eucharistie nie infrage gestellt, ganz im Gegenteil: »Teilnahme am eucharistischen Opfer ist Quelle und [...] Höhepunkt des ganzen christlichen Lebens«, heißt es in den Konzilsdokumenten.[34] Doch umso tragischer ist auch hier, was auf das Konzil folgte. Nahm vorher der Tabernakel, der Aufbewahrungsort für die konsekrierten Hostien, also den Leib Christi, die Brotsgestalt, in der der Herr wahrhaft zugegen ist, die zentrale Position in jeder katholischen Kirche ein, wurde er nach dem Konzil oftmals an den Rand des Altarraums oder gar in eine Seitenkapelle verbannt. Die eucharistische Anbetung, also die Verehrung des in der konsekrierten Hostie real gegenwärtigen Herrn, verlor vielfach an Bedeutung. Vielerorts hielt man sie für überflüssig, wurde stattdessen ein häufigerer Kommunionempfang propagiert. Doch auch hier nahm die Disziplin ab. Nicht nur die Zeit der Nüchternheit vor dem Empfang der heiligen Kommunion wurde von drei Stunden auf eine verkürzt, auch mit der Bedingung, dass sie nur empfangen darf, wer im Stand der Gnade ist, nahm man es bald nicht mehr so genau. Die Kom-

34 2. Vatikanisches Konzil, Dogmatische Konstitution *Lumen gentium* über die Kirche, Nr. 11, Quelle: http://www.vatican.va/archive/hist_councils/ii_vatican_council/documents/vat-ii_const_19641121_lumen-gentium_ge.html, Stand 7. Juni 2020.

munionbänke, die dazu einluden, den Leib Christi kniend und natürlich mit dem Mund zu empfangen, wurden immer häufiger aus den Kirchen entfernt. Mundkommunion wurde zum »Auslaufmodell«, die Handkommunion – ursprünglich nur in Ausnahmefällen zugelassen – zur Regel, im Stehen, versteht sich. Nicht erst seit der Corona-Pandemie erweckte der Empfang des Leibes Christi durch die Gläubigen immer häufiger den Eindruck einer Keksverteilung und wurde wohl auch von manchem Kleriker gar nicht mehr anders verstanden. Nur so ist zu erklären, dass ein Würzburger Bischof bei seiner Amtseinführung die heilige Kommunion auch an Protestanten – die in ihr nicht den Leib Christi erkennen – oder ein anderer Bischof sie beim Katholikentag 2022 in Stuttgart an eine Muslima austeilte.

Dazu bot Garabandal den Gegenentwurf.[35] »Man misst der heiligen Eucharistie immer weniger Bedeutung zu«, heißt es leider zu Recht in der zweiten Botschaft von 1965. »Man muss ... oft das Allerheiligste Sakrament besuchen«, hatte die selige Jungfrau schon in ihrer ersten Botschaft von 1961 erklärt. So empfahl sie den Sehermädchen immer wieder, so oft wie möglich an eucharistischen Anbetungen teilzunehmen. Alle Fragen solle man dort in der Gegenwart Christi stellen, alle Probleme ihm, der hier leibhaftig präsent ist, vorlegen. Die ekstatischen Kommunionen der Kinder, auf Knien, mit zum Himmel gerecktem, geöffnetem Mund, sind geradezu Musterbeispiele für einen würdigen Kommunionempfang. Dabei empfahlen auch der Erzengel Michael und die Gottesmutter ganz im Einklang mit dem Konzil die häufige, ja tägliche heilige Kommunion. Nur wenn die Kirche zu dieser ihrer

35 1968 fasste Conchita in einem Interview die Botschaft von Garabandal in zwei Punkten zusammen: »Verehrung der heiligen Eucharistie und Gebet für die Priester.«

Kraftquelle, der heiligen Eucharistie, zurückfindet, kann sie sich regenerieren und genesen.

Das erkannte übrigens niemand klarer als Papst Benedikt XVI., der allen Unkenrufen zum Trotz auf dem Weltjugendtag in Köln 2005 rund eine Million Jugendliche aus aller Welt zur eucharistischen Anbetung einlud. Er schenkte ihnen damals eine Begegnung mit Christus, dem lebendigen Gott, die ihr Leben veränderte. Wie fruchtbar der Boden war, auf den sie fiel, zeigte sich daran, dass die Jugendlichen das Verlangen hatten, diese Erfahrung zu wiederholen. So wurde »Nightfever« geboren, eine von Jugendlichen gestaltete, stundenlange abendliche eucharistische Anbetung, die in Bonn aus der Taufe gehoben wurde und sich von dort aus in ganz Europa, ja in die ganze Welt verbreitet hat. Seitdem fanden (Stand 13. Juni 2022) über 4300 »Nightfever«-Andachten an 455 Orten in 27 Ländern auf vier Kontinenten statt. Wir können davon ausgehen, dass es genau das ist, was die Gottesmutter gewünscht hat: dass die Jugend die Kirche aus der Eucharistie heraus erneuert!

Aus der Verehrung Gottes heraus erfolgt dann das Opfer, von dem die selige Jungfrau sprach. Fasten, Umkehr, Beichte und Buße sind leider ebenfalls in der nachkonziliaren Kirche oft vernachlässigt worden, was uns die Botschaften von Garabandal schmerzhaft in Erinnerung rufen. Damit sind keineswegs als überkommen empfundene Bußpraktiken gemeint. Einmal besorgten sich die Seherkinder Bußgürtel und trugen sie unter ihrer Kleidung, weil sie meinten, damit der Gottesmutter zu gefallen. Als sie auch noch demonstrativ herumzappelten, damit sie es auch ja bemerkte, lächelte die selige Jungfrau nur und forderte sie auf, die Gürtel abzulegen. Das sei nicht das, was sie unter Buße verstünde, erklärte Maria, und nie sollten sie sich selbst verletzen. Stattdessen wünsche sie Treue im Alltag und ermutigte sie, ihr ganzes Leben, alles, was sie taten, mit Liebe und Vertrauen Gott aufzuopfern und ihm jedes physische oder seelische Leiden anzuvertrauen. Das Ziel sei, den ganzen Tag über das Bewusstsein zu bewahren, dass sie für Gott lebten. Das stimmt übrigens völlig mit dem überein, was Lúcia, die Seherin von Fátima, am 28. Februar 1943 ihrem Beichtvater schrieb. Als sie gegen Mitternacht in Anbetung in der Kapelle ihres Klosters verharrte, hörte sie die Stimme Jesu: »Buße, die ich jetzt erbitte und fordere, ist das Opfer, das von jedem durch die Erfüllung seiner Pflicht und die Einhaltung meines Gesetzes verlangt wird.« Und sie erklärte weiter: »Er wünscht, dass dieser Weg den Seelen bekannt gemacht wird, denn viele geben dem Wort ›Buße‹ die Bedeutung großer Entbehrungen und fühlen sich weder stark genug noch bereit dafür, sodass sie entmutigt werden und abgleiten in ein Leben des lauwarmen Glaubens und der Sünde.« Buße ist, aus Liebe sein ganzes Leben Gott zu schenken, aber auch der Verzicht auf alltägliche Freuden oder die Aufopferung eines Leidens für andere.

Das ist die Botschaft von Garabandal. Dabei ist es, wie Jacinta erklärte, nicht einmal notwendig, Garabandal zu erwähnen; es ist nur wichtig, dass man seine Botschaft lebt. Darum kam die selige Jungfrau in dieses spanische Nazareth, das Dorf in den Bergen, scheinbar am Ende der Welt, doch so nah am Ort des Kreuzes (Santo Toribio de Liébana), mit einer Botschaft, so einfach und unspektakulär wie das Leben der Kinder, denen sie erschien: Betet, bittet um Vergebung, stellt euer Leben um, bringt Opfer für andere und setzt den Sünden der Welt den Glauben, die Hoffnung und die Liebe in eurem Alltag entgegen. Liebt die Kirche, betet für die Priester, betet den Rosenkranz! Verehrt die heilige Eucharistie durch Anbetung und häufigen, würdigen Kommunionempfang! Nur so kann verhindert werden, dass der Kelch überläuft und das Strafgericht kommt. Vor allem aber: Wer so lebt, braucht auch den Tod nicht zu fürchten und kann getrost vor seinen himmlischen Richter treten. Heiligt den Alltag und lebt geborgen von der Liebe Gottes, nicht wie die sündige Welt, die so lebt, als ob es ihn nicht gäbe!

Vielleicht ließ die Gottesmutter die Kontroversen zu, sogar das Leugnen ihrer Kinder, um uns nicht durch Nebensächlichkeiten abzulenken. Gott allein weiß es und das letzte Wort hat die Kirche. Die Sehermädchen selbst ließen jedenfalls keinen Zweifel daran, was wirklich zählt: »Wenn man glaubt, dass die selige Jungfrau in Garabandal erscheint, aber nicht nach den Botschaften lebt, hat dieser Glaube keinen Wert. Doch wenn man die Botschaften befolgt, ist es nicht notwendig, an die Erscheinungen der seligen Jungfrau zu glauben.«

Man kann auch sagen: Wenn wir die Botschaft nicht annehmen, waren die Erscheinungen vergebens. Wenn wir nach ihr leben, retten wir uns, die Kirche und die Welt.

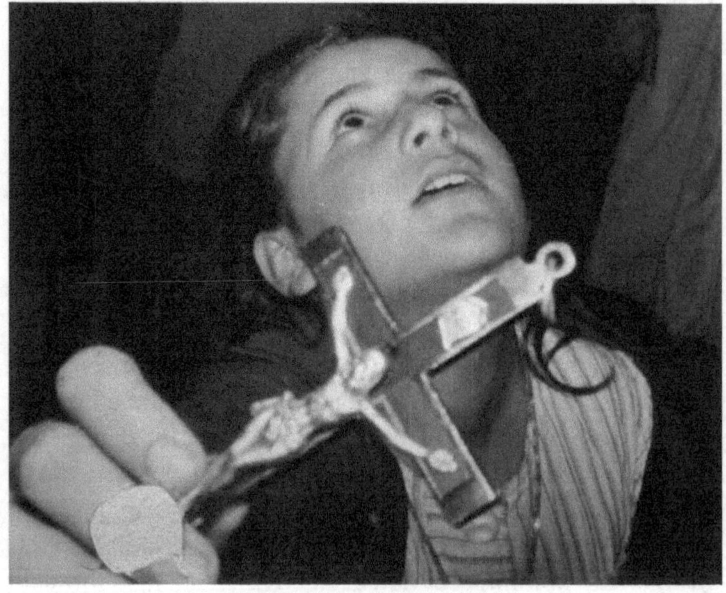

Jacinta mit dem Kruzifix

Anhang 1
Conchitas Foto

Schwester María Nieves, die Schulleiterin, der sich Conchita in den Jahren 1966–68 ganz anvertraute, enthüllte in einem TV-Interview ein Foto, das die junge Seherin angeblich in Garabandal von der Gottesmutter gemacht haben soll. Die Ordensfrau wörtlich:

> »Conchita erzählte mir, wie die Menschen immer wieder während der Erscheinungen um Gnaden, aber auch kleine Gefälligkeiten baten. Dazu gehörte, dass die Mädchen gebeten wurden, die Gottesmutter zu fragen, ob sie auf einem Foto erscheinen würde. Dazu drückte jemand eine Kamera in Conchitas Hand, bevor sie in Ekstase fiel. Das Mädchen wusste nicht, wie man mit dem Gerät umgeht, nur was man ihr gerade erklärt hatte. Doch als die Gottesmutter lächelte, sagte sie [Conchita]: ›Ich habe das hier [die Kamera, d. Verf.] mitgebracht, sie baten mich, ein Foto von dir zu machen‹ und die selige Jungfrau meinte nur: ›Ich werde darauf zu sehen sein.‹ Als die Ekstase vorüber war, gab sie die Kamera zurück an ihren Besitzer. Das Foto wurde entwickelt und war ziemlich dunkel, doch in einer Ecke war deutlich die selige Jungfrau zu erkennen. Conchita erzählte mir von dem Abzug, den sie erhielt; ihre Mutter verwahrte ihn auf ihrem Nachttisch in ihrem Schlafzimmer bis zu ihrem Tod.«

Das Foto ist allerdings nicht ganz unproblematisch. Seit den 1960er-Jahren kursiert es nämlich in verschiedenen Versionen in den USA und wird meist als Foto von *Jesus in the Clouds* – »Jesus in den Wolken« bezeichnet.

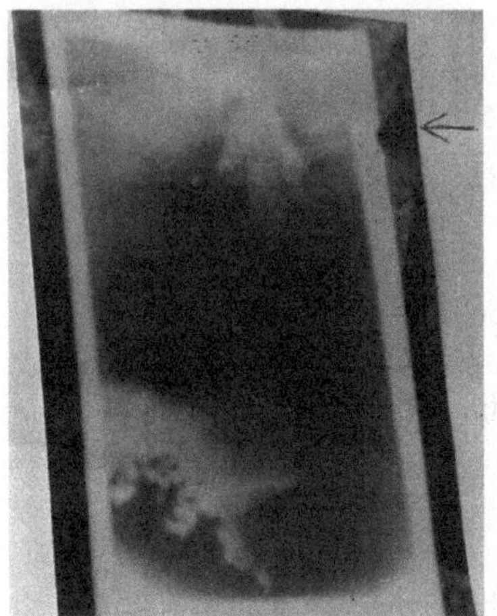

Conchitas Foto, wie es auf dem Nachttisch ihrer Mutter stand (links), ist nahezu identisch mit einem »Wunderfoto«, das seit den 1960er-Jahren in den USA zirkuliert (rechts); die Kiefern Mitte der 1960er-Jahre

Eine amerikanische Website (http://jesusphotos.altervista.org/) hat ganze 54 Beispiele gesammelt, von denen freilich fast jedes seine ganz eigene Entstehungsgeschichte haben soll. Mal heißt es, das Foto sei auf einem Flug (abwechselnd auf der Route von Dallas nach Kanada, von Miami nach Bogotá, von Rom in die USA, von West Virginia nach Ohio, über der Pazifikküste der USA, dem Atlantik, Texas, Illinois, Oklahoma, Florida, Kanada, Rio de Janeiro, Südkorea, der Tasmanischen See oder sogar dem Nordpol) aufgenommen worden, und zwar abwechselnd 1962, Mitte der 1960er-Jahre, 1972, 1973, 1976, 1984, 1990, »vor 1993« oder 2000; dann wieder in einem Garten in Washington, Ohio, Arizona, Florida, Illinois oder Toronto/Kanada irgendwann Mitte der 1960er-Jahre, 1974, 1975 oder 1978; auf einer Beerdigung (abwechselnd in Texas oder Kalifornien) Mitte der 1960er-Jahre oder 1973 oder sogar bei einem Sonnenwunder in Medjugorje im Jahr 1990. Letzteres ist freilich völlig ausgeschlossen, denn zu diesem Zeitpunkt war das Foto längst nachweisbar publiziert. Bereits 1980 wurde es in einem Buch über paranormale Aufnahmen (Rickard/Kelly, *Photographs of the Unknown*, London 1980, S. 95) veröffentlicht, ohne dass die Autoren Näheres über seinen Ursprung sagen konnten (»Versionen dieses Fotos einer in ein Gewand gekleideten Gestalt am Himmel werden von vielen für eine echte Aufnahme von Jesus gehalten und stammen aus Illinois, Texas, Virginia und New York. Unser Abzug des Fotos stammt aus Kanada, wo es von Nonnen verbreitet wurde.«) Offenbar hat das Bild also ein Eigenleben entwickelt und wurde, ganz im Sinne einer *urban legend* (»modernen Sage«), mit immer wieder neuen Entstehungsgeschichten ausgestattet. Doch wann und wo entstand es tatsächlich? Ganz sicher nicht durch das Fenster eines Flugzeugs, denn links unten sind einer oder mehrere Bäume zu erkennen. Also in einem Garten, auf einem Friedhof – oder vielleicht doch in Garabandal? Tatsache ist, dass keine der Quellen das Foto sicher vor 1962 datiert, dem Jahr, in dem es, wenn die Geschichte von Schwester María Nieves stimmt, von Conchita aufgenommen worden wäre. Die Bäume, über denen die Gestalt in langem Gewand schwebt, ähneln jedenfalls auf frappierende Weise den Kiefern von Garabandal. Auch die Ikonografie, die Haltung der Gottesmutter, entspricht den Schilderungen der Seherkinder. So ist zumindest denkbar, dass amerikanische Garabandal-Freunde das Bild unter der Hand in den USA verbreitet haben, wo es von diversen Besitzern neu gedeutet wurde.

Anhang 2
Medizinische und psychologische Gutachten über die Seherkinder

Mehr als 40 Ärzte und Psychologen haben die Sehermädchen zu unterschiedlichen Zeitpunkten untersucht. Hier einige Stimmen aus ihren Gutachten:

Prof. Dr. Ricardo Puncernau, Neuropsychiater, Direktor der Abteilung für Neurologie der Universitätsklinik für Allgemeine Pathologie in Barcelona, Vizepräsident der Europäischen Gesellschaft für Sophrologie und Psychosomatische Medizin:

> »Nachdem ich die Seherkinder zwölf Tage lang untersucht habe, nachdem ich neuropsychologische Untersuchungen an den jungen Mädchen vor, während und nach den Ekstasen durchgeführt habe, nachdem ich sie psychologischen und Intelligenztests unterzog, ihre Sensibilitäten und Muskelreaktionen untersuchte unter Berücksichtigung, dass die Anordnung der Garabandal-Phänomene nicht durch bewusste oder unbewusste Simulation, Hysterie, Halluzinationen, profunde Hysterie mit hysterischer autohypnotischer Verwirrung, durch Persönlichkeitsstörungen oder Psychose oder parapsychologische Faktoren erklärbar ist, stelle ich fest:
>
> […] In ihrer intensivsten Phase traten die Phänomene mehr als anderthalb Jahre lang auf; sie umfassten eine große Zahl von authentischen Trancen, die von dem vollständigsten Verlust des Empfindungsvermögens und der Sinneswahrnehmung mit bedeutenden Veränderungen des Muskeltonus wie auch von einer außerordentlichen Widerstandskraft gegen die Er-

müdung und besonders mit einer verschwenderischen Fülle paranormaler Phänomene begleitet waren, die von den Beobachtern einwandfrei festgestellt wurden, und der Art waren, dass man die Möglichkeit eines Spieles oder einer Schwindelei verwerfen muss. Unter anderem gibt es eine Besonderheit, die man auf zahlreichen Fotografien erkennen kann, die während der Trancen aufgenommen wurden und die es erlauben, die Möglichkeit eines Spieles oder eines Schwindels ohne Weiteres abzulehnen. Es ist die plötzliche Änderung des Gemütsausdrucks der vier völlig in die Vision versunkenen Kinder zur gleichen Zeit und häufig ohne physischen Kontakt, der ihnen erlaubt hätte, irgendein Zeichen zu machen, um sich dann wie unglaublich gute Schauspielerinnen zu verhalten.

[...] Der Charakter und die Persönlichkeit der Mädchen waren nicht hysterisch. Sie waren sehr schwer durch Suggestion oder Hypnose beeinflussbar. Man sah keine Unbeständigkeit, weder in der Identifikation noch in der Einheit der Person noch in der Führung ihres Lebens. Noch haben sie bis jetzt nach sehr vielen Jahren auf irgendeine Art eine Neurose oder Psychose entwickelt.

Es gab kein theatralisches oder exhibitionistisches Trachten. Die Rückkehr in die Normalität war ruhig, lächelnd und friedlich; im Verlauf der Trance vollzog sich alles in einer Ordnung und heiteren Ruhe.

[...] Die ekstatischen Zustände sind das Gegenteil eines hypnotischen Zustandes. Beide versetzen den Menschen außerhalb des normalen Bewusstseins, aber auf zwei unterschiedliche Weisen. Der Ekstatiker wird zum Außen, zum Oben, zum Supra- oder Metabewussten gezogen, der Hypnotisierte zum Unterbewussten. In der Hypnose gibt es eine Schlaffheit der Gesichtszüge, einen ausdruckslosen Blick, allgemein stupides und schläfriges Auftreten und ein maskenhaftes Erscheinungsbild. Man möge das mit den Trancezuständen von Garabandal vergleichen, von denen wir viele Fotografien besitzen, mit der Lebhaftigkeit des emotionalen Ausdrucks, gleich ob er traurig oder feierlich, fröhlich oder vergeistigt ist. Zudem ist es unmöglich, eine Gruppe von vier Mädchen gleichzeitig und urplötzlich in eine hypnotische Trance ein- und austreten zu lassen.

[...] Im Fall von Garabandal, wo wir versuchten, auch nur einen Teil dieser außergewöhnlichen Phänomene zu erklären, steht fest, dass wir keine natürliche, wissenschaftliche Erklärung haben, die alle Elemente dieser Angelegenheit als Ganzes berücksichtigen würde.

[...] Speziell Conchita überzeugte in ihrer Normalität: Bezaubernd, schön und verschmitzt im guten Sinne des Wortes, mit einem intelligenten, feinen Sinn für Humor. Gut, ohne dabei schamhaft oder kindisch zu wirken. Komplett normal. Spielerisch und charmant [...] außerordentlich korrekt und höflich ohne die geringste Spur von Unreinheit. [...] Ich beobachtete bei ihr nie auch nur die geringste Spur von Verschlagenheit.«

Dr. Celestino Ortiz Pérez ist ein Kinderarzt aus Santander, der während der Erscheinungen an 52 Tagen in Garabandal weilte. Sein Fazit aus seinen Beobachtungen und Untersuchungen:

»1. Die vier jungen Mädchen waren und sind aus medizinischer und psychiatrischer Sicht völlig normal.
2. Die Trancen, in denen wir diese jungen Mädchen beobachtet haben, passen nicht in den Rahmen einer bekannten psychischen oder physiologischen Pathologie.
3. In Anbetracht der Zeitdauer, über die wir die Phänomene beobachteten, hätten wir im Fall eines irgendwie gearteten pathologischen Zustandes dessen Indikationen sehr leicht bemerkt.
4. In der Kinderpsychologie und -pathologie gibt es keine Erklärung für Phänomene, die nach heutigem Wissen außerhalb

der Naturgesetze stattfinden. Unsere Konzepte fallen in sich zusammen, wenn wir mit einem solchen Dilemma konfrontiert werden, so als wolle Gott uns die Grenzen unseres medizinischen Wissens aufzeigen. Alle Versuche, Phänomene jenseits des Rationalen um jeden Preis rationalisieren zu wollen, sind an sich irrational und absurd.«

Der Mediziner Dr. Alejandro Gasca Ruíz aus Santander erklärte:

»Drei Jahre lang haben wir die ekstatischen Phänomene in San Sebastián de Garabandal und ihre Protagonisten beobachtet. Als Ärzte fielen uns zwei Faktoren insbesondere auf:

1. die völlige psychosomatische Normalität der Kinder damals und heute, obwohl sie stundenlang einem Zustand des Unbewussten ausgesetzt waren
2. die Tatsache, dass die ekstatischen Trancen der vier Kinder von einer Reihe parapsychologischer Phänomene begleitet waren, darunter Telepathie, Vorahnungen, Hellsehen, Rückschau, Hierognosis [Erkennen geweihter Gegenstände], Fälle während ekstastischer Märsche, Levitation im Fall eines der Kinder – namentlich einer großen Anzahl von Phänomenen, die heute als außersinnliche Wahrnehmung klassifiziert werden«

Dr. med. Serge Fournier aus Uzerche in Frankreich:

»Ein Arzt muss […] nach gründlicher Untersuchung […] zugeben, dass es keine natürliche Erklärung für die Ereignisse von Garabandal gibt.«

Dr. Honorio San Juan Nadal, Mikrobiologe und Neuropsychiater, präsentierte die Ergebnisse seiner Studie zu Garabandal auf diversen Fachkonferenzen für Sophrologie, Psychosomatische Medizin, Psychodrama und Psychotherapie. Dabei stellte er fest, dass es unmöglich sei, im Rahmen der bekannten Naturgesetze zu erklären, was in Garabandal geschehen ist.

Dr. med. Apostolides ist Chefarzt der Kinderklinik des Krankenhauszentrums in Troyes/Frankreich. Nach mehreren Besuchen in Garabandal kam er zu dem Urteil:

> »Sie [die Mädchen] sind weit entfernt von jeder Affektiertheit, und was mich nach wie vor erstaunt, ist, wie diese Mädchen, wo sie so umlagert und gefragt sind, insbesondere Conchita, die exponierteste, nicht im Geringsten selbstbezogen oder selbstdarstellend geworden sind, obwohl sie im Zentrum aller Aufmerksamkeit stehen und einige Besucher Tausende von Kilometern gereist sind, um sie zu sehen. Die Offenheit in der Art und Weise, wie Conchita Menschen empfängt nach allem, was sie die Jahre über durchlitten hat, ist an sich selbst schon ein Wunder.«

Der Psychiater Dr. Luis Morales Noriega vom Krankenhaus Santander war Leiter der kirchlichen Untersuchungskommission. Im Mai 1983 erklärte er in seinem aufsehenerregenden Vortrag im Athenaeum von Santander in Gegenwart des damaligen Bischofs nach Presseberichten:

> »Als wir vom damaligen Bischof beauftragt wurden, die Angelegenheiten in San Sebastián de Garabandal zu überprüfen, sind wir mit der vorgefassten Absicht dort hingegangen, Gründe für die Ablehnung zu finden, die überall zu finden sind, wo man sie ernstlich sucht. Ich bin heute davon überzeugt, dass wir wahrscheinlich an einem der größten Gnaden-

erweise Gottes für unsere Zeit und die ganze Kirche achtlos vorübergegangen sind. Ich bin überzeugt davon, dass es die allerseligste Jungfrau Maria war, die uns und damit die Kirche aufgesucht hat.«

Saavedra, José Luis, *Garabandal – Message of Hope*, Puente Viesgo 2016.
Sánchez-Ventura y Pascual, Francisco, *The Apparitions of Garabandal*, Pasadena/CA 1966.
Serre, Jacques/Caux, Béatrice, *Garabandal*, Vol. 1, Perny Hills/QLD, 2001.
Speckbacher, Franz, *Garabandal, Donnerstag 20.30 Uhr*, St. Andrä-Wördern 1992.
Walker, L.R., *The Mystery of Garabandal*, Seattle/WA 2021.
Walz, Johann Baptist, *Die Muttergottes-Erscheinungen von Heroldsbach-Thurn*, Zürich 1959.
Watkins, Christine, *The Warning*, Sacramento/CA 2019.
Weber, Albrecht, *Garabandal – Der Zeigefinger Gottes*, Meersburg 1993.
Zavala, José María, *Los Últimos Tiempos ya están aquí*, Madrid 2021.

Bildquellennachweis

Wir danken Thomas Trüschler, der die exzellenten Fotos, viele davon aus dem Archiv des verstorbenen Garabandal-Pioniers Albrecht Weber, für dieses Buch zur Verfügung stellte.

Dafür ein ewiges Vergelt's Gott!

Literaturverzeichnis

Allen, John, *Pope Benedict XVI.*, New York 2005.

Carrandi, Francisco Renedo, *El Enigma Garabandal*, Madrid 2018.

Edamregc, Uel, *La Virgen María Fotografiada en San Sebastián de Garabandal*, Las Vegas 2021.

Eizereif, Heinrich, *Maria in Heede*, Meersburg 1995.

Martins, Antonio / Fox, Robert J., *Documents on Fatima & the Memoirs of Sister Lucia*, Alexandria / S.D. 1992.

Francois, Robert, *So sprach Maria in Garabandal*, Meersburg 1982.

García de la Riva, José Ramón, *Maria erscheint in Garabandal – Erlebnisse eines spanischen Landpfarrers*, Meersburg 1990.

García de Pesquera, Eusebio, *She Went in Haste to the Mountain*, Lindenhurst/NY 2003.

Hesemann, Michael, *Geheimsache Fatima*, Essen 1997.

Ders., *Das Fatima-Geheimnis*, Rottenburg 2002.

Ders., *Das letzte Geheimnis von Fatima*, Rottenburg 2017.

Ders., *Menetekel*, Paderborn 2018.

Ders., *Im Namen des Kostbaren Blutes*, Kißlegg 2022.

Laurentin, René / Joyeux, Henri, *Scientific & Medical Studies on the Apparitions at Medjugorje*, Dublin 1987.

Pelletier, Joseph A., *Our Lady Comes to Garabandal*, Worcester/MA 1971.

Pérez, Ramón, *Garabandal – The Village Speaks*, Lindenhurst/NY 1981.

Rickard, Robert / Kelly, Richard, *Photographs of the Unknown*, London 1980.

Rolla, Gregory M., *Of Queens and Prophets*, North Charleston/SC 2011.